《〔嘉靖·崇祯〕靖江县志》
编纂委员会

组　长：徐常青

成　员：叶旭和　顾鑫昱　黄　钦

顾　问：叶晓庆　崔益稳　王　平

《〔嘉靖·崇祯〕靖江县志》
整理课题组

主　编：张乃格

成　员：万仕国　孙叶锋　徐大军

泰州旧志整理文化工程

嘉靖
崇祯

靖江县志

靖江市党史方志办公室
靖江市档案馆
编

广陵书社

新修靖江縣志卷之一

邑人朱得之　纂修

教諭何炯　泰校

訓導吳繼澄　同校

則壤成賦主者體國經野之大典立極厚
生之道于焉以資故志疆域

疆域　上

　城池　海氛消息　田賦
　戶役　課程

靖江縣木楊子江中一洲舊呼馬馱沙海多致
而立故名靖江揆其篇也懸於州也懸於州也
州者別也禹別九州事載爾雅六書蓋指事為
會意其地中分爲二曰東沙西沙漢以前無考
者

图书在版编目（CIP）数据

〔嘉靖·崇祯〕靖江县志 / 靖江市党史方志办公室，靖江市档案馆编. -- 扬州：广陵书社，2024. 11.

ISBN 978-7-5554-2384-3

Ⅰ. K295.34

中国国家版本馆CIP数据核字第2024PG3957号

ISBN 978-7-5554-2384-3

9 787555 423843 >

书　　名	〔嘉靖·崇祯〕靖江县志
编　　者	靖江市党史方志办公室
	靖江市档案馆
责任编辑	徐大军
出版发行	广陵书社
	扬州市四望亭路 2-4 号　　　邮编　225001
	（0514）85228081（总编办）　85228088（发行部）
	http://www.yzglpub.com　　E-mail:yzglss@163.com
印　　刷	无锡市海得印务有限公司
装　　订	无锡市西新印刷有限公司
开　　本	787毫米×1092毫米　1/16
印　　张	29
字　　数	420千字
版　　次	2024年11月第1版
印　　次	2024年11月第1次印刷
标准书号	ISBN 978-7-5554-2384-3
定　　价	300.00元

泰州旧志整理文化工程前言

　　官修志书历来被视为最权威、最全面的地方性历史文献。宋郑兴裔为《广陵志》作序，称"郡之有志，犹国之有史，所以察民风、验土俗，使前有所稽，后有所鉴，甚重典也"。泰州"州建南唐，文昌北宋"，文化积淀深厚，向来尚文崇教，素有编修地方志的传统。《吴陵志》编修于南宋淳熙九年（1182），是泰州地区有史料记载的第一部官修志书，惜已散佚。自南宋至民国，泰州地区所修的州、县志以及专志、杂志、乡土志数量较多，流传至今的旧志仍有 50 多部。

　　古泰州东临大海，南濒长江，西邻扬州，北倚淮河。江淮海三水激荡，吴楚越因缘际会，"名臣名宦交相重"，"百姓日用即为道"，阡陌街巷弦诵相闻，如此等等，悉载于旧志，幸免湮没于岁月尘埃，留下了可堪查找的史料和值得探究的线索。泰州旧志多由州、县循吏倡导主持，地方名士贤达共襄盛举，历代相沿，代有续修，资料累积丰富，门类颇为齐全，记述堪称详备。

　　中华优秀传统文化是中华民族的根和魂。旧志整理对于保存地方历史文献、延续历史文脉、传承文化遗产、汲取先贤智慧、弘扬优良传统、服务当代发展，具有重要意义。整理旧志是各级地方志机构的重要职责之一。为贯彻落实国务院《地方志工作条例》精神，实施《江苏省"十四五"地方志事业发展规划》关于"加强旧志等地方文献整理研究"的要求，2021 年10 月，泰州市党史方志办公室（泰州市档案馆）启动泰州旧志整理文化工程，决定于"十四五"期间对泰州及靖江、泰兴、兴化等地现存的具有较高历史价值和文化价值的旧志统一进行整理。

旧志整理专业性很强,但又形式多样,简之影印汇编,详之点校考据,甚有注释翻译者。为满足更多读者了解泰州历史、研究泰州历史的需要,适应当代人的阅读习惯,提高旧志的使用价值,泰州旧志整理文化工程主要采取精选版本、规范标点、适当校勘等整理方式为主,全书以简体横排的面貌呈现。

泰州旧志整理文化工程是泰州地区有史以来对旧志进行最大规模的集中点校整理,必将为读者利用泰州旧志提供完善的读本,为学界研究泰州历史提供方志整理范本,为适应时代要求、数字化利用历史资源提供重要文本。

前　言

　　靖江古称马驮沙,并有马洲、骥江、骥沙、骥渚、牧城、阴沙等别名。三国吴赤乌元年(238)前成陆。初为吴主孙权属下牧马之洲,隶毗陵县。晋隶暨阳县(今江阴市)。南北朝时的北周大象元年(579),马驮沙隶海陵县(今属泰州),牧马小沙仍隶江阴县。北宋乾德五年(967),马驮沙隶泰兴县,牧马小沙隶属不变。明洪武二年(1369),全隶江阴县。明成化七年(1471),置靖江县,属常州府。其后隶属多有变化。新中国成立后,靖江先后隶属泰州、扬州。1993年7月14日,靖江撤县设市。1996年7月19日,地级泰州市设立,靖江由属扬州市改为属泰州市迄今。

　　修志历来是中华民族的优秀传统。靖江自建县以来,志书编纂绵延不断,明清时期,十修志稿,刊板其九,尚有七部流传至今,民国时期,又添志书一部。正是有了这一部部志书,靖江的历史才能被一代代铭记,靖江的文化才能被一代代传承。本次整理出版的《〔嘉靖·崇祯〕靖江县志》,作为泰州市旧志整理文化工程成果之一,为靖江延续地方文脉、挖掘地方文化瑰宝、助推文化事业发展贡献了方志力量。本书体例完备,资料翔实,为研究靖江地理、历史、文化、经济等方面提供了丰富的史料,也为经济发展与文化构建提供了有益借鉴。我们希望通过对旧志文献的整理与开发,让更多的人了解靖江,让历史、文化在传世珍品中得以延续。

　　以志问道,可启未来。让我们持续从地方历史文献中汲取真知、启迪智慧、砥砺品质、守正创新,为全面推进中国式现代化靖江新实践贡献方志力量,谱写出更加壮丽的新篇章。

整理前言

　　靖江,位于长江下游北岸,襟江近海,东、西、南三面临江。三国吴赤乌年间,靖江地域成陆。时为吴主孙权牧马之洲,属毗陵郡。晋代,属暨阳县(今江阴市)。宋,易名阴沙,隶泰兴县(今泰兴市)。靖江的前身马驮沙,在南宋中期以前一直属于泰兴县管辖。南宋中后期,由于江阴县在马驮沙南端设立马驮沙巡检司,其管理权限逐渐过渡为两县共管。元代时,大半隶泰兴,小半隶江阴。明洪武二年(1369),全隶江阴县。明成化七年(1471),由江阴县析田单独设县,称靖江县,隶常州府。清承明制,直到咸丰十年(1860)起,隶通州。同治三年(1864),仍隶常州府。直至清亡。

　　由于靖江至明成化七年才设县,故其县志的修纂始于明成化以后。现存最早的县志为修纂成于嘉靖四十四年(1565)、刊刻于隆庆三年(1569)的《〔嘉靖〕靖江县志》八卷(下简称嘉靖志),此志由王叔杲、张秉铎等修,朱得之等纂。至万历年间,知县赵应旌聘请邑人朱家楫等续前志又纂成《〔万历〕靖江县志》十二卷(下简称万历志)。至崇祯九年(1636),陈函煇任靖江知县,以"靖地故当大江下流中,洪涛四绕,称泽国。迩年三隅沙涌,东一面俯浩浩之流,新者已失其为新",不禁生发沧海桑田,世事剧变之感慨。且以所存旧志纷乱,邑人孙同伦、范世祯等又倡修县志,遂从崇祯九年始,重新修纂靖江县志,至十四年乃成,即为《〔崇祯〕靖江县志》十七卷(下简称崇祯志)。

〔嘉靖〕靖江县志

《〔嘉靖〕靖江县志》八卷,明王叔杲、张秉铎等修,明朱得之等纂。

一、本志定名

本志卷首的张秉铎、柴乔两篇序文均称"靖江县志",王叔杲序文则称"靖江新志",而《参考书目》《义例》《目录》以及各卷卷名均题作"新修靖江县志"。本志《义例》说:"故今纂述,事虽曰修,功实犹创,故名'新修'。"按照这一体例,本志名称应当以"新修靖江县志"为准。各家著录有的称为"嘉靖靖江县志",实际上是一种省略的说法。本书为简便起见,一般都作"靖江县志",而以年号相区别。

二、明嘉靖前靖江旧志

明代成化七年(1471)以前,靖江没有设县,因而不存在县志。故现在存世的靖江县志,最早的就是这部嘉靖年间修纂的《靖江县志》。关于此前的修志记载,资料比较零乱。

根据《〔嘉靖〕靖江县志·编年》的记载,弘治十八年(1505),周奇健任靖江知县,"在任四年,创县志,未就,以忧去职"。正德四年(1509),归善唐勋以进士继任,在任二年,调。王叔杲《靖江县志序》称:"靖故未有志,前令周、唐二君盖尝志之,咸未及成书以去。"按照王叔杲的说法,靖江县志编纂始于周奇健、唐勋二人,但均未成书;其所修志稿是否传于后世,也没有明确的记载。

正德六年,寿张殷云霄以进士任靖江令,在任二年,调。《〔崇祯〕靖江县志》卷六有殷云霄传,没有记载其修纂靖江县志的事情。而卷首所录的《靖江县志旧序》[1],第一篇即是殷云霄序。于作新《〔咸丰〕靖江县志稿》卷首亦录殷志序,注云:"明正德七年。"主修者是殷云霄,而未注纂修者姓名。其序称:"予来为靖江县,愧多病,无可及民。行且引去,则为《靖江县

---

[1] 现存各靖江县志,《〔万历〕靖江县志》卷九《集文志》收录都穆、蔡德器、张秉铎、王叔杲四篇志序,从《〔崇祯〕靖江县志》开始单立《靖江县志旧志序》,但没有注明各旧志的修纂之人与修纂时间,《〔康熙〕靖江县志》与崇祯志相同。《〔咸丰〕靖江县志稿》开始补注旧志修纂人员及修纂时间,今据咸丰志。

志》,俾后欲知夫邑之城宇、官职、丁赋、学校、兵戎、食货、土疆、名士者,庶其有征也。"殷云霄所修靖江志,是否就周奇健、唐勋旧稿删改而成,没有明文;是否刻成,更不可知。

正德八年,淳化王荣霄以举人任知县,《〔嘉靖〕靖江县志》卷四《编年》称王荣霄"以县志属教谕刘瀚删修"。次年,"县志成"。《〔崇祯〕靖江县志》卷首收录了都穆的序。《〔咸丰〕靖江县志稿》卷首也收录了太仆卿苏州都穆的序,注:"正德九年。"署名主修者是王荣霄,纂修者是都穆。都穆序云:"前令惠阳唐君汝立始有志修纂。书将就绪,以升官不果。正德癸酉,西安王君廷瞻来令于兹。越二年,令行禁止,民用以和,谓县之无志为缺典也,乃以旧稿,取裁于予,寿之于木。"据此,则王荣霄主修的《靖江县志》,是都穆就唐勋《志》稿删改而成,与嘉靖志所述"教谕刘瀚"删改者不同。此志当有刻本,王叔杲嘉靖志序所谓"逮西安王君而志乃成,然亦略矣",就是指王荣霄所修正德志;称"西安",因明代淳化隶属于西安府邠州。《靖江县志参考书目》所谓"本县旧志",应当包括了王荣霄所修的《靖江县志》。

《〔嘉靖〕靖江县志·编年》又称,正德十四年,知县蔡德器奉诏修县志,但没有说明该志是否修成。《〔万历〕靖江县志》卷九《集文志》载蔡德器《续修靖江县志序》云:"今幸圣天子南征凯捷之余,乃命集各郡县志,以观天下之奇美,读千载一盛事也。故辄以旧志阅之,凡所书事宜,颇为简当。惟户口、田赋之与人材,视昔不侔,皆所宜益。遂次第书之,以彰国家之所重,抑为是志增美,而少资传闻之一二焉。"据此所述,蔡德器乃取旧志而略有增益。

三、《〔嘉靖〕靖江县志》纂修经过

嘉靖四十二年(1563),王叔杲担任靖江知县。《〔嘉靖〕靖江县志》卷四《编年》称其"续修县志。在任一年,调",没有说明其议修的年份。吴继澄《后序》称:"甲子春,旸谷王公提调政暇,以谋于继澄,且谓非近斋不足以当斯举。"据此,王叔杲议修此志的时间在嘉靖四十三年春。王叔杲《靖江县志序》说他之所以聘请朱得之担任主纂,是因为县志的主纂者必须"谙"且"公",只有"土著"而兼"耆德"之人最合适:"以典故则尚其谙,谙莫逾乎土著;以删述则尚其公,公必推乎耆德,故举而属之近斋朱先生。"

同年秋,王叔杲调任常熟知县,此时志稿尚修而未成。朱得之《修志引》称:"得之自顾荒耄,惧终事之难,因循越岁,而先生以德授知钧轴,迁海虞。既去,诱督益勤。"柴乔《靖江县志序》称:"自甲子秋叨乏是邑,筮购志,则前令永嘉王君已属近斋朱先生纂缉成编。"应当是归美之辞,实则当时志稿尚未修成。王叔杲《序》也说:"逾年告成,而余业调常熟尹矣。"则王叔杲在靖江时,县志实际上未有成稿。嘉靖四十三年秋,柴乔继任知县后,才抓紧督修。朱得之《修志引》说:"乃命六曹,分稽案牍,自创县以至于今,凡有事实,悉以授余,且使得自效。用是执役,不能复辞。"王叔杲《靖江县志序》所谓的"先生为之稽吏牍,询故老,搜逸事,披荒碑,逾年告成,而余业调常熟尹矣",乃综叙修志前后事书之,亦不是说此志于嘉靖四十三年已经脱稿。

直至嘉靖四十四年夏,此志始脱稿,朱得之作《修志引》,即署"嘉靖乙丑仲夏";吴继澄为之作《后序》,也是自署"乙丑夏六月望"。

朱得之《志终跋语》谓:"《县志》纂次,始于壬戌,成于乙丑。其成也,或以之喷喷,或以之訿訿,若存若亡者久之。逮己巳,始获镌木以传。"壬戌为嘉靖四十一年,乙丑为嘉靖四十四年,己巳为隆庆三年(1569)。如此,此志至隆庆三年才开始刊刻。自脱稿至刊刻,相隔四年之久,是因为当时"或以之喷喷,或以之訿訿",不能得到众人的一致肯定,因而续有修改。

万历年间,知县赵应旌聘请邑人朱家楫、刘文枟主纂,承接《〔嘉靖〕靖江县志》,续成《重修靖江县志》十二卷,御史吉水李日宣为之作序。朱家楫是朱得之从侄朱正初的仲子,万历十三年(1585)举人,官黟县教谕、永丰知县。

四、嘉靖志修纂之人

王叔杲(1517—1600),字阳德,号旸谷,浙江永嘉人。出身官宦世家,祖父王溪桥以子贵,封通政司右通政。父亲王澈官福建布政使司左参议,从叔父王净官至山东道监察御史、大理寺少卿。兄王叔果(1516—1588),字育德,号西华。嘉靖二十九年(1550)进士,次年丁父忧,守制。三十五年授兵部职方司主事,以监修皇宫功,赐币。官至广东按察司副使,因风疾告休致仕。著有《半山藏稿》。据《〔嘉靖〕永嘉县志》卷二记载,永嘉建有"棣萼重芳"坊,就是"为参议王澈、祭酒王激、副使王叔果、主事王叔杲立"。嘉靖三十八年,王叔杲与兄叔果集资七千余金,率乡人兴筑永昌堡,抵御倭寇,被称为罗东一方保障。嘉靖四十一年成进士,四十二年任靖江知县。在任期间,勤于民事,多有兴筑。四十三年,调常熟知县;四十四年,内召,任兵部车驾司主事、职方司员外郎、武选司郎中。隆庆四年(1570),以部郎出任大名府知府。万历元年(1573),升湖广按察使司副使,整饬苏松常镇兵备。四年,任湖广右参政。五年,辞官归里,助修江心屿、仙岩寺、镇宁楼、东瓯王庙。二十八年卒,年84岁。著有《三吴水利考》及《玉介园存稿》八卷《附录》四卷、《行状传墓志铭》一卷。

柴乔(生卒年不详),字也愚,浙江钱塘人。初由举人署泰兴教谕,嘉靖四十三年(1564)升靖江县令。修举废坠,裁冗费,革冗役,立法便民。在任一年,以丁艰归。万历元年(1573)十月,由饶平知县升任高州通判,百姓挽留至次年三月由刘如皋接任。

张秉铎(生卒年不详),字廷教,福建莆田人。嘉靖二十八年(1549),任滁阳教谕。隆庆二年(1568),任靖江知县,次年离任。曾为朱渶编梓《天马山房遗稿》八卷。

朱得之(生卒年不详),字本思,号近斋,靖江人。嘉靖二十九年(1550),以贡生任江西新城县丞,不久辞官。服膺王阳明"良知"说,以体虚静、宗自然为主,最得力处在"立志之真",其学颇近于道家。著有《老子通义》二卷、《庄子通义》十卷、《列子通义》八卷、《南华真经义纂》十卷、《宵练匣》一卷《新刻印古诗语》一卷等,均传世。另有《苏批孟子补》《四书诗经忠告》《正蒙通义》《心经注》《参元三语》(即《稽山语》一卷、《漫语》二卷、《印古心语》六卷)、《杜律阐义》,已佚。

五、嘉靖志的主要特点

一是纲目较为合理。《〔嘉靖〕靖江县志》卷首录《疆域图》《城署图》《县治图》《儒学图》,均有图说。志文目录八卷,分七类、三十七目,另有附录两种(正文实际分类与目录有差异,但正文有缺页,故只能据目录说明)。其中:第一类《疆域》,分为上、下两卷,计九目。卷一《疆域上》包括城池、海氛消息、田赋、户口、课程,共五目;卷二《疆域下》包括廨宇、坊市、山川、桥梁,共四目。第二类《分野》,未分目。第三类《物产》,包括人品(忠孝、节义、遗逸)、树艺、字畜、鳞介四目。以上两类,合为卷三。第四类《职制》,也分为上、下两卷,计四目。卷四《职制上》分编年、政绩两目,卷五《职制下》分学校、风俗(附海道、占诀)两目。第五类《选举》,分人材、甲科、乡举、岁贡、恩例、封赠、省祭、杂行八目。第六类《杂部》,分古迹、变异、寺院、祠庙四目。以上两类,合为卷六。第七类《附录》,亦分上、下,为两卷,计六目。其卷七为《附录诗》,分政事、问学、景俗三目。卷八为《附录文》,亦分政事、问学、景俗三目,附论修志书。卷末有吴继澄《后序》一篇。该志充分考虑靖江自身特点,纲目设置与其他志书略有不同。如靖江设县时间短,历史沿革十分简单,因而没有设置"建置沿革";其地古迹、寺院、祠庙较少,遂与变异合为《杂部》类,而非如他邑志书单独立类。靖江本由江洲淤积而成,居民习于操舟,因而附"海道、占诀"于"风俗"目下。

二是记事详今略古。《新修靖江县志义例》称:"今志惟载我朝事物,立县已后为详。至若事远世革,非今所屑者,如元、宋以前,史传无稽,不敢泛录。"因而本志所记以明代为主,记事至隆庆三年而止,详今略古,于前代史事少有追述。志文及作者"公正言论",均为大字;其"叙证源委,及今不得已之情与难废之务,俱分注备考。其有惩聚讼之见,开未同之心,姑存以待后举之决择者,题曰'汰类'"。大字显示纲目,小字分疏细节,眉目清晰,颇便利用。

三是留意民事民瘼。靖江地处江海之交,为金陵锁钥,"患莫大于倭奴",因而录元朱思本撰、明罗洪先补订《广舆图》之说,详载中日交往史事、倭船来往航路、避风收舶之所及备倭之策。以"丁夫利涉者众",卷五《职制下·风俗》于是录海运经行道路、占风歌诀。卷一《疆域上·田赋》均据成化十一年以后黄册,详载官民田山滩之数及夏麦、秋粮正耗,附录其间变动所涉及的官牍。卷三《物产·鳞介》注"刀鲚"云:"此鱼上贡。洪武间,江、靖二侯镇守江阴时,食品得此,遂以贡于上,其食息不忘忠敬之心也。延至于今,江阴岁贡万斤,鱼户则仍靖邑。自输官起运,费可数倍。嘉靖甲子年,巡抚、都公周如斗奏免其半。然大官堆积,以此供薪,而膏脂纤悉,民怀上诉而不能也。"又注"子鲚"云:"直沽产子鲚最多,若江阴供孝陵,天津供太庙、御膳,省费百倍。"

四是议论每寓讽劝。朱得之从理学家观念出发,非常重视方志的教化功能,卷五《职制下·学校》明言:"明书是非,默寓惩劝,固志之义也。"卷首《疆域图说》论江海防务说:"故今知江防海备之为重务,而不察此土所系尤重也。今以小邑慢视,若不介意,不惟不设戍助,且加侵削,民之日困不足恤,其如国计何哉?呜呼,悲哉!焉得铨司同仁为心,而例以名士宰之也?"《城署图说》论官署应当及时修葺,说:"焉得日月一普容光之照,使民力不为虚费,民隐不若绝域乎?"《县治图说》论城池修筑说:"知德者以为茅茨土阶可以行志,不使庶民望之而泣,则百里生生之机,此其根本。"卷一《疆域·户口》论祭祀用鹿说:"尝见嘉靖二十三年秋,丁祭户宜兴买鹿,已登江岸,暑重鹿死,祭期又迫,费产江阴倍价买回。官以为小,不惟不给官价,且加重责重罚。自谓尊崇道德,其人身殒于刑,家倾于赎,先圣、山川之神享乎?否也?不知《仪注》、府案,孰为经常之典而信从之乎?"卷一《疆域·课程》说:"右卷,用存国税盈缩、民数盛衰之大略。抚字之方,顾惟时措何如耳。"卷五《职制下·风俗》附录《俗尚微言》,以守分、敬事、行善、谦让为本,多为劝世之语。

五是有功诗文保存。本志《艺文》所录诗、文,有不见于别集者。如王叔杲《夏日校士有作》《郊行》二诗,不见其《玉介园存稿》;杨仪《江阁寄怀朱西麓》诗,不见其《杨氏南宫集》;张衮《望靖江孤山祝近斋姑丈》诗,不见其《张水南文集》;刘乾《靖江八景》诗,不见其《鸡土集》中;王洪《秋日孤山观涛有感》《参元播种龙南庄》二诗,不见其《毅斋集》中;童珮《登孤山和韵》《孤山僧舍次顾征士(二首)》《崇圣寺》三诗,亦不见其《童子鸣集》中。王僎《新建庙学记》一文,不见其《思轩文集》与《王文肃公集》。这些诗文,赖《〔嘉靖〕靖江县志》而得以保存。

《〔嘉靖〕靖江县志》也有不足之处。一是目录与正文子目不尽相同。如目录《疆域上》子目有"海氛消息",在"城池"下,而正文卷一未标此目,其内容则在《疆域》总述之下。目录《物产》子目分"人品""树艺""字畜",卷三正文在"字畜"下增列"鳞介"一目。目录《选举》"恩例"为一子目,正文析为"恩荫五""例贡六",而"省祭"、"杂行"均作子目八。目录《杂部》析为古迹、变异、寺院、祠庙四目,卷六"杂部第六"题下亦称"目凡四",与目录同,而正文实为三子目:"古迹六之一""变异六之二"和"寺院祠庙六之三"。二是部分志文略显繁冗。如卷七《附录·诗》所载《靖江八景》诗作质量普遍不高,卷八《附录·文》多载官牍。三是正文各卷行款不一。卷一修纂人列"邑人朱得之纂修""教谕何炯参校""训导吴继澄同校",各为一行;卷四列"邑人朱得之纂修""训导吴继澄参校",计二行;卷二、卷二、卷五、卷七、卷八仅列"邑人朱得之纂修"一行,等等。

〔崇祯〕靖江县志

《〔崇祯〕靖江县志》十七卷,明陈函辉修,明徐遵汤、许经、薛冈纂。

陈函辉(1590—1646),原名炜,字木椒,改名后字木叔,号寒山、小寒山子、寒椒道人等,明浙江临海人。崇祯七年进士,九年任靖江知县。在任六年,浚团河、筑堰闸、饬学宫、广士额、建书院、课文艺、严武备,所行善政颇多。后罢职归里。明亡后从事于反清,曾奉鲁王监国于绍兴。事败,自缢而死。善草书,敏于诗,与徐霞客相知交好。《明史》卷二七六有传。

徐遵汤,字仲昭,明末清初江阴人。曾应江阴知县冯士仁聘,纂辑《〔崇祯〕江阴县志》。许经,字令则,明末华亭县(今上海松江)人。曾师陈继儒。著有传奇《掷杯记》。薛冈,初字伯起,后更字千仞,明末浙江鄞县人。曾与范凤翼、黄立明、龚贤等东林人士结诗社于秦淮,涉足文坛及政治活动。著有《天爵堂文集》。

《中国地方志联合目录》著录本志为明顾霬纂。考书前陈函辉《靖江县新志序》云:"是役也,以乡前辈大参孙公同伦、郡司马范公世祯之请,而谋属草。始其事者,澄江徐子仲昭、云间许子令则,而终其事者,四明薛千仞先生。昕夕同事,学博顾君霬、唐君继隆,与有劳焉。而丞姚君重华,前尉万君年春,今尉赵君元雯,邑明经朱君士鲲,孝廉萧君松龄、王君瑶、侯君溥、刘君帱,皆相与鼓赞而乐观厥成者也。"顾霬,明末昆山人,举人,崇祯十三年来任靖江县学教谕;唐继隆,明末嘉定(今属上海市)人,贡士,时任靖江县学训导。据序中所云"始其事者""终其事者",可知本志的纂辑自始至终都由徐遵汤、许经、薛冈三人承担。且顾夔来任县学教谕时,县志编纂已历五年,基本已完成,云为其纂,显为误。

本志卷首有崇祯十四年陈函辉《靖江县新志序》《重修靖江县志序》及旧序、总目。卷一为星野、疆域;卷二为建置、水利(附堰闸桥梁);卷三为户口、田赋、课程、学田(附房租);卷四为武备;卷五为坛庙、寺观;卷六为职官;卷七至九为人物(乡贤、科甲、贡荐、辟举、应例、儒士、掾仕、封赠、荫叙、孝行、文学、隐逸、尚义、游寓、方术、方外、节烈);卷十为风俗、占候;卷十一为祲祥(附赈恤)、物产、古迹;卷十二至十七为艺文,又分文(记、碑、文、补遗)和诗两大类。本志亦有文献著录为十九卷,然考卷前各序未提及共十九卷字样,卷首目录由于缺一页,仅存十三卷,全书至卷十七《艺文》结束,不知著录为"十九卷"所据。国家图书馆在线馆藏目录即著录为十七卷。

本志基本采用平列体,分设十九类,类之下又分设若干子目。与嘉靖志、万历志相比,类目设置上更为合理。比如专设《人物》一类,把相关人物重新按孝义、文学、隐逸等小类编排,而不像前两志那样人物传记是分散于《物产》《职制》《选举》等类下面的。本志《人物》分上、中、下三卷,收录对象兼载选举。记事统合古今,始自宋,详于明,尤详于成化建县以后。下限迄于纂辑县志之时。

陈氏在靖江任职既久,且多有作为,其能熟谙地方史迹掌故、风物人情,故本志记述较为详博。清康熙时修纂《靖江县志》,时任靖江知县郑重在《重修靖江县志序》中誉其"稽核精详,搜访无遗,志之书法于是乎备矣",评价颇高。

靖江原由长江流沙沉积而成,从一开始的单个沙洲,继而相邻沙洲并连,终而洲、岸并陆。靖江虽然建县较晚,但自建县至崇祯间纂修县志的一百多年间,前后数修县志,其中流传至今者三种。以是志与此前的嘉靖志、万历志相对读,可以完整地反映出靖江一地的自然地理及环境的动态变化过程。

当然,本志也存在一些问题。本志总共十七卷,《艺文》一类就有六卷,在全书中所占篇幅已属极多,就是与明清两代所纂一般县志相比,艺文所占篇幅如此之多亦属极为少见。但考虑到靖江设县较晚,其他流传下来而可记述的资料较少,多收诗文,亦自有其价值。相当一部分诗人诗作,历明末清初风云变幻而能保存下来,此《艺文》部分保存文献功劳自不容抹杀。另一方面,《艺文》中所录诗文,陈函辉个人的诗文又占了极大的篇幅。据统计,本志收有陈函辉所作的《重建察院及公馆记》等记、碑、帖、示、议等文二十余篇,《入靖》《谒庙》等诗四十余首,几成陈氏个人诗文集,与志书体例已大不合。

另外,本志中校刻还存在不少疏漏之处。比如抄录前志的内容,常有讹误脱漏,一些形近字,刻错的尤其多。这些都给阅读造成了一定困难,需要参校前后靖江县志及其他文献来勘正。

整理说明

一、本次点校整理,《〔嘉靖〕靖江县志》以日本内阁文库藏隆庆三年(1569)序刻本为底本,以万历、崇祯、康熙、咸丰和光绪间所修纂《靖江县志》为参校本;《〔崇祯〕靖江县志》以中国国家图书馆藏清初刻本(即《泰州文献》《江苏文库·方志编》所据影印之本)为底本,以嘉靖、万历、康熙、咸丰和光绪间所修纂《靖江县志》为参校本。目前为止,此两志皆仅见一个藏本流存,且都有不同程度的残缺,故凡底本缺页、漫漶不清之处,除据其他文献校补外,其他只能付诸缺如。

二、整理内容原则上依据底本。底本与参校本有差异,若底本为明显的讹误脱衍之处,则据参校本改正,并出校记说明;若两可,不能判断孰是孰非的,则以底本为准,并出校记说明不同之处,以供参考。差异处,同一内容多次重复出现的,一般只在第一次出现时出校记,以后则径改,不另说明。

三、底本缺佚之处,除依据参校本补足外,亦据其他文献补充,均出校记。底本漫漶文字,以意补足者,加"〔　〕";无法补足者,以□标出。

四、底本缺页而无法补足者,以"【前缺】""【后缺】"标注,并出校记。

五、常见刻写错误,如"戌""戍""戊"、"己""已""巳"、"佑""祐"、"却""郤"、"段""叚"等,均径改,不出校记。为避讳而改之内容,如改"常"为"尝"、"巡检"为"巡简"等,一般径改,不另出校记。

六、异体字、古今字、碑别字等,整理时据《现代汉语词典》(第7版)统一改为规范的简体字。人名、地名等改后易引起歧义的,则保留。如"幹"作人名时,不简化为"干"。通假字,一般保留。

七、底本挤刻之字,据文义改正,出校记说明。

　　八、古人引书，常有省改。凡本书节引他书而不失原意者，一般保持原貌，不据他书改动。若为明显讹误，影响文义者，则据改，并出校记。

　　九、为简便起见，校记中凡引用历代《靖江县志》，皆用简称，如嘉靖志、万历志、崇祯志、康熙志（康熙十一年刻本）等。

目　录

〔嘉靖〕靖江县志

新修靖江县志卷之五

新修靖江县志卷之六

新修靖江县志卷之七

新修靖江县志卷之八

〔崇祯〕靖江县志

靖江县志卷之七

靖江县志卷之八

靖江县志卷之九

靖江县志卷之十五

靖江县志卷之十六

靖江县志卷之十七

后记

〔嘉靖〕靖江县志

〔明〕王叔杲　张秉铎等　修

〔明〕朱得之等　纂

靖江县志序

　　圣天子立极初载，秉铎自谯阳[1]奉檄入毗陵，渡江而北，则见夫菑畬万井，烟树千村，桃水曲而入怀，孤峰挺而独立，因叹曰："美哉，其壤之沃乎！"既而入境，则见夫雉堞连绵，茅茨弗剪，事耕凿而不以为劳，寡嬉游而不以为简，复叹曰："厚哉，其有唐之遗风乎！"又既而谒文庙，登明伦之堂，与诸士相揖让，则见夫器蕴珪璋，道明礼乐，如凤雏在彀[2]，玉树凌风，复叹曰："郁哉，其海滨之邹鲁乎！"然因地而增其胜，因俗而弘其化，因人文而雕琢其成，又守土者之责。予将何以章之？

　　适近斋朱先生以《县志》示予，予喜曰："所可以谢山川而纪文物者，不有在于兹乎？"于是乃以拱璧宝之，又日求益诸人士，使各售其所知，以共成夫信史。于是疆理悉准诸《禹贡》，法制悉宪诸《周官》，人物则阐忠孝而表隐逸，艺文则重制命而追《风》《雅》，褒贬则窃《春秋》之大义，纪载则踵班、马之绪余。盖近斋以数十年阳明之学，而思以垂之于不朽。又以阳谷王君、也愚柴君、吉斋张君相继莅于兹土，其相与究心于是者，殆若昌黎之考经于韶郡，紫阳之首问于建康，则其足信而足传者，有不待予之献其愚，而及人士之别有所售也。故予既谋锓诸梓，不揣复为之序，然犹有所惧焉。

　　夫一心之中和，实位育之所从致；而一命之士，又民生休戚、风俗淳漓之所攸系。故守土得人，则疆理可治，鸡犬可宁，纪纲法度，日登诸理。所以为山川之光、人文之贲者，志亦可书，名亦不辱。或不能有所树立，而于

---

[1]　谯阳，崇祯志卷首《旧序》作"淮阳"，咸丰志卷首《旧序》作"淮扬"。
[2]　在彀，底本误作"在觳"，据崇祯志卷首《旧序》改。

民物一无所补,则山崩水溢之患,民穷盗起之虞,又靖邑之所易危者。于山川人文,不惟重有余愧,致后人书之,且指而讆蹵曰:"此某也,某也,某地人也,而今安在哉?"

铎不敏,而躐于阳谷三君子之后,不知得以守其成规而赖以寡过矣乎?语曰:"旧令尹之政,必以告新令尹。"予因序而重有所望云。

隆庆己巳五月之吉,知靖江县事莆田张秉铎书。

靖江县志序

柴　乔　撰

尝观贾胡之屋室，犹必以其产藏朋登之籍，时自乘除而操纵之。况一邑之所有，尤纷然难以笇计，而牧民之责，其去贾胡又戛戛乎不啻径庭也，而记籍顾可后也与哉？

余窃辀之，自甲子秋叨乏是邑，筮购志，则前令永嘉王君已属近斋朱先生纂缉成编。余慅然厚幸，抚卷而睇之，首其《疆域》也，次《分野》《物产》，次《职制》，又次《选举》《杂部》，文翰褒然，纲张目举，骎骎乎上薄望县，而与之竞茂矣。披阅之既，因喟然曰："嘻！善矣，隽也！君子可以观政矣。"

昔人云："执郡邑志，可以治天下。"而又云："县令者，生民之乳保，则志固三寸之橐籥。"而靖虽官方，实吾同室也。是故《疆域》《分野》《物产》，志吾之田里树畜也，而因天分地之道备矣；《职制》，志吾之事为也，而继天立人之道彰矣；《选举》《杂部》《诗文》，志吾之贤良、休咎、翰墨也，而尽人合天之道晰且悉矣。

君子有得于其黜霸崇王、循名责实之义，于《疆域》《分野》《物产》也，而思以辑宁阜康之；于《职制》也，而思以敦崇之；于《选举》《杂部》《诗文》也，而思以甄陶、振拔、裁成、鼓铸之，则天地昭而人道立。夫是可以语治，夫是可以语乳保而为屋室之善也已。若曰以觚翰为勋绩，以名物为灵鉴，而靖之所以为靖者，谆谆焉率同耳食，而置之若弁髦，则虽有志，亦竟与说铃等耳，何足以为多？犹之屋室者，徒记籍其产藏，而弛于乘除操纵之方，则亦寝语而已。勤家者固尔耶？

　　靖为常之属邑，枕江之冲，而且绾苏、常诸郡之喉襟，视他邑虽渺然独小，而实籧然独重也。兹非克家者尤当常持记籍以图智筹者乎？古之忠者，旧政以告于新尹。然政有时而息，告有时而穷。书之册而世守之，其为告也远矣。

　　虽然，自《疆域》迄《诗文》，皆器也，艺也，末也。至贤才，邑之本，尤志之冠冕也。而斯志固深致意于斯者，多士固尝有务于昔矣。兹复淬身砺德，腾茂蜚英，进则肩袂皋夔，退则溯沿[1]邹鲁，将见山川以之出色，闾阎以之曜祥，其可志者远且大矣，而但已哉！余敢以之自力，而且以寄其厚望云。

---

[1]　溯沿，底本误作"沂沿"，据文义改。

靖江新志序

王叔杲 撰

　　环靖皆江也。江自岷山东注界，地纪为二，夹维扬、毗陵间，有洲隆起，名马驮沙，横可百里，从三之一。土阜物繁，居然沃壤也。历朝沿革靡一，或北属泰兴，或南属江阴。乃若建县，则自成化之辛卯始，迄今且百年矣。

　　靖故未有志，前令周、唐二君盖尝志之，咸未及成书以去。逮西安王君而志乃成，然亦略矣。嘉靖癸亥，余承乏是邑，登孤山之巅，俯中流之胜，而四境式廓，万井密比，罔有遗睹。思以顺土宜、采民风，而故牒之犹有遗纂也，慨然兴怀焉。

　　夫释老之庐，异教也；水石之奇，物玩也。而修词之士犹托之载笔，矧乎兹靖，则畿甸之上游、江防之雄镇也？往迹匪志则弗章，来代匪志则罔诏。治与时宜，政由俗迁，而变革兴坠于百年之内，有不可胜书者矣。然以典故则尚其谙，谙莫逾乎土著；以删述则尚其公，公必推乎耆德，故举而属之近斋朱先生。先生为之稽吏牒，询故老，搜逸事，披荒碑，逾年告成，而余业调常熟尹矣。代余者为仁和柴君，图梓之，以稿来示，且征言为序。

　　噫！靖前乎此，仅一渚尔。幸际圣朝，特陟为县，张官设教，与三吴诸邑并入职方。暨读其志，则又彬彬然文物声华，既已脱凫丛鱼薄之陋，而跻神州望县之列矣。是志也，讵非靖之所借以为重者乎？乃今更数君之手，历数十年之久，而始克成编，抑亦有待于其人耶？顾余实始厥事，则序言有不得辞者。于是原邑之建置，与志之纂述，以复于柴君，并以质于朱先生。[1]

---

[1]　"是原邑之建置"至文末，底本与吴继澄《后序》第三页互误，今据王叔杲《玉介园存稿》卷八乙正。

修志引

朱得之 著

　　道揆法守，必慎稽询。故圣贤阐教，事显于言。言协众心，书以示法。此典籍之所由起，而后世郡县之志所由效法也。

　　是故志也者，史也；史也者，举乎中也；中也者，人情之的也。天序天秩，情之立也；纪纲法度，情之行也。究人之情，有屈伸，有举措，有欢忻、恭敬、诚伪。是故明庶物，察人伦，范围天地者，灼见此外无情也。故述《易》《诗》《书》《礼》《春秋》，以正人心，以定趋向，俾上下贵贱，咸惟道法之循，非徒以博于物而耀其辞为也。是故言者志之声，书者言之纪。然而志有不能尽于言者，况书乎？故曰："书不尽言，言不尽意。"

　　孔子又曰："吾犹及史之阙文也。"夫史以存中，故有亲焉则讳，有尊焉则讳，有贤焉则讳，此史阙文之义也。苟知斯义，诚有不能自尽者。重以文献无征，虽欲不阙，不可得也。夫惩昔之无征，不可不为今日之纂述，此我君侯旸谷先生之意。

　　不肖幼学无本，壮获管窥。先生不谓其无本，而信其为管窥也，委以邑志，谓失今不修，后将终缺。得之自顾荒芜，惧终事之难，因循越岁，而先生以德授知钧轴，迁海虞。既去，诱督益勤。适柴侯也愚先生来嗣服，乃曰："生民休戚，国计盈缩，风俗淳漓，惟志可识其大。矧欲因时损益，以阜吾民乎？"乃命六曹，分稽案牍，自创县以至于今，凡有事实，悉以授余，且使得自效。用是执役，不能复辞。

　　窃惟皇华靡及之怀，石室刍荛之采，未知其何如，而民俗劝惩之机，即此焉在。苟非师古,曷启信从?《禹贡》《春秋》,史之宗祖。马、班之传,盖知古训之体人情也,故其所作,亦兼五经以为方。考吾邑之事,屈伸也,举措也,欢欨、恭敬、诚伪也,皆其情之不能已者。非有古今远近之异,但或不出于太虚之行,失天则尔。故今所志,或因言,或因事,无亦依仿人情,微示趋向而已。若夫旷视盈虚之旦夕,深究感应之明征,而图为解愠阜财之理者,则固存乎德位乘时之英,而非典籍所能尽也。

嘉靖乙丑仲夏望日识。

新修靖江县志参考书目

　　《禹贡注疏》《周礼职方氏注疏》《尔雅注疏》《史记》《三国志》　历代《天文志》《舆地志》《宋史》《忠文王纪事实录》《岳武穆传》《仪注》《诸司职掌》《皇明清类分野书》《国朝功臣录》《英烈传》《交泰录》《广舆图》《毗陵郡志》《常州府备照册》《江阴县志》《广陵郡志》《泰州志》《泰兴县志》　本县旧志　《浯溪集》《瀛洲稿》《太白山人集》

志终跋语^[1]

　　《县志》纂次，始于壬戌，成于乙丑。其成也，或以之啧啧，或以之訿訿，若存若亡者久之。逮己巳，始获镌木以传。

　　呜呼！考寻故牍，访求遗逸，阐发幽隐，岂孤弱者所宜任？直以遭遇之不偶，今昔风俗之殊，欲以寄其私忧也。故不避罪而受委，又以浅陋自歉，惴惴焉日见鬼神之临，不暇恤夫人之有不便者也。向非视百里为同室，信饥溺为由己，悯衰耄之勤劬，烛妍媸于空鉴，孰能置之必传，而不惑于孔壬之喙哉？

　　创议诸公谓志成为此邑之幸，今之观者则谓得梓为此志之幸，夫岂无所见耶？虽然，幸不幸惟其所见，其称便不便者，不知亦能自反于公私名实之间否也？敬致此谂，以终相规之义云。

　　隆庆三年冬十月望，得之跋。^[2]

---

[1]　志终跋语，底本无此标题，据版心及末篇末行补拟。

[2]　底本页末有"志终跋语"四字，今移作标题。

新修靖江县志义例

一、志以地作，故先《疆域》；因地本天，故次《分野》；天地合德，物类以生，故次《物产》；物盛须理，故次《职制》；职先养士，故次《选举》；德有上下，风以类从，故终以《杂部》。呜呼！天人合德，先后有伦，斯固司民命者之意也。

一、志立六纲，以统诸目，从简明也。县立未久，其建置沿革，昔无他见。虽小有改作，亦《疆域》之类，故不列目。

一、士习为风俗标准，其污隆存乎政教。君盂民水，故《职制》编年，循良是悉。戾官箴者，惟于民病见之。

一、《政绩》有碑者，不别立传。

一、《选举》内有实德，可以名世、敦劝良心者，挈之入“人品”款内，以见其能自选于时也。

一、《杂部》事变不一，难附五纲。凡意寓劝惩，事关秉彝者，虽微亦录，所以尽刍荛、谨细务也。

一、旧志创于邑宰周侯奇健，成于王侯棨霄，修于蔡侯德器。执役者未考终始，或失则诬，或失则略，未有见于资政之方也。故今纂述，事虽曰修，功实犹创，故名“新修”。

一、今志惟载我朝事物，立县已后为详。至若事远世革，非今所屑者，如元、宋以前，史传无稽，不敢泛录。

一、采录诗文，其序一以政事、问学、景俗为旨，所以存格言、征文献也。时之先后，人之显晦，姑未及论。但往昔亡失已多，荒陋无考。其山歌野语，意崇本分，不可目以诗文者，附注《风俗》条下，亦以见僻浒之拙扑，有唐风豳俗之余尚也。

一、凡志之本文及公正言论,俱大书;惟叙证源委,及今不得已之情与难废之务,俱分注备考。其有惩聚讼之见,开未同之心,姑存以待后举之决择者,题曰"汰类"。

一、纪人品不及生者,盖棺而后论定也。矧乡人之见类,惟生斯世,为斯世善,斯可而已。今或生者事求自慊,而无要誉纳交之故,而其族类又在寒微,恐日远而无传也,姑存之,以待他日之考成。

一、灾异见于各省、部檄,奉旨通行知会,上下同心修省者,宜入"编年"。缘文移无考,姑缺以待。

一、纂述之始,鉴旧志之缺略,求详而不得,又以诬且诞为戒,乃考群籍,稽舆情,无微不录。既而觉其繁芜也,屡芟屡改,屡以质诸忧世者,而始得次第如左,然终不敢谓成书也。先正曰:"美则爱,爱则传。"《记》曰:"尽饰之道,斯其行者远矣。"荒陋不能尽饰,不敢期于美爱,亦揭百年将湮之迹,以备他日良史采择耳。

宋温国司马光纂《通鉴》,梦唐太宗谓光曰:"善为我辞,不然当祸。"光曰:"陛下内多失德,天下共闻之。臣头可断,笔不敢改。"太宗默然退。梦关羽曰:"何以书我?"光曰:"君之心光明正大,但笔不能尽耳。"羽谢之。近岁江阴张学士衮修邑志,邑宰赵锦举五生分科执事,曰刘葵、林观、吴胤、蒋龙、徐鸣玉。刘、林、吴三生以私见增损旧志,内削节妇二人氏族。一日,五人偶至城隍庙,坐仪门,惟刘、林、吴见门外有二妇入,一由中道,一走旁门升,露地,一立一跪,若有所讼者。注目待其出,相见若有怒色,然蒋与徐不见也。是夕,三生归,即感疾,不终事而卒。当时亲友问之,曰:"由中道不跪者,命妇某氏也。"五生皆余之姻交,其事则众所共闻。余于是益信鬼神英爽未尝泯,而史事之轻率欺妄可惧也。

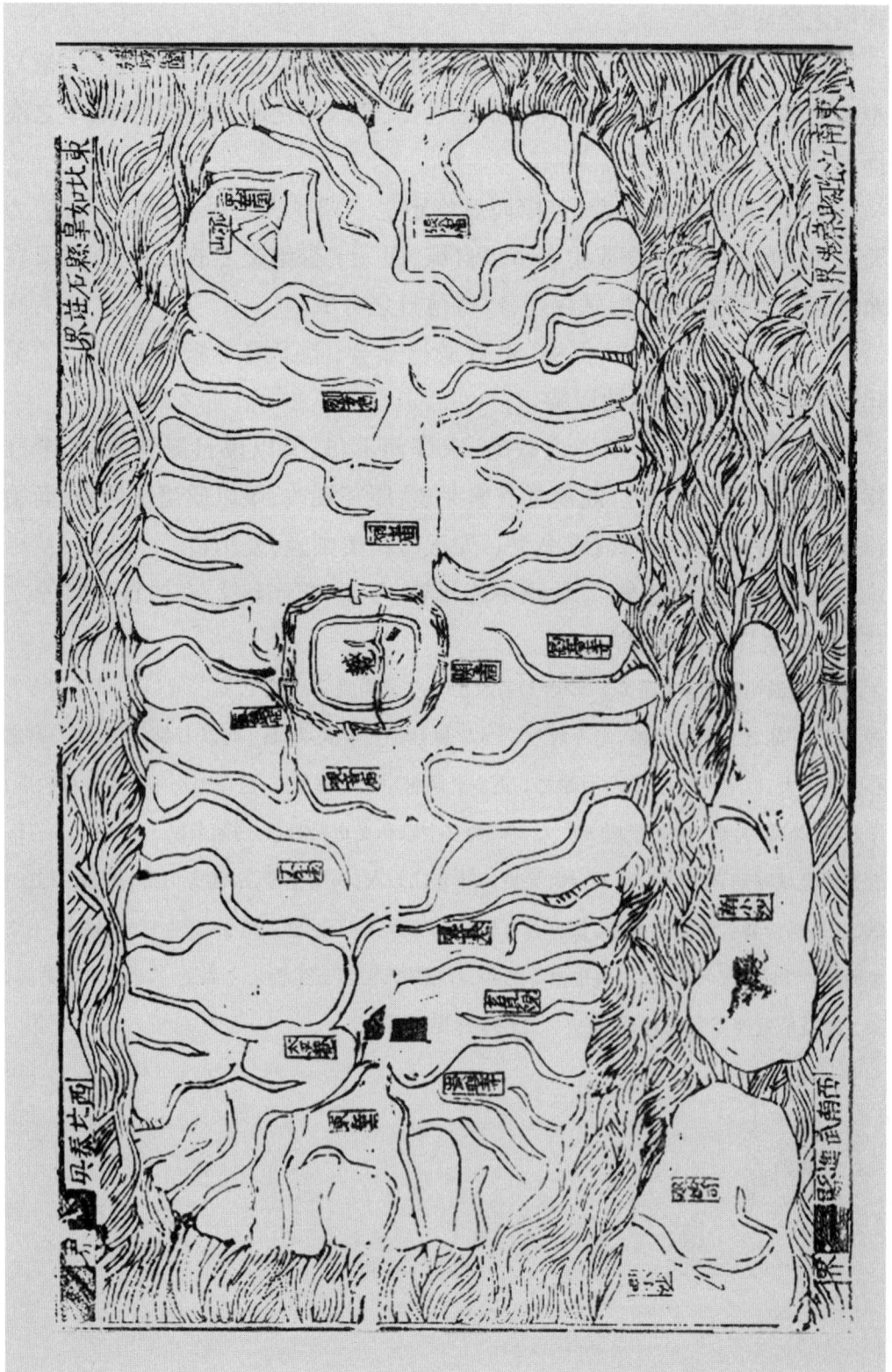

疆域图^[1]说

　　凡志必图四境，明接壤，联休戚也。靖邑图四境，吁孤危，祈预计于险要也。岷源万里，会九江而下，注安庆而东，一流旋绕金陵，又东四百里，过孟渎，遇此土，始分流为二。此土当二水之中，实为金陵下流水口障，而为江海之交。其东南蟛蜞港，与江阴之蔡港相对。西南大新港，与武进横担；东北孤山港，与如皋石庄；西北展苏港，与泰兴新河，俱相对。诚于此四隅设守，则海氛之作，稍为牵制，不能长驱直捣；京口以上，皆得预备。故此土虽小，实金陵第一锁钥也。经略效忠之司，当有鉴别。窃惟金陵乃祖宗创业之基本，江限南北，古今恃为天险。维扬、京口，为江表门户；沿海兵戍，本以备倭。而崇明、常熟与沿江一带，顽悍出没波涛，肆行剽掠，民需国计，不胜挠困。故今知江防海备之为重务，而不察此土所系尤重也。今以小邑慢视，若不介意，不惟不设戍助，且加侵削，民之日困不足恤，其如国计何哉？呜呼，悲哉！焉得铨司同仁为心，而例以名士宰之也？

---

[1]　疆域图，底本目录作"县境图"。

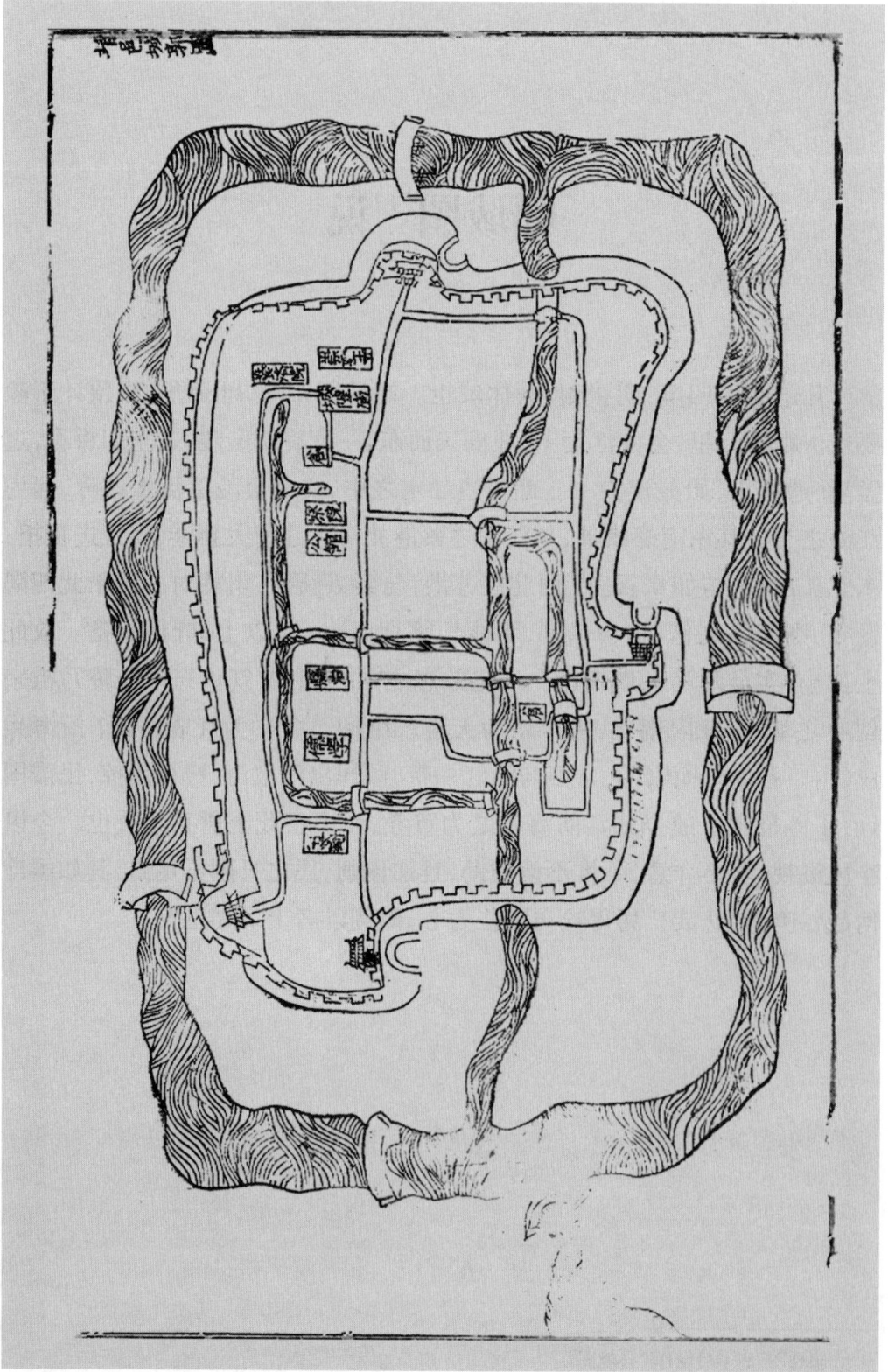

城署图说

　　城署之图，图肇造也。城因伪吴结寨，规模非经久之见。堪舆家相传，谓城之于邑境，犹家之茶亭，宜像本沙之形。及嘉靖三十三年筑城时，县令汪玉适有迁官报，急图速成，遂因陋就事。四十二年，永嘉王令公来莅任，善风水，见民居促隘，亦谓当并包西市，庶乎风气萃和之地不裂剩也，议欲展拓。措置有绪，迁常熟，事遂寝。至若诸署增修，日就轩厂，宪院府馆，虽曰数岁不一瞻依，而岁时修葺，民力不敢靳也。焉得日月一普容光之照，使民力不为虚费，民隐不若绝域乎？

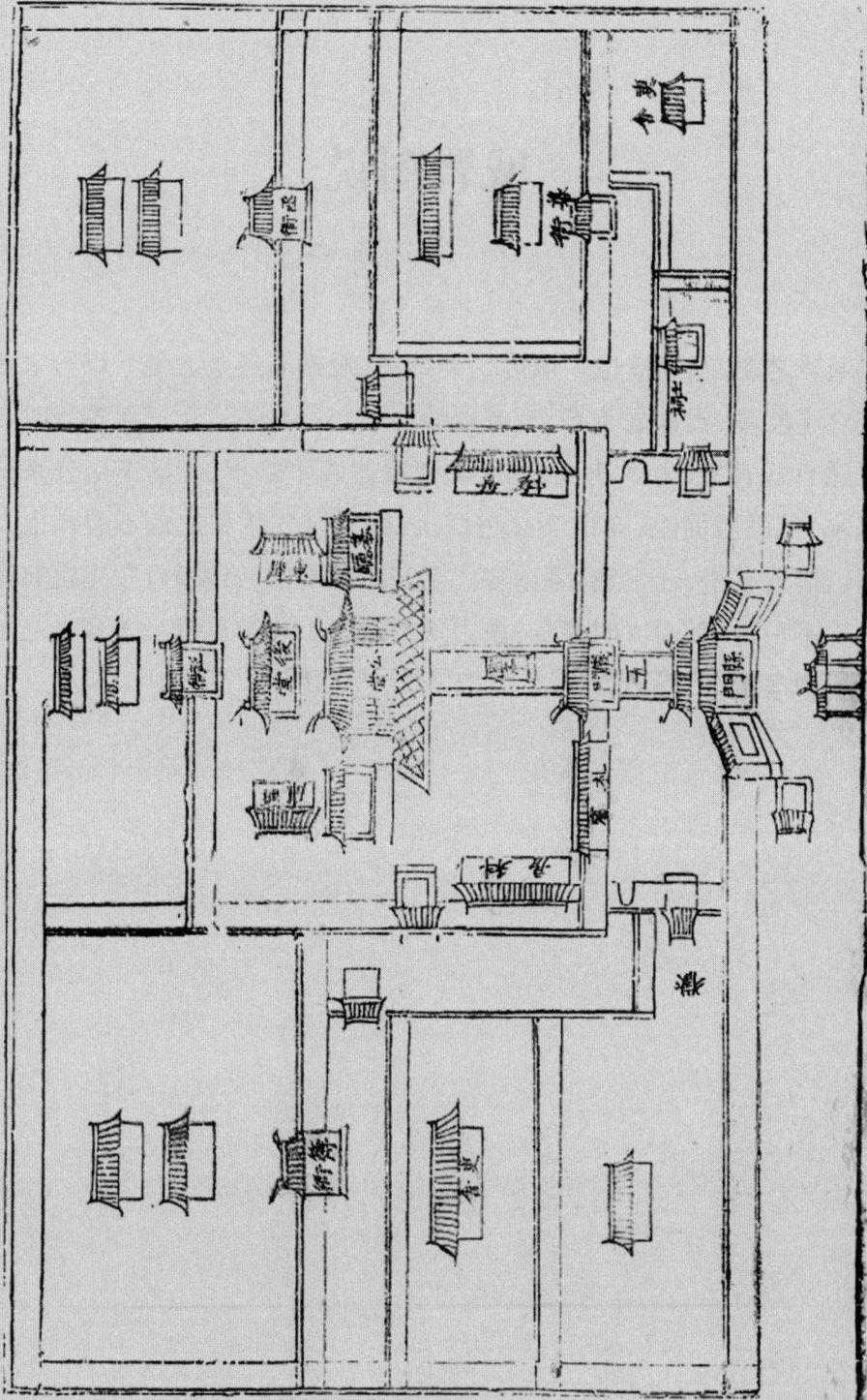

县治图说

县治之建，宅牧也，亦以建邑之极也。邑之极建而民极表矣，牧之极于焉以敷锡于下矣。故大君分任贤材，庶民瞻依父母，皆于此乎寄其情。《商颂》曰："商邑翼翼，四方之极。"言民心拱向于是也。《斯干》之诗曰："爰居爰处，爰笑爰语。"又曰："君子攸跻。"跻之云何？去所恶以聚所欲也。《洪范》曰："皇建其有极，敛时五福，用敷锡厥庶民。惟时厥庶民于汝极，锡汝保极。"此上下感应之必然者。乃若今之敷极也，不必有事于聚欲，惟弗施所恶焉已矣。邑小力薄，弗能高广，亦前辈因时因地而节费之意。知德者以为茅茨土阶可以行志，不使庶民望之而泣，则百里生生之机，此其根本。居其室，出其令，宣上达下者，必不苟焉为去就。

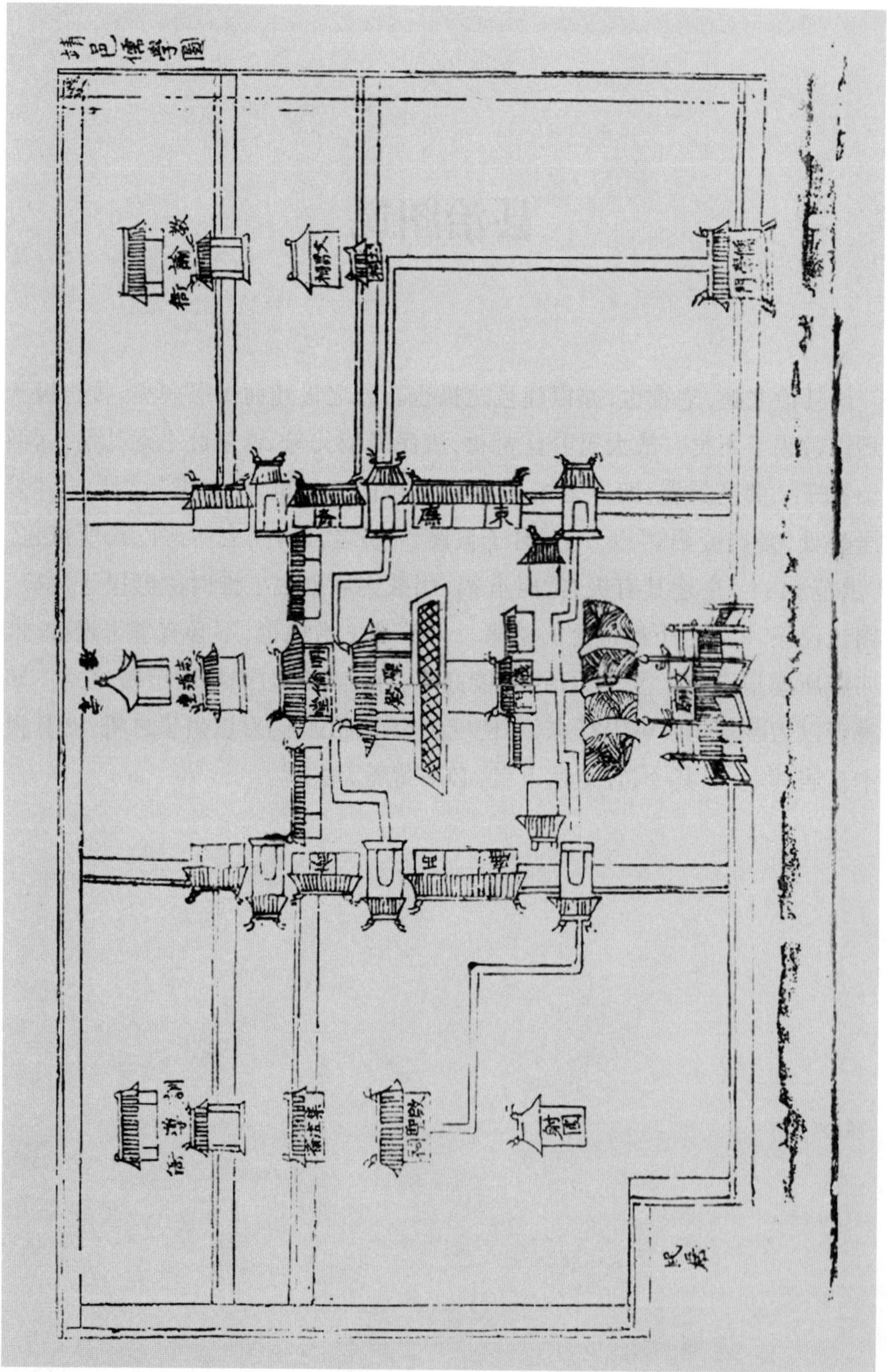
靖邑儒學圖

儒学图说

学宫，育材之所；育材，以宣尼为表率。仁宅义路，礼门智鉴，其归不外于明伦。故揭名于其堂，而分署则曰明善、复初。夫明善者，明其善以善天下也；复初者，复其赤子之心。赤子之心，至善也。"不识不知，顺帝之则。"知识炽而形骸重，初不可复而善不能明矣。昔者子张学干禄，必谨言慎行于平日，是亦修天爵以要人爵也。今之人要人爵矣，不知修天爵者何如，岂以习经艺为修天爵乎？呜呼！非善学者不能通之于身心家国也。曰明经乎？则无事于体验；曰效用乎？则无当于经纶。校工拙于游辞，窃偶丽于记问，恬然不愧，悻然自多。呜呼！士习如此，又何以望孔孟之门庭也？人生斯世，又何以副生成之灵秀也？孟子谓"终亦必亡"者，谓尝有修之之功也。今之存亡，不知其何指也。圣王不易民而治，君子不迁业而学。诚有得于即事即学之方，存其心，养其性，不使时艺得以役心，必见古训，不成诳语，则披阅摩写，皆足以开尘翳、惺良心矣。多师多士，其奋学孔之志哉！

新修靖江县志卷之一

邑人朱得之　纂修

教谕何　炯　参校

训导吴继澄　同校

则壤成赋,王者体国经野之大典。立极厚生之道,于焉以资,故志《疆域》。

疆域一[1]上　城池　海氛消息　田赋　户役　课程

靖江县本扬子江中一洲,旧呼马驮沙。县以江海多警而立,故名靖江,扼其冲也。县者,悬也,悬于州也。州者,别也,禹别九州,事载《尔雅》;六书,盖指事兼会意者。其地中分为二,曰东沙、西沙。汉以前无考,隋唐时属泰州海陵、吴陵县境,宋隶泰兴县,元因之。我朝初隶江阴,盖以土产类江南,田赋独重于扬州诸县故也。成化三年,巡抚高公明以江盗不靖,奏设县丞一员,署其地。七年,巡抚滕公昭始奏立为县,隶常州府。其地东西百里,南北二十五里,编户旧五十五里,今六十里。东至江阴巫子门三十里,西至武进县横担六十五里,南至江阴县君山麓四十里,北至扬州府泰兴县沙河埠二十五里,东南到江阴蔡港五十里,西南到武进县澡港五十里,东北到扬州府如皋县石庄七十里,西北到泰兴县新河五十里。旧志四境所接,远近失真。今虽改正,亦信舟人往反相传之说,

---

[1]　疆域一,底本无"一"字,据上下文例补。

非有所稽度也。沙本以海潮逆江，依孤山之麓，淳聚成壤。《广陵志》谓赤乌年间，有白马负土入江，遂起此洲。嘉靖三年，知县易东桂幹循行至西沙焦山港坍处，得一断碣，其文不续，但云此沙乃吴大帝牧马大沙，隔江一洲为牧马小沙，则此土之来已远。《广陵志》：方言呼"大"为"驮"，讹"牧"为"白"，书之不可尽信也如此。大沙之外有十洲，自东绕南至西，联络起伏，或大或小，曰面条沙、东开沙、尹家沙、官沙、段头沙、南沙、西小沙、孙家沙、新沙、团沙。今多涨起相连，广袤次于大沙，民居加密焉。地本浮沙所聚，土膏最瘠，收获仅半于江南。周文襄公与江阴知县王秉彝议奏，定拟本土止次南运，盖怜地瘠民愚而优之也。近数年来，改拨凤阳、寿、亳等运，而民始加劳费矣。

　　蕞尔之邑，当江海之冲，虽有备，不敢以无患自许，况无备乎？患莫大于倭奴也。今考寻海氛缓急消息，以听采择。

　　日本国即倭奴国，在东南大海中，依倚山谷，其附庸国凡百余。自汉武帝灭朝鲜，译通汉者三十许国。光武中元初，始来朝贡，受中国爵命。历魏、晋、隋、唐，皆来贡，稍习夏音。唐咸亨初，恶倭名，更号日本。故小国为倭所并，因冒其号焉。宋雍熙后，累来朝贡。终元之世，使竟不至，且数为侵掠，沿海不得宁居。本朝洪武二年，命臣赵秩谕其国王良怀，遣使臣僧祖朝贡，自后数岁一来。后屡入寇，且与胡惟庸[1]通谋，恶之，著为训，绝不与通。爰命信国公汤和经略沿海，自辽左至徐闻甚具，详具[2]《沿海图志》。永乐以来，尝遣太监郑和招谕诸夷，日本首先纳款，乃给勘合百道，许其通贡，仍非时寇至。十九年[3]，大寇辽东等处，总兵官刘江尽歼之于望海堝，海氛始熄。百八十年，海上恬晏。奸商造孽，乘时跳梁，大掠沿海、内地。自嘉靖壬子至戊午，几致滔天。幸而渠魁授首，凶焰顿衰[4]。虽间或弗靖，然要领绝矣。故永安长算，其犹须详议乎？

　　始倭之通中国也，实自辽东。由六朝及今，乃从[5]南道浮海，率自温州、宁波以入。风东北迅，自彼来此，约可四五日程；而西风迅，自此之彼，约亦四五日程。盖其去辽甚远，而去闽、

---

[1]　胡惟庸，底本误作"吴惟庸"，据元朱思本撰、明罗洪先补订（明万历七年钱岱刻本）《广舆图》卷二改。下引《广舆图》，均为此本。《明史·外国列传三·日本》云："先是，胡惟庸谋逆，欲藉日本为助，乃厚结宁波卫指挥林贤，佯奏贤罪，谪居日本，令交通其君臣。"

[2]　沿海自辽左至徐闻甚具详具，底本脱此十二字，据《广舆图》卷二补。

[3]　十九年，《广舆图》卷二同，《明史·成祖本纪三》《兵志三》《外国列传三·日本》及刘江本传并谓永乐十七年。

[4]　顿衰，底本误作"颇衰"，据《广舆图》卷二改。

[5]　乃从，底本误作"乃后"，据《广舆图》卷二改。

浙甚迩。若尽其国界,则东西也长,行可四五月;南北也短,行三月而皆极于海。其西北至高丽也,必由对马岛开洋,顺风仅一日、二日。南至琉球也,必由萨摩州开洋,顺风七日。其贡使之来,必由博多开洋,历五岛而入中国。贡舶回,则径收长门。若其入寇,则随风所之。东北风猛,则由萨摩或五岛至大、小琉球。而仍视风之变迁,北多则犯广东,东多则犯福建。若正东风猛,则必由五岛历天堂官渡水。而视风之变迁,东北多则至乌沙门分艅,或过韭山海闸门而犯温州;或由舟山之南而犯定海,犯象山、奉化,犯昌国,犯台州。正东多则至李西岙壁下陈钱分艅,或由洋山之南而犯临观,犯钱塘;或由洋山之北而犯青邨、南汇,犯太仓;或过南沙而入大江。在大洋而风欻东南也,则犯淮扬、登莱。若在五岛开洋,而南风方猛,则趋辽阳,趋天津。

大抵倭舶之来,恒在清明之后。前乎此,风候不常,难准定。清明后,方多东北风,且积久不变。过五月,风自南来,不利于行矣。重阳后,风亦有东北者。过十月,风自西北来,亦非所利。故防海者,以三、四、五月为大汛,九、十月为小汛。其停桡之处、焚劫之权,虽曰在倭,而其帆樯所向,一视乎风,实有天意。有备者,率能胜也。

前此入寇者,多萨摩、肥后、长门三州之人,其次则大隅、竺前、竺后、博多、日向、摄摩、津州、纪伊[1]、种岛,而丰前、丰后、和泉之人亦间有之,盖因商于萨摩而附行者。盖日本之民有贫有富,有淑有慝。富而淑者,或附贡舶,或因商舶而来;其在寇舶,率皆贫而恶者。且山城君号令久不行于诸岛,而山口、丰后、出云又各专一军相吞噬。今惟丰后强,颇并肥前等六岛而有之,山口、出云俱以贪灭亡。倭盖无常尊定主矣。

自潭岸山以北以西之海,水浅砂硬,大船遇阁[2]则破坏。且无避风安岙,兵船至彼,如遇夜,必须当洋下碇。碇不能坚,每被急流飘去。或夜半发风,则尤危。然多赖天幸,非安计,然则宜如何?曰:钱塘江、乌嘴、头浦内船兵一枝不可无,余则练陆兵精卒一枝以待,而严龛、赌哨探远谍焉,庶救仓猝。或曰:贼舟何能至此?曰:贼用单桅小舟,径抵山边,阁干登劫。故必用陆兵追捕,方不走脱。若以兵船,必高大,方能胜贼。如与贼舟等,则胜负未必也。今言御贼于海也易,要非通论。海本辽阔,舟行全藉天风与潮,人力能几?风顺而重,则不问潮候逆顺皆可。若风轻而潮逆,甚难。夏秋之间,西北风起,不日必有极大西北风也。操舟者见此风候,须急收安岙。兵船在海,每日遇晚,俱要酌量收舶安岙,以防夜半发风。至追贼,亦要预计今晚收舶何岙。若一意前追,遇夜风起,悔无及矣。

---

[1] 纪伊,底本作"纪祝",据郑若曾《筹海图编》改。

[2] 遇阁,《广舆图》卷二作"误阁"。

　　沿海之中，上等安奁可避四面飓风者，凡二十三[1]处：曰马迹，曰两头洞，曰长涂，曰高丁港，曰沈家门，曰舟山前港，曰浮江，曰烈港，曰定海港，曰黄岐港，曰梅港，曰潮头渡，曰石浦港，曰猪头奁，曰海门港，曰松门港，曰苍山奁，曰玉环山梁奁等奁，曰楚门港，曰黄华水寨，曰江口水寨，曰大奁，曰女儿奁。中等安奁可避两面飓风者，凡一十八处：曰马木港，曰长白港，曰蒲门，曰观门，曰竹齐港，曰石牛港，曰乌沙门，曰桃花门，曰海闸门，曰九山，曰爵溪奁，曰牛栏矶，曰旦门，曰大陈山，曰大床头，曰凤凰山，曰南麂山，曰霓奁。其余下等安奁，只可避一面飓风，如三姑山、衢山之类，不可胜数。必不得已，寄泊一宵。若停久，恐风反别，迅不能支矣。又潭岸山、滩山、许山之类，皆团生无奁。一面之风，亦可暂避[2]，可不慎乎！

　　海战虽藉风潮，全在舟械坚善。今造以利徒，既苦窳疏薄，而军数率诡名冒饷，即执械下碇，俱乏人。故兵不可战，而舟难出洋。甚者利倭焚烧，以灭迹借口，弊焉极矣。观元兵至五龙山，大风破舟，然范文虎[3]犹择得坚好者乘以遁。使能尽护破舟，奔山之人不自相争，犹可一战，以俟伐木造舰。而相弃如仇，莽无约束，遂至被虏俱歼，同葬鲸穴，可恨哉！

　　国初惩倭之诈，缘海备御，几于万里。其大为卫，次为所[4]，又次为巡检司。大小相维，经纬相错，星罗棋布，狼顾犬防。故所在制有数百料大船、八橹哨船，若风尖快船、高把稍船、十桨飞船，凡五等。至如定海、昌国，贡道所经，切近彼岛，则船数倍蓰他处，而以时出哨，各有限准。至各港次奁所，则又设有水寨营栅以止舍之，而统以指挥、千百户、镇抚，总以阃职，督以宪臣，所以制御之者密矣。而岁久人玩，法去盗生。二十年来，山颓澜倒。当事者见不可用，遂别募以充，远征以御，改造巨舰，一切从宜，而旧法因废不讲，则亦惩咽之过矣。自顷客兵骄暴，鲜克宣劳，故中外建言乡兵似矣，然徇名弗思，终属文具。夫所谓乡者，对客兵而言，岂谓是荷锄秉耜、稆奴牧竖然哉！窃谓卫所、巡司军壮、弓兵之类，宜因旧法润泽损益之，务足故伍。或抽羡丁，或金壮士，无论军舍，通融辏攒，优与津给。而以其半哨守，其半团练，更迭肆之，俾皆可战。或虑一时未习，不足应猝，则量留旧募与调之选，以备缓急，久之或可尽罢，一守石浦而循焉。虽然，此特治标末云耳。若夫约己裕人，宜民酌损，修明法纪，变易风俗，力挽衰颓黩冒之习，务敦忠实节爱之政，是谓自治，是谓先为。不可胜，则存乎其人焉矣尔。

　　右录似非本土所急，远略者或有取焉。

---

[1]　二十三，底本作"三十三"，下所列共二十三处，郑若曾《筹海图编》卷五作"二十三"，据改。

[2]　亦可暂避，《广舆图》卷二作"亦所难避"。

[3]　范文虎，底本作"郑文虎"，据《广舆图》卷二、《明史·外国列传三·日本》改。

[4]　次为所，底本脱，据《广舆图》卷二补。

城池一之一

县旧有土城,在马驮东沙第三图境内,乃伪吴将徐太二所筑,周三里。城外壅河旋绕,城内地计五百一十亩。成化十三年,知县张汝华因其址修筑。十七年,海盗刘通冲斥,巡捕御史王瓒命县再加修治。正德元年,海盗施天泰、钮东山大发,巡抚都御史艾璞委本府通判刘昂、知县周奇健加筑土墙于城上,四门易以陶甓,覆以楼居而名之,东曰观海,西曰障江,南曰济川,北曰回澜。障江门之南,则建水关,引水入城,以通灌溉。后此,不时修筑。嘉靖八年,海寇侯仲金、郑二窃发,知县郑翘修筑,加立警铺二十所。今废。三十二年,因倭寇冲突,江南北州县皆修筑城堡。知县汪玉承领郡藏,分责殷实人户,甓以砖石,敌台、门楼、女墙俱如制,改筑水关于东门之南。三十四年,知县应昂复广壅濠,废四门石桥,易以木料;门加瓮城,城加高三尺。四十三年,知县王叔杲略于崩处修葺。时因城中地窄民稠,从民议报,欲扩城西展,并包西市;仍改水关从西,以便水性,以疏污淤。鸠工聚财,方申请报可,乃以调繁去事,即有赖于继体矣。

田赋一之二

成化八年黄册,无查。

十一年抚院奉户部勘合,拨赐另项土官邓、黎两姓柔远田滩二千一十三亩有奇,定额三升三合,无耗、无差、无麦。每米一石,折轻赍金花银二钱五分,自行运纳京库。会计民田,不得比例。

成化十八年黄册,无查。

弘治五年黄册,无查。

弘治十五年黄册总数:官民田山滩二千八百九十七顷五十八亩,夏麦一万三千五百九十七石,秋粮二万六千三石,马草三万四千六百七包,各有奇。

旧志:县官田一百八十一顷六十一亩,征数一如弘治十五年册数,且曰:先是马驮沙坍江官民田一百九十八顷一十三亩各有奇,该除夏税麦一百一石,秋粮二千三十一石,马草二千八百七十四包,各有奇。无征,概于江阴通县派纳。成化七年,抚院滕公昭奏闻,增诸县税粮银布以足其数,遂为定额。

据成化七年数为定额,则前此皆未县以前旧额也,且与今郡志所载不合,事久势殊,可信而不可凭。或者以为修志必须弘治以来各与条悉,乃可为革弊之据。其然? 岂其然乎?

弘治十八年,新升田滩一千一百一十六顷一亩,夏麦二百七十八石,秋粮一千四百九十三石,马草一千九十三包,各有奇。

正德二年,实除坍江官民田滩五十五顷一十亩,夏麦一百五十五石,秋粮三百二十一石,马草四百一十二包,各有奇。

本年新升并改正官民田滩二百五十四顷九十二亩,夏麦六百六十七石,秋粮八百二十二石,马草二千一十三包,各有奇。

正德七年黄册,无查。

十年,实除坍江官民田滩三百五十顷六十四亩,夏麦三百八十四石,秋粮一千八石,马草一千一百三十六包,各有奇。

次年,轻则转科并新升改正坍江田滩七百五十七顷八十九亩,夏麦一千六十九石,秋粮一千五百二十二石,马草三千五百三十一包,各有奇。

十三年,实除坍江官民田滩一百二十六顷七十五石,夏麦一百六十三石,秋粮四百九石,马草四百五十二包,各有奇。

本年复熟原额田滩并新升转科田一百六十八顷二十八亩,夏麦四百二十三石,秋粮一千四百九十七石,马草一千二百五十六包,各有奇。

十五年,实官民田滩山三千八百六十五顷二十八亩,夏麦一万五千三百六石,秋粮二万八千四百六十二石,马草三万九千一百八十七包,各有奇;租钱三十文。此旧志,后未载数也。

嘉靖元年黄册,官民田山滩三千四百八十七顷七十四亩,夏麦正耗一万五千六百九十七石,秋粮正耗二万九千五十六石,豆正耗三百四十八石,各有奇;山租钞三十文。

比弘治十五年会计,增麦二千一百石,增米三千五十石,各有奇。此后连年新升改科、复熟坍江,案牍无查。

嘉靖十一年黄册,官民田山滩三千四百四十顷一十五亩,夏麦正耗一万五千三百三十石,秋粮正耗二万八千三百七十石,豆三百四十八石,各有奇。

比前册,麦减三百六十七石,米减六百八十六石,各有奇。

十八年,知县周继学通县清查官民田山滩三千四百四十二顷三十四亩。官田滩一百四十二顷四十六亩,税粮五千六百八十八石。内:田,四斗田一百四十二顷,税粮五千六百八十石;滩,一斗七升五合滩四十六亩,税粮八石,各有奇。民田山滩三千二百九十九顷八十七亩,税粮四万八千五百五十九石。内田二千七百八十七顷八十三亩,税粮四万六千五百一十一石零一斗七升一合。田二千五百七十八顷八十二亩,税粮四万四千九十七石一斗二升;积荒沙田一百九十五顷五十五亩,税粮二千三百四十六石五升;飞沙荒田一十三顷四十五亩,税粮六十七石四升。滩五百一十一顷八十九亩,税粮二千四十七石,各有奇。山一十五亩,租钱三十文。已上共税粮五万四千二百四十七石六斗四升七合五勺,租钱三十文。

二十一年,知县俞献可《坍江归图》计除官民田滩二百二十三顷八十一亩:官田七十六亩,该米一十三石;熟民田六十四顷九十一亩,米一千一百七十石;积荒沙田六顷八十四亩,米八十二石;五升飞沙田九顷一十一亩,米四十五石;滩一百四十二顷一十七亩,米五百六十八石,各有奇。已上共米一千八百八十石九斗四升九合二勺。

本年黄册,实在官民田山滩三千三百四十七顷七十亩,夏麦正耗一万六千二百三石,秋粮正耗三万九百七十六石,豆三百四十八石九斗,各有奇。

比前册增税粮,麦八百七十三石,米二千一百三十九石,豆同,各有奇。

知县周继学通县查量均摊官民各则,每亩秋夏税粮实输一斗八升三合,至此方著为令,比旧减科五升。

嘉靖三十一年黄册,官民田山滩三千三百八十七顷八十九亩,夏麦正耗一万一千九百石,秋粮正耗二万二千三百五十七石,豆二百九十六石九斗,各有奇。

比前册减税粮,麦四千三百三石,米八千六百一十九石,豆五十二石,各有奇。

累年升除,册数无查。

嘉靖四十一年黄册,官民田山滩四千二百三十八顷七十四亩,夏麦正耗一万七千九百七十七石,秋粮正耗三万六千四百二十九石,豆一十八石,各有奇。

比前册增税粮，麦六千七十七石，米一万四千七十二石，豆减二百七十八石，各有奇。

是年，知县冯文澜据学校里老呈申《通查概县转科新升通融减科》：每亩实征一斗六升三合，详允。复委江阴知县杜华、本县县丞吴徵勘实，著为令。

四十二年，知县王叔杲申《为清查沙田以裨公用以苏民困事》，即奉按院明文，欲将新涨田滩收租，协济毗陵、锡山二驿。本县酌议间，通学生员呈称"坍则通县包陪，涨则一邑沾惠"等情。勘得前项滩田，守候数年，方可垦种。秋潮荡析，更须人力堤防。万一前田复坍，租税无出，两驿受协济之虚名，靖江遗陪赔之远祸。呈蒙再议，知县亲躬踏勘，量出田滩共五百九十八顷三亩。复查旧额，通县田滩四千八十八顷，历年坍田七十七顷五亩。其间有豁，有抵，有升。今鉴往弊，遇坍尽行开除，涨者验亩升粮，庶杜奸僭。旧额每亩该粮一斗六升三合有奇，今每亩减米一升四勺有奇，实科一斗五升一合八勺。沙田旧额每亩一斗七合有奇，今减米六合有奇，实科米一斗一合四勺。官滩旧额一斗五升七合有奇，今减一升五合有奇，实科一斗四升二合二勺二抄一撮五圭。民滩旧额三升五合，今减九勺有奇，止科三升四合[1]五勺四抄四撮。粮额既得以递减，民困亦以少苏。其前项田滩，虽天地自然之利，而守候垦筑之劳颇繁，工费今杳。应该上价者，相其肥瘠，定为等则，大约该银二千一百两零。议解武、无二县，另置腴田，收租协济，似亦相应。但查二驿之费，自有定额。前银置田不满数百，岁收租利，仅足以当二驿两月之供，徒以滋他日侵渔之弊。欲将前田收租运解，则小民既有垦筑之劳，孰肯委之为公家之利？必无坐见坍荒，将来遗患尤甚。两驿支应，不若遵照旧规之为愈也。又据通县粮塘里老陆林、刘高、吴愍等连名呈称，"武、无二县各四五百里有奇，地广田腴。靖江较之，百不及一。况兵荒之役，十室九空；包陪虚粮，逋逃相继。今以瘠土之征，而助大邑之费，是犹浚涓流以益江海，掊平壤以增山岳。在当道虽为一体之仁，而小民实有不均之叹。窃见本县悬居江渚，数堆孤城，砌筑单薄，每一遇警，人心惶惶。如蒙准呈，转达上聪，乞□[2]量出田滩，通融敷摊，少减粮额。其召佃银两，为修城窝铺之费。庶以本地之财，而供本地之用，救生灵于涂炭，树保障于无穷，实为感戴"等情。据此为照，本县委系沙田，原无腴业。自遭兵荒之后，茅茨一望萧然。况县治孤悬，四无援应。所筑城垣，委果卑陋单薄，并无窝铺。万一有警，诚为可忧。卑县到任以来，屡欲申请修葺，但一时钱粮无从措处。合无俯顺舆情，将召佃前银，候申详允日，立限追征，差官估计，以为修建城垣、窝铺之用，庶小民乐于上需，江防赖以永固。

---

[1] 四合，底本脱，据文义补。

[2] 乞□，底本下一字漫漶，疑为"将"字。

惟复解彼置田收租,以为协济之费,俱候详夺。此申意在修城,其多词说,因上有津贴二驿之令也。二驿在府五县,津贴见大段者然也。不思二驿本有定额,谚云:"天下无穷驿。"周文襄公定徭,高、滕都抚立县之时,详察土膏民力,求于均平,故靖独免津贴。文襄抚临江南二十七年,无微不察,如其当贴,岂待于今,然后起因时救弊之术哉?下情难于上达,非王侯之持正,靖民受祸其无穷矣。

本年,本县《为柔远田土事》:鸿胪寺序班邓钦、承义男邓惠奏,查伊祖尚书邓明系安南国输忠纳款归附人员,累蒙列圣恩赐田土。今查见存田一十顷一十三亩有奇,抵补坍没田一十顷。按院陈公批发本县,立石刻记于幕厅。按此恩典,旧有定所。承委踏勘者求敏捷之名,厌案牍之烦,占产者巧欺隐之术,卒使无辜受梏腹之祸。天乎?人也?

嘉靖四十三年,抚院周公札付,内开:切念江南粮长破家之弊,博访得武进、江阴乡宦揭帖,备行本县,再加详议。知县柴乔备将嘉、杭遵复国初旧规,开帖遍访学校乡耆,舆情画一,申定排年轮应粮役。次年四月,俱蒙俞允,一复国初定制,始免报审低昂、侵赖、包诈、党持诸弊,而靖民始与畿辅之一视矣。

直隶常州府靖江县《为巡抚地方事》:奉本府帖文:"该蒙钦差总理粮储周札付前事,仰县即查各乡宦所开利弊,应厘革者厘革,应议处者议处,应复旧者复旧,永为遵守,不得偏听,擅更良法。至于编审粮长,必举殷实;解兑繁苦,必与处分;豪强负赖,必加重治。毋图安逸,毋要虚誉。其役田、役银,江阴士民尤称不便。仍博访舆情,酌议停当,具由申府,详夺施行,仍出示谕知"等因。依奉备云,出给大字告示,晓谕军民人等知悉外,其役田、役银一节,卑县多方博访舆情,参酌士论,咸称不便,已行中止,不敢再赘也。窃照靖江之害,莫甚于粮长;而粮长之害,莫甚于今日。倾家荡产之祸,比比皆然,诚有如抚院所虑者。卑职自分寡昧,不谙世故,愧无以仰副德意。但于粮长一事,缘祖父素执是役,其艰难困苦之状,亦颇知其一二。查得靖江原无北运白粮自办之说,不敢复议。至如好逸避怨之情,快手下乡之害,势豪侵赖之徒,俱痛自厘革外,敢以所闻者,列为五事,具申台下,伏乞照详,明示施行,须至申者。

一曰均编审以定画一之规。旧制:编审粮长,一区一名,钱粮数多,陪费繁重,其势甚有所弗堪者。后乃一区或三名,或五名,或七名八名,朋充一役。编审既多,岂得尽为大户?不免以中人之家应之。中户势轻,百姓不服。且以此图之人而收彼图之粮,奸顽人户,贿通田甲。粮长既不识认,田甲又不以实告,虽日奔走于其前,而亦不知其为某粮户也。往往以在作逃,以生作死,以存作绝,尽为陪贴。一审是役,无不倾家。近访浙例,不复编审粮长,即以排年资次应役,迟速厚薄,相为施报,不得不争先竞劝,及时完纳。况粮头所管甲首十名,谓之催粮。第一名即管催第一甲钱粮,以后仿此。一甲完,则一名催粮放卯治生,不复入县。且一户固给一由,而至于一甲,又给一总由。夏税麦折,限七月中印总;秋粮本色,限十二月中印总;金花米折,限三月中印总。一户不完,则总由不印。总由不印,则田甲受比。是以民无逋负之弊,官无催科之扰,而粮长亦无倾费之虞矣。窃见靖江粮长,多者或二三分,或一二分,少者或厘毫,或丝忽。征收之时,扰扰盈阶,散无纪律。一遇比较,逃窜流移,挨拿无获。田甲藉此而坐不催完,部解藉此而延不起运。及至严提到日,不得不费产鬻男,以足国赋。甚至有身毙狱底,而害流后裔者矣。可胜惜哉!为今之计,合无略仿排年轮充之意,一甲自当一名田甲,贫乏者即取甲首之殷实者以充之。或谓图有大小,甲有贫富,不可画一。亦惟总一图之实田,均作十分,定其经收名次,使贫者串名帮役,富者代认收解。如此通融,虽富者,十年不过两役。况止收一图,所陪不过什一。且仿十排年催十甲首之例而责成之,十排年给十总由之例而稽核之,庶力分而便于集事,责专而易于考成,民无必困,官亦无遗累矣。

二曰分两税以立征输之限。旧制:粮长自五月初一上卯,征收夏税麦折等项银两,至七月终,渐次完解。候十月初,各粮长开仓征收秋粮米折,虽会计未定,亦略仿每年旧规而先收之。至十二月中,粮长报完,官府封廒,收拾过节。各粮长下乡揭算各户未完银米数目,如数完足。三月初,即开仓兑军,兑毕即起解三四银两,随上存留粮米,预待官吏、师生、孤老支给。五月初,比折金花,尽行起解。八、九月间,通获批单销照。此正两税三限之遗意也。窃见靖江麦折,并入秋粮米折同收,正所谓用其二而民有孚,此其所以势不得不延至麦熟,复延至稻熟。而今年之所入,仅可以完旧年之所负,以至新年之粮又不得不延及于明岁之终矣。甚而批单未获,查盘叠至,轻则三两五钱,重则十两八钱,由是民日以贫,粮日以亏,而家之所由倾矣。查访旧例,国初田粮,俱收本色。至周文襄公,以为民生在农,民命在谷,使其收成之时,输所应纳者一半充存充运,其半折银,听其农隙,男赴畎旅,女供纺织,并其孳畜之息取办。此折色之所由起,盖催科中寓抚字也。为今之计,合无将北京及南京山川坛、凤阳、寿亳、扬镇一应麦折银两,俱自六月初旬征收,至七月终报完起解。秋粮本色及南京公侯俸禄,各衙门、光禄寺、国子监等衙门糙白粮米,俱自十月中开仓,至十二月中报完,以次起解。金花折银,自正月初征收,以十分为率,每月限完二分五厘,至四月终报完。庶米无市籴之贱,民赖营力之资。征收及时,而钱粮易于完纳;起解如限,而查盘可以免罪矣。

三曰点运解以防侵欺之弊。旧制:各项钱粮,不专责之区头,但推取各役中之富实者以充之。其钱粮最多者,或点十名,或八名;钱粮差多者,或点六名,或四名;其钱粮最寡者,或点二名，或一名。俱于五月初旬审定揭榜，申详上司。事有专主，役无偏累，是故一时可以兼收，各项可以并解，而绝无假借、那移之弊。窃见靖江各项钱粮，皆属区头收解。及审区头，又未必富实。相应之家，往往藉此为转展影射之计，或因侈靡而花费，或因缺乏而侵渔。及恐事露，不得已支吾掩饰。一旦发觉，计穷力竭，纵使破家，亦不能偿此宿负，贻累官府，终无宁日。为今之计，合无核粮长之虚实，计钱粮之多寡，定运解之名数，预于五月上卯之时，点佥役次，明白晓谕：某人收解某项银两，某人收运某项粮米，攒造册籍，通详抚按、道府，庶各思干系之在己，而敛之必以其时；各惧批单之追并，而解之不违其限矣。

四曰酌折耗以议增加之数。各处输纳税粮，大率米赠加二，银赠加一。粮长即其所收，即以充其所解。是以众人助一人，众轻而易举也。窃见靖江之米，率多南运，其烦苦尤有甚于兑军者。其重者，若细米，若白米，若熟米，计其船钱、水脚、解扛、使费，每石约用二石四五斗。其轻者，若太平仓，若各卫仓，若四门仓，计其船钱、水脚、解扛、使费，每石约用一石五六斗。通计之，大约每一之七而后可。今之所收者，不过一之五耳，尚陪其二。至于米麦、金花、草折、俸禄等项银两，其重者每两约用二钱，其轻者每两约用六分。通计之，大约每一之一。今之所收者，仅得其一耳，尚陪其一。而况加之以奸顽之拖赖，田甲之侵收，图书之飞诡，又亏本分之三焉。是以众人累一人，不免独力难支之叹。为今之计，合无酌量等则，著为成规：本色每石，量加一斗；折银每两，量加五分。虽或耗赠未称所陪之数，亦可以少示存恤之仁，使百姓晓然知所遵守，而强不得损，弱不得争。在纳户则少有所费，在粮长则大有所益。庶以千人养一人，如抚院之议矣。

五曰公责任以免独劳之叹。旧制：粮长止收正额税粮，其余兵饷之加派，段匹之岁造，浅船、银碌各项等料价，虽计田起征，然皆责之各图之见役里长。每甲排年，率收本甲之应办者，而交之见役；见役里长总收排年之完纳者，而类贮之库中。以故赋轻而无难完之苦，役均而无偏累之害。窃见靖江诸赋，悉归之粮长。正赋方殷，而杂赋之征求者纷然迭出。纵有力之家，亦不能一一应解。而况当民穷财尽之时，其不疲于奔命者几希矣。为今之计，合无将草麦米折、糙白本色，责之粮长，而练兵、义役等项银两，仿照浙例，亦令排年各收本甲而交见役，见役总收排年而贮之县库，庶国赋易完，而执役者亦得以少甦矣。

隆庆三年，知县张秉铎清查田粮各则，递减有差。两院详允，著为令。

靖江县申《为均地利清国税以一民心事》，蒙抚院林批本县申请丈量田滩举由申文，开："该县开垦新涨，具告纷纷，本院心切疑之。据议，诚洞悉弊端，俱照行。近虽曾奉本院详允者一并清查，完日册报。"及蒙按院董批，开："据申，利弊颇悉，具见本官为民任事之意。即依拟着实举行,务期于赋役一清,地方不扰可也。其纳赎修理一节,俟丈量完日再议报。"并蒙兵道、本府俱仰照两院详示行等因。案查,先该本县到任之初,看得地据江心,坍涨不一。每遇冲坍,存户浮粮,小民无从分豁。及查抵补一事,深为民病。凡遇一处有坍,即告抵补。每俟更官易吏,通同书段,匿卷毁册,诡名捏抵,一或抵十,甚至抵百。此豪右之家专利之大概,而小民不能得其端倪者。故或有粮而无田,日受陪�之苦;或有田而无粮,暗获无穷之利。利害相仍,民告不一。及今不为清理,恐前弊日滋,民情固有不堪,赋税愈不可定。缘此,查将坍去者即于本户除豁粮差,新涨者径自上价升科出粮。而卷无交互查对之烦,书段无先后结勘之扰。拟除抵补一例,以绍本县积弊,已经通行市详。此前因遵依行,令各该段头,查自嘉靖四十三年以前,已该先任知县王丈量日为始,备细造册到县。随经公举耆老、弓手等,亲自带同,前诣各沙,拘集段头,逐一丈量明白。仍令书算,封闭密室,照依丈量数目备加查对。本县旧该官民田滩四千一百一十二[1]顷六十四亩有奇,共该旧额平米五万三千六百一石五斗有奇。今量出新升转科补科民田滩七百四顷八十亩三分三厘三毫,共该透出米五千五百四石四升九合一勺四抄九撮七圭四粟一颗二粒。数内除去坍江改科量豁官民田滩二百三十六顷八十五亩二分一厘九毫,共该除去米二千二百六十九石二斗五升六合,尚该透出米三千二百三十四石七斗九升三合一勺四抄九撮七圭四粟一颗二粒。又经查照旧例,坍则一邑包赔,涨则通县沾惠,不失原额会计之总。即将原量透出米数,概县均派。比照旧额,计每亩官民田减米八合七勺,沙田减米五合二勺,官滩减米三合八勺六抄六撮九圭七粟一颗四粒,民滩减米一合九勺二抄七圭,土官庄田减米二勺二抄六撮九圭三粟三颗。米虽验亩减科,则原额平米之数尚存,而国课不亏,小民沾惠矣。详允实该每亩科平米:官民田一斗四升三合一勺,沙田每亩平米九升六合二勺,官滩每亩平米一斗三升八合三勺五抄四撮五圭二粟八颗六粒,民滩平米三升三合一勺一抄七撮,土官庄田每亩平米三升三合。升科民田科米同。

　　本县义役银二千一百七两一钱五分,归府听备缓急。此项原系本县存留余米,将备不测。自嘉靖十六年立名义役,易价[2]归府。虽曰听府缓急,实则滋补四县逋缺之弊。设使此项存县,练兵可免,丁民可减,遇凶年或[3]可赈贷,以泽枯骨,免上官忧劳也。

---

[1]　二,底本漫漶,据万历志卷三补。
[2]　易价,底本"价"为墨钉,据万历志卷四补。
[3]　或,底本漫漶,据万历志卷四补。

户口一之三

成化八年,户七千九百八十九,口三万六千九百五十一。

成化十八年,户八千六百二十一,口三万九千九百三十一。

弘治五年,户八千一百九十,口三万九千八百八十三。

弘治十五年,户八千三百二十一,口三万九千三百六十。

正德七年,户八千七百四十六,口四万一千五百九十四。

嘉靖元年,户八千七百八十二,口四万四百一。风潮溺死二万余丁,册数仅减一千。故事虚文,如之何?

嘉靖十一年,户八千七百七十九,口四万八百四十八。

嘉靖二十一年,户九千九十九,口四万一千七百五十五。

嘉靖三十一年,户九千三百四十一,口三万四千八百二十三。

嘉靖四十一年,户九千五百二十四,口四万七千七百七十七。

窃惟力役之征,起于户口,而今取准于田赋,固均民力、时变通之术。弘治以前,杂泛差役不及章绶之家,所以重名器、存礼义、养廉耻、定民志也。今也概视若齐民然,大闲澜倒,几何不为许行之学乎?或曰:赋役不均之叹奈何?曰:科其费不坐其役,听应役者自领其值于公堂,则两全矣。设县初,遵制,每里轮役,当年听差一名,递送夫一名,通县[1]报选勇健五十五名,曰快手,工食出于里长,专事捕御[2]。遇有大役,挨取排年,事毕即散。正德二年,因海寇增设二百名,始名民壮。沿至于今,求役费金数两,私相授受。七年,遂同[3]均徭编审。嘉靖卅二年,因倭寇,加至六百名,又耆民、乡兵数千,工食皆于额外。四十二年,王侯叔杲裁减民壮为五百名,减兵银三千两。四十三年,柴侯乔申减民壮为四百名,减兵银一千两。后此增减,盖未有定则也。尝忆府别驾吴公绅见谕军籍事,惟在原籍充伍,最省官劳民费,但系祖宗成法,不敢变耳。其略曰:"解查补伍,费神费帑,劳

---

[1] "户口"至"通县",底本挤刻为双行小字,据文义改。

[2] "快手"至"捕御",底本挤刻为双行小字,据文义改。

[3] "因海寇"至"遂同",底本挤刻为双行小字,据文义改。

民伤财，而逃隐、买补之弊，终莫能革。清军官吏，岁岁攒造册籍，拘集审并。一军动扰里老、排邻、书手，数人、数日，佥解、追批，所不能免。若遇察院专清，排年、本管每有刑累伤生者。及其在卫，虚费粮饷，一遇征发，恐有失利，难以隐名，不敢调用，故皆临时召募民壮。当无事时，民既出力以养军；及有事，民又出身以代死。均为赤子，何乃一捐一怜，不同若此哉？法使然也。若止本籍当军，无绝无逃，无查无勾。私家军庄，足供常膳；有事赴戍，公家重资其行。民壮不必别审，而卒伍自有定分；军卫不必纷错，县令足以统辖。或就其军数多寡，调委千百户，协同所在丞簿，统领操练，总辖于附近卫所。虽或临阵有伤，余丁自甘充补。彼利常饷行资之厚，孰肯认缺？此则一举而百省者也。"窃见正德初年奏行事例，凡军逃者，许就逃至处所自首，即于其地收伍，原卫开除。此亦顺民情、求实用之一端也。其有愿留原卫者，听其安业，不复原籍勾查。至若新犯，自当照例发遣，以正其罪。今查靖江见在并户存军六百二十四名，正合近年募役之数。若以排年编伍，轮年操备，又不若即军籍者为尤便且利也。深惟民兵、卫兵，天下行之久矣，孰不知卫兵虚名、民兵实用之辩？但卫兵生长行伍，习戈矢如耒耜；民兵取于畦陇市井之间，训练有难易耳。若取吴公之论，则无二者之虑矣。大抵畏法慎敌，兵乃可胜；畜疑弛禁，偾事必矣。况密机夺气、主客不常之变，非素练习，则不可乎？

应郡公书册，惟靖江势分，难于上达，多失文襄公辩土加恤之意，大体在优处乎官。呜呼！是本制节以加隆于士，而开端作俑，弊将有名，由是益信旧章之不苟也。

其曰：靖江银差四百六十一两，力差二千六百四十一两。

仓斗级贴解银四十五两，柴侯乔申革。

儒学斗级四名，每名工食银七两二钱。

县库二名，每名银一十二两，抚院奏革。

仪仗库一名，银五两。

学库一名，银五两。

禁子十二名，每名银六两。

皂隶二十二名，每名银六两。

柴薪皂隶九名，每名银一十二两；令四名，丞、簿各二名，典史一名。

马夫四名,每员一名,每名银四十两。县自支用。

弓兵八十名,每名银七两二钱。

门子:正衙二名,丞、簿、幕、谕、训各一名,每名银四两。

察院门子四名,每名银四两。柴侯革。

文庙、启圣、乡贤、名宦、尊经阁门子各一名,每名银三两。靖江无尊经阁。

山川社稷、厉坛门子各一名,每名银一两。

儒学斋夫二名,每名银一十二两。

膳夫二名,每名银五十两。征银给散。

铺兵一十一名,每名银六两。

渡江夫四名,每名银五两。

民壮二百三十二名,每名银七两二钱。今数不同。

府巡盐民壮四名,每名包揽银四十两。此项书册不载。

水关夫二名,每名银三两六钱。柴侯革。

钟鼓夫六名,每名银三两六钱。柴侯已革钟夫,尚编鼓夫五名。

刷钉匠二名,每名银六两。

派剩银八十三两五钱九分,柴侯减编,止存六十七两四钱六分八毫,就给乡宦、监生、生员、吏役优免。已上事虚弊显,惟水关夫、钟鼓夫为易见,他尚虚实均耳。

官员柴薪马夫,类收查给,毋得坐户,违者查究。

力差或自当,或雇募,听从民便。如有用强包揽、多取工食者,照例问遣。

新官到任,合用家伙:

知县银一十八两,佐贰官银各十两,首领谕、训银各八两,祭祀公宴每员银五两。

冬夏卓围银八两,柴侯裁省,止编六两,此外不许勒令坊里出办。

旧官离任之后,门窗等项作践甚者,着落本衙原跟门皂修补。凡此曰查究,曰问遣,曰不许勒办,曰着落修补,此皆民牧远烛预戒之严也,今成诳语矣。

生儒考试花红银二十两。

心红纸札、使客下程、乡官正礼银一百两。柴侯裁省,止编四十两,作心红供应,其下程、正礼俱革。

备用银一百两,柴侯裁革。

右凡侵民起弊之端,多非国典。惟切如伤之念者,能洞烛于言外也。

汰类：右县弊有隐显，惟春秋祭祀用鹿，价三十六两。其祭祀品物，各有定数，虽或多费，民可强支。惟鹿则非土产，《仪注》本许羊代。若曰报德报功，不惜小费，则门人为臣，请车为椁，皆不当非，况失先簿正之意乎？而况此为民害乎？《记》曰："礼也者，合于天时，设于地财，顺于鬼神，合于人心，理万物者也。是故天时有生也，地理有宜也，人官有能也，物曲有利也。故天不生，地不养，君子不以为礼，鬼神不飨也。居山以鱼鳖为礼，居泽以鹿豕为礼，君子谓之不知礼。"礼之大伦，以地之广狭、年之大小，为礼之薄厚，故曰"上之制礼也节矣"。礼以"时为大，顺次之，体次之，宜次之，称次之"，正与先簿正之意相同。尝见嘉靖二十三年秋，丁祭户宜兴买鹿，已登江岸，暑重鹿死，祭期又迫，费产江阴倍价买回。官以为小，不惟不给官价，且加重责重罚。自谓尊崇道德，其人身殒于刑，家倾于赎，先圣、山川之神享乎？否也？不知《仪注》、府案，孰为经常之典而信从之乎？

匠班：本县一十七名，每名银一两八钱；遇闰月，纳银二两四钱。工部分作四年，坐派本县：第一年六名，第二年七名，第三年二名，第四年二名。第五年与第一年数目同，后仿此。

右徭役一款，录书册以候恺悌。惟柴侯知非不刊之典，思时宜以甦民也。申革民徭，岁省二百五十两；又减额外新科练兵银一千两，民壮工食银七百二十两。未革者，鼓夫与祭鹿耳。大抵六十里与四五百里之邑并驱，非切如伤之念者抚恤于上，而天高听远，狡狯煽术，如之何？即如练兵初起，宜兴贴靖江一千两。至刘钥为左右所欺，承顺同阶之意，宜兴旧贴既免，而靖江反贴江阴七百两，每岁又加马夫一名。噫！十室之邑，四面受敌，望援于邻境，常情也，今反贴一面受敌之大邑，何哉？

直隶常州府靖江县为垦置公田，以全国赋，以济民穷事：奉本府帖文：前事，仰县即将生员刘槐等、粮塘里老刘光德等所呈递年积存练兵银两，是否置买公田，积租抵充军需，务要从长计处，经久可图，酌议停当，具由申府，以凭覆议转达。其该县应放见年兵银，不许混行概议等因。奉此，切照本县弹丸小邑，土瘠民贫[1]。兵兴以来，加派日繁，民生日蹙，诚所谓百孔千疮，十羊九牧，委有不堪。但查历年追积兵银，俱系搜括斯民膏脂，今乃置之空虚不用之地。相应收买腴田，照常取租，抵充兵饷，减免岁征练兵银两，以甦民困。其见年兵银，听给兵粮，不敢概议外，查库贮嘉靖三十八年放存兵银五百一十五两五钱五分，三十九年分银一百两零五钱六分五厘，四十年分银一千一百三十三两九钱七分五厘四毫，四十一年分一千六百九十八

---

[1]　土瘠民贫，底本作"上瘠民贫"，据文义改。

两三钱一分一厘五毫九丝,四十二年分银五百七十一两九钱一分六厘四丝三忽五微,共计银四千二十两三钱一分二厘六毫三丝三忽五微。今议:若买腹里膏腴之田,可得二千余亩,每岁共计其所入租税,可得米一千六百石、麦六百石,各有零。且不论岁之丰歉、价之贵贱,大约每米一石,给兵准银四钱五分,麦每石准银三钱,岁计得银九百余两。若计其所出,孤山、蟛蜞二港哨官耆兵共六百二十六员名,每年全班上哨三个月日,该银一千七百一十七两二钱;分班止留沙船六只,耆兵一百五十六名,计九个月日,照例减支算,该银一千六十一两一钱;又协济江阴把总朱冕部下渔船耆兵邵恕等二百名,止哨三个月日算,该银五百四十九两;又修船治械,每岁约用银二百两,共计三千五百二十七两零。前收米麦虽不谷十分之二三,然欲多买轻价沙田,又恐切临江海,坍涨靡常,殊非长久之计。卑县反覆思惟,多方计处,访得西小沙南背新涨草滩约有三十余顷亩,姑俟农隙之时,躬行丈量明白,召民筑岸,官给工本,责令开垦成田,亦听公家之用,给佃布种,岁收租米,以助军需。候置田定租之日,计其兵饷不足之数,仍于秋粮平米内照数算派,征收在官。如遇给散兵粮银米,相时放给。如此,庶练兵银两虽不能尽免于民,减一分则民受一分之赐。自此田渐以增,则银渐以减矣。为此,今将查议过置买营田缘由,列为四事开申,伏乞照详裁处,转达示下施行。

计开申:

一、买田之始,适当民穷财尽之时,正嗷嗷待哺之际,一闻此议,势必争先求售。至于地方之肥瘠,价值之低昂,数目之增减,其势不得不委诸人。苟非其人,必将颠倒其是非,混淆其可否,乘时射利,无所不至。非惟不足以利民,且将贻不已之祸矣。不识何如而可以绝欺诳之弊?议者曰:《易》称,"作事谋始"。方今举事之初,凡百措置,实他日利病所关,诚不可不慎厥图也。夫买田,必审美恶以为去取,相高下以定价值,严丈步以核虚实,所谓其势不得不委诸人者是也。然所委之人,苟非立心正大,见几明决,处事周详,则是非可否,终不别白。今属官老人,虽曰素谙土事,似未可以膺其选者。必也东、西二沙,各主以佐贰之贤能,择属官耆老之能者,左右参详于其间。其所选举,仍酌诸学校及众人之公论,则公以统明,庶可免欺诳之弊。而处之又得在其法,必先出晓谕,立为限期,使欲卖者各具一呈,内开坐止、亩步、税粮、四至。四至必开人名,详悉佃户名姓,逐一开报,当堂集众查访去留,批发委官,一切付之公论,议勘明白,择良而售。其田不及百亩者不买,去江心不及三里者不买,沙心坑洼者不买。或田未及百亩,而数家朋至百亩;或官田已及百亩,旁田联及成片者,即不拘三亩四亩,俱听收买。此法一定,虽欲逞其欺诳,不可得矣。

一、买田之故,意在清完积负,拯民于水火之中耳。而或谓逋负之家所遗,未必皆膏腴,而愿售沃土者，又未必有积负者也。势实相悖，事难两全。兹欲所买者皆饶美，而又不失乎立法之初意，不识果何如而可以获兼济之术？议者曰：济事在于通变。或谓云云，是诚有之。然事有不可执一者，尤贵通之以权。令逋负之家，其田若产，邑人之所共知而不可掩者。设使其家果有良田，而出抵恶者以搪塞，固不许而必责其良矣；果无良田，亦当斟酌轻重，量为区处。或令彼私自抵易，得成片好田；或官为量买，候事毕再议归一，但不可使临江及荒芜者并取之耳。苟能本之以至公至仁之心，而通之以宜民不倦之术，蔑不济矣。

　　一、收成之际，贮之义仓，以听支给，固矣。而揽收之人之恐有勒增加耗者，有移易斗斛者，有留难守候者，致使佃户咨嗟怨恨，嚣然丧其乐生之心。积而久之，将必有视公田为厉阶者矣。不识果何如而可以免刻剥之害？议者曰：此在定其法制而已。夫曹参画一而民始宁一，盖法定而人知所守也。今谓掌收之人，候收租之时，公议推举，非策也。人情不甚相远也。干则钻刺以求充，没则规避以求脱，每每皆然。若无一定以杜其窥伺之心，临时纷扰，何所不至？一旦遇非其人，弊难支矣。盖营田之设，本为练兵。田上正额钱粮，扣算岁该秋米若干、金花若干、丁田料价若干，一一贮库候解，然后以之给兵耆之工食。至于徭差，则尽行豁免，不与民田混编。其掌收之人，即于本年徭役内，拣选身家殷实者编充。或田十顷，或二十顷，编立一名，一如粮长之制。其斗斛升秤，俱官印烙铜铁封口。收租之际，管粮官时至仓场省视。佃户自概，收户管收。湿润秕谷，则罪佃户；刁难多收，则责收头。其租比常数量减三四升，仍每亩酌取赠米二升：一升以为官米之耗，一升以偿收户之劳。所收米麦，若有浥滥，则责令收户倍偿。至于佃户拖欠，则官自追征，而收户无预焉。则收户不苦于陪贩，而官米亦无损折之虞矣。放支之法，则每年耆兵上班之日，收户照数给散，余米易银贮库。永为定规，不许那移、迟速，以滋弊端。他日或再增置，或可革兵，并将民壮工食丁田，一切取给于此，则不惟可以享付托之效，免克剥之害，而靖民百世永赖之泽，其在兹乎！

　　一、事毕之日，咸谓段头之弊，不可胜穷，移垅换段，纷更错杂，适以长祸乱之源耳。必也或二三百亩，或一二百亩，少者或七八十亩，相为联属，然后可以略仿鱼鳞图式，编定号次，攒造册籍。至于四隅，或各垒土堆，或各立石碑，庶经界既正，事体归一，而官府亦易于稽查矣。不识势亦可以必遂，而所以祛那移之祸者，果在于是否？议者曰：此在正其经界而已。昔孟子告滕文，谓："仁政，必自经界始。"大抵田杂民间，势联则易混，迹疏则易弛，岁久则易忘。况靖江之弊俗，独此为甚；而其作弊，皆在于段头。即今事未归一，但买一顷民田，踏勘明白。承委之人，明开弓步、四至立案，仍用木桩长四五尺，暂钉于田界止，灌以石灰。候事完日，各于四隅填起土堆，定其高广之数，中央立卜石记号。所以用土堆者，盖石碑暮夜仓卒可移，土堆不可移也。即去段头不用，每田或三顷，或五顷，就于佃户内德力相应之人，编为小甲，一以看守经界，勿致那移；一以催趲租税，勿致失时。收租之日，差民壮一名，票唤小甲，立限比较。每租完放归，责令不致损坏界堆，移换田趾，甘结至县，以防欺玩。小甲仍量免其杂役。所以祛弊而垂可久之谋者，其在兹乎？

此申，抚按优允，竟未行，银则虚贮在库。林学谕两次申文，未录入。

课程一之四

县商税钞五十锭五百文，铜钱五百一文。契本工墨钱九十四锭三贯，铜钱九百四十六文。酒醋钞四十二锭，铜钱四百二十文。油榨钞九锭一贯，铜钱九十二文。桃梅李果钞五十三贯，铜钱五十六文。户口食盐钞，自永乐以后，用岁报口数，照丁概征之，增损不一，民多烦扰。成化十七年，抚院王公恕始于秋粮耗米内，官给解户起运。正德五年，抚院张公凤因岁凶，兑运之外，包补不及，仍申旧制，验口征收。今踵行之，其商税等钞如故。

右卷，用存国税盈缩、民数盛衰之大略。抚字之方，顾惟时措何如耳。

新修靖江县志卷之二

邑人朱得之 纂修

疆域一下　廨宇　坊市　山川　桥梁

廨宇一之五

察院,在县治东,堂室、门庑、垣树俱如制。成化八年,知县张汝华建。正德二年,知县周奇健修。嘉靖十八年,知县周继学重造。东止民居,西止府馆,南止大通街,北止民田。今以筑城后,乡民移居入城,田皆为民居矣。

府馆,在察院西。旧在县学西北。成化八年,知县张汝华建,有《碑记》。正德二年,知县周奇健迁造于此。嘉靖十八年,知县周继学鼎新,堂室、门庑俱如制。三十四年,知县应昂增建二门。东止察院,西止民居,南止官街,北止民居。

县治,在马驮东沙旧土城中。成化七年,知县张汝华始建。弘治初,知县金洪重修建。正德间,知县周奇健俱修葺。嘉靖二年,知县易幹重加修造。十八年,知县周继学惩前屡次风潮冲浸,案牍屡毁之患,尽彻旧材,高其基,坚其壁。凡门庑、堂涂,焕然改观矣。

知县宅,堂室、门厨、书屋,初甚卑隘。弘治元年,知县金洪易茅以瓦。至正德间,周奇健改造,仅为轩厂。嘉靖元年风潮,通县官民房室倾圮什九,易幹修葺改造。十八年,周继学重造。二十一年,俞献可更新,增造西书屋五楹,门垣翼翼耸观,可比江南大邑矣。

县丞宅,在幕厅东北隅。即刘宽居址,嘉靖九年造。旧在县厅西,民因县丞冯钺病,买此营迁。

本官自记云：靖江丞廨宇，旧尝改葺，规制弗密。嘉靖丁亥夏，钺承乏丞兹邑。越明年，督饷于京师，竣事而还。以己丑三月至，得疾。邑耆老群来问慰，或致医，或致祷，或推步气运，罔弗殚厥心。间有术者曰："府宇之栋，奔突正冲，术书所云'冲心杀'。少尹病，实应之。斯廨宜速迁，弗迁则弗善。"民闻之，戚然不宁。既而忻然聚议，甫一日，集所捐者百金，易民居之左于正堂、后廨者，肯构之。乃进告于令尹敬斋郑公，公曰可。遂卜日鸠工，无何而垣堂、廨宇倏然凤成。余迁焉，逾月而疾愈。噫！无似如钺者，莅事仅一载，无寸绩于民，静夜深思，惴然惟伤于只，而忝于令长之教是惧。而民之为虑之也顾如此，矧弘才茂德，感民日深者乎！先余之丞，则廷评韦公苕溪也，尝语人曰："靖之俗淳且厚，士雅而廉，民良而义。其或弗率，在风教之司耳。"由是而观，不益信然矣乎！余方图自尽，以庶几无负者，乃不幸遭母丧以去，将若之何！虽然，吾民之德可忘也哉！姑以铭诸心者勒诸石，俾嗣余者知兹廨之由始，知吾民之良，无若钺之负之也。惟吾民益敦淳厚之德，以大风化之美，俾凡莅兹土者与有光焉，是则钺之愿也。因列趋事姓名于左，而为之记。辛卯七月，易水冯钺书。

主簿宅，在仪仗库西，西吏舍北。堂室、门厨、书庑，镇备陈崇德建。旧与县丞宅相并，因冯钺东迁地隙，遂东展。书房、燕居、厨从等屋，始就宽厂。

典史宅，在仪门东。初造时，典史马信董事，故幕厅、私廨纯以坚柏为之。嘉靖十八年，周继学略加修葺。

礼宾馆，在仪门西。嘉靖四十三年，知县柴乔创。

吏舍，东廊，在仪门外，典史衙之南；西廊，在主簿衙南。嘉靖十八年，周继学重造。

狱，在头门内，西吏舍之南。嘉靖十八年，周继学重造。门垣、土祠、图圄轻重之辩，较昔就秩然矣。

县土祠，在仪门外东南隅，吏舍之右，周继学从新营造。

水次仓，成化元年，江阴知县王秉彝建，在衙前港西。十七年，知县郑锜迁建陈公港北。嘉靖三年，知县易幹迁城西南长安寺旧址。三十三年，知县应昂因倭寇迁寄入城。永丰仓，其旧材，四十二年知县王叔杲用移修学，地召民佃，仓遂废。今苦运粮脚耗费重，惟通西水关，小容篙橹往来，庶便公私。

永丰仓，旧在南门东，亦张汝华建。嘉靖四年，县丞韦商臣开察院前直街，遂移仓建南门内之西隅，以旧址为民居，立东南市。

常余仓,旧在县治东北,张汝华建。嘉靖元年,废为民产。二十一年,知县俞献可建仓,寻废。四十三年,知县王叔杲复建义仓其北,余地召佃,上价归民。

库,自建县即于正厅内西北隅设木栅,扃钥为之。至嘉靖十八年,知县周继学改造县宇,始创两库,在穿堂左右。东库贮征收正额钱粮,西库贮随时赃罚。

仪仗库,旧在幕厅后架。嘉靖九年辛卯,因县丞迁衙隙地,前藏仪仗。后左半入正衙,右半广簿衙。

演武厅,在东门外,教场中。正德元年,知县周奇健建,计五十亩。六年,知县殷云霄改创,高爽倍昔。后此修葺皆因之。

儒学,在县治西。成化八年,张汝华建。正德二年,周奇健重修。六年,殷云霄增建号舍等屋,殷自作《记》,刻石于明伦堂。嘉靖三年,知县易幹奉诏易像以木主,与谪丞韦商臣辟地升建。

文殿以下诸室,谕、训两宅,初建,有郡人祭酒王舆《记》;后修,有吏部侍郎增城湛若水《记》,亭于棂星门外,今俱圮。六年,知县郑翘、教谕陈应龙协心修饬。又遵部檄,建敬一亭、启圣祠。四十三年,知县王叔杲鼎新修建。迁棂星门向前,迁启圣祠并文殿,迁乡贤、名宦祠入棂星门里。建集虚斋于复初斋后,以为讲学之所;建仓,增建号舍,翼然方正,有《斯干》之风。无锡王问记。

儒学土祠,在文庙艮方。旧塑像,教谕柴芝妆饰。年久零落,训导吴继澄易以木主。颇显灵异。

巡检司,元朝以前,铸印皆称"马驮巡检司",在西沙□□[1]图境,衙前港西。时未设县,规制整饬,得受民词,与县丞公署并立。设县[之]后,威权不在,日渐凋敝。今以鞠为茂草,[官]吏寄居市民家,巡警之责久为虚文。嘉[靖]四十四年,邑侯柴乔即委巡检吴道成[迁]建于西小沙孙周段下,其廨宇取诸盗[奸]之没官者。嘉靖乙丑春,大提调柴侯乔迁建马驮沙巡检司公署于西小沙之中[2],工三月告成。其制:重门、垣壁、桥树,完整如式。计其堂庑狱寝,为屋共三十楹。其前隙地,居民愿移者听。为地方亩者十有三,费不扰民也。先是,本署在大沙之新

[1]　□□,底本空缺。
[2]　之中,万历志卷十引朱正裕《迁建西小沙巡检司记》作"之上"。

港,历宋、元以迄我明,其建其圮,莫考厥由。迄自嘉靖三十三年毁于倭寇,官吏寄居邑廛。前令王侯叔杲尝以为未便,申请迁建。度地鸠材,未集,迁常熟以去。既而我柴侯来,默筹潜画者半载,尽得御人之凶,而藉之申白,得允。检邑藏[1],得余金七十,遂成乃绩。巡检吴道成以材承委,实董斯役,且持侯简来请记。余惟巡检之设,职专缉盗诘奸,故其署多控扼津要。其篆方文,得以上下申白[2];其阶虽卑而责实重,虽列县属而实有专制之权,盖许其摘发机密,而望以徙薪曲突之功也。本土偏且僻,制设此署,尤将以消不究,以保驯良望之也。故未县之前,民以地远阶悬,一切户婚皆赴求理。久而弊生,民亦侮法,因建县以统之。然小沙隔涉,去县远而拘摄难,出江近而外交易,遂习于悍厉残忍,渐以成风。其间淳朴者苦其事而恶其党,又惧祸而不敢发其迹,惟饮气吞声,仰天求救耳。兹得我柴侯方谋迁建,而群凶就毙,工费将给,而吴君道成适来,岂非侯之心格于天,而天悯一方鸧鹊之混也耶?吾知其有耻心者,固藉以伸其不言之情;彼思免耻者,亦必因是而图善其终,不但革面而已也。然则柴侯此举,岂非兹沙百世之泽也耶?使居斯署者思体今日之心,生斯土者尚究防微之义,庶几不失柴侯望也。是为记。岁乙丑秋七月吉旦,乡进士邑人朱正裕撰。

阴阳学,在樵楼东。成化九年,知县陈崇德建。嘉靖十八年,周继学重建。

医学,在樵楼西。成化九年,陈崇德建。嘉靖六年,训科朱习之捐赀重建。教谕陈应龙《记》曰:嘉靖甲午仲夏望日,余坐文山精舍,与庠士论立本之学,谓爱亲者必知医,凡预养者均有修己治人之责。世未有不知医而善于事亲者,亦未有弗知亲亲而能仁民爱物者。夫亲与民、与物一体也,亲之、仁之、爱之一心也。亲而后民,民而后物,举此加彼之序也。或进曰:"吾邑朱君本儒,其庶几乎?"余曰:"请详之。"曰:"朱君名习之,号古沙。本儒,其字也。每延医济其乡,受知邑宰巴陵易公,举而理训科事,六七载于兹,全活者甚众。慨医署久废,体统弗完,于是经营整饬,以成具瞻。工始去冬,告成于今春。公赀不费,有司不烦,一新六十载之陋,秋毫皆其力也。"余乃叹曰:"易于私而难于公,俗之敝也久矣。彼屑屑于身家计者,一人之私也,易也;知尽其分而不以身家计者,大道之公也,难也。朱君舍厥易而图厥难,可谓不溺流俗者矣。"吾又闻其图脱父狱,往来京师,寒暑险阻,历试不避,是其立本者固有自矣。其于医也,岂泛泛然者比哉?视彼受直怠事,假名器以荣若身,聚参苓以疗若家者,相去远矣。是用记之,以劝广爱,以兴仁声。适其弟诸生得之入而见之,遂请归以登诸石。

---

[1] 邑藏,万历志卷十作"邑帑"。

[2] 申白,万历志卷十作"关白"。

　　僧会司,在城隍庙左近,东城崇圣寺梵宇之后,法堂为之。成化十九年,知县陈崇德建。嘉靖三十二年,知县汪玉筑城,因倭寇突杀甚惨,暂移养济院无告者居之。四十三年,知县柴乔见寺为祝釐之所,无告不宜居北[1];又准学校、里老之议,欲迁养济院于城西隙地,听僧募建法堂,以复僧会旧署,创建钟楼,未就而去。隆庆二年,令尹张公助成钟楼,更铸铜钟,重三千觔。钟楼有《记》,见《文类》。

　　道会司,初未建署,即城隍庙后道士私居为之。今亦废为民居。

　　总铺,成化八年建,在县治东,与察院相邻。正德元年,周奇健迁县治南丰庆桥西,以其址建公馆。嘉靖三十三年,应昂迁近南门内右方隙地,以其址召佃,易价饷兵。

　　社学,弘治四年,知县孙显建。正德元年,周奇健修建。旧在县南丰庆桥西,给田二十亩,以供社师。正德六年,殷云霄迁居儒学河西府馆旧址。嘉靖元年,蔡德器夺其田,以给贫民。十三年,胡椿削其址,以益民居。今存门堂而已。江右何旭《记》曰:弘治乙丑,琼山周君来知是邑,下车首询学政,乃曰:“士舍近而趋远,忽小以就大,非先后本末之序也。”亟欲图建社学,而势有不可。越三年,政通人和,百废具举,始相地于城西北隅,得旧府馆为之基,又益以民地若干亩,以丁卯月日肇工,建社学三楹。外为崇门,缭以周垣。高明爽垲,规模严整。慎选民间童丱,因其赤子之心,使诵《少仪》《弟子职》诸篇,而习庭趋隅,唯以及六艺之事,备他日大学选秀,以进乎穷理修身之地。国家立教兴贤之助,岂不赖于此乎!

　　旌善、申明二亭,在谯楼左右。

　　迎恩亭,旧在南门外迎恩桥西。嘉靖三十二年,知县应昂废。四十四年,知县柴乔重建于南门直街关云长庙右。

　　坛壝:社稷坛,在城外东北隅;风云雷雨山川坛,在城南;邑厉坛,在城西北。各缭以周垣,地俱五亩,石坊为表。成化九年,张汝华建,至今岁时修葺而已。

　　漏泽园,在东门外教场南,知县郑锜立,计地十二亩。

　　急递铺一所,临江,在澜港左,内建迎接亭三楹。成化十八年,知县陈崇德建。后因潮冲土坍,屡内迁。今铺乃知县刘钥建。

---

[1]　居北,疑为“居此”之讹。

巡警铺六十所,正德二年,周奇健因江寇通县,就图设立。岁久事废。嘉靖四十一年,教谕何炯承委清水利,备言其故。至四十四年,柴侯乔欲建,未就而去。

坊市一之六

县之坊二十三,今存者十有四。曰怀保,在县前,旧曰牧民。弘治四年,知县孙显立。嘉靖四十一年,知县廖兴邦毁。四十二年,知县王叔杲重建。曰进士,曰大卿,俱为刘乾立。曰乡举,曰岁贡,在□前、□右。曰成德,曰达材,在棂星门左右。曰东南市,曰东北市,曰西市,右十坊俱在城。曰中洲天幻,剑池桥南。曰孤山胜概,在孤山腰,易侯立。曰科第,表朱绅门。曰迎恩。在南门外。右四坊俱在城外。已上十四坊见存。其曰澄清,曰定海,曰文壁,曰思贤,曰泰兴,右五坊,各因所向而名。曰起凤,为举人王格立。曰腾蛟,为举人陶廷威立。曰旌表尚义,为朱茂林立。已上八坊俱毁。

县之俗,村居散漫,不成聚落,故无镇市。其在城称市者,各以货名,聚亦时刻。曰米,曰布,曰柴,曰猪,曰牛,曰鸡鸭,曰青果,曰棉花,曰鱼虾,曰蒲鞋,曰竹,曰农具,随时迁徙,惟县主之令是从。曰东南,曰东北,曰中,曰西。此以地名,不可迁者。其邑之小,地之僻,民之无为,可知也。

山川一之七

县之山一,曰孤山。度其围,甫二里,高及五十丈,形如狮。顾西南山石有土骨,可作盆景栽蒲,与东平州石质相类。山北有仙人洞,洞形两石相依,中可坐数人。东南有仙人台。山半西坳有寺址,址北有张氏墓,其来已久,今其裔尚岁祀焉。山麓四面皆有石矶,未涨时,舟行必回避。东南者距山二里许,东北距益远,今没为田。田中开池,时有露石。西十里外第八图严家港西,有峰透土,俗呼为孤山碇。西南距山二十里为龙潭,潭南里许,土中皆沙石,旧在扬子江中。前代近泰兴,潮沙壅积,渐近南岸,去北渐远。弘治二年,始与东开沙相连,去县境尚隔一夹。后此渐涨相合,十四年夹平,尽垦为田。山在县艮方,相距十五里。山巅望江阁、八角楼,则成化十三年江院王公瓒命知县郑锜建,有碑,年久俱隳。十三年,东北一角崩。正德六年,知县殷云霄书卧石曰:"夏甲午,始阅兵。"范崇镌。时流贼刘七奔江南,千里戒严,故殷书此石。又尝有诗,云"归兴中原看虎豹,宦游南国足风波"之句。十年,知县王棨霄迁东岳庙于山巅,给田二十亩,以供香火。嘉靖三年,知县易幹创观海亭五楹于阁址,竖石坊于山半,曰"孤山胜概"。遍植以柏,望之蔚然,不复向之濯濯矣。三十九年,山北崩数石,掩仙洞门。戊午中秋前一夕,余小子独卧水心庄茅茨下。鸡鸣时,梦肩舆登孤山,有深衣幅巾策杖者五人,须眉皓然,候于山麓,揖谓曰:"何乃成此阔别耶?"余谢曰:"碌碌尘途耳。"曰:"不登山者几年矣?"余曰:"自陆宾园叔姪携樽设榻,夜坐海月之景,及今且十余年矣。"曰:"吾辈望君久矣,烦君为我更此山之名。"余笑曰:"山名岂可更乎?郡县有志,远近有传。今更名,孰从而传之?孰从而信之?且诸公欲更名者,何意?"曰:"山本不孤,名不称实也。"余谢曰:"俟与令尹公商量而后可。"五老曰:"烦君更名,不必他待。"余难之,五老请不已。相随登陟山半,少仁复请。余不得已,拟以"海柱",嗫嚅而告之。众喜,谢曰:"好!好!好!"相揖而别。余复登绝顶,礼神祠,意若有刘文器在者,欲叙寒温。回顾,使追之,已不及矣,遂醒。及旦,步过西园,与数客坐紫微花下。述梦方毕,远望一蹇蹰躅而来,使童子迓之,则刘文器也。方揖就坐,即问曰:"公多年不登山,山无光彩矣。"余讶之,乃用梦中语挑之,其答与问一一不殊,但不请改名耳。众客皆微笑而听之,以为事机之会,固乃若此,谓余当记之。余惟物生之始,浑浑噩噩,本自无名。名立,而后其官显,其功著。故名者,物之表也。此土之来,莫溯其始。三国时,东吴曰牧马大沙,相沿入我皇朝。成化壬辰始建为县,名靖江。此山在地之东北隅,旧与县境犹隔涉。弘治初,沧桑一变,山与县遂相联合。昔人名之,与西子湖中山同名者,见其峻嶒独立于波荡之中,无邻与也。余生此土已七十年,数登熟眺,见江注海迎,秋涛春涨,莫不漫汩其下。是以此土日广,土赋日增,生齿日繁,虽太平气运有以茂育之,而此山为之根柢,固不可诬也。况山外有石矶连络不绝,水落则如象如马,东西各数里。又东有断山(属常熟),南有浮山(属江阴),北有狼山(属如皋),三面遥拱,此盖钟陵下流水口堰也。江与海至此汇合,断山、浮山、狼山为拓护,黄山(属武进)、圌山(属丹徒)为远近。案其势,未可谓之孤者。特其与南北诸山落落若不合,自处以卑,自约以小,而蕴其大且远者于水土之中,众不见其本之联合耳。《易》曰:"山在地中,谦。"兹山尤足为之证。今梦之名,盖不徒徇其形,而实表其功也。山之神将孰许之?人之见将孰安之?呜呼!山一而已,名之曰孤,此山也;名之曰海柱,此山也。山无加损,名随人见。信不信,传不传,山何知焉?然其障岷江之澜,遏沧海之涛,不啻万里,则今名也,庶几其称情哉!

邑之川,四围大江。其源自岷、峨、楚、汉九江而下,与海潮迎,旋绕此洲。洲之中有港八十七,引潮通贯,以溉土产。其港自县治南曰澜港,北曰于婆港。自澜港以次而东,环至县北,则始于西双港、东双港、东双西汉港、东双小汉港、仇家港、蟛蜞港、蟛蜞汉港、天生港、东新港、太平港、开沙港、天生北汉港、孤山东流港、石碇港、祁家港、孤山流水港、北新港、范家港、于婆港。自此而西,环至县南,则东水洞港、水洞港、西水洞港、东掘港、西掘港、韩家港、严家港、蔡家港、曾家港、小禄港、展苏港、徐家港、横港、庙树港、顾客港、曾家小港、祁家港、杨铁港、南水洞港、南范家港、韩家港、徐家港、祁珠港、焦山港、小夹港、杨矶港、杨矶西汉港、杨矶小汉港、小新港、焦山东汉港、焦山中汉港、杨矶大汉港、中新港、夹港、童湾港、焦山界港、大新港、刘家港、申家港、缪家港、横渡港、陈湾港、陈公港、西天港、蔡家港、严家港、东天港、陈公汉港、钓台和尚港、减水港、西小新港、西大新港、丁家港、东丘家港、中丘港、西丘港、西水洞港、澜港、校旧有增减,涨坍不一故。西开沙、即牧马小沙。缪清港、韩宗港、观音堂港、丁仁港、刘松港、李贤港、朱八港、朱松月港。诸港相距,远惟里许,会入洲中。中皆分段引水曰沟,相距不逾半里。田形如棋局,势近古之井田。民居皆效江形,四掘壅濠,列如行伍。生息之计,惟务于农。农以水利为主,朝廷专官督理,上下分布。夫岂不知水利为农家切己之务,民当自治,而顾为是烦扰之法也?然民心虽同,民事虽切,力则不能齐者,故设督率之司,以齐其力,使得遂其生养之道。江邑八十七港,自弘治五年孙侯显躬履绳尺,疏浚之后,迨今七十年来,莫有恤其敝者。往往坐听报程,未尝省试,是以苟且成风,虚文塞责,而民之资生效国之方,日以困乏。此江邑莫大之休戚也。孰能不惮旬月之劳,以贻数年之逸乎? 得之尝答周令公《后湖水利书》,略谓:江邑重患,莫如江潮涨溢之惨,海寇漂掠之频。至于腹心每苦于旱,边隅每苦于涝,岁虽大丰,本土即无全熟,此皆水利堤防之未备也。今诚议通圆河,其利有八:可以免江潮之没溺;可以遏海寇之长驱;可以备旱涝之潴泄;可以免输运之负戴;可以招商,土产不至于坐费;可以引灌,飞沙不至于荒芜。至于夏之桔槔,无候潮之争;冬之疏浚,无每岁之役,此诚百世不竭之泽云云。三十八年,邑民刘铁等具呈兵道,行县责行,有梗而止。四十一年,又经委官教谕何炯呈《为钦奉敕谕事》云云,议处水利六目:一曰议定兴工开浚日期,必须农隙,不出正月,立限可完;二曰议复各港旧规深阔,革其填占之弊；三曰议定管辖人员，必须公平服众，不容偏弊；四曰议处淤泥，勿近港边，免致渐次复淤；五曰正官严明赏罚，著为定令，多设塘长，责功易成；六曰多立邮亭，可以传令，可备巡警。已上六事，皆得优允。邮亭一款，尤切时政。

桥梁一之八

桥梁，悯民之病涉也。若靖，则兼重水利。故凡[1]更桥为坝者，必有专利之机。八十七港及分段横河，或坝或桥，兴废不定。其独木跨水以便幽栖者为多，不能尽载。惟有名者，如宣政，在县南。如丰庆，又南。如腾骢，察院前。如化鳞，儒学前。如中市，儒学西。如德恩。县前东。新创，则有北市、在县后。社学。在县西北。

右八桥在城。北市、腾骢、社学，尚仍木料。

如迎恩，南门外。如西水，西门外。如敦仁，北门外。如丰乐，东门外。如乐善，西水之西。如剑池，南门官道之半。如通津，澜港，近江。如通会，水次仓前。如澄江，临江，今坍。如瞰江，旧水次仓陈公港，临江虚。如崇圣，寺旧址南。如东丰，巡检司前。如顺化，如永宁，如凤仙，如龙湖，俱在东龙潭左右，木架覆土者。如石皮，如三桥，俱城西村落中。如义村，如东坛，如西坛，如猪市，如王店，如孙家。

右二十四桥在四乡，西南为多。迎恩五桥，皆为应尹因倭卸石筑瓮城，今皆以木为吊桥。

街有大通，自东门，经县前至西门。崇化，自县前达南门。新街。自察院达南门。筑城之后，仓前有街，学西有街，张令公甃之以甓。县东、县后有街。察院东、西有巷，义仓东有巷，社学北有巷，崇圣寺前有巷。循城四转皆有巷。东、南、西三门外有街，必候地主为之名尔。

---

[1]　凡，底本误作"几"，据文义改。

新修靖江县志卷之三

邑人朱得之 纂修

　　古圣观天察地，画野分州，以定其属。精微气类，小不能破，故志《分野》。

分野二

　　《禹贡》九州，以北距淮，东南至于海，为扬州。《周礼》：吴、越之分，属星纪。《元命苞》云：牵牛流为扬州。《汉·志》曰：吴地，斗分野。《晋·志》亦云：扬州：九江，入斗一度。《隋·地理志》：扬州在天官[1]，自斗十二度至须女[2]七度，为星纪，于辰在丑，吴、越得其分野。《唐·志》亦云：扬州为星纪之分，而淮、海之间，即吴分也。魏太史令陈卓据郡所入宿度，则广陵入牛[3]八度。《皇明清类分野书》曰：扬州分野，躔斗宿。然则兹土属斗，无疑也。按，斗宿，七星：第一星曰天枢，第二星曰旋，第三星曰机，第四星曰权，第五星曰衡，第六星曰开阳，第七星曰摇光[4]。一至四为魁，五至七为杓。魁为首，杓为末。性属水位、土宫、五行、四余。客躔其度者，亦惟生克。制化之气相乘，而灾祥丰凶因之也。或谓：分野之属，其灾祥皆于大都。此弹丸之地，未必屑屑。古之神圣，视天地为

---

[1] 天官，底本误作"天命"，据《隋书·地理志下》改。

[2] 须女，底本误作"虚女"，据《隋书·地理志下》改。

[3] 牛，底本误作"斗"，据《晋书·天文志》改。

[4] 摇光，底本误作"务光"，据《艺文类聚》卷一引《春秋运斗枢》改。

吾之躯壳,视万物为吾之爪发,视星象风云即吾之貌色声气。休咎之来,莫不由吾寂然之中、几微之际召之也,岂待妖祥露、蓍龟告哉？惟常知吾一念之善不善而已矣。又悯夫人不能皆然也,故制为历象之法,传之后世,使之察天时,望氛祲,励修省,以布敬授人时之政,使吾一身不特康宁于一时,而万世无不康宁也,而后吾之心始慰。是心也,即天之心也。夫岂以地之小大而异其心哉？况一邑之设,等威均备。蝗不入境,虎北渡河,存乎地主。特山林野人,未究羲和之学,恍惚璇玑之端,不敢附会。然江邑丰凶之机,与他境稍异,故凡天人相成之道,类入《物产》,灾祥类附《编年》,此不复赘。

分野论

僧德孺

黄帝命风后画海内区域,作九州分野。至有虞氏,始析为十二州,体天之行,则十二支宫分是也。禹平水土,复别为九德,以媲皇极九畴,则荆、扬及冀是也。自帝尧分命羲和,象天法地,治历明时。至周,天官氏土圭测景,缇室吹灰,准日月东西之程,候阴阳生绝之征,判周天二十八宿三百六十五度四分度之一,起乎玄枵,上牛度之一,尽乎娵訾[1]之踦。迟速岁驾之躔,配期三百六旬六日。岁功之成,匝布有虞氏十有二州之域,同十二国之封,恰丽十二宫分野,欲天地之数齐也。两曜互施,五行迭主,缩盈顺错,寿夭机祥,于是乎研之。日食以晦朔,月蚀以望,则循二轮所游道经,及九星所次之舍,朔晦偶会,罗望偶会,计参日月之行,星宿之丽,总不出此十二州、十二国、十二宫之内,明矣。

余窃考之,十二州者,扬、兖、青、徐、雍、豫、荆、冀、幽、益、并、营也；十二国者,周、秦、晋、赵、鲁、卫、齐、吴、燕、宋、郑、楚也；十二宫者,子至亥也。周之王制,十二州疆界,十二国封域,十二宫分野,总不出幅员万里,东渐于海,西被于流沙,朔南暨声教。谓之渐之、被之、暨之云者,灼非十二州所可连,十二国所能辖,十二宫所收隶也,亦明矣。

八荒之外,茫无际涯,由十万里而至四十余万里者有之,皆有日月星

---

[1]　娵訾,底本作"娵觜",据《汉书·律历志》改。

辰、山川人物、晦明顺错、寿夭機祥[1]也。特其风土殊,语言异,衣冠别,族类丑,较之十二州、十二国、十二宫幅员万里之内不同耳。然日月星辰,既其躔度、次舍总不出此州国、宫分、幅员之内,必不越乎远游四十万里无州国、宫分之外也,又明矣。

况彼土于此,声教不通,名数不达。若晦明顺错,寿夭機祥,不识以何为州、为国、为宫分、躔度而推步之哉? 岂其天之日月星辰,先莅此州国、宫分、幅员之内,后分照以赴彼四十万里无州国、宫分之外邪? 果如是,则两天地而多日月也。

或彼四十万里外,别有天地、日月邪? 诚难言也。天地无私覆载,日月无私照烛,非若人焉,爱憎不同,曷有彼此远近之分邪? 是则又知彼四十万里之外,不假分野躔度于此幅员万里、州国、宫分之内也,益明矣。

况出乎濛汜,非分野之域也;入乎崦嵫,非州国之兆也。日月运行,昼夜不息。昼[2]而经天,夕而旋地,周流上下,升降阴阳,然后二气交媾,资生品物,又岂疊疊驰逐于在天二十八宿之间,州国、宫分、幅员万里之内邪? 若然,则天地也,日月也,星辰也,機祥也,幅员万里之内,四十万里之外,无所往而不周也。何世之谈天者,概以十二州、十二国、十二宫分,拘拘然局之谬以神其术,侥幸一二機祥寿夭之验,而谓阴阳之宜,道尽在是[3]矣,得不狭天地而小日月乎? 恶得京房、管辂、洛下闳复生人间,吾当下风膝行,北面而扣之。虽然,洞三才之原曰儒。其有儒衣杰士,道贯其几微者,请明以告我。

灾异对略

李　寻汉哀帝初年

夫灾异[4]之来,各应象而至,臣谨条陈所闻。

《易》曰:“悬象著明莫大乎日月。”夫日者,众阳之长,辉光所烛,万里同暑,人君之表也。故日将旦,清风发,群阴伏,君以临朝,不牵于色。日初

---

[1] 機祥,底本作“机祥”,据文义改。下同。

[2] 昼,底本误作“画”,据上文改。

[3] 道尽在是,底本此下文字,挤刻为双行小字,据文义改。

[4] 灾异,《汉书》卷七十五作“变异”。

出，炎以阳，君登朝，佞不行，忠直进，不障蔽。日中辉光，君德盛明，大臣奉公。日将入，专以一，君就房，有常节。

君不修道，则日失其度，晻昧亡光，各有云为。其于东方作，日初出时，阴云邪气起者，法为牵于女谒，请也。有所畏难；日出后，为近臣乱政；日中，为大臣欺诬；日且入，为妻妾役使所营。间者，日尤不精，光明侵夺失色，邪气珥蜺数作。本起于晨，相连至昏，其日出后，至日中间，差瘳。"愈"同。小臣不知内事，窃以日视陛下志操，衰于始初多矣。其咎恐有以守正直言而得罪者，伤嗣害世，不可不慎也。惟陛下执乾刚之德，强志守度，毋听女谒、邪臣之态；诸保阿、乳母甘言悲辞之托，断而勿听。勉强大谊，绝小不忍。良有不得已，可赐以货财，不可私以官位，诚皇天之禁也。

日失其光，则星辰放流。阳不能制阴，阴桀得作。间者，太白正昼经天，宜隆德克躬，以执不轨。臣闻月者，众阴之长，销息见伏，百里为品，千里立表，万里连纪，品同也，言百里内度数同也。千里则当立表度其景，万里则继其本所起纪其宿度也。妃后、大臣、诸侯之象也。朔晦正终始，弦为绳墨，望成君德。春夏南，秋冬北。间者，月数以春夏与日同道。房有四星，其间有三道。春夏南行，南头第一星里道也；秋冬北行，北头第一星里道也。与日同道者，谓中央道也。此三道者，日月、五星之所由也。过轩辕上，后受气。轩辕南大星为后。入太微帝廷，扬光辉，犯上将，近臣列星皆失色，厌厌如灭。此为母后与政乱朝，阴阳俱伤，两不相便。外臣不知朝事，窃信天文即如此，近臣已不足仗矣。屋大柱小，可为寒心。唯陛下亲求贤士，无强[1]所恶，以崇社稷，尊强本朝。

臣闻五星者，五行之精，五帝司命，应王者号令，为之节度。岁星主岁事，为统首，号令所纪。今失度而盛，此君指意欲有所为，未得其节也。又填星不避岁星者，后、帝共政，相留于奎、娄，岁星为帝，填星为女主。当以义断之。荧惑往来亡常，周历两宫，两宫谓紫微、太微。作态低昂，入天门，上明堂，贯尾乱宫。角两星为天门，房为明堂，尾为后宫。常占当从尾北，而今贯之，尾为后宫之义也。太白发越犯库，发越，疾貌。库，天库也。奎为天库。兵寇之应也。贯黄龙，入帝庭，黄龙，轩辕也。当门而出，随荧惑入天门，至房而分，欲与荧惑为患，不敢当明

---

[1]　无强，底本误作"无疆"，据《汉书》卷七十五改。下"尊强本朝"同。

堂之精。此陛下神灵，故祸乱不成也。

荧惑厥弛，厥弛，动摇貌。佞巧依埶[1]，微言毁誉，进类蔽善。太白出端门，端门，太微正南门。臣有不臣者。火入室，金上堂。火入室，谓荧惑历两宫也。金，谓太白也。上堂，入房星也。不以时解，其忧凶。填岁相守，又主内乱。宜察萧墙之内，毋忽亲疏之微，诛放佞人，防绝萌芽，以荡涤浊溅，消散积恶，毋使得成祸乱。

辰星主正四时，当效于四仲。四时失序，则星辰作异。今出于岁首之孟，天所以谴告陛下也。政急则出蚤，政缓则出晚。政绝不行，则伏不见而为彗孛。四孟皆出，为易王命；四季皆出，星家所讳。今幸独出寅孟之月，盖皇天所以笃佑陛下，宜深自改。

治国固不可以戚戚，欲速则不达。《经》曰："三载考绩，三考黜陟。"加以号令不顺四时，既往不咎，来事之师也。间者春三月治大狱，时贼阴立逆，恐岁小收；季夏举兵法，时寒无雨，恐后有霜雹之灾；秋月行封爵，其月土湿奥，违于月令也。奥，温也。恐后有雷雹之变。夫以喜怒赏罚，而不顾时禁，虽有尧、舜之心，犹不能致和。

善言天者，必有效于人。设上农夫而欲冬田，肉袒深耕，汗出种之，然犹不生者，非人心不至，天时不得也。《易》曰："时止则止，时行则行，动静不失其时，其道光明。"《书》曰："敬授人时。"故古之王者，尊天地，重阴阳，敬四时，严月令，顺之以善政，则和气可立致，犹枹鼓之相应也。今朝廷忽于时月之令，诸侍中、尚书近时宜皆令通知《月令》之意，设群下请事。若陛下出令有谬于时者，当知争之，以顺时气。

臣闻五行以水为本，其星玄武、婺女，天地所纪，终始所生。婺女[2]，须女也。北方，天地之统，阴阳之终始也。水为准平，王道公正修明[3]，则百川理，落经络。脉通；偏党失纲，则踊溢为败。《书》云："水曰润下。"阴动而卑，不失其道。天下有道，则河出图，洛出书。故河、洛决溢，所为最大。今汝、颍畎浍，皆川水漂涌，与雨水并为民害，此《诗》所谓"烨烨震电，不宁不令，百川沸腾"者也。其咎在于皇甫卿士之属。唯陛下留意诗人之言，少抑外亲大臣。

---

[1] 依埶，底本误作"依执"，据《汉书》卷七十五改。

[2] 婺女，底本脱"女"字，据《汉书》卷七十五孟康注改。

[3] 王道公正修明，底本误倒作"王公道正修明"，据《汉书》卷七十五乙正。

臣闻地道柔静，阴之常义也。地有上中下，其上位震，应妃后不顺；中位，应大臣作乱；下位，应民庶离畔。震或于其国，国君之咎也。四方、中央，连国历州俱动者，其异最大。间者关东地数震，五星作异，亦未大逆。宜务崇阳抑阴，以救其咎；固志建威，闭绝私路，拔进英隽，退不任职，以强本朝。夫本强则精神折冲，本弱则招殃致凶，为邪谋所陵。

诸凡州县志载星气占验，意固举往以警来也，然多泛而不切。惟西汉李寻一对，取象不诬，拟事有验，可为敬天修德之助，似于分野之占可以类推。令者，一邑之日也，故述之以备斡乾转坤者之可否。

维天与道，万类均含，萃秀分灵，成能有在，故志《物产》。

物产三 人品、树艺、字畜、鳞介[1]

人品三之一 忠孝、节义、遗逸

世之人品有三：道德、功名、富贵，惟其志焉而已尔。府别驾吴公绅论立志：富贵功名之念，逐物也，不足谓之志。必在吾性上，卓然立而不仆，乃谓之志。三代而下，品藻人材者，惟忠孝、节义为有加于功名者，谓不辱身也，律以道德、名节而已。名节者，道之藩篱。谓之藩篱，非堂室矣。升堂入室，岂无豪杰之士，会江山之秀，征昌运以践其形者哉？兹姑就其自许者而录之。

忠　孝

孔元虔，先圣五十二代孙。宋淳祐元年冬，与弟其名无考。避居马洲，构室藏修，名马洲书院，因而教授生徒。遗址在崇圣寺旁，今废，详见《诗》类。余惟元虔无遗言，隐迹不显，其亦遁世之士欤！不干世禄，不易儒业，其知忠孝之道欤！

周玉，系东沙十四图人。浮梁知县，政绩无考。成化初，巡按戴珊奏设提学，

---

[1]　鳞介，底本脱，据后文补。

勋业见《名臣录》。来访之，远辟刍从，望庐独往。时玉与厥配曝日茅檐，闻犬吠，仰见戴衣冠而进。玉出迎，谛视曰："君非戴珊乎？"曰："然。""今作何官？"曰："巡按。"玉呼配曰："戴秀才在此，可出见。"乃割鸡为黍，叙谈良久。戴欲分俸，玉辞盗招。戴欲为营室，玉辞无子，曰："老夫心领君惠矣。"缱绻而别。在国初，不由学校，多以人材荐举。耆老传言，其未尝一失官箴者，惟周翁。虽无嗣，尤为美谈。得之幼时，及见其家老妪，人呼为周长婆。与先大母辈语及，时或洒泣，谓戴童年入学，翁夫妇鞠之甚恩，虽盥栉，必在公署，故情密如此。即戴与妪之感推之，则周翁天禀真纯，不随俗尚。古称善人，未必能过之也。

刘乾，光禄寺卿。初官户部，勤廉公明。出督储饷者五，蓟州立生祠。忤逆瑾，两逮系，不屈。及改武选，厘正选格，请托不行。在光禄，陈言二事：其一以勾稽往牒，立条例，慎出纳；其一以本寺额办煮醪，岁输费数万，请移北寺为便。诏从之，著为令，岁省费十倍。乞致仕。卒，蒙钦赐葬祭。善事父母，乾鲜兄弟，二亲常随仕禄养，极其尊荣。歌颂之者，达于台辅，班行鲜比。乾本生于靖江，登第后移居江阴，故《江阴志》亦载之，曰"心地宽洪，言多直壮。奉二亲，克隆禄养"云。泾野吕柟题其墓曰"七赠五封"。

顾复，字德中。成化八年，靖江立学，分江阴士来充秀，复首与焉。明年应贡，廷试第六。当铨，念母不置，告归省。既，母促之受官，曰："不愿离膝下也。"母命其婿同往。及至，遂遣妹夫归，曰："为我善养母。"未几，竟以念母致疾，卒于邸。卒之日，母于梦寐中闻复哭声，母曰："噫！儿死矣。"数日后，讣至。及柩还，以所服冠帽庋诸柩上。每遇母哭，冠帽辄跃覆于地，妻子之哭则不然。于是知其爱亲，虽死不忘也。人心真诚不贰，其英爽洋洋固如此。复在庠序，以文学名。所遗有《贫士八咏》，亦足以见其所养云。咏见《诗》类。晋江何炯传。

孔永芝，西沙十五图人。年三十，习释典，性笃于伦理。父久疾，两兄议析产，颇较低昂。永芝曰："父疾方亟，闻之必加重。我惟兄命，愿勿屑屑也。"嘉靖四十四年五月二十一日，永芝忧剧无控，立门外。忽有医来求诊，曰："此疾须亲生儿女肉制药则愈，不然死矣。"永芝入，密割左股肉一掌出，授医制药。父服之，疾果愈。医去，莫知所向。伤处不疮，旬日平复，惟有痕。时衣冠辈往省之，曰："当时但求父愈，不知痛也。"议者以为割股非孝，伤遗体也。古语云："理无常是，事无常非。谛观事机之遇，惟有我者，虽善非善。"永芝诚于爱亲，忘其形骸者，而以不伤遗体律之，殆未反之于心乎？使以伤体、丧亲较得失，吾心将孰安乎？是故学之不讲，修德者所以无方也。矧其年已三十，妻孥货财之恋，不入其心，盖纯于爱亲者矣。不谓之孝，可乎？隆庆三年，本县表其门。

节　义

陈玄奴，楚良女。年十七，至正丙申冬，随父避乱往姑苏，仓卒遭兵，欲掠去，女即投水死。楚良悲且怒，抗骂不屈，亦受伤，翌日乃亡于客邸。乙亥秋，友人潘鹏江阴人，常州府学训导。纪其事，哀之以诗。旧祠毁于兵，嘉靖三年，县丞韦商臣立祠于县治之东北五里官道之右。诗《序》云：至正丙申冬，扬之泰兴马沙陈楚良巡检，避地往吴之姑苏，仓卒遇兵。女玄奴年十七，兵欲掠去，女投水死。兵怒，骂楚良，楚良词意不屈，亦被伤，翌日乃亡于客邸。余忝相知，亦因避地东西，罔知君没之始末。乙亥秋，询诸乃子陈迈并父老，俱潸然泣下，历历为我言之，始得述其详焉。於乎！世之义女节士类如陈者，往往多湮没，可胜叹哉！余深悲悼之，并书长句以寄哀挽，曰：吴城仓卒苦遭兵，父女皆亡血污缨。三世名门生有种，一家忠节死谁旌？马洲废宅烟连树，延庆空祠月照茔。夙训呵符应有立，克敦孝义继芳声。

孙氏、冯氏，族类无考。正德七年，流贼刘七掠境，掳男妇，群驱而行，惟孙与冯不从。贼以势胁之，二女益厉色自守，遂至于死。嘉靖三年，县丞韦商臣访得其情，举配陈玄奴祠。

顾玉洁，朱性之妻。年二十一居孀，父与舅欲夺其志，不可。正德壬申，流贼刘七掠江南，乡间奔窜。玉洁怀夫木主，随姑走匿。及旦，失姑所在，与一邻妪野宿二日而归。以诸婢不顾恤之情告姑，姑劝其改节。是夕，怀夫木主缢，时年二十五岁。时通学举贞节，勘明申达准覆。因旧令去任，事即寝。

袁氏，年十七归陈莲，越三岁，生子天秀，三岁而莲亡。其夫兄利其弟之产，其父虑其女之幼，同议改适，妇曰："待三年再议。"及终丧，天秀六岁，夫兄与其父复为前议，妇曰："待我送此子上学，能识几字，我即嫁也。"夫兄憎其延缓，假以公务侵削，十年内，仅存田六亩。妇昼夜纺绩，给子书课。子娶妇，益同心勤俭。夫兄见其志不改，且沈静而睦，遂改虐为敬。卒，年七十三,时嘉靖二十五年也。孙三人,业增至八十亩,乡人莫不敬信。呜呼! 一田家妇,不作声色,诚于守身,卒能化贪傲为廉敬,业裕裔繁,谓非格于神人者乎? 而况于德位乘时者乎?

陈鹦奴,年十六。嘉靖三十三年,倭寇掠境,鹦抱其主名云。三岁幼子。贼驱之,鹦诒曰:"我愿从汝,待我送此孩寄邻家,然后去。"贼监之而行,鹦举孩付邻妪曰:"为我还其母。"语毕,坦然随行,贼不疑其有他也。及登舟,卒投入江。贼赴救之,鹦牵贼发而死。嗟夫! 内无所习,外无所强,是非羞恶,从容不失其真,孰谓人性之善,必学而后能哉?

江相女,年十七,行四,西沙十九图人也。三十五年五月,倭寇登岸,女泣谓父谱曰:"避之无地,愿先死以免其难。"父再三止之,乃以布自敛其体,锅煤涂面,衣敝垢之衣裳,缚以死结,避密林中。贼掠其家,窥见,欲污之。奋夺贼刀,自刎不得,遂投水死。次日,谱收尸,面色如生,远近讶其暑月不变,且怜其志,多为歌辞以挽之。

刘氏,张守敬妻。生子三岁丧夫,时年二十二。凶人陈姓者谋娶之,不从。陈造谤以激其所亲,所亲疑其不能甘节也,亦有出之之意。一日,妇归宁,遇凶于途,掳归,百方凌虐,不能合,幽于一室。是夕,妇自缢,时年二十五。事发,凶人复诛,按院赐扁旌其节。事在三十八年。

刘氏,年十九,适庠生陈焰。年二十六,焰死,无嗣。焰初从诸兄析居,至是诸兄利其产,逼刘改嫁。刘泣,尽捐所有与之,惟洁身自存。既又利其身,复欲夺嫁。刘以死自持,及不忍寡姑之受恫怵,迎来同家,纺绩织纴,以给膳养,慈爱愈固。姑殁时,年已九十有七矣,无营葬者,刘哀毁骨立,尽费其簪饰以成。襄事后,续自置高田二十亩以为养,又为诸悍所夺。刘无归所,假兄生员刘大伦一室以自活。迄今嘉靖四十五年,计年五十,持节已二十又四年矣。呜呼! 刘身无所归,口无所资,嗣无所寄,而又加之以摧迫万状,顾能确然惟知有节孝自尽者,殆亦世之可矜而可敬者乎!

马纪妻鞠氏,东沙[1]三十一图生员鞠仪女。正德十三年,其夫殁,时鞠氏年十九岁。有子马儒,方一岁。及长,复死,鞠氏守志不变。今已年近

---

[1] 东沙,底本脱"沙"字,据文义补。

七十,甘心贫乏,乡邻无不啧啧称羡。

右自胜国迄今几三百年,称贞烈者仅十人,岂谓外此无湮没不闻者乎?征诸宪檄,亦惟陈玄奴、孙氏、冯氏、顾玉洁、张守敬妻刘氏五人而已。余五人尚未经勘,然其事则神人共鉴,故谂于主司,以为宜举所知,以昭天彝之不泯,是用录之以俟。

知县刘烨尝举范崇为善人,朱绂为孝子,刘氏为节妇,以应按院陈公九德之命,其详见三氏家乘。刘氏之夫陈燧,其族陈烁挽诗云:"五年伉俪三年病,六十光阴四十屯。"

右自顾复以下,皆节孝事也。天性之良,民彝之懿,于是为至。彼其一念之决然,谓不有见于欲恶有甚于生死也乎?后之闻者,固必有所兴起,而死者何所闻而然乎?是则无所为而为者,固如此。虽然,孝与贞,子与女妇之分也,名非其意也。庭几怡愉,琴瑟静好,何贞孝之可名?而贞孝存焉。不幸而遇变,其心以尽分为安,而人以为难也,而后名从之,是岂若人之心哉!道隐教岐,圣王忧之。故表其难,以揭示夫不失良心之可贵,固欲夫人尽分于无名也。论贞孝者,宜致审于斯。

遗　逸

陈杰,字汉臣。好读书,善为文,积书充栋[1],建楼贮之,名万卷楼。赵子昂、虞伯生未遇时,延之训其二子简、范。尝出粟赈饥,受江陵路税课副使,不赴。其没,江阴陆文奎铭其墓。其裔孙烁,嘉靖丁亥从游阳明洞天,遇友生某持一卷,有康伯像,有赞,展视之,与其家藏先世遗像相类。因念康伯之名,尝闻父兰以为言,始知其像为康伯也,遂请购归。出家所藏,比之无二。虽其夙志少慰,而传世不明,姑记之以俟。康伯,宋尚书右仆射,加特进,封信国公,赠太师,谥文正。子昂名孟頫,号松雪,谥文敏。伯生名集,号邵庵,谥文靖。

刘埙,字公坦。工诗文,兼精书法。童丱时,赵子昂奇其秀异,书"小斋"二字贻之。至正间,尝辟帅府照磨。不久,谢仕归,恬静自守。所著有《小斋集》。右二人,旧志所录,盖以当时重之也。惜乎世遭兵燹,嘉言善行,莫有传之者。

丁珉,字汝琳,号沧洲。端方坦易,有所品藻,人以为荣。所著有《沧

---

[1]　充栋,底本误作"充楝",据文义改。

洲集》。今不传,仅存一诗,见《诗》类。

树艺三之二[1]附野生

县之民,惟力农圃,罕从商贾。故求嘉种以自资者,稻有蚤黄川、晚黄川、晚青川、红籼、白籼、救公饥、拖犁归、秕六升、蚤红莲、香粳、蚤白糯、晚白糯、虎皮糯、胭脂糯、铁梗糯、姜黄糯、秋风糯、赶陈糯、香糯、撒杀天,旱种。黍、稷各有粳、糯,麦有大、粳、糯。小、四棱、六棱。荞、苦、甜。元,粳、糯。豆有蚕、豌、江、匾、大、小、红、白、青、赤、黑、菉、紫、裙带、佛指、蟹眼、雁来青、麻熟、茶褐。土中生者,有芋、麻、白、甜、紫、香、水。黄、独山药、落花生、茨菰、萝卜。白、胡。壅田者,莨蓝、苜蓿。

瓜有甜、苦、菜、香、西、冬、黄、丝、秋黄,菜有青、白、菠、甜、芹、芥、葱、蒜、韭、薤、苋、箭竿、乌松、莴苣、芫荽、甘露子。已上,人力以时而莳者。野生:荠菜、理蒜、棉蒿、苦蒿、青蒿、蒌蒿、野红花、破衲头、野苋、灰蓼、马蓝。不植而生,皆可作菹。种类颇多,不能述。

麻有白、苎,蒉有木棉、攀栀、罗头藤。

果有梅、杏、桃、李、梨、柿、枣、榴、橙、橘、樱桃、枇杷、葡萄、银杏、胡桃,菱、莲、藕。

花有水仙、海棠、贴梗、垂丝、西府。长春、山茶、紫荆、蛱蝶、剪春罗、辛夷、玉兰、萱草、玉簪、洛阳、郁李、百合、瑞香、牡丹、芍药、结香、宝珠、山栀、蔷薇、荼蘼、刺蘼、紫薇、木香、青、黄、白、紫。绣球、渥丹、石菊、木樨、芙蓉、木槿、菊、秋牡丹、秋海棠、鸡冠、鹦粟、老少年。

药有薏苡、枸杞、地骨皮、瓜蒌、天花粉、桃仁、杏仁、红花、靛青、金银花、谷精草、槐角、槐子、益母草、胡麻、天麻、艾蒳、莶草、茱萸、马鞭草、鱼鲤草、香附子、车前子、半夏、木贼、楮实子、夜合子、苍耳、鹤膝草、见肿消、火丹草、紫花、地丁草、茅根、女真子、麦门冬、良姜、蒲公英、马兰、马齿苋、过山龙、王瓜、木瓜、桑白皮、椿根皮、甘菊、鬼灯、蛇床、虾蟇草、五顶草、野

---

[1]　三之二,底本误作"三之三",据本卷《物产》目录改。

杨梅、紫苏、白苏、青苏、薄荷、虎掌草、寄生草、麦株草、鹅不食草、羊不食草、荆芥、淡竹叶、游丝根、野水仙、野茨菰、野菱。

竹有社、灰、淡、紫、斑、筀、黄竿、慈孝、万年。《味竹》："漪漪长养江天里,柳外花前暗复明。急雨入林枝不乱,春风吹土笋还生。龙腾渭水渔翁钓,凤语缑山帝子笙。取用在人非在我,虚心报答有何情?"

木有杉、柏、桧、桑、榆、柳、椐、槐、楝、椿、樗、楮、栢、枫、檀、柘、梧桐、棕榈、冬青、黄杨、仙人茶、阴朴、日楠、狗骨。此外有勤而好事者,远方携种,土莫不宜,不植则不产。植而不活者,茅竹与栗耳。凡百树艺,惟酿上爰。吾靖农家夏畦之策,当以霜降为准。霜降在九月中旬,谷之蚤、晚皆稔。惟中获者,耗在上旬,蚤者稔;在下旬,晚者稔。盖以八月风潮汛,有值于稻之放花也。亮信收成有消,暗信收成有息。潮来动酱,则涨涸相同。酱蟹见火则沙,天癸触醋则成水,炊饼遇秽则不熟,此皆气之使然。故曰:"君子尚消息盈虚。"引伸触类,不有望于知几之君子已乎!

货有棉花、棉布,白麻、麻布,苎麻、苎布,丝绵、缣丝,虾米。内惟麻布奈用,胜于他处。虾米嫩而甘,善藏者经岁如鲜,色白为佳。

字畜三之三附野生

禽有鸡、《咏鸡》:"喔喔复喔喔,东方星不迟。天机随舜动,世故决琨疑。三唱群相和,先声谁最知?江天钟鼓静,微尔恐违时。"鹅、鸭、鸽、《咏鸽》:"三三两两在天涯,雾隔云迷去路赊。认得屋头明白了,断然不落别人家。"野生有鸦、鹊、燕、鹰、鹞、鸥、鸮、凫、鹥、鹳、鹭、雀、鸠、姑恶、黄头、蜡嘴、桃花、二种,一种大比鹌鹑。柳叶、鹡鸰、啄木、翠练、鸬鹚、鱼虎、百舌、桑白头、白头公、黄鹂、慈乌、偷仓、告天、鹌鹑、催耕、布谷、戴胜、赶楝、青庄、白鷴、鸳鸯。以时而来去者,风鸦、雁。

兽有牛、《咏牛》:"春郊引犊眠芳草,乳端酸楚儿未饱。东作计方殷,时雨一犁深。我喘息,耕夫策策不止息。难取回看儿远离,呀呀声不迟。儿肥戏跃知逐雌,我背拖犁腹忍饥。已知有儿不代老,犹自心心让鲜草。"马、骡、驴、猪、羊、猫、狗,野生有兔、獭、黄鼠、水鼠、谷鼠。此土无薮泽,禽兽种类不及外境之半。桃花、柳叶,独生于兹土。桃花,形小于黄头,头与两翅皆红,声如鹡鸰而细,桃花开时则见,花谢则隐。柳叶,形小如黄头,身长,色全如柳,声尤细于桃花,四月见,七月隐。观鸟兽之文与地之宜,则气机所钟,终不比于鸾、鹤。

非鹏抟天马不待风云者,又孰能逃之?

鳞介三之四

鳞有鲤、鳢、鲢、鲭、鳊、白、鲦、鲦、鲫、鳠,已上池畜。虾虎、哺姑、汪丝、鲇、鲈、针扣、面条、贵残、鲹、鳝、鲟、鳢、鲔、鳗、河鲀、竹嘴、黄幹、刀鲚、子鲚、此鱼上贡。洪武间,江、靖二侯镇守江阴时,食品得此,遂以贡于上,其食息不忘忠敬之心也。延至于今,江阴岁贡万斤,鱼户则仍靖邑。自输官起运,费可数倍。嘉靖甲子年,巡抚都公周如斗奏免其半。然大官堆积,以此供薪,而膏脂纤悉,民怀上诉而不能也。直沽产子鲚最多,若江阴供孝陵,天津供太庙、御膳,省费百倍。鲥鱼、此亦江宁上元贡品。此地虽暂有,市价颇贵,其弊甚于子鲚。镬橄、又名召阳。沙塌。又名比目。已上江生。

介有龟、蚌、蟹、蟛蜞、螺丝。大抵江生可兼池畜,池畜不能兼江生。体有小大,性有广夹。器局一赋于天而不可易,善用世者因器而不弃。

昆虫有蚕、蜂、蜜,上黑细腰。蚁、蜻蜓、蚱蜢、促织、络纬、蟋蟀、寒螿、蜜扈、螳螂、土蚕、麻虫、苍蝇、青蝇、牛虻、豆铎、风白、蚁、蝗、蜣螂、蝉、秋蝉、三尾子、蚊、蚋、蝼蝈、壁虎、蜈蚣、蝇虎、蛇、赤炼、青梢、乌梢、黄蟒、慈鳗、秃虺。蜘蛛、蜗蜒、蠓虫、蜥蜴、蝌蚪、蛞蚧、杨牛、刺毛、地鳖、灶鸡。右皆可药。

得之曰:万物并育,性随禀具,各以分足,初无隆杀之殊。人以智力相角,而后贵贱大小形焉。苟忘其智,不用其力,则蠛蠓与鹍鹏,不相假借,不相妨碍,各适其天而已。人而能体其情,则彼之生死聚散,歆恶去就,悲欢之情,必有得于不言之表者。子钓而不纲,弋不射宿[1]。《礼》曰:"大夫无故不杀羊,士无故不杀犬豕,未五十者不得衣帛,未七十者不得食肉。"然则非老疾宾祭,决不轻杀。后世纵口腹之欲,耀耳目之观,锦衣玉食,不辨等威,不知我果灵乎?物果蠢乎?蓝田吕氏曰:"人之血气、嗜欲、视听、食息,与禽兽异者几希。特禽兽之言与人异耳,然猩猩、鹦鹉亦或能之。是则所以贵于万物者,惟有理义[2]。圣人因理义之同然而制为之礼,然后父子有其亲,君臣有其敬,男女有其别,人道所以立而与天地参也。纵恣[3]怠傲,灭天理而穷人欲,将与马牛犬彘之无辨。是果于自弃,而不欲齿于人类者乎!"

---

[1] 弋不射宿,底本误作"弋不食宿",据《论语·述而》改。

[2] 惟有理义,〔宋〕卫湜《礼记集说》卷二引作"盖有理义存焉"。

[3] 纵恣,《礼记集说》卷二引作"纵欲"。

新修靖江县志卷之四

邑人朱得之　纂修
训导吴继澄　参校

身代天工,国本攸赖,故志《职制》。

职制四目凡四。上:编年　政绩

县之有官,溯元而宋,惟巡检一员。

今制,知县、县丞、主簿、典史、教谕、训导、巡检、正术、正科、僧会、道会各一员,总次《编年》。惟职是第,善政、善教见于后。呜呼! 名立而义存焉。古之君子因分而尽其心,故曰:"名之必可言也。"

编年四之一

三国
吴赤乌二年,以此洲为牧所。

宋
建炎四年庚戌,武功大夫、昌州防御使、通泰州镇抚使兼知泰州岳飞十一月五日下令,渡百姓于阴沙,时飞驻兵柴墟[1]。以此沙在水南,故曰阴沙。飞以

---

[1]　柴墟,底本作"紫墟",据下文改。

精骑二百殿。金人不敢逼,遂屯江阴。按本传,飞字鹏举,相州汤阴人也。父和,母姚氏。历功,授前职。是年,飞年二十八岁。九月,金人陷承、楚,诏刘光世措置保守通、泰。时飞在承州,泰州盗起,王昭寇城东,张荣寇城北。于是飞得还守通、泰之命,乃还师。自北炭村至柴墟,屡战皆大捷,死者相枕藉。谍报:金人并兵二十万,将取通、泰。俄已破张荣茭城,光世复违诏,不遣援兵。飞以闻,寻有旨:"泰州可战则战,可守则守。如其不可,且于近便沙洲保护百姓,伺便掩击。"飞顾虏势盛,泰无可恃之险,初三日,全军保柴墟,战于南霸塘[1],金人大败。相持累日,而泰州为镇抚使分地,不从朝廷应付。粮饷乏绝,刲虏尸以继廪,乃有渡阴沙之令。按,武穆之用兵,其众所共见者,重搜选、谨训习、公赏罚、明号令、严纪律、同甘苦,而独知之地,则虚己采纳,因敌制胜,非人所易知也。

蔡济,泰兴人。宋咸淳间,有司委镇马洲。时江海间顽悍啸聚,屠掠村居,济以计破之,授承信郎。元兵下江南,济知时不可为,乃率江阴、泰兴民纳款。主帅命其尹泰兴,兼判江阴军。后累功升将仕郎,至盐卤使。按,济卫民之功,虽不可诬,叛宋之罪,终不可宥于公论。或曰:"时不可为,力不能为,不有自靖之道乎?"呜呼!宋之亡也,岂特一济哉?即其出以有司之委,则亦勇健喜功之徒,未尝与闻乎文义。自靖之道,固非其人也。

元至正丁酉八月,我太祖遣徐达、康茂才等取马驮沙,破水寨,擒戮其枭将朱定。先是,三月遣徐达将兵取常州,五月遣张鉴、何文政取泰兴,六月遣赵继祖、吴良取江阴。至是,此寇四无援倚而后穷。

丙午,寇出马驮沙。上亲督战,英武卫指挥使吴祯追至巫子门。寇迎潮逆拒,祯纵兵急击,俘获无算,寇遂平。按,此寇不称名,得之幼闻父老云,渠魁徐太二屡败屡遁,兵退复起,故御驾亲征,至此始尽。考《功臣录》,丙午之寇出马驮沙者,盖张士诚舟师。先驻范蔡港,至是自沙溯大江,以侵镇江。上乃率兵自讨之,未至镇江而寇已遁。祯等追至巫子门,大败吴兵,上乃临幸江阴。乃[2]父老传言与《英烈传》则云:王师围沙,寇屡抗。花荣从西沙跃马登岸,四面骤集,寇始歼。正德七年以前,江阴北门外有鼍跱影墙。因筑城开壑,濠墙始彻。

---

[1]　南霸塘,《宋史》卷三百六十五作"南霸桥"。
[2]　乃,底本误作"及",据文义改。

大明洪武

戊申元年

庚申十三年,西沙十五图卢茂孙投军十八名,恩赐百户一员,隶羽林前卫,今调长陵。[1]

戊辰二十年,旱。

壬申二十五年,旱。籍没焦山下院,僧伏诛。

丙子二十九年,大旱,沙心苗稿死。

壬午永乐元年,东沙第十图马俊与毛大方有内亲,见丁充军。[2]

甲申三年七月,风潮,雨浃旬。

壬辰十一年八月,风潮,漂没民居。

乙巳洪熙元年,大赦。马氏蒙恩,见门充军止二名,余悉放还。[3]

丙午宣德元年,大赦。

乙卯九年,旱。民饥。

丁巳正统元年,赦。

己未三年,旱。减田租。

辛酉五年,旱。减田租。

甲子八年,夏,旱;秋,大潮。诏免田租。

戊辰十二年,旱。

辛未景泰元年,赦。

甲戌四年,十二月,大雪,木冰。

乙亥五年,正月,雪,深三尺。五月,雨,风潮伤苗。诏有司赈赡。

丙子六年,夏,旱、蝗。按院杨公贡奏免税粮。

丁丑七年,旱。免半租,赦。

戊寅天顺元年,赦。特赦建庶人出禁,诏天下。

辛巳四年,秋,雨,风潮。免半租。

甲申八年,八月,雨,风潮。免田租有差。

---

[1] "西沙十五图"至"今调长陵",底本挤刻作双行小字。

[2] "东沙第十图马俊与毛大方有内亲见丁充军",底本挤刻作双行小字。

[3] "马氏蒙恩"至"余悉放还",底本挤刻作双行小字。

乙酉成化元年,赦。七月,风潮。

丙戌二年,五月,风潮。知县王秉彝清理本沙田赋,以苏民困。政绩见《去思碑》。抚院高公明奏设县丞一员,专莅沙事。

戊子四年,六月,旱。

辛卯七年,夏,旱;秋,潮。减田租。抚院滕公昭奏立县,名靖江。初选从减。是冬十一月,知县张汝华始莅任,怀安,举人。辛勤造县。政绩见《岁月碑》。在任四年,忧。典史马信,隆庆,吏员。克赞新政。

壬辰八年,风潮。教谕赵莹,天台人。商度兴学。训导王奎。闽县人。巡检樊学。宛平人。

癸巳九年,风潮。

乙未十一年,知县郑锜,兰谿人,进士。视民如伤。政绩见《遗像碑》。在任六年,忧。

丁酉十三年,风潮。

庚子十六年,抚院尚书王公恕奏请,全设县丞,主簿,阴阳,医学,僧、道会司。

辛丑十七年,春、夏,亢旱;秋,大雨。风潮漧没田庐,人多溺死。明年春,赈济。海寇刘通称乱,征兵。知县陈崇德,长乐人,进士。民兴于黜。在任七年,升。仕终浙江右布政。县丞邓纯。邵阳人。主簿。无考。教谕魏胤。南昌人。训导陈鉴。番禺人。巡检。前后皆无考。

壬寅十八年,春,赈济。秋,旱,减租。

癸卯十九年,大水,荒。

乙巳二十一年,旱,减租。始开例:生员纳粟实边,准入国子监肄业。教谕吴华。福清,举人。

丁未二十三年,旱,赦。

戊申弘治元年,赦。五月,大潮平没如洋,漧死民妇徐兴等二千九百五十一口,漂瀳民屋一千五百四十三间,县治仓库、墙垣倒塌殆尽。诏宽恤。孤山登岸。知县金洪,鄞县人,进士。在任三年,政绩见《去思碑》。调。仕终松江知府。

辛亥四年,风潮。知县孙显,华州,举人。立社学,严浚通县沟港。政绩见《去思碑》。在任五年。训导。

壬子五年，风潮，赦。县丞吴伯机。安山人。主簿王宪。吉安人。典史范铨。历城人。

甲寅七年，风潮。

乙卯八年，知县郭浃，兴国人，进士。在任二年，调。

丁巳十年，赦。知县晁尽孝，新城人，进士。在任一年，卒。教谕胡士奇，江西，举人。有孝感。训导张镛。远江人。

戊午十一年，知县王润，鄞县，举人。在任四年，黜。

己未十二年，风潮。

庚申十三年，县丞张瑜。

辛酉十四年，旱。孤山崩东北一角。

壬戌十五年，知县陈篪，莆田，举人。在任三年，黜。县丞袁孟思。鄞县人，例贡。主簿张惠。教谕王毂。金华人。

癸亥十六年，夏，旱；秋，潮；冬，雪深五尺，冰坚尺许，橙、橘皆死。诏减租发赈。训导陈初，晋江人。升。

甲子十七年，自十四年孤山崩后，夹江日浅，至此，皆同平陆。

乙丑十八年，旱。七月，赦。九月十二日，地震甚。知县周奇健，琼山，举人。发隐清弊。创县志，未就。在任四年，忧。

丙寅正德元年，旱。减租。崇明海寇施天泰、钮东山聚众称乱，其邑民四窜，靖盗始兴。迁社学，筑烟墩，建警铺，始籍民船。

丁卯二年，风潮。巡检孙志清。山东人。

戊辰三年，旱。教谕钱钺。工部司务谪，乌程人。

己巳四年，知县唐勋，归善人，进士。在任二年，调。仕终御史。典史朱奇橙。福建人。

庚午五年，赦。夏，久雨。五月十八日，风潮。通县筜竹、紫竹生花结实，竹尽死。冬，诏：苏、松、常近遭水灾，抚按等官用心存恤，本年正额及各项钱粮查勘，量与蠲免。

辛未六年，春、夏疫，民有灭门者。知县殷云霄，寿张人，进士。善文。始增户口，在任二年，调。仕终工部给事。县丞魏浩。柳州人，岁贡。主簿张能。吏员。**教谕张瀚**。侯官[1]，举人。**训导阙全**。永丰人。

壬申七年，秋，风潮。赦。山东流贼刘七掠境。

癸酉八年，风潮。**知县王荣霄**，淳化，举人。以县志属教谕张瀚删修。**训导汪忠**。武康人。**县丞郑廷献**。广东人，岁贡。**巡检李间**。华阴人。

甲戌九年，夏，旱；秋，潮。民黠成风。县志成。

乙亥十年，秋七月，久雨。风潮。赦。

丙子十一年，**县丞高继叙**，临淄人，例贡。自乞致仕。**教谕梁佐**。新惠人，作士，有恩礼。**训导朱恭**。北直隶人。**巡检王通**。武安人。

戊寅十三年，秋，风潮。

己卯十四年，正月，地震，有声如雷，庐舍摇动。夏，宁藩叛。征兵戍金陵，八月班师。**知县蔡德器**，黄岩，举人。奉诏修县志。黠党盈庭。**巡检周伦**。临汾人。

庚辰十五年，夏，风潮。

辛巳十六年，四月十八日，驾崩。五月，赦。秋，风潮。**县丞金鼎**，兰谿人，例贡。重廉耻，礼善憎恶。在任三年，卒。

壬午嘉靖元年，七月二十三日，风潮，县境如海，县治崩塌，民庐漂没殆尽，死者数万。耆老谓自昔未闻，虽弘治元年潮势，不及其半。抚按奏闻，钦降内帑银二万两，抚院委宜兴知县何栋颁给存恤，并料理公署。免租。**巡检杨锦**。辰州人。

癸未二年，饥，人相食，鬻棺以称，十八斤为最下。**知县易幹**，巴陵，举人。黠党一创，贫弱始归农，荒芜价跃。在任四年，部檄行取。有传。

甲申三年，二月辛亥，地震。夏，旱，斗米百钱。

乙酉四年，**县丞韦商臣**，孝丰人，进士，大理评事。修学。**训导魏汝赞**。夏津人。**巡检刘溥**。

丙戌五年，五星聚营室。二月，久雨，民庐多倾塌，二麦尽死。**县丞冯钺**，易水，例贡。在任三年，廉恕，忧。有《迁廨碑记》。**教谕赵献常**，桂林，举人。升。**知县郑翘**。番禺人，举人。在任五年，升。[2]

丁亥六年，**训导欧舆**。莆田人。**巡检刘理**。

---

[1] 侯官，底本误作"候官"，据文义改。
[2] 在任五年升，底本挤刻作双行小字。

戊子七年，夏，蝗。十月，地震。二十五日，白虹亘天。主簿刘秉端。陕西人，例贡。巡检庞浩。隆庆州人。

己丑八年，六月，蝗来西北，蔽天，禾田无水者与豆草俱一空。海寇郑二、侯仲金乱，征兵。八月十九日夜，大雨，平地五尺。

庚寅九年，赦。三月，捕蝗遗种甚多。

辛卯十年，七月，蝗，半灾。

壬辰十一年，五月，蝗来自西北，蔽天，竹树豆草俱空，苗亦空。三日去。苗长，数日复初。秋，潮，民困无控。增户口，作六十里。教谕陈应龙，新昌，举人。修葺学宫，作兴士类，学规一新。

癸巳十二年，夏，蝗；秋，潮，民困益甚。知县胡春，南丰，举人[1]。在任五年。主簿刘梁。山阴人，例贡。训导王轾，万年人，选贡。志清，行淳，言信，以身率士。置学田，立碑纪用。巡检高经。文安人。

乙未十四年，夏，旱；秋，潮。岁大歉，斗米百钱，饥莩载道。

丙申十五年，四月壬寅，雨雹，积寸许，桑、麻、麦皆空。县丞章橙。会稽人，例贡。

丁酉十六年，风潮。久雨，案牍湿滥，悬于县堂。本府颁书册。巡检张镛。山阴人。

戊戌十七年，知县周继学，黄梅，举人。修举废坠，刷除欺隐，案牍胥史之弊，十去八九。在任二年，受诬劾[2]，以忧去。教谕王轾。德许《升职序》，有传。

己亥十八年，风潮。训导朱以和。高安人。巡检石逵。恩县人。

庚子十九年，知县林相，秀水，举人。苦节轻费，在任一年，黜。海寇王艮、秦璠乱，征兵。

辛丑二十年，知县俞献可，莆田，举人。在任二年，卒。县丞王汝楫。保定人，例贡。主簿丘敬。莆田人，吏员。典史周宣。莆田人。教谕张泉，闽县人。学田始弊。

壬寅二十一年，夏，旱，蝗。刘甫学诗云："五斗糠粃三丈布，一挑河水两文钱。"至[3]。巡检李芳。井陉人。

---

[1]　举人，底本脱"人"字，据文义补。
[2]　诬劾，底本误作"诬劾"，据文义改。
[3]　至，疑为衍字。

癸卯二十二年,夏,旱;秋,潮。知县何天衡,道州,恩生。在任一年,调。县丞易镛,荆州,例贡。倜傥。

甲辰二十三年,三月初二日,甘露降,柏枝独浓。夏,旱。知县石砥,莆田,举人。在任一年,黜。

乙巳二十四年,大旱。知县刘烨,怀安,举人。在任一年,忧。巡检赵宗儒。铅山人。

丙午二十五年,大旱,米、麦价三倍于常。教谕柴芝,江山人。清补学田。训导王金,沔阳州人。升。

丁未二十六年,麦秀两岐。主簿谢教。湖广人,岁贡。

戊申二十七年,知县汪玉,黄梅,举人。在任五年。

庚戌二十九年,拨官滩,赡诸生。主簿陈云衢。莆田。典史裴敬。慈谿人。巡检张璞。夷陵人。

辛亥三十年,九月,地震。教谕林廷植,莆田人。性淳厚。冬,水陆盗始盛。

壬子三十一年,风潮。始筑城。县丞孙京,上虞人,吏员。以奸黜。巡检王相。榆次人。

癸丑三十二年,倭寇乱。知县应昂,江山,举人,加筑瓮城。民益困。在仕三年,黜。训导张文宪,晋江人。筑瓮城。

甲寅三十三年,倭寇入境,杀掠甚众。募兵,增民壮。新科倍于旧额。

乙卯三十四年,倭寇临城,杀掳二千余人,币货无算,烧毁民庐及千。典史程文诰。

丙辰三十五年,赦。合当年与三十三年,通融全免一年税粮。倭寇掠境,邑人败之,获七十级。县丞吴徵,江西人。升。

丁巳三十六年,教谕陈坤。巡检马尚志。临邑人。

戊午三十七年,霪雨,自夏至秋,三月不息。土始生马蝗。知县刘钥,敷施人,岁贡。在任九月,黜。典史汪子印。黄岩人,吏员。

己未三十八年,元旦立春。三月二十八日,朱明远墓甘露降三日,县尹省慰。训导吴继澄,饶平人。留心史学。巡检郭恭臣。安丘人。

庚申三十九年,夏,大雨,自六月至重阳。孤山北崩数石,闭仙洞门。知县冯文兰,广西桂林,岁贡。查减田粮,每亩二升。在任一年,降。教谕何炯,晋江人。简朴。主簿陈光傅。莆田人。

辛酉四十年，风潮，五月、九月两度。知县廖兴邦，奉新人，岁贡。在任八月，黜。县丞阎济，山西人，承差。善缉盗，升。

壬戌四十一年，芝草生。巡检朱廷用。山阴人。

癸亥四十二年，知县王叔杲，永嘉人，进士。裁冗费，革虚役，查欺隐，修学劝士，续修县志。在任一年，调。主簿王治华，陕西人，岁贡。黜。

甲子四十三年，抚按严禁差费、粮里。知县柴乔，钱唐，举人。修举废坠，裁冗费冗役，立法，恤民疾苦。在任一年，忧。巡检吴道成。贵溪人。

乙丑四十四年，春正月，雪，雷，木冰。抚院周公禁用粮长。典史冯一松。福清人。县丞杜德辉，慈谿人，功生。增役。教谕锺文纪。上杭人。

丙寅四十五年，春二月，寒，伤人。夏六月，骤雨三日，通县皆没。署印江阴学谕林会春，奉抚部檄，议减民壮一百五十名。又议编图兵，免审民壮。俱详允。知县张磐，进士，顺天府宛平县人。在任五月，调丹徒。主簿盛世中。临安人，监生。巡检□□[1]。临安人，监生。

丁卯本四十六年。正月十八日，奉大行皇帝上年十二月十四日遗诏，三十日奉十二月二十六日今皇上登极诏，改隆庆元年。训导冯天益。彭泽人。县丞汤元功。长沙人，岁贡。巡检。

戊辰二年冬，知县张秉铎，莆田，举人。督浚河港。典史高梓。莆田人。

己巳三年，六月朔，潮涨。闰六月，海潮大涨，漂瀁民居殆半，死伤人口万余。七月望，大雨三日，平地深五尺，百谷尽死。本县请赈□□[2]允，量田减科。

政绩四之二[3]

县令王侯去思碑

卞　荣户部郎中

江阴县北临大江，江之中为马驮沙，沙有民居，居民困于赋役。盖江水

---

[1]　□□，底本空缺。

[2]　□□，底本漫漶，疑当作"恤得"。

[3]　政绩四之二，底本缺卷四的第十五至十九页，据本卷目录补题。

突冒冲激,沙飞土走,朝桑田,暮沧海,粟米布缕之征自若也。欲不困,得乎?

邑令西蜀王侯,下车之初,即询民瘼,得其故。乃渡北,躬履厥地,问鳏寡,抚摩罷弱,锄铲豪横。田有失常数者,割余地复之;输粮与刍涉险艰者,计银布抵之。流亡者,招徕之。逋负积年者,缓其限,渐足之。税有常耗,以硗瘠决溃事状闻于郡,达于钦差巡抚大臣,或省之,或免之。贫而无谷种者,给之;逋赋有鬻子女者,赎以完聚之;婚葬不克举者,割俸以助之;匿田者,喻以法,悉首之。仍令沙之四隅,以此之涨补彼之没,以甲之羡余补乙之不足,毋狃于习,毋健于讼,永遵之以为常焉。比及三年稔,一方晏然如按堵,转呻吟而为讴歌,易荡析而为奠居,盖无或乡之困者焉。民谣曰:"我赋无逋,我田无夺。匪我父母,其何能活?"

侯以堪任风宪被荐去,于兹凡七年矣。沙之地,亦既建而为靖江县矣。人之思侯德者,始终如一日。于是邑民朱铺、丁宽辈将率众为侯立碑,以纪侯之德于悠久也。请于今邑令郑侯,郑侯曰可,乃相与属予为之辞。

夫君子乐道人之善,举天下之人之善在所当道,矧民于侯之善谆谆不释诸口而播之于谣者乎!爰摭其实,俾镌于石,庶以示民之不能忘侯,而后之来者亦有所兴起云。

侯名秉彝,四川巴县人。

沙比江阴两乡,民俗直戆,侯莅事久,悯恤独至。一有分设新县之议,侯即遍历村落,验土膏,察生息收获,留神三年,风波往返,岁有数次,然后定其徭赋,以请于上。而《江阴志》不载侯之绩,岂以其恩独厚于此乎?

靖江县造县岁月记

扬子江之中,有地曰马驮沙。盖江源万里,数道之水一汇之而注于海。至是海近,潮势汤汤,江阔数倍,水岐而复合。中积成沙洲,不偏不倚,适居水之中央。东西可五十里,南北可二十里,居民版籍五十有五,岁征粮斛二万五千赢。旧隶于常之江阴,成化辛卯,巡抚大臣以周围风波不时,居民往来,舟楫阽危,奏准开设靖江县于沙之东土城,除授县学正佐等官。

汝华于是年十一月之念八日来任。维时土城内皆麦陇,高低沟圳衡缩,只有耕氓草屋四五区而已,姑即氓屋视事。相地絜基,召匠估计,维辟草厂于城之北隅，移居之，以便督役。越明年壬辰春二月十八日甲寅，梓工戒始。五月廿四日庚申，竖县堂。秋七月十七日壬子，竖学宫。又明年癸巳夏四月十九日己卯，竖察院、总铺。秋八月三日壬戌，竖城隍神庙。冬十一月二十日丁未，竖公馆及迎接亭、仓廒。十二月初六壬戌，营各坛。又再明年甲午仲冬，始行文庙释奠礼及坛祀。三月念七日壬子，竖各斋房及存恤院。至冬十月十三日辛未，浚河修城。十一月念一日癸酉，厥功告成。计房屋大小凡二百八十一间，二十四厦，池一口，井五口，板桥八所，内外墙垣凡九百七十丈。本府先后给发到料价及油漆、彩绘、妆塑等价，共白金五千三百七十一两二钱九分三厘一毫，放支工价食米六百一十二石六斗七升四合。其官物出纳之际，天地鬼神临之。

若夫事之克成，则有赖于上官之严督，与下诸执事之效劳也。尚忆方经营之初，木料未至，有松木大而长者二株，短而方者二十七株，风潮逆于沙之南岸，得之以资乎始。及事之将完，木材有阙，复有大木一十七株，飘集于沙之北岸，资之以成其终。此又天之所以默相其成，以福我邑之民。第以碑石未立，恐遂遗忘，庸书其概，揭于楣间，以志岁月。其或营建未备及有隳坏者，则有望于后之贤人君子随时增饰而修茸之，以期胜于今日。

时大明成化十一年乙未春正月吉，知县张汝华识。

<small>按，侯初营县治，凡经理之方，教养之道，悉心谋度，罔有遗力。在任四年，宵衣旰食，月无宁日。昔人谓视百姓如己子，处官事如家事，侯真不愧矣。夫即观此《记》，一词不及居室。得之幼闻，县令公廨至金侯洪始购瓦覆，前此盖同民俗茅茨也。前辈为国为民，而后其身图如此。</small>

靖江令郑侯画像赞

郑侯之令靖江也，惟平易近民，初不为皎皎之行，以求赫赫之声。而民之慕之，无间富贫、老稚、男妇，咸犹赤子之于慈亲焉。去之日，扳留不可得，乃相与图其像而奉之，且十有余岁矣。复惧图像易泯，金谋刻石以传诸永久。以予尝踵令斯邑，知侯事详，告予，请为之赞。

侯名锜，字威甫，浙东兰谿人。成化乙未，由进士拜官来。辛丑年，以内艰解任去。寻乞恩致仕家居，不嗜荣进。其子瑾，亦登进士第云。不矫不激，不诡不随，大刀阔斧，运用若雷。

去而民思也奚以？思而无忘也胡为？噫嘻！我知之矣。处官事如家事，爱百姓如妻子。侯乃一时长民者之所推。

大明弘治四年辛亥夏四月初四日，赐进士、南京陕西道监察御史长乐陈崇德撰并书篆。

维侯，新邑第二令也。在任六年，岁歉者半，公输民命，赖以周旋。是以民之感之者，无论贫富老幼也。夫令有威有福，民心至难齐也。以不一之政，收难齐之心，非合人心之同然，不能若是其诚且久也。子瓘，继登甲科。甥唐渔石龙，生于靖廨，蚤志圣学，位冢宰。后此继美不绝，殆公之遗庆欤！

靖江县金侯遗爱碑

锡山秦夔布政

民可以恩怀，而不可以威慑。怀之以恩则感，感则上下之情亲，而其民之报礼也重。此召公所以见爱于南国，朱邑所以见思于桐乡也。苟恩不足而威有余，则民将疾之如雠，视其去来，若逆旅过客，漠然无所动于其中。此民心好恶之至公，亘万古而不可磨灭者。吁！可畏也。

余友金君洪，四明之鄞县人。才美而气充，挟所有而待用者有年矣。今天子即位之明年，以名进士来知吾常之靖江县事。靖江本属暨阳，岌然居大江之中。宪宗朝，始割而为县。四面江流际天，赋薄而地硗，金谓不足以辱君理。君笑曰："是岂不足为政耶？"至则因俗为治，禁僧道巫觋，不得以异言邪术惑其民，使民晓然知教之所在。然后兴学育才，修废举坠，政声隆隆日起。

先是，民田之圮于江水者，官犹征其租，民嗷嗷无诉，则去而为贼盗，户口日耗。君下车，尽释其田之圮于水者六千余亩，而括滨江新淤之田，当其租入，曰："江河之土，此消则彼长。吾从而更其赋，不亦均乎？"人咸服其有识。

邑旧无高城深池，成化之末，江潮入其郛，坏官民庐舍几尽，上潦下湿，殆不可居。至是，悉毁僧道寺观之无额者，撤其材为公署一十二所，高明壮丽，制度一新。又伐石为梁，及课民筑堤浚渠，以走潦水，蠲浊污，民得去卑即高。其志尤精吏治，强明果决，事无巨细，一阅无留情，宿胥老奸不得刺手。

初,民居岛屿中,不知医药,有病,惟尚祠祷,多横死。君宿以货居善药,遇病者,辄[1]施之。又博求良方,传之民间,使皆知卫生之要,全活者甚众。

西北边饥,部符下郡,将征常平谷之积年在民者,为备荒计。且下巡抚使者督察,曰:"谷不时入者,有厚罚。"时农事方殷,民食且不足,所在绎骚。君叹曰:"剥饥民以觊免罪,非人也。"力争于当道,得不征。由是靖江之民独免暴敛之虞。

时都察院左副都御史东夏似公实巡抚江南,举君才堪治剧,转苏之吴江县,去简就繁,以示劝也。命既下,庶民之壮者呼,老者啼,遮道留君不得,则相聚谋为不朽计。间推邑民鞠纯辈来征余文,将立石记君遗爱。余嘉君之能恩其民,而喜邑民之能感其上也,故乐为书此,以塞其请,而申之以辞。辞曰:

郎官出宰,上应列星。有社有民,厥系匪轻。赫赫金侯,邦之美器。来官花县,牛刀小试。起望四境,江流汤汤。桑田弗治,民租曷偿?我缓其征,我除其额。筑堤浚渠,民以休息。俗吏扰扰,以刻为能。剥肌锥髓,征敛无经。君独吁吁,曰民何罪?仁言一发,四邻则愧。易颦为笑,活枯以膏。天子有诏,曰旌其劳。诏维伊何,纳君于剧。不遇盘根,利器胡识?辂车在门,民号以呼。老稚[2]纷纷,填道溢郛。砻石镌词,以示无极。匪侯之私,亦以劝德。

按,侯弘治元年除坍江一百八十顷,豁粮一千六百石;查出冒除田六十四顷,得粮六百一十六石,各有奇。城外四围约十余里不通水道,田无灌溉,不堪种植。侯相地开河二千三百余丈,疏浚水源,令无壅滞。仍令有力之家,或犯有可矜及兴讼有实者,各定畎亩,令其开垦荒芜,计二给与执业。县民有潘蛮儿,南京羽林卫军也,奸拐同卫朱贵妻黄氏回家。贵追来,得实打闹,因而杀之,埋于近地,将黄氏卖与江阴邓进德为妻,人无知者。弘治二年十一月初五日,侯循行至蜻蜓港,马忽惊,鞭之不前。侯犹豫,傍适有一小女,遂呼问之,乃云:"地有埋尸。"即时发视,尸经一年,尚不腐烂,押拿凶犯伏诛。此皆碑文之所不及者,而民俗传之不泯也。余惟豁虚补实,时过而事更矣;垦辟荒芜,资民者固无尽也。至于发隐伸冤,出于无意。侯之素行,诚有格于神明已乎!

---

[1] 辄,底本误作"辙",据文义改。
[2] 老稚,底本误作"老雅",据万历志卷十一改。

靖江县孙侯政绩碑[1]

锡山陈宾布政

夫人自百骸、九窍、五脏以至发肤,皆属之一身而主之心者也。心职思,克思则百体具安而顺令。苟失调养之宜,忘嗜欲之节,则疢疾作焉,躯命危焉,而咎在心矣。吏于民也亦然。自黔黎斑白,以至于疲癃残疾之人,环之一邑而吏治之。吏得其人,则庶事理而百姓宁;否则,人受其殃而咎在吏矣。故曰:郎官上应列宿,出宰百里,苟非其人,则民受重殃。奈何为令者多,惠民者尠,斯民罹疢疾危躯命者众矣。求其以家处邑、以子视民如孙侯者,不多得焉。

侯以《易经》登成化乙酉科乡贡进士,权知姑苏之吴江。莅任六年,政声籍甚。巡按御史王公弁、巡抚都宪王公恕再加旌异,人咸荣之。侯曰:"勤民,分内事也。旌异何为?"性刚直,不诡随,忤当道,更调毗陵之靖江。人为不平,侯曰:"屈伸有命也,夫何尤?"喜怒不形,宠辱不惊,侯实有矣。

靖江本海岛,先隶暨阳。邑建于先朝成化壬辰,规制草创且荐饥,或兴作之未暇,或维持之未周。故岁更廿稔,而百事未就绪,学校未能兴,荒芜未能辟,婚丧不如礼,子弟不知学,流亡未复,盗贼未宁,水利有未通,桥梁有未备,街坊无绰楔,城郭无门楼,涂无行商,市无居货。侯下车,恻然曰:"其有待于予哉!"

不三年间,举百废而一新之。首列学宫,立社学,勤于教育。首王格,开邑庠之科,而洲民亦颇向义。均徭轻赋,储丰备凶;招流民,垦荒芜,而盗贼亦平。给菑畬以补圮田,而逋赋以复。开七十二河,而旱潦有备;葺一百余桥,而无病涉之民。劝富葬贫,而野无暴骸;从简嫁娶,而民无怨旷。创牌坊者三,建城门者二,甃通衢一。平城南路者一十里,夹植之木,俾路不圮而人赖比者,皆侯惠焉。且能摶浮费以度工,而民不扰;卒伍籍以赋役,而民不劳。由是废者兴,缺者创,政平而人和,侯可谓庶事理、百姓宁而吏职称矣。

---

[1] 靖江县孙侯政绩碑,崇祯志卷十三作"邑侯孙公去思碑"。

侯及瓜于弘治甲寅之秋，民留弗克，金谋曰："侯虽去，德则存，奚忍乎？宜镌石为不朽计。"推邑民鞠纯征余文以识之。予辱邻封人也，稔闻侯德之详，故乐为之书。侯名显，字微之，陕右西安华州人也。并摭其市谣涂歌颂德之辞，铭以系之。铭曰：

繄维孙侯，人中之英。用儒饰吏，刚果严明。惠厥洲民，首询疾苦。燠寒饫饥，爱遂斯所。邑治草创，经制未全。鸠工鬻材，随方逐圆。载就泮宫，敦教劝学。誉髦得人，退不侯作。割盈补亏，田无逋租。流离安集，痛轸困苏。民仰方深，侯遄满秩。丽泽在人，不传何述？爱协群议，勒石纪功。庶几不泯，以垂无穷。

列　传济时以求自慊者，固无心于声闻；立德以贻后规者，每显迹于功能。有县百年，循良俱著，惟二先生者，若有缺焉，僭为立传。

易侯名幹，字伯贞，别号东桂，岳州巴陵人也。世系素履未考。嘉靖癸未受任，来匝月，彰善殚恶，民翕然畏服，邑遂称治。先是，正德间，嚚党务持公私之短，倡和以要势利。逮甲戌以后，佐幕胥史与青衿之士，皆奔走于勘讯之庭，朔望常仪，赞相多缺。郡署前屠肆相聚，动以百计，闾阎壮慧，莫不歆羡，诬罔得以凌驾衣冠。由是二十年，农业荒疏，膏腴数亩，价不及铢。侯御事一年，以法自毙者将百人，嚚悍归农，田价顿倍。监司腾剡，当道荐云："兴利除害，而志于平政；锄强扶弱，而心乎爱民。"同阶资决。侯不多也，曰："吾于靖事，游戏三昧耳。而人之誉我，不亦可愧乎？"部檄拔去，卒于淮阴。去之日，攀号之民，间有尝受重惩者。问之，则曰："吾族非侯，孽将灭门矣。"君子曰：良者怀惠，理也；恶者颂德，非水鉴其情者乎？是故侯于江邑人心，有开辟鸿荒之功。四十年间，偃室掉臂，泮芹不萎，孰非侯之余赐乎？赞曰：明明我侯，克明国典。善善惟勤，不仁日远。昔恬挠法，民垫而俛。今趋耕耘，野辟庖赡。大畏民志，侯其无忝。

王轻，字进之，号井南，万年人。素行勤于伦理，教人先躬行而后辞说，惟孝弟忠信、礼义廉耻为劝。凡经传子史反身弼政之言，岁岁与诸生分程第日，期于自慊而后已。分教六年，掌教二年，始终不变。盖其产山僻，简朴未凿，又学于新建魏良学，因得私淑先正。识者谓，自立县以来，师儒第一人。嗟夫！学校，一也，而士风或自贤，或自谦，顾不在于师之严乎、恔乎？苏湖遗思作也，何年乎？

重修靖江县[1]记

建牧以阜民，营邑以宅牧，古也；综理肇造，临民以听治，制也。制而弗饰，曷以宅牧？牧弗饰于制，亦罔显于厥政，民无则焉。良于牧者，莅厥邑，必相土度宜，耸民之瞻，求不诡于制，拓前规而俟后观焉。

靖江派扬子一洲，曰马驮沙。伪吴朱定、徐泰二[2]窃据时，筑土城，周若干里。国朝成化间，县尹张君汝华始修治之。而县庭之营创建置，多因陋就简，或有病于风雨者。虽时加补葺，于制未称，于业未弘也。

黄梅周君继学来治兹邑，敷政既明，乃请于上，务弘敞其堂廉，翼卫其廨舍，作戒石，新仪门、谯楼、幕厅、卷房、司狱、土祠，暨仪从、丰盈二库，申明、旌善二亭，咸次第用整。资惟庚羡，力惟子来，工惟农隙，猷画之道弘矣。

役未竣，周君以内艰去。继之者，吾党友人俞君献可也。始至，划奸剔弊，威德丕著，政简而事理，民信而财裕。乃嘉周侯丕绩，又欲多于前功，爰究爰谋，复集师生、耆民于政事堂，而告之曰："牧之职，在于维民而树观。予曷其不攸毕周侯之功而树观以维民乎？夫莫之创，犹将创之；莫之饰，犹将饰之。矧张公创于始，周君饰于中，予其曷弗克完厥终哉？"因广规画，增其未备，请于府若按若抚，报可之。

官斋之背，厥地卑旷，筑之山，崇数仞，横亘三百步许。治公署，则堂若室数百楹。立之亭，则《重修县治》扁于东，《核实田粮》扁于西。植之坊，则左书"乡荐之彦"，右书"选贡之英"，而"甲科"树于其前。缺者以补，颓者以葺，倾者以立。善构工绪，蔚炳相辉。出公余以修署，缘浚河以筑山。悦以使民，民忘厥疲；因利兴工，泽乃不穷。

邑之士民朱习之等，伟侯之绩，乐观厥成，致币走京师，请予记之。予作而叹曰："大矣哉！俞侯之贞志于治也，有四懿焉：归功于前，不袭而有之，示民兴让也；经远崇饰，植作则之良，示民知肃也；沿旧创新，不迫不劳，

---

[1] 县，崇祯志卷十二作"县治"。

[2] 徐泰二，卷一《疆域·城池》作"徐太二"。

示民知节也；标揭立帜，以镇风表俗，示民有纪也。"君子之学以适用也，要在疏通而达变。俞君负经济弘裕之才，莅政靖江，令闻宣昭，惠泽旁洽，厘百废而振起之，恢张大造，光前裕后，政之大司也，厥功懋矣。用述其巅末镌于石，垂不朽焉。于是乎记。

嘉靖二十一年岁次壬寅仲冬下浣日吉，赐进士出身、通议大夫、南京应天府府尹莆田洪珠玉方父书。

核实田粮记

今天下财赋太半出东南，而苏、常诸郡又财赋之甲也。常之属邑曰靖江，地以江流奔放，沙泥回合，淤为沃洲，可圩可稼。然巨浸冲啮，坍涨不常。豪右奸宄之民乘此以射利，浚小民而吞并之。经界不正，欺隐未除，言田赋者往往称不便。

嘉靖戊戌，黄梅周子继学来尹是邑，划强植弱，民有颂声。会有以东南之田赋不均为言者，天子下其议，令各核实，以苏民困。于是巡抚都御史欧阳公铎，委兵备副使王君仪、知府应樨议，率周令行之。令乃慎简耆老官属，遍历田野，巡行而督课之。于是摘隐伏，正欺蔽，纠奸慝，坍没者豁之，转科者核之，新认者公之。

先是，官田亩科四斗有奇，民田亩科一斗七升有奇，轻重相去悬绝，而里猾纠胥史之弊纷然百出，至不可致诘。至是，则均平如一，通融相等，官民田亩皆科一斗八升，积荒沙田亩科一斗二升，飞沙荒田亩科五升，新认滩田亩科四升，士民便之。隐伏者以祛，欺蔽者以明，奸慝者以理，而宿蠹以清，弊端以塞矣。然而坍江陪粮之数，尚未除也。

越三岁辛丑冬，莆田俞子献可继之，进父老于庭，问民疾苦，皆曰："周令之丈量田土，弊已清矣。顾陪粮之虚数，所以遗吾民之患者尚在也。民以不堪命矣，惟侯亟图拯之也。"俞子恻然曰："以财赋称甲之地，而所以为之则者，乃无画一之法。民之坐困，其原实本于此。"于是出视田原，阐幽显微，除豁虚粮千九百余石，取新涨转科之额以补之。正疆界，定版图，抑兼并，惩豪右，减虚额，明实数，籍贫民之无告者而匀给之。招抚流民，人人复业。旧五十八里，增编二里，为六十里，凡二百九十户，千一百余丁。呜呼！俞子其善用其道者乎！《传》曰："说以使民，民忘其劳。"其是之谓乎！夫天下，观于省者也；省，观于郡者也；郡，观于邑者也。以俞子之法，虽推之一郡，推之一省，推之天下，无不可者，况一邑乎！

夫均田，不难也。得其人若周子、俞子者任之，则田可均矣；不得其人，则法未行而私弊已百出，求民之免于贫，难矣。欲民之免于贫，莫大于均民之田亩。田亩均，民不能以独贫；民不能以独贫，则天下治矣。董子限民名田之议，其深得此意乎！况夫节彼与此，夺已定之业，以撼易摇之心，非成之有渐，处之有术，猝未易可致也。呜呼！天下之人，不能皆富也，不能皆贫也。吾取其族之不能皆富者而一之，不能皆贫者而均之，非节彼与此，内外同异之较然者也。由此以渐而充广之，天下有不可平者乎？吾于俞子之均田也，知其政之可以施于天下，故以告后之继尹是邑，且使观风者有所考焉。

嘉靖壬寅一阳月望日，赐进士及第、朝列大夫、南京国子监祭酒、前左春坊左谕德兼翰林院侍读、经筵讲官、同修国史普安云冈龚用卿撰。

靖江县里役编年长赋碑

高皇帝之肇造区夏也，军兴储胥，大半取给于江南数郡。其立法而征之，与择其人而长之者，甚均且悉。当其时，官无横需，民无负逋，上下咸赖其利焉。所谓长赋者，每输将入都，天子为之陛前而论[1]，殿上而燕。山黎野农、父老子弟，熙熙然获与黄屋至尊周旋，所以慰劳而良苦之，靡有不至。民生斯时，何不乐于长赋也哉？

今江南富人十室九空，甚者五木金铁，累然囹圄之中。察其故，皆以长赋破家。而会计公府之入，往往输者、负者相为什五。于是长民之吏不得弛其鞭棰，民始嚣然丧其乐生之心矣。此非高皇帝之法不可行于今，盖守之者不能通其变，而挠法之民有所玩，而相为贪缘，遂令其弊至此也。

靖江在江南为下邑，楼橹萧萧，浮沉汐涨间。以他邑视之，不翅一弹丸黑子之地。然吾闻其土居人，鸡犬[2]桑麻，竹木藁苴，有武陵桃源之想，心甚

---

[1] 而论，疑当作"而谕"。
[2] 鸡犬，底本误作"鸡大"，据文义改。

羡慕之。每往来江上，欲一入其境，未能也。及是，其邑中士民来过余，能言其邑长赋之法甚善，曰："吾邑之所幸仅仅未困者，以此。"请余为碑纪之。

其法：凡图，为里长者十。大约十岁之内，岁推一人长其赋。一人长之，九人从而督之。富人有力者，十岁之中再役之；不及者，两人充一岁之役。按岁而更休，既周复始，如循环然。长者总其入，督者稽其数。一人既率其九，而九人皆得以各率其属也。里中编户，若雁行鱼贯，可枚数而指屈，孰敢避匿以欺其九？而九人者，方且互相为长，又焉能干没以累其一哉？夫是以公家足取盈之数，私室免催科之扰。靖江之民，虽无陶朱、猗氏之富，而亦稍稍能不蹈于沟壑之中，如江南他郡以长赋破其家与累然拘囚者，皆彼邑中[1]所无有也。审如是，则高皇帝之法信可行之于今。其行而既验者，于靖江一邑昭昭矣。

吾方意此法之可以尽复于江南诸郡，而不当徒泥于靖江之一隅也。又意靖江之地，其民情土风与他郡或不甚相悬也，而良法得以独行也，何故？盖询其俗，访其人，与之上下其议论，然后得其时为贤县令者四，贤别驾者一，贤中丞者二，而其法乃行，得以不挠。县令者，今司马永嘉王公露其议，议未集代去。而后令柴公始较画参订，拮据而必行之。嗣柴公者为燕山张公，摄令事者为别驾高公。方众口之欲坏法也，两公严阻而力排之，新令莆田张公又踵而成之。中丞，则今总漕钱唐方公、故开府姚江周公。两公者，能从县令、别驾之请，不惑群议，朝上计而夕报可，以迄成此美也。夫以高皇帝之旧法，更数君子之经画，而仅仅得施于靖江蕞尔之地，法之行也，顾不难哉？

虽然，法不难于议而难于处，不难于立而难于守也。是法也，所不利于奸民者二：逋者之不利于积负也，揽者之不利于侵渔也。主者心惑摇，即群口沸而交铄之矣，法奈何得不弊邪？

余既为碑以复其士民，而俾以其详勒碑阴。后之为靖江者，纵无感乎余言，其能不念数君子规画之劳，与高皇帝立法之初意也哉？

赐进士及第、文林郎、翰林院编修、分校《永乐大典》、兼修《嘉靖实

---

[1]　彼邑中，底本误作"被邑中"，据文义改。

录》、经筵讲官东海王锡爵撰。

俟汰类。横渠先生曰："天下事,得十之七则可矣。"盖以利害相形,势有不能全者,故因时变通以宜民,政府之心皆然也。或乃至于启弊殃民而莫救,其机始于成心不忘,安其所安而不迁,如王安石青苗法之类,岂固期于病国耶?驯致之势则然也。即如吾靖长赋一役,国初之法不行,主者未悉民橐之虚实,必寄耳目于左右,故报审之令才下,而营求欺蔽之方百出。当是时,虽同室亦且有所为而相欺,况府史乎!况胥徒乎!逮夫役案始定,而民之受病已太半矣。使里排轮役,何为而有此扰乎?至于应役之害,人所共见、人可公言者,已备柴侯之申详矣。较以大分报审,则民全受害,而上下无所利;排年轮役,则下之受害可三,而上下之利或可七。何也?报编之法,合数图千余户,责归一人。其陪输者虽十之三,亦无相怜之情。延玩日久,势必亏逋,况陪数更有加乎?排年轮役,纳止百户,代陪虽十之三,将来可以互相叩算,有休戚必同之势,况情有不容陪者乎?且数人之朋役,不异数人之分役,何乃以朋役为便也?纵云多寡必有害,究其极,害均而轻,排年之旧典也;害偏而重,报编之新法也。得之生兹土,目击积弊八十年,虑悛人巽志之方,眩民命之司,而使旧章之终湮也,故漫书此,以俟定乾坤、光日月者之鉴别。

新修靖江县志卷之五

邑人朱得之　纂修

职制四下　学校　风俗

学校四之三

　　学校之堂,扁曰"明伦"。三代以上,风俗淳厚,明乎伦也。我高皇圣谕曰:"孝顺父母,尊敬长上,和睦乡里,教训子孙,各安生理,毋作非为。"且使乡之耆老,旦夕行诵于一乡,祈家喻而户晓。乃又设为学校,立师儒,丰廪饩,群聚俊秀,涵育熏陶,鼓舞而作兴之,岂藉此为点缀太平之虚文耶?欲风淳厚以成俗也。其所简拔以充显设皇猷之用者,盖千百之什一耳。而乃广途阔制,礼接优复,异处于百姓之上,岂徒为一人之颙观哉?诚以服膺古训,自明吾伦,措于父子兄弟之间,使乡闾有所表率,相与训迪愚顽,共成和顺俭勤、安分尽心之俗望之也。苟或肆其有挟之心,洋洋悻悻,明言仁义礼法,而私惟货贿盈缩之图,不惟不能诱乡于善,或反有长恶之凭矣,岂国家立学之意、有司劝学之心乎?得之谬承修志之委,以为明书是非,默寓惩劝,固志之义也。将述前辈告谕吾党之言,以标学校之准,故赘此以为前驱。

　　昔殷令公石川谕士云:"古之学以道,今之学以文。汉之文以代,唐与宋其文也以人。吁!六经之文至矣,其言文何其少也!道具于文欤?六经未成之前,唐虞三代也,彼其道盛矣。道不具于文欤?圣人之言皆道也,未尝不文也。是故学至于文而道隐,文至人而文衰。诸士勉之!"得之窃谓,石川之言,由识情而不自知者,下此皆闻见矣。若夫言出天德,而涤闻见,忘知识,斯典谟训诰之文欤?石川于靖士望之切,不忍不录其言。其曰"汉之文以代,唐宋之文以人","学至于文而道隐,文至人而文衰",虽亦未经人道语,然亦摩勘所得。吾侪有警于其言,而志超于言之外,斯固石川之意,而亦吾人之本分也。窃复冒罪私念,武、无、江、宜四学,约其预养者,里可一名,靖也里殆三名,是靖之人文独盛于四大邑也。岂司作养者以为僻地新县,故宽制以兴士风,俾民俗有赖,而吾以人事君之责可称欤?今愿奋志修于德业,不为疏旷闲居以先乡党者,更一务于民彝而后可。不然,孤作养之德,重虚费之门,愧罪将谁委哉?

乡贡进士题名碑记

胡 华

国朝海内郡邑,各建学立师而教育贤才。三年一宾兴之,必第其名于桂籍而播闻中外者,重其事、荣其人也。

靖江县学,创立于成化八年,更科六次,战艺[1]数北,岂非陶镕未久、经术未明而然欤?术者有云:"文运否泰,或关于风水。"于是前邑令、今陕西道御史长乐陈公崇德,凿泮池而桥其上;继而四明金君洪,高垣缭学宫三面,前则鼎立危楼,匾之而为之伟观。又浚左右河,引江流周回拱揖;跨梁关,阑之以储秀气。暨华山孙君显来治,毅然以造士为己任,莅学环视,惟龙位隐然,乃竖坊门,品列于其隅,绘饰之为雄飞势。直南造二桥,比河泮桥,其数五,为五星奎聚象。而主簿安吉王宪,典史历城范铨,咸赞厥功。

余受命职教,晨夕惟弗称是惧,乃偕训导连江张镛日督诸士子进修罔懈,期学底于成。郡侯蕲州华公仲贤岁严考阅,蠲礼有差,以劝惩之。同知鄞邑吴公桓,通判番禺林公会,推官鄞邑汪公琲,每巡邑谒庙余,必进之于讲堂下,诲谕谆复,犹资其灯窗之费。时士亦感激务学。

弘治壬子岁,故事又当试士,盖七科也。提学御史东浙王公鉴之,简其优于艺者七人,令就试。秋八月丙寅日发榜,而王生格高捷。大夫士喜其为贤科发轫,而将御馈饩之礼,较他邑倍焉。

逾月,余秩满,将戒行,适县丞安山吴伯玑莅任初,尼之曰:"古之若昼锦堂、醉翁亭,凡人事、景物可娱目乐心者尚记之,矧今日之事,重而且荣,

---

[1] 战艺,底本误作"载艺",据万历志卷十改。

旷古创见。子师生恩义,讵忍去不为记以寿其名,因而永彰诸公作养之美德耶?"余是之,乃请诸郡邑,协谋僚寀,募工伐石,勒其名第,立于明伦堂东侧,庶几诸士子日见而企慕之,益励乃志,精乃业,擢高科,跻膴仕,服驾蝉联,叙名氏于其后。

岁贡题名记

兴国郭浹

儒学岁贡题名者,以县庠岁所贡士之姓氏刻诸石,以永传者也。国家取士,始于郡县。拔其乡闾之秀者,储之学以教养之,尤者廪饩之。又三年大比,令各省集多士群试之,拔其尤谓之乡试,以贡。礼部复总天下所举士试之,拔其尤谓之会试,以献。天子亲策之,谓之进士,各汇书为录以传矣。其间有积岁而或未之拔者,则所司每岁拔一人,贡之礼部,而后贡诸天子。廷试之,则谓之岁贡。既贡而又入大学,以优养之。又逮[1]数年,深于吏事,而后官之。与是选者,厥惟艰哉!

夫自载采九德之举、宾兴考行之制莫传于天下,而后有所谓明经出身、孝廉九品、博学宏辞、茂才异等诸科。虽法制世殊,而求士则一。若所谓岁贡,固天下士也。以天下士为天下治,不亦荣且重欤!

靖江在先为江阴属地,其俊拔之士皆江阴人称也。至成化八年,诸当道以地广民庶,始请立为县,而学因之。至于今若干年,其已拔于贡者,亦遵制不乏有若干人。况乎蒙造就于积累之余,获收拾于材用之末,其所以著乎时而施乎事者,立乎其身,或亦可以知,而励与戒且存焉,宜乎不泯于后也。

于时庠谕胡君士奇、司训张君镛谋伐石以志,功未就。及予至邑,辄以告,且属记之。因喜其用心之厚,而遂赞其成,乃列夫其已然者,而[2]以俟夫其将然者。为之记云。

---

[1] 又逮,底本误作"又远",据康熙志卷十六改。
[2] 而,康熙志卷十六下有"虚其后"三字。

学田规约

井南王轾

窃惟学田之设,本以风道义,便肄习,以赖生徒,非徒殖利崇贪为也。其始实因诸生朱得之等殚心协力,垦筑累月,工仅就绪。继得黄梅周侯继学来议斯举,力为白诸当道,乃得竣事。吁！厥惟艰哉！

夫始事之艰,愚既知之矣；善后之虑,不能不望于吾徒也。所议支费事宜,敬列如左。

计开：

一、学田一圩,四百三十六亩,四隅有石为界,坐落西新沙段头刘铁下。嘉靖十八年,遵依新行书册起科一斗七升三合,岁计秋、夏税粮,共该米麦七十五石五斗；差徭银四两三钱六分,官价该米一十石九斗；岁收田租夏麦一百三十石八斗,秋租糙米二百六十一石六斗。内除每亩五升优养佃户,实收米二百三十九石八斗。除办粮差外,实收米二百八十四石二斗。

一、本田号册,一样三本,内开田段、字号、弓口,一送堂,一送斋,一付轮管生员,以便查照。每年别立仓收、支销各一本,岁终交代,验明旧管、新收、开除、实在数目,写合同领给,送堂印封,以便师友查刷。其支销数已有公费定约,此不复开。

一、收租之时,斋长专管,再议廪、增、附各一人,协同收贮。开阖俱听四人封记,岁终推贤轮代。其有侵匿事迹,通学鸣攻追陪,呈堂纪过。师长设有侵牟,难于面直,俟其去后,直书碑阴,庶几无犯无隐之义,而救往惩来之道著也。

一、每年存米五十石,用备修筑本田[1]圩岸之费。

一、诸友贫乏,不能婚丧者,师友及时堂议,量为给助。

一、诸生每人岁给灯油十斤,少助进修之用。其有操行弗端,或学无进益者,验实不与。俟其改行勤学,仍岁给之。

一、本学月考并习礼之日,计人多寡,量支米麦,照时估价,责付膳夫,领办茶饭。其合用试卷纸笔,俱量价豫备,听候旌别之费。

一、宿斋肄业、贫弗自给者,量加茶粥之助,月不过米四斗。

一、岁贡起送,旧有同阶、同袍之助。今拟加花红、酒馔,师友共四席,随时剂量。

---

[1] 本田,底本误作"木田",据文义改。

一、科举起送,花红、酒馔之外,每名议助银二两。

一、书籍损失,礼器敝缺,文移厨架,提调整饬之后,岁加检点,以时修补。

一、学舍少有积敝、费不及两者,诸友即自会议,禀堂支价,募工修整,少代提调之劳。其有重大修建,如[1]尊经阁、号房之类,非力不议。

一、师友公出,即宜会议给费,庶免[2]经营稽误。

一、本府、本县官长及本学师长迎送、慰贺之礼,随时剂量,起于一两,止于五两。

一、收支三年羡余,量助当年乡捷之人,义在从厚,庶乎书册定额之外,可免加科、里甲之扰。

一、学校经岁纸札之费,久无所处。定议每月支米二斗,责归学吏应办。其科举岁考,刷卷造册,酌事烦简,另行议给。

一、本田佃户固宜存恤,亦有惩戒[3]之时。不许在学人数承种,致有废法、拖欠、兜揽之弊。

一、本田四面近江,夏秋潮涨,圩岸工大。佃户心力不齐,不设统率,终将败事。议选勤笃一人,给帖充当岸头,常川巡视,以时修筑,仍于田租内岁给工食米三石六斗,以赡其私。其或作弊害事,追夺金替。

一、本田浮沙,数年变迁。今议积羡无支,即当议买沙心常稔田抵亩,立规以为久计,务在三年为一终始,庶无缠累。

一、师儒之官,分在模范人材,他非所知。轻愿我同责英贤,学田之利,与证而不与断,与议而不与行,以存自重之道,以专职业之修。

右约俱系本职虚心采择,议尽诸友之公请,决于周侯,然后定列,以便继守,尚赖贤师友相与光照之无忘。

嘉靖三十一年,教谕柴芝取羡余易银二十一两买段头何慌下卢安田七亩,银一十七两买学门东临街房地三间,永远在学,收租公用。

又三十八年,因学田坍亏原数,生员刘大纶呈府行县,抵补段头孙省下新滩开垦七十亩,张轩下七十亩,陆瑶下三十二亩六分,周翱下三十亩,蒋仁下三十亩。四十年,本生又告县呈府,升复原坍朱恬下田七十二亩。此项蒙府帖县,原情免科,永为遵守。

又以原买卢安田七亩,换朱恬下徐轵新田一十四亩。此失初议良法。

[1] 如,底本误作"加",据文义改。
[2] 庶免,底本误作"无免",据文义改。
[3] 惩戒,底本误作"征戒",据文义改。

嘉靖四十三年，本县拨陈卿下熟田一百零七亩。通前后，共田七百九十八亩六分，临街房地三间。

初升学田，本以义起，谓资诸生贫乏、儒学公费，且寓激劝也。故秋捷者，以三年羡余助之。掌教柴芝犹赠鞠汝为银八十两，虽未如约，犹为近情，外此莫知其说矣。识者谓兄弟参商，尊卑乖异，必由于此，而贪昧隐忍，学规之弛也，有故矣。

风俗四之四

俗惟农务，拙于机械，不习贸易。外来商贾亦惟化楮为多，以信巫而忽医也。盖地限于江，外交寥旷，闻见用孤。惟孤也，满假不存，而谦朴犹古。未县以前，民间不冠不履，短衣在途，相遇不能长揖者，比比也。然而长幼、贵贱、贤愚之分，若天限然，而鲜有犯之者。其后渐慕修饬，夜户犹不闭。正德初，崇明避屠，窜徙来者逾千家。土民朵颐其大烹，始有从之出江为劫掠者，平陆尚自安然也。正德来，去县远而出江近者，渐有窝匿之计。至庚戌、辛亥、壬子，姑息养盗之政行，而无知贪利之徒，遂群然趋附。以逮于今，且竞于智力而废分者有矣。近岁上人闻风而以定俗，评之曰："黠盗难治。"不察其奸生于财之告竭，悍激于奸之不行，忿而不消，贫而无济，又得不禁之政，如之何民重羞恶而甘困厄死亡也？夫以生齿数万之邑，习恶者时或仅百，好讼者数人而已。且自昔寇患渠魁，皆无靖江之产，则其力之强弱，固自可推。苟以风行草偃自责，而不委以世变江河，则轻重之势，知几者图之，不烦多术也。成化间，旧令郑公锜自兰溪来毗陵，靖民闻之，往迎者百里相属。既至，茅檐蔀屋，莫不鸡黍款留，婚者参，子者侍。三月而归，牵裔引车者拥于途。嘉靖初，易公幹振肃纪纲，分别臧否，而善良归农，诬罔消沮。学谕王轻去，士民悲恋，追送逾百里。近岁县令王叔杲任甫期月调去，邑之人士，追随悲号，百里不绝。时往省候者，不论贫富，经岁[1]不已。谓之难治，何哉？观于四老，为治者岂必深文虎视而后俗可变易哉？孔子曰："齐一变，至于鲁；鲁一变，至于道。"欲齐而鲁、鲁而道，非清学校不可。

---

[1] 经岁，原本误作"径岁"，据万历志卷五改。

今以编户六千,拔秀里可三人,校之大邑里仅一人者,是靖之人文独盛也。《易》曰:"二人同心,其利断金。同心之言,其臭如兰。"此三人者,诚知修士行于一乡,而于交接之际,开其良心不能已之机,示其法宪有可畏之势,使知随分之可足、慕外之徒劳,如此而淳朴不反者,当知其不多矣。若夫学校之清机,则存乎师帅。

成毁谕诸士

殷石川

殷子曰:成也者,毁也;毁也者,成也。毁而后成,非成则无所毁。分迹之因,不可穷也。匪迹也者,无成无毁也;匪迹也者,成不暇于成,毁之而无毁矣。故君子不论其迹也。

天之生物,如草木焉,毁其荄而后生,毁其华而后实。三代迭相成、毁也。汉之成也,其毁也秦;唐之成也,其毁也隋。无泽、卜随,毁其身以成名。是天人之迹也,其始也,成也;其终也,毁也。成也,毁也,岂可胜道哉!

世之人惟其迹焉者,吾惑焉。其成也乐,其毁也悲。迹之于身,外也,而悲乐随之。其成毁也大矣,是故君子有性存焉。世之人悲乐于身之成毁,其于人未必然也。自其性者观之,皆外也。病人以利己,谓之不仁;舍小以图大,谓之不义。其成也,毁也。

况成与毁,未可必也。未成而忧其弗成,成而忧其毁。成与毁弗可知也,将不胜其忧矣。尧、舜之贵,伊、吕之行,君子不谓之成;孔子之穷,颜子之夭,君子不谓之毁。彼于性无加损也。

吾尝默观夫天地上下千百世,未尝不叹夫万物之劳于成毁也,然有不易者存焉。噫!兹可以观性矣。

学者先要学处贫贱患难

前　人

处贫贱患难之道有三:曰明气机,曰定化原,曰尽人谋。天地之道,至精者理,至杂者气。惟杂也,故始无不有。动而出,流而殊,益纷然不齐矣。人则随其所值,而受之以富贵康宁、贫贱患难之分。天固不能以一之,亦不能以移之,夫人安得而遗之?

人之生而理具于心,形而气留其感。感者无定,生者惟一。专其精,物不能婴;一其志,不囿于气。彼无与于己者,欲之而不可遂,推之而不可去,故任其去留,而不以入其中。贵之弗能荣,穷之弗能辱;可以死,可以生,而无变于己。故曰:荣辱者物之观,死生者事之因,悲乐者情之任,静一者心之恒,无不足者性之至。执而性之存乎理,神而明之主乎心,变而通之者因乎事。惟木石也,则无所通。

古之人,当贫贱,有躬耕而不劳、抱关而不耻者;处患难,有为奴而不辱、微服而不难者。变而不失其正,乃谓之尽。尽其道而不免焉,则命之穷也。顺其命而无强焉者,亦谓之尽。

噫!非知足以穷天人之正,道足以定内外之分,材足以周事物之变,其孰能与于斯?

殷侯既作《儒学堂舍记》,取诸生善书者刘经,命之登石。经间问转移风俗之道,侯曰:"子亦有志于是乎?"愀然者久之,因作二论以谕诸生。诚知风俗之薄,其几眩于成毁,忧于贫贱,则知殷侯之谕,不为空言也。爰录之,以永侯之德。

俗尚微言

与人方便,自己方便。

吃饭防噎,走路防跌。

若要好,大做小。

不听老人言,必有凄惶泪。

行长得长,行短得短。

前船便是后船眼。

行船自有行船日,只是稍公等不得。

识人多处是非多。

扒得高,跌得重。

莳秧看上行。

求人不如求己。

饶人不是痴,过后得便宜。

身宽不如心宽。

若要宽，先办官。

卖豆腐，买滩田。汤里来，水里去。

爷顽赖，儿还债。

俭极生【后缺】[1]。

【前缺】[2]"相会则序爵，爵同则序齿。其与异姓无官者相见，不次答礼。庶民，则以古礼谒见。敢有凌侮者，论如律。愚故不敢背也。"窃惟古圣载《士相见礼》，正为无官者之率先也。其贵贱相见，分定无辨。制曰"不次答礼"，则坐受礼，不出次答也。制谓"谒见"，必通使而后得参见也。嘻！君父之尊，一言一动，皆不敢忘，不敢背。闽中李古冲亦以此喻人，吴中祝枝山《野记》[3]、《皇明通纪》具载此条。若纯者，真守礼守法之言，而人传之以为嗤。盖谄傲成风，枉己媚世，冀惟众庶可与亵狎耳。不知体统乖张，遂有"不怕官，只怕管"之说，是不畏礼，只畏刑也。爱敬之道，于是而泯然矣。公明者，不能无冠履之悲。近岁邑人朱秉义遇人有争者，则语之曰："以此之长，接彼之短。"又曰："作一分恶，抬举善人一分；作十分恶，抬举善人十分。"二人之言，迄今传之，以为美谈。

农歌云："手把青苗种福田，低头便见水中天。六根清净方成稻，退步元来是向前。"又云："锄禾当午日为烧，血汗翻浆背欲焦。老幼饥寒还未算，皇家有赋敢辞劳？""心忙意急去烧羹，挈桶提篮飞样行。田里郎君饥又渴，腰酸无地得停停。""听说开仓带笑挑，只愁比较有花消。若还清了

---

[1] 底本此下缺卷五的第十四页。

[2] 底本上缺卷五的第十四页。万历志卷五《风俗志》引旧志云："成化间，有乡耆鞠纯者，会燕叙坐，必曰'寿不压职'，执之甚坚。或问其故，曰：'洪武十二年己未冬，有诏：致仕官居乡，与人叙坐，惟宗族、外祖及妻家叙尊卑。若遭燕，则设别席，不得坐于无官者之下。如致仕官相会则叙爵，爵同则叙齿。其与异姓无官者相见，不次答礼。庶民，则以右礼谒见。敢有凌侮者，论如律。'愚故不敢背也。"所引疑即此文。

[3] 野记，底本误作"野语"。《野记》四卷，祝允明撰。《野记》卷一云："洪武己未冬，诏：致仕官居乡，与人叙坐，惟于宗族、外祖及妻胥叙尊卑。若筵宴，则设别席，不得坐无官者之下。如致仕官胥会，则叙爵，爵同则叙齿。其与异姓无官者相见，不次答礼；庶民，则以官礼谒见。敢有陵侮者，论如律。著为令。"

官私债,欢喜堂堂过岁朝。""芙蓉开过菊花黄,邻比相期矸稻忙。笑听刀声咥咥响,三朝已后有新尝。""有新尝了有新尝,白发双亲久缺粮。白酒黄鸡男女孝,香橙螃蟹满盘妆。"又歌纸鸢:"谁家稚子放风筝,不觉身轻骨又轻。落地更无些子力,钻天便作许多声。""高低原是一张纸,收放全凭几托绳。莫道风光只如此,看看寒食又清明。"

得之曰:邑之俗,文物渐开,或以为喜。由先进风度观之,颇有感今思昔之慨。岂天下皆曰若之人无闻知,而靖不能独异乎?即观县篆颁于成化辛卯,更于正德庚午,历五十年而始刓。逮今亦惟五十年耳,而请更者三。今刓且久,岂非情炽事繁之故?情炽也拙日泯,事烦也欺日深。欺得行而傲长,拙不尚而诚消。西方美人之叹,其能已乎?

海道歌诀

一法之善,可以利百世;一人效忠,可以利天下。邑居水中,丁夫利涉者众。念惟先世传闻海运经行道路、占风歌诀,可以备济世忧民者之经理,谨录如左。

海道:一、福建布政司水波门船厂船,要水手船护送,其神仙壁、碧水屋、山岛有贼。开洋至三垒河口,一二日至古山寺,送香烛,防东南飓作。潮过平息,至望琪港娘娘庙前泊。一日至长乐港口,一日至民远镇巡检司,一日至总埠头港,一日至福州左等卫,要水手送。一日至五虎庙,烧总福。一日至五虎门。开洋望东北行,正东便是里衣山,正北是定海千户所,东南是福清县盐场。一日至王家峪海岛泊,一日至北高山巡检司西洋山口泊,一日至福宁州帮娘娘庙前泊,一日至满门千户所,防雾,晚收艓艚巡检司海口。一日至金乡卫,要水手送。一日松门卫,一日至温州平阳县平阳巡检司海口,至凤凰山、铜盆山,防东南飓作,晚收中界山泊。一日至盘石卫,见雾,在中界山正北岛泊。待南风行,至晚收北门千户所,要捕鱼小列船送。待南风北行,过利洋鸡笼山,候潮行,至松门港,松门卫东港泊。候潮至[1]台州海门卫东洋山泊。离温州望北行,到桃青千户所圣门口泊。开洋至大佛头山、屏风山,至健跳千户所长亭巡检司,要水手鱼船送。又至罗汉堂山,到石浦千户所东头泊,要水手送至定海卫,始放金乡盘石水手。离石浦港后门,过铜瓦山、后沙洋、半边山、党公爵溪千户所,望北行至青门山、乱石礁洋,至前仓千户所、双脐港、骑头巡检司,过至大松千户所、家门山、招宝山,进定海港定海卫

---

[1]"潮至"至"过成山正西行前",底本下缺卷五的第十八页,据《广舆图》卷二补。

南门，要稍水船送，烧总福。开洋望北行，至遮口山、黄公洋、烈港千户所、海宁卫、东山、姑山。望北行，若至茶山，低了。至金山卫东海滩、松江府上海县，海套水浅。望东南行，晚泊船候潮，过羊山、大七山、小七山、太仓宝塔，望东北行两日夜见黑水洋，南风一日见绿水，瞭见海内悬山一座，便是延真岛。靖海卫口浅滩，避之。

一、刘家港出扬子江南岸，候潮长，沿西行，半日到白茆港。潮平，带蓬橹摇遇撑脚沙尖，转崇明沙，正东行，南有朱八沙、婆婆沙、三脚沙，须避之。扬子江内，北有双塔，南有范家港滩，东南有张家沙。江口有陆家沙，可避。口外有暗沙一带，连至崇明。江北有瞭角嘴。开洋或正西、西南、西北风，潮落，正东或带北一字行，半日可过长滩，是白水洋。东北行见官绿水，一日见黑绿水。循黑绿水正北行，好风两日一夜到黑水洋，又两日夜见北洋绿水，又一日夜正北望显神山，半日见成山。自转瞭角嘴未过长滩正北行，靠桃花班水边，北有长滩沙、向沙、半洋沙、阴沙、浡沙，切避之。如黑水洋正北带东一字行，量日期不见成山、黑水，多必低了，可见升罗屿。海中岛西有矶如笔架，即复回，望北带西一字行，一日夜便见成山。若过黑水洋见北洋官绿水，或延真岛，望西北由，便是九峰山。向北去有赤山、牢山，皆有岛屿可泊。若牢山北有北茶山、白蓬头、石礁横百余里，激浪如雪，即开。使或复回，望东北行，北有马鞍山、竹山岛，北有旱门漫滩，皆可泊。若东南风大，不可系，北向便是成山。如在北洋官绿水内望见显神山，挑西一字，多必是高了，即便复回，望东北行，过成山正西行，前鸡鸣屿内有浮礁，避之。西有夫人屿，不可行，须到刘岛西可泊。刘岛正西行，到芝界岛东北，有门可入。西北离百余里有黑礁，三四亩大，避之。八角岛东南，有门可入。自芝界岛好风半日过抹直口，有金嘴石冲出洋内，潮落可见，避之。新河海口到沙门岛，东南有浅，挨深行，南门可入。东有门，有暗礁。西北有门，可泊。沙门岛开洋北过砣矶山、钦岛[1]、南半洋、北半洋、铁山洋，东收旅顺口、黄洋川，西南有礁。黄洋川东收平岛口，内泊南岸。外洋成儿岭尽东望三山正中入，内有南北沙相连，可泊。三山西有南山，收青泥洼，西有松树岛，北有孤山。东北望凤凰山、和尚岛，墩西有礁石，外有乱礁，避之。三山北青岛一路，望海岛收黄岛、使岛。若铁山西收羊头洼、双岛，东北看盖州，西看宝塔台，便是梁房口，入三叉河，收牛庄马头[2]泊。

直沽开洋，望东挑南一字行，一日夜见半边沙门岛，挑南行多必见莱州三山，挑东北行半日便见沙门岛，若挑北多见砣矶山，南收登州卫。沙门岛开船，东南山嘴有浅，挨中东行，好风一日夜到刘岛。刘岛开洋，望东挑北一字，转成山嘴正南行，好风一日夜见绿水，一日夜见黑

---

[1]　钦岛，《广舆图》卷二下有"没岛"。
[2]　牛庄马头，底本误作"牛壮马头"，据《广舆图》卷二改。

水，又一日夜见南洋绿水，又两日一夜见白水。望[1]南挑西一字行，一日点竿戳二丈，渐减一丈五尺，水下有乱泥二尺深，便是长滩，渐挑西收洪。如戳硬沙，即便复回，望东行见绿水，到白水，寻长沙，收三沙洪。如不着洪，望东南行，日看黄绿色浪花如茶末，夜看浪泼如大星，多即是茶山。若船坐茶山往西南一字，半朝，北见崇明沙，南见青浦墩岸刘家港。如在黑水洋正南挑西，多是高了，前有阴沙、半洋沙、响沙、拦头沙，即是瞭角嘴，便复回，往正东行，看水色风讯，收三沙洪。如风不便，即挑东南行，看水色收宝山。如在黑水大洋挑东，多必是低了，见隔界大山一座，便望正西南一字行，一日夜便见茶山。如不见隔界山，又不见茶山，见黑绿水多，便望正西行，必见石龙山、孤礁山，复回望西南行，见茶[2]山收洪。

辽河口开洋，顺风一日夜至铁山。带东一字望南行，经成山入南洋，望正南行，三日夜经桃花班水。望东行，见白水，带西一字勤戳点竿，寻长滩一丈八尺，渐减至一丈五尺，望西行，戳扬子江洪。如不见，望下使必见茶山，船稍南面坐茶山望西行，半朝便见崇明洲。如风顺，一朝至刘家港内。

占　验

朝看东南黑，势急午前雨。暮看西北黑，半夜看风雨。朝看天顶穿，夜看四脚悬。右占天

早起天顶无云，日出渐明。暮看西边无穷，明日晴明。游丝天外飞，久晴便可期。清朝起海云，风雨霎时辰。风静郁蒸热，云雷必振烈。东风云过西，雨下不移时。东南卯没云，雨下巳时辰。云起南山暗，风雨辰时见。日出卯遇云，无雨必天阴。云随风雨急，风雨霎时息。迎云对风行，风雨转时辰。日没黑云接，风雨不可说。云布满山低，连宵雨乱飞。云从龙门起，飑风连急雨。西北黑云生，雷雨必声訇。云势若鱼鳞[3]，来朝风不轻。云钩午后排，风色属人猜。夏云钩内出，秋风钩背来。晓云东不虑，夜雨愁过西。雨阵两双煎，大飑恶连天。恶云半开闭，大飑随风至，风息始静然。乱云天顶缠，风雨来不少。风送雨倾盆，云过都暗了。红云日出生，劝君莫出行。红云日没起，晴明不可许。右占云

---

[1]　望，底本作“皇”，据《广舆图》卷二改。

[2]　孤礁山复回望西南行见茶，底本漫漶，据《广舆图》卷二补。

[3]　鱼鳞，底本、《广舆图》卷二并误作“鱼鲜”，失韵，据《海道经》改。

秋冬东南起,雨下不相逢。春夏西北风,风来雨不从。汛[1]头风不长,汛后风雨毒。春夏东南风,不必问天公。秋冬西北起[2],天光晴可喜。长夏风势轻,舟船最可行。深秋风势劲[3],风势浪未静。夏风连夜倾,不昼便晴明。雨过东风至,晚来越添巨。风雨潮相攻,飓风难将避。初三须有飓,初四不可[4]惧。望日二十三,飓风君可畏。七八必有风,汛头有风至。春雪不二旬,有风君须记。二月风雨多,出门还可记。初八及十三,十九二十一。三月十八雨,四月十八至。风雨带来潮,傍船人难避。端午汛头风,二九君还记。西北风大狂,回南[5]必乱地。六月十一二,彭祖连天忌。七月上旬来,争秋莫船开。八月半旬时,随潮不可移。_{右占风}

乌云接日,雨即倾滴。云下日光,晴朗无方[6]。早间日珥,狂风即起。申后日珥,明日有雨。一珥单日,两珥双起。午前日晕,风起北方[7]。午后日晕,风势须防。晕开门处,风色不狂。早白暮赤,飞沙走石。日没暗红,无雨[8]必风。朝日烘天,晴风必扬。朝日烛地,细雨必至。暮光烛天,日光晴彩,久晴可待。日光早出,行途可千。晴明顷刻,返照黄光,明日风狂。午后云遮,夜雨霏霏。_{右占日}

虹下雨雷,晴明可期。断虹晚见,不明天变。断虹早挂,有风不怕。_{右占虹}

晓雾即收,晴天可求。雾收不起,细雨不止。三日雾蒙,必起狂风。白虹下降,恶雾必散。_{右占雾}

电光西南,明日炎炎。电光西北,雨下连宿。辰阙电飞,大飓可期。远来无虑,迟则有危。电光乱明,无风雨晴。夏风电下来,秋风对电起。闪烁星光,星下风狂。_{右占电}

---

[1] 汛,底本、《广舆图》卷二误作"讯",据《海道经》改。下并同。

[2] 西北起,《广舆图》卷二作"西北风"。

[3] 风势劲,底本、《广舆图》卷二并误作"风势动",失韵,据《海道经》改。

[4] 不可,《广舆图》卷二、《海道图》作"还可"。

[5] 回南,《海道经》作"回头"。

[6] 无方,《广舆图》卷二、《海道经》作"无妨"。

[7] 北方,底本、《广舆图》卷二误作"此方",据《海道经》改。

[8] 无雨,底本误作"无风",据《广舆图》卷二、《海道经》改。

　　蝼蝈[1]放洋,大飓难当。两日不至,三日无妨。满海荒浪,雨骤风狂。大海无虑,至近无妨。金银遍海,风雨立待。海泛沙尘,大飓难禁。若近山岸,仔细思寻。乌鲭[2]弄波,风雨必起。二日不来,三日难抵。水上鹅毛,风大难抛。东风可守,回南暂傲。白虾弄波,风起便和。[3]

---

[1] 蝼蝈,《广舆图》卷二、《海道经》作"蝼蛄"。

[2] 乌鲭,《海道经》作"乌鰆"。

[3] 风起便和,《广舆图》卷二下注:"右占海。"且下尚有占潮的内容,底本无。

新修靖江县志卷之六

选举五人材　甲科　乡举　岁贡

恩例　封赠　省祭　杂行

【前缺】[1]府萍乡县知县,治政尤善,颂声播扬,黎庶怀惠。以老致仕。弟刘让,字以顺,代兄任青田县,卒。乡人至今称"大知县、小知县"云。墓碑备始末。玄孙光济。其先与黄氏为瓜葛,邑中惟其族最蕃,皆称为"刘黄氏刘家",以别于他刘。

朱明远,本名暹,因征状举字,故以字行。其先姑苏太仓人,洪武七年避居于此。二十二年,出授湖广城陵矶巡检。其地豪民庞道窝逃军,明远就其家捕获之,道以为雠。当时国法,有官不职者,许地方耆民绑缚赴京。道挟此,缚明远赴京。途次芜湖,遇锦衣千户张姓者,密廉得其情,并道缚归法司,明远得直。奏闻,钦赐钞二锭,为明远压惊。升福建政和县主簿,卒于官。右七人,乃旧志所录。

周玉,浮梁知县。详《物产》款"人品"条下。

右八人,不由学校,皆以人材荐举。耆老传言,皆未尝一失官箴,惟周翁尤为乡党称羡者。

【前缺】[2]

凌云训导,江阴人。

---

[1]　底本缺卷六的第一页,标题据卷首目录补。

[2]　底本缺卷六的第三页。

朱寅之_{选贡。}

刘鏊_{选贡。}

陈烯_{选贡,唐邑知县。}

孙伟_{选贡,九江训导。}

毛廷毂

范永龄_{荣府审理正。}

朱得之_{桐庐县丞,自陈致仕。}

刘志忠_{宁海训导。}

孙瑞_{龙泉训导。}

展思

陈勰_{训导。}

尤琢_{教谕,无锡人。}

刘鏊_{鲁山知县。}

刘鉴_{蜀府纪善。}

范学颜_{庆元县丞,纪善。}

朱庶之_{东阳县丞。}

刘钥_{安义教谕。}

朱绘

朱弦_{温州府平阳训导,教谕。}

刘大经

王言_{训导。}

已上嘉靖年贡。

朱汶

范节_{选贡。}

李鸣岐

恩荫五之五

邓璧,系安南国归顺功臣邓明子思晦嫡长宗孙,邓瑛次子。以兄邓奎让荫,由本县儒学附学生员,正德十二年取送充顺天府儒学额外廪膳生员,袭补鸿胪寺司宾署序班,敕封登仕佐郎。

邓钦承,系安南国归顺功臣嫡长宗孙,邓奎嫡长子。叔璧卒,恩仍从嫡起,送顺天府充额外廪膳生员。嘉靖二十六年,袭补鸿胪寺司宾署序班,敕封登仕佐郎。

刘绍宗,以父光济阶三品,隆庆二年恩送国子监读书。

例贡五之六

范天爵_{江阴军籍。}

刘艮_{江阴军籍。}

朱轧_{鸿胪寺序班。}

邓奎_{定海主簿,大兴官籍。}

朱承荣

陈炳_{吉州同知,父、母、妻俱受封。}

闻弦_{归德州吏目。}

陈岚_{广东按察司检校。}

沈鳌

陆仕_{卫经历。}

张承爵

刘鏡

王迁_{鸿胪寺序班,江阴人。}

王达_{府照磨,江人}[1]。

王迈_{卫知事,江阴人。}

朱孔兆_{河南都司副断事。}

闻忠言

朱津_{鸿胪寺序班。}

---

[1] 江人,"江"后疑脱"阴"字。

闻廷训

朱治 光禄寺监事。

朱汀 鸿胪寺序班。

朱汴 苑马寺主簿。

刘甫政 归德府检校。

沈津 山西都司经历。

仇勉

朱洛 江西都司正断事。

朱纮 永平卫经历。

陆偲

朱正初 鸿胪寺署丞。

陈胙土

陈大典

马佶

朱同气

朱正健

朱梁

朱应召

范察

范观

朱正约

范宏

祁露

封赠五之七

刘僎,字以行,东沙十图人。以子乾贵,累膺敕封,诰赠太中大夫、南京鸿胪寺卿。妻薛氏,累敕封,诰赠太淑人。乾妻蒋氏,累赠宜人;继周氏,封宜人。

承银，字伯纯，东沙第二十三图人，居江阴。以子天秀贵，累膺敕赠承德郎、顺天府通判。妻蒋氏，赠太安人。天秀妻葛氏，累赠安人；继王氏，累封安人。

陈兰，字国芳，东沙十七图人。以子炳贵，敕赠承事郎、鹰扬卫经历。妻丁氏，封太孺人。炳妻朱氏，封孺人。

刘和，字允和，东沙二十四图人。以孙光济贵，诰赠通议大夫、都察院右副都御史。妻张氏，赠淑人。

刘绪，字子端，和叔子也。以子光济贵，累膺敕封，诰赠通议大夫、都察院右副都御史。妻郑氏，封安人，赠淑人。光济妻吕氏，敕封安人，诰封淑人。

省祭五之八数甚众，访莫能得

刘金巡检。

展仁仓大使。

卢□[1]

刘礼仓大使。

杂行五之九[2]

朱承恩侯门教读。

朱正中卫知事。

马俸卫吏目。

陈岑卫吏目。

---

[1]　□，底本为墨钉。

[2]　五之九，底本作"五之八"，据上下文例改。

杂部第六 目凡四：古迹　变异　寺院　祠庙

古迹六之一

圣井，在县治西南，长安寺旧址之北。其水清冽，与通县之井不同。自昔民间共汲，至嘉靖初始设禁，惟供官用。渐竭，遂别穴一井于其左，以供乡民，而旧井乃湮，惟存新井。

孤山碇，在东沙第八图之中。石峰峭拔如剑，透土三尺许。嘉靖八年，村中狂狠恶其为犁田病也，击去其峰。今土中其本尚存，大可合抱。

剑池，去县治南三里许。传言张士诚部将朱定、徐太二演武于此，画沟为限，故名。今已平治，惟存一沟而已。

龙潭，二。其一在东沙十一图，初甚深，岁久潮汐停淤，渐平如田。其南半里许，土中皆沙石，其坚与通县之土不同。其一在东沙十图，近严家港东，今亦淤为平田。

变异六之二

永乐十一年癸亥秋七月，风潮浮石香炉，大如斛，停东沙十图田内，朱杲居南半里。杲因立孝飨庵，以为祀先合族之所。

正德六年辛未秋七月中旬，渡船早发，望南洪如山，长可百丈，自西而东，莫知其何物。良久，始见其为鱼鬣，占者以为兵象。次年，流贼刘七果至。

嘉靖元年春三月，有海兽如羊，登孤山。居民逐之，仍跃入水。至秋七月二十三日，海啸，大潮，通县皆没。三日，潮始退。

二年秋七月，有虎自江南浮至澜港，众船压沉，死。易侯命陈之县前，取在狱凶徒与虎并列，告谕观者。士民有《江灵效政颂》，侯禁，不传。二十一年壬寅秋，复有虎自江北渡至西沙。农夫群聚，荷锄向之。虎安然不动，人亦莫敢逼。逮夜，行至县西南长安寺，马遇之，战栗不敢前。次日，忽不见。

　　嘉靖五年，通县竹节生花，其大如豆，形如人面，色亦酷肖。又朱承恩家冬月盥盆汤中结冰成花，花透水面寸许。初次缠枝牡丹，花瓣与叶伶俐如生，按之则瓣瓣自开，起手即合。承恩时未有子，祝曰："祥也则再显，灾也则止。"明、后日，又二次，伶俐同前。亟邀其各居兄弟朱秉义、朱承荣来观，往返逾时，花尚不化。后果生三子。

　　八年己丑秋八月二十三日，西风大作，走石飞砂，扬子江水为涸者半晌。沿江居民奔取江底之物，回顾江岸如山。间有不知潮候，贪而无厌者，不及登岸而溺死。

　　十九年辛丑秋七月，龙卷于婆港顾姓者，人屋无存。乡人谓其素行无良，此亦足以兴起畏天之心者。后四十三年甲子秋八月，孤山西，龙从田起，头角皆见，卷去民居数楹，井栏石移过一港。

　　二十八年己酉冬十二月，邑人朱承恩、朱承荣因江岸崩坍，渐逼其居，其邻失所者不止千家，二人乃捐粟二千石，又募被害者亦二千石，募力四千夫，白请于按院，乞筑坝连东开沙，以遏潮之冲坍，准行。本县汪知县以牲醴告事于江神。工役数日，将晡，众望君山，一灯大如斗，渐分而为二，二而四，四而八，渐不可计，遂满江皆红。其来如飞，直奔坝所。众惊惧，弃锸插而避，扑跌甚多。朱承荣因跌伤手，工遂止。明年春，江乃骤涨，日起尺许。又明年，两岸相接，皆成平沙。感通之道，孰谓诬哉！

　　汪尹《祭江神》：普天齿发[1]，率土英灵，咸维我皇王统御，是以格于神人，罔不率俾。维神维民，厥维忠顺，乃不忝厥职。否则自速鳏旷，羞及乃类。惟我靖邑，旧为牧马沙，与常熟之断山钱家沙，江阴浮山镀匜沙，泰兴白家沙、团沙，丹徒当江洲，仪真高唐洲[2]，江宁上元之护国等洲[3]，土膏地势虽同，而供赋则悬绝。诸沙洲赋，仅比靖之四一，而泰兴、如皋则有百一者。民之力也固囿于王法，官之征也亦率乎王章，莫能损益，然江之涨坍，明有鬼神为之司也。公正，鬼神之德也。彼地广而赋轻，此地隘而敛重，忠顺之道孰居焉？鳏旷之责孰任焉？君父之庆让孰加焉？责有所归，恤有所被，而冥冥之英灵，顾无所以处之者，谓之公正，可乎？谓之忠

---

[1]　普天齿发，万历志卷十一上有"呜呼"二字。

[2]　高唐洲，底本误作"高唐州"，据文义改。

[3]　"与常熟之断山"至"护国等洲"，万历志卷十一作"与沿江诸沙洲，若上元之护国、仪真之高唐、丹徒之当江、江阴之镀匜、泰兴之白家等总则，莫位中流，聚沙成壤"。

顺,可乎?夫有鳏旷之迹,而不思所以为改图者,则同类耻与为列矣。民各安其土,以率其分,无他慕也。然鬼神以公平为道,沧海桑田,变如反掌;神力之施,举山如羽,必也鉴其赋之轻者,有土犹无也,况无赋乎?赋之重者,土隘犹广也,况加赋乎?神率江流之常度,移无赋之土,辟赋重之境,则彼此民情,同效忠顺于无间矣。夫民之忠,即神之忠;民之顺,即神之顺。况民感神德,思所以为报者,惟公惟平,惟勤惟俭,以昭神贶哉?如此,则神之仁,民之诚,将交于无穷也,神其忍不听乎?彼诸沙洲之神,谅惟从者从,助者助,相率以效其职无疑也。惟神其图之。

三十九年冬,孤山北面崩数石,掩仙洞门。

寺院祠庙六之三新创、私创者不载

城隍庙,在察院东。成化九年,知县张汝华建。正德元年,周奇健重修。

崇圣寺,在城隍庙东。成化十年,知县张汝华迁建,以为习仪祝釐之所。嘉靖二十一年,知县俞献可重建天王殿。三十三年,知县江玉毁法堂,材充别用。四十四年,知县柴乔重建钟楼,修复法堂。寺本宋淳熙二年建,在衙前港西,去县十七里。元黄常有诗。

文昌祠,旧在文庙东偏,张汝华建。正德元年,知县周奇健迁建儒学河西,社学中亭。嘉靖六年,知县郑翘毁像,易以苏子瞻木主,子瞻于此土无宦迹,无行踪,祀之,岂以其文耶?文未复于古也。人情多疑。四十四年,知县柴乔从诸生议,将复建于儒学土祠后隙地。

钓台寺,在县西南八里,和尚港东。旧观俱废,仅存茅屋一楹。

证圣寺,在县西二十里,范家港西。

旧崇圣寺,成化九年迁入城,遗址傍有僧塔,嗣僧因复茅屋,以继香火。在陈公港西。

一了庵,又名一寮,在巡检司港西。

南观音庵。

西观音庵。

北观音庵,在大新港。

大观音庵,在朱通判宅南。

岳武穆王庙,在西沙二十四图界。

草观音庵,在焦山港西。

孤山东岳庙,在山顶。正德十年,知县王棨霄迁建。给田二十亩,以供香火。

旧东岳庙,在东新港,遗址尚存香火。嘉靖四十四年,寺邻请于知县柴乔重建。

太平庵,在县西北二十里,知县郑翘废。俗本信神,今复多警。民思复建,请于地主,得允。

西关王庙,在县西十二里,相传岳武穆驻兵时建。旧址广二十余亩,为邻居侵削,今存茅屋一楹,香火不绝。

玄真观,在衙前港西,去县十七里。三国时东吴赤乌元年建,宋嘉泰元年修。本名紫微宫,我朝景泰三年呈府重建,改今名。正德十年,募民重修。赵子昂题马洲八景,有《紫微烟树》诗。国初邑人丁沧洲诗,见《诗》类。

四城门外各有祠,北真武,南关王,东祠山,西观音,俱三十三年以后渐次创立。

烈女祠,在县北五里。嘉靖四年,县丞韦商臣建,给田十亩,以赡香火[1]。事见《人品》类。

张公庙,沿江坍处。自嘉靖三十五年以来,各建宇塑像以祈止坍,不但一二而已。

---

[1] 赡香火,底本误作"膳香火",据文义改。

新修靖江县志[1]卷之七

邑人朱得之 纂述

附录诗[2]

诗之为用,理性情者也。歌之者,所以消融渣滓,荡涤邪秽。其成夫德也,直而温,宽而栗,刚而无虐,简而无傲,则体立而用行矣。得此义则删,后不可谓曰无诗。不然,虽《三百篇》,亦徒诵耳。故曰:虽多,亦奚以为?

政事类

送刘户部毅斋[3]二首

殷云霄

远帆凌海峤,别酒落江霞。看云迷道路,泊月咏兼葭。虎豹龟蒙地,风涛马驮沙。今朝讵离恨,归思绕天涯。

三月寒如此,海滨春到迟。无因芳草别,况是落花时。南国征徭急,中原鼓角悲。归朝应有待,无复计安危[4]。

---

[1] 靖江县志,底本上缺"新修"二字,据标题例补;下衍类目"附录"二字,据底本目录删。

[2] 附录诗,底本无,据底本目录补。

[3] 毅斋,殷云霄《石川集》作"乾"。

[4] 归朝应有待无复计安危,底本小字注"失结句",据殷云霄《石川集》补。

岁　暮二首

吏退乌啼[1]县事稀,南山坐对云依依。冰生幽壑群龙寐,雪洒空江独鹤飞。芳草向人已寂寞,梅花何意犹芬菲?故园松菊为谁好,岁莫山中人未归。

逐逐归何日,飘飘愧此身。高谈多白马,随地有红巾。兰楫思公子,江波泣远人。宦游欲岁莫,愁见柳条新。

对　景[2]

远树江收雨,疏廊吏放衙[3]。水天飞白鸟,帘竹净乌纱。

闻山东贼退

为邑江海内,卧病簿领余。六旬不能餐,期年空自疏。长卿旧多病,原宪久索居。缅余适有合,言愧迂与愚。世路有捷径,长途岂驽骀!捧檄固莫已,折腰安所如?风尘正濒洞[4],北望增长吁。有客故乡来,平安报吾庐。盗贼今幸息,亲友多无虞。闻之动归兴,晨起膏吾车。制彼芙蓉裳,兼之兰蕙茹。登高招远风,临流酣游鱼。存道物可轻,去累情自舒。且从性所欢,功名焉可图?

光禄一章赠毅斋先生

湛若水

毅斋上疏求致仕,得请而归。吾重其别,诗以送之。吾观于世,多妒忌者,多诽毁者,多慢傲者。毅斋独谦虚,乐人之善,不言人之短,故诗称词[5]特重焉。

光禄江阴彦,素业出靖江。开疆垂百战,惟君破天荒。夫道[6]不远人,

---

[1] 乌啼,底本误作"鸟啼",据《石川集》、万历《常州府志》卷十七改。

[2] 对景,《石川集》作"远树"。

[3] 吏放衙,底本误作"更放衙",据万历《常州府志》卷十七改。《石川集》作"吏退衙"。

[4] 濒洞,底本、《石川集》误作"倾洞",据文义改。

[5] 诗称词,湛若水《泉翁大全集》卷三十一作"其词"。

[6] 夫道,《泉翁大全集》卷三十一作"天道",康熙志卷十八作"大道"。

多君情最真。好贤与乐义,区区迈等伦。靖江若桴浮,人烟载浮居。君今乘桴去,吾欲与尔俱。

和前韵

刘　乾

孤山多秀丽,净练[1]云澄江。举首见溟渤,流峙肇鸿荒。古老传奇谶,应者谁为真？望洋已成陆,吾惭莫与伦。兹山镇兹邑,万井皆此居。引年复何适,丘壑吾与俱。

又

郑　翘

未老轻投绂,昼锦耀长江。峰头一登眺,心胸洞八荒。行藏安所遇,笑语任天真。世味举澹薄,清修许谁伦？山水因人胜,随处是安居。江湖与廊庙,忧乐时常俱。

大光禄毅斋先生致政还乡,过访江城,携吾师甘泉湛公赠别诗及公次韵示教。遂同登孤山,揭匾于楣,用增兹山之重。翘因推吾师之意,揄扬盛美,且以识岁月云。嘉靖己丑季夏十有八日。

君山晚渡

冷宗元二守

落日黄山浦,轻帆绿树斜。江浮渔火岸,城俯马驮沙。拂雨禾千亩,笼烟竹几家。海天长笑处,吟兴浩无涯。

靖江夜坐次元人朱进士韵

江北江南一水遥,平沙如掌夜通潮。犊肥春牧知无扰,鹤下云巢不用招。蓬鬓点霜空碌碌,心旌为国独摇摇。桃源浪说秦人在,欲问当年看弈樵。

---

[1]　净练,康熙志卷十八作"浮练"。

登孤山

韦商臣

孤峰忽自拥平沙,下界犹连十万家。天厌[1]海门烟雾渺,风拚山寺竹松斜。渔灯明灭缘遥岛,鲛室参差带落霞。绝顶夜深衣袂冷,愁看北斗是京华。

种竹县斋

六月空江雨歇时,仙家分竹记南枝。凤鳌长技非吾愿,霜雪高标为尔期。寒碧两阶添野色,炎蒸三伏动凉飔。他时主者知谁是,好咏当年山谷诗。

别寮友

疏狂合审大江湄,优诏春来许量移。二邑只辞松下吏,三峰初了梦中诗。平生自足烟波分,此日聊寻木石期。别后好音如惠我,江头鱼雁不论时。

留别长江孤山二首

春晚楼船涉渺茫,中洲烟树霭苍苍。三年已足风波味,一念惟知忠信良。日月于今开北极,溪山不日返南乡。草堂昼永蘧蘧梦,应逐江洲鸥鹭翔。

孤山江上控高寒,秋月春花许数看。到海烟云迷石室,浮空竹树荫蒲团。中流砥柱缘无几,上岸贤人已有端。寄与山灵莫惆怅,弁峰绝顶望巉岏。

夏日校士有作

王叔杲

清晨整车从,言迈文士场。群彦亦至止,奕奕罗门墙。校诚诚吾职,甄别顾非长。吴中号才薮,词翰锵琳琅。兹洲匪异土,岂负儒林芳?沮泽困鸿鹄,幽崖潜凤凰。宁无凌空翼,乘化将翱翔。造物秘玄理,通塞恒靡常。有志事竟成,士气当振扬。愧乏作人化,云汉徒为章。愿收桑榆功,一睹桃李光。

---

[1] 天厌,康熙志卷十八作"天旷"。

郊　行

新晴柳色暗郊东，揽辔乘闲出课农。案牍关心惭宦拙，催科无计愿年丰。正逢南陌新霈雨，喜报狼山已息烽。期月无能真窃禄，只将简静慰疲癃。

遣蝗歌赠朱古沙有跋

王　洪

民之灾，蝗虫至。壬午月，庚子岁。雷声轰轰撼江国，北风雨卷云随翅。须臾屯集畎亩间，百万狂胡横压地。青苗绿豆斗纤纤，忽为戈矛斩生意。华叶灵根转眼空，纵或余存亦憔悴。田夫田妇哭相向，击鼓鸣锣走如沸。捕获无方县官苦，吁告皇天奔属吏。七日斋，三日祭，心与神明日相对。感动皇天转祸机，一夜无踪竟何去。蝗虫去，莫向邻疆复为祟[1]。江空海阔有清波，好为乾坤洗余厉。

姻兄林铁斋尹靖江，蝗至，躬祷孤山。古沙属官率乡之父老祷于社三日，而蝗一夕尽去。作歌识颠末，用征天人之应云。

邑宰枉顾失迎识谢

朱得之

五柳门寒车马稀，渔樵相引过前溪。忽闻琴鹤云边响，将赐桑榆物外辉。省蒔遑遑勤国计，忧时耿耿切民依。承平久不资岩穴，何事干旄倡古诗？

八景因革记

朱得之

景以胜题，胜由人见。式览史志，类有八景。靖土如掌，厕于畿甸大邦间，荒僻简陋，无奇指称。昔人搜剔，许有八景，岂其有取于浮海居夷之志乎？君子可以观爱矣。《传》曰："有其举之。"绎其旧在胜国时，有马沙八景，曰骥渚渔灯、孤山帆影、紫薇烟树、崇圣钟声、海门宾日、孤山钓月、扬子秋涛、沙屿晚渡。及创县后，曰靖江八景，则去其"海门宾日""孤山钓月"，而易

---

[1]　为祟，底本误作"为崇"，据文义改。

以"孔孙学院""陈氏书楼"。迨嘉靖初,令尹易东桂以得遗碣为奇,而圣水井始设禁,乃更立名曰:长江汇流、田庐星布、烽堠烟消、长安井冽、马沙遗碣、诸港潮平、孤山屹镇、渔浦鸣榔。肆论其情,渔灯、鸣榔,非靖有也;帆影、晚渡,语缀意渎。况晓津四发,岂独孤山下哉!学院、书楼,虽存感慨之意;烽堠、遗碣,聊见遭遇之难。然皆存乎一人一时之隆替,而钟声、烟树,古不遗今;宾日、钓月,无中作有。凡此,皆意兴张皇,非天造也。维其不以时而变灭,不以人而废兴,乃可备方舆之采录,为传述之名言。

世降道沦丧,盛事罕见之。我歌义僧行,薪取国士知。僧臻生夏浦,俗号徐大师。勇敢重意气,赤孚可格糜。张忠郭解流,任侠不计赀。臻愿出门下,效死誓不移。盗寻寇马洲,鱼肉乎烝黎。元戎坚营壁,大姓深沟池。壮哉张父子,分率脱顶儿。父擒子死难,家不得敛尸。臻闻切齿恨,恨死不同时。夜即操斧刀,奋身斫藩篱。径入寇宫内,斧断张紫维。手杀盗六人,力挽间道归。妻孥拜堂下,金币谢所私。上公赐巾裳,欲以好爵糜。幡然掉臂辞,还山弄摩尼。方今国步艰,中外俱疮痍。铜虎尽悬绶,铁马谁搴旗?嗟尔匹夫臻,足张三军威。何不食君禄,为君靖淮夷?收名鲁仲连,千载为等期。天秋黄叶脱,日暮玄云驰。歌诗节鼓吹,用壮吾熊罴。

贫士八咏

顾　复

蓬门喜傍碧溪湾,雕刻何须节上山?只恐人来题凤字,一春长笑不曾关。右蓬门

司马当年击破余,曾将作牖向蜗庐。谁言一窦光明少,读尽人间万卷书。右瓮牖

十年窗下竟磨穿,只为家无二顷田。铜雀端溪休浪笑,模棱全不似当先。右破砚

玩水看山步举轻,雨余犹自趁闲情。年来双齿从他折,不向间关险处行。右折屐

莫笑年深似褐宽,着来还可蔽严寒。几多风雪金门客,狐貉争如此最安。右敝裘

年来已废旧形模,耳足俱残类败壶。不羡五侯鲭异器,只随鸿渐伴茶炉。右齏铛

采薇千载慕夷齐,味美争如瓮里虀。晚芥春菘随意摘,青黄熟否问山妻。右菜虀

瓦盆石鼎愧家贫,寸积西风破甑尘。欲问林宗无处觅,不知孟敏是何人。右尘甑

无　题四首[1]

殷云霄

江水苍茫四望同,东临沧海更无穷。波涛时涨千峰雪,云雾遥随万里风。欲约赤松游汗漫,先烦青鸟问空蒙。方山弱水无多事,付与人间叹转蓬。

靖江次方思道韵

层波孤涌地,四际共浮天。海雾常飞雨,江潮自入田。舟樯通百粤,笙鹤近群仙。巧捷生幽恨,沈冥得静便。

三绝句

晴风沙碛飞江雁,落日春涛动海云。千里孤怀空自远,三年群盗不堪闻。
今日天暖闻莺声,桃花杏花相迤生。走向芳洲觅杜若,白鸥苍鼍双眼明。
初春春光亦不恶,鸣雁浮鸥可奈何。不须惆怅怜芳草,梅花落去已无多。

卧病县斋

驱役犹堪松竹林,病来偏动故园心。鸟啼短榻客初起,木暗空斋山欲阴。未炼丹砂惭墨绶,聊歌白雪寄瑶琴。东风走马长安道,芳草于今深又深。

---

[1]　四首,此所录者为其一,今据殷云霄《石川集》卷三补录。其二:"明月清风共黍鸡,伤心尘事苦难齐。芳兰数化吾何取,世路多歧梦亦迷。珠树鸟归云漠漠,桃源人去草萋萋。排山昨夜东风起,碧海狂波未肯西。"其三:"昨日花开今日风,鸠鸣犹未见来鸿。休怜金屋伤春早,试问银河有路通?捐佩空江思帝子,浴兰何处降云中?杳冥未必知幽恨,容与谁堪桂树丛。"其四:"月照高楼起莫愁,东风遥恨木兰舟。楚云终日空疑梦,秦凤何年共远游?新燕嗔风牵幕带,飞花冲雨上帘钩。兕觥泪竹终尘土,琼佩椒帷自阻修。"

渡　江

大江渺[1]雪霁，波涛生远风。帆带毗陵雨，棹辟冯夷宫。清歌缘云上，奔没骇鱼龙。冥漠无端倪，六幕烟霞空。一鸟忽焱举，浩荡莫与同。万流西南来，颓然遂徂东。坐送千里目，海雾何空蒙。不见蓬莱山，焉知浮丘翁？乘槎嗟孔圣，钓鳌想任公。道全俗可遗，神往物匪丰。终当遗凡蜕，无复悲转蓬。

杂　诗四首

人生惟所遇，知己良独难。子期既云死，伯牙绝其弦。庄周无惠施，叹息谁与言？晏婴岂不知，孔圣不见贤。鲍叔荐管仲，功业共赫然。

兰芷生深谷，枯死芳不歇。渭水不择流，入泾污其洁。君子有定志，流俗非所屑。千载首阳人，匪为名不灭。

春日仓庚鸣，百芳丽以繁。桃李成蹊径，蝴蝶何翩翩。一朝鸣鹎鶋，零露下庭兰。摇落非所悲，所怀无由宣。岁华遂云晏，叹息将何言！

终日抱膝坐，门前无来客。所怀不可忘，脉脉想畴昔。登高而远望，云雾塞八极。离禽飞且鸣，孤兰惨无色。晤言思亲友，日暮空叹息。

感　遇

孤鸟失其林，日暮鸣且飞。风枝栖未定，遥遥将安归？中流有芳草，惨澹少光辉。舟楫荡其波，根株苦无依。悲此远征人，三载孤乡违。万里长途间，安知身是非！东海有钓纶，西山有采薇。悠悠迷方子，谁能识其几？

归　帆

大江混混西日微，波喧四围苍云飞。芳洲白鸥啼饥苦，驾鹅漫逐鹜鸽归。江上行客空复春，南北颃洞昏风尘。向人簿书不肯去，生徒占哗非我真。山风簌簌吹寒灯，出门海气天冥冥。征雁哀鸣求其侣，肠断归帆不忍听。

---

[1]　渺，《石川集》作"雨"。

靖江西浦与殷近夫别

孙一元关中人

离节动青郊,高筵敞江滨。哀觞为欢酌,温念忘客身。连山瞰水陆,平明眇烟尘。清曦升木末,长风吹远津。桑麻接上国,炎海为南邻。生聚岂鹿豕,行当逆龙鳞。结交非在多,要得允衷淳。古来豪杰士,寄托各有因。患难苟相得,谁论骨肉亲?政当笃明爱,安可辞苦辛!结此园中草,炯言怀好春。

与殷近夫放舟江心对月

挂帆半夜受天风,白帻高歌海月中。千古闲情谁领略,一杯今与使君同。

幽居杂兴十首

草堂连翠微,一径转柴扉。竹里厨人散,雨中春事稀。蜂房争自课,花片觉全飞。政爱蒲团好,焚香了化机。

六籍聊遮眼,高眠傍屋牙。春来诗得计,老去醉为家。门映斜阳树,山开背郭花。邻翁闲有约,相对话河车。

十日荒城雨,开门草又新。若无一杯酒,孤负百年身。澹澹春围野,青青山近人。喜看江上影,依旧白纶巾。

野次寡轮鞅,春深渐辍耕[1]。幽禽隔树小,滋蔓上墙生。蒲长青堪把,桑空茧欲成。自缘耽野趣,不是爱逃名。

归卧茆檐下,读书终爱贫。莺声十年事,草色满城春。道丧悲浮俗,情高梦古人。眼前君莫问,吾与酒杯亲。

鸡声催旦暮,岁月梦中移。云汉空回首,溪山独占奇。买船同鹤载,得句报僧知。却笑南华子,闲看野马驰。

柴门春雨里,野水明荒陂。碧草看还长,白袍闲自知。短歌聊起舞,扶醉强题诗。元有林泉志,归来更不移。

清风生瓮盎,天亦爱吾贫。看竹云连屐,钩帘月映人。梅花偶到座,砚

---

[1] 辍耕,底本误作"缀耕",据《太白山人漫稿》卷四改。

水动浮春。意外浑无物,青山共此身。

　　小艇初移棹,摇摇进远风。晴江献屿碧,老树消春红。斗酒长吟处,百年无事中。钓竿如在手,便好作渔翁。

　　睡起不自好,出门望远山。碧云回夕色,老木澹秋颜。道路从违里,菰蒲坐啸间。吾师白鸥鸟,长日与同还。

秋日登孤山

张　泉

　　江上孤峰剑划天,短亭落日隐长川。作宾鸿雁方纷至,薄树鸣蝉欲寂然。兴逐秋林寒有露,闲看野草静含烟。不堪幽思白云远,且进山僧一问玄。

登孤山观海亭

朱以和

　　石山孤耸海东亭,拟是当年天落星。浪拥云阴千岸绿,露含草色一帘青。风烟拂座曛秋醉,水月临台唤客惺。看尽人间忙里事,那如鸥鸟立沙汀!

观涛和韵

张　泉

　　疏狂赢[1]得此身闲,世路崎岖古亦难。迁学未能酬素志,转官随处有名山。天开江邑连青野,风撼秋声度紫阑。极目海涛千级涌,滔滔东注几曾还?

江阁寄怀朱西麓[2]

杨　仪 宪副

　　江汉会极地,波涛际天流。偶来寒林下,霞彩凝高楼。飞帆带云影,倏忽凌十洲。平生大观志,局促未得酬。讵意圭窦中,八表能神游。却笑市朝日,役役空烦忧。

---

[1]　赢,疑当作"羸"。
[2]　怀朱西麓,康熙志卷十八作"友人"。

游孤山

程飞卿

漫游追忆昔年曾,石壁题诗尚有名。花萼酒边新发白,水云蓑外故山青。乾坤落落笼闻鸟,江汉悠悠浪转萍。一曲浩歌空激烈,水晶宫里老龙听。

题孤山

朱得之

兀立波涛无际中,根盘海底戴苍穹。两仪变化纷纷过,一气升沈默默通。聊补东南坤道缺,时瞻西北太微隆。茫茫宇宙闲经理,应与昆仑效协恭。

观涛和韵

海涛何事向山亭,声掩秋雷气掩星。万马横驰连地撼,银城平拥隔天青。须臾奇丽真堪羡,汩没鱼龙未易惺。老我东篱重九近,又惊鸿雁下寒汀。

奉陪水南张先生孤山宴集兼呈垆山地主

钱德洪主事,余姚人

张公有雅好,我幸江上逢。击棹竞朝渡,直蹑孤山峰。主人设嘉燕,尊罍来江风。海霞浴赤日,万里烟涛空。凭虚立危嶅,旷望接鸿蒙。造化显图象,寓目皆天工。静对两无语,百川自归东。天声发岩底,听者凌寰穹。不知继游者,千载谁与同?

望靖江孤山祝近斋姑丈

张　衮学士

近斋先生七十强,白日著书分圣狂。堂中揭名止至善,静里养晦思无疆。良知在我德岂昧,忠告于人情不忘。我有夙怀歌仰止,大江东注山苍苍。

题孤山

钱德洪

江屿蒙蒙接海潮,村中篱落午烟消。孤山登岸贤人集,好为人间渡铁桥。百里鳌峰镇地维,扶桑日上海潮归。江风莫信随波去,自有中流砥柱回。

景俗类

孤山帆影

朱　经[1]元进士

一点浮青[2]入望遥,樯乌飞处白生潮。竺僧有道元非妄,海贾为文不可[3]招。众鲎乘波俱出没,大鹏击水共扶摇。三山无恙麻姑说,几度枯桑候老樵。

骥渚渔灯[4]

渔舟荐宿傍清江,灯火荧煌月一窗。素焰映沙光耿耿,余辉照水影双双。初看彷彿分萤火,静玩方能辨钓缸。犹讶燃犀牛渚畔,朱衣跃马不能降。

题紫微宫

丁沧洲本沙人,名珉

地隔红尘一镜开,清虚疑是小蓬莱。丹房有药常留火,石径无人半锁苔。树色暂迷汀雨合,江声如咽海潮来。桃花满院春风煖,题咏谁同梦得才?

崇圣僧房

黄　常江阴布衣,号由里子

骥渚干戈几变迁,重游野寺景依然。释迦殿倚松萝月,扬子江连楚蜀天。灵鹊巢云存古迹,荒碑横草见余镌。残僧独有开贤志,煮茗相延话昔年。

---

[1]　朱经,万历《泰兴县志》卷四作"朱杲"。

[2]　浮青,底本误作"凉青",据万历《泰兴县志》卷四朱杲《江城八咏》改。

[3]　不可,万历《泰兴县志》卷四作"若可"。

[4]　骥渚渔灯,万历《泰兴县志》卷四朱杲《江城八咏》"骥渚渔灯"诗云:"马驮沙明隔夜江,钓船篝火出蓬窗。风前疑聚萤千点,月底惊飞鹭一双。应对吴枫愁古寺,定然楚竹倒春缸。君山在望谁喷笛,响裂星河气欲降。"

题孤山

何　琮江阴北门人

孤山矗矗耸长江，叠翠层青势远降。潮没兼葭迷落雁，日斜鸥鸟送飞艭。三冬雪冻浮银瓮，几度云吞失翠幢。记得醉看双眼阔，夜深不寐倚蓬窗。

望孤山

王　逢

海门窥长江，巨浸天浩淼。山根缠坤轴，百里见孤杪。风披阴霾昼，露洒石黛晓。龙来苍林湿，鸥舞白浪杳。居然蔽中洲，隐若压外徼。幽贞水仙态，轩清国士表。时时降天人，旌旆光缥缈。余将展高步，兵气秋见兆。严霜草不杀，怅望翠清悄。浮云非无牵，薄暮还来袅。

海门宾日

俞　远元人

天在海门东复东，星移河落日曈曚。三声鸡唱齐州白，五色鸾翔弱水红。舟楫尽登扬子岸，衣冠应满太虚宫。寸心老我倾葵藿，扣缶狂歌两鬓蓬。

江　上

孙一元[1]

沙砾喧寒雨，枫根挽钓楂。菰蒲起烟火，隔水是渔家。

靖江道中

落日精灵语，空山旅客惊。沙寒留鹭影，风急走江声。

宿江干

宿鸟不移林影静，春旗犹飐晚风虚。城头明月夜如水，江口小舟人打鱼。

---

[1]　孙一元，底本脱，据孙一元《太白山人漫稿》卷七补。

江城東近夫

沙上风烟异,经时老客心。远天低故垒,落日带空林。目极芳华晚,愁缘野水深。江城有严武,犹可慰孤吟。

席间戏和近夫

江上风烟好,依依俗更敦。故人有傲吏,唤客共清尊。觅句开梅阁,投壶对竹根。一春狂未了,头戴小乌巾。

沧　江

千林草树静相依,来往寻诗坐钓矶。地近青春惟鸟雀,夜来新水到柴扉。中原落日愁多梦,万里沧江定不归。拟向鹿门为地主,不妨常着芰荷衣。

闻江阴解围喜而独酌烂醉

好音慰我静风尘,漫喜呼儿笑语新。夏武有诗歌盛代,江山无恙著高人。短蓑月下形应古,白酒床头计未贫。安得尽闻烽火息,一瓢长醉太平春。

望　海

绝顶天风吹鬓毛,长天东去望中遥。沙边烟浪浮珠牡[1],岛上人家住翠鳌。万里闲情穷海岳,百年无事只渔樵。连翩尽日归来晚,看到潮生月已高[2]。

草　堂

溪上高秋云木凉,地偏人事不相妨。开门江日流书幌,背水秋花照草堂。堑北买田时未就,舍南种竹已成行。幽居自拟王官谷,药裹书签引兴长。

---

[1]　珠牡,底本误作“珠社”,据《太白山人漫稿》卷六改。

[2]　月已高,《太白山人漫稿》卷六作“月色高”。

观涛和韵

张 录

孤岛天开阔此亭,长沙中陨一流星。云霞海树千涛合,竹柳江村万户青。露湿荒苔僧钵冷,风吹罗袖客怀惺。松林四眺情何极,疑落蓬莱玉草汀。

靖江八景

易 幹

孤岛来方镇,长江汇四流。浮沉鳌作极,吞吐涨成洲。形势分南北,江湖共远忧。肖归图画里,何处觅仙舟? 右长江汇流

于茅深结屋,散处长晨星。远近依沙渚,参差映夕扃。偷薄曾经化,诗书喜过庭。官家租税薄,击壤自讴吟。 右田庐星布

旁水沙成队,周遭堠列城。氛氲闲入望,剑戟夜无声。绿暗苔应滑,烟消云自横。何年此孤屿,今日际升平。 右烽堠烟消

中泠元有胜,一派想流行。众浊分泾渭,源头识满盈。入口沉疴桔,临风两腋轻。夷齐高兴在,能解俗人醒。 右长安井冽

豁坍滨江渚,磨碑旁夕晖。讹呼驮易大,却笑俗成非。点染苍苔旧,模糊字迹稀。几年遗坠典,一旦辟群疑。 右马沙遗碣

灌溉因方利,周遭本逆潮。柳牵台榭远,岸夹水云迢。软软铺疏练,依依入画描。高人坐清啸,丰稔俗将饶。 右诸港潮平

砥柱中流岛,青空海若灵。寸眸方八极,一镜澈苍冥。岸即收贤谶,松高长鹤翎。莫嫌尘梦绕,到此是蓬瀛。 右孤山屹镇

水国周遭地,渔翁散乱时。长竿引深钓,高捧起潜鬐。得鱼聊自足,鼓枻更何为! 独愧沧江叟,营营逝不归。 右渔浦鸣榔

又

韦商臣

孤屿水中央,沧江万里长。神功从太古,颢气接沧茫。穴静蛟龙稳,尘稀草树香。十年浮海梦,回首忆沧桑。 右长江汇流

沙际何年涌,孤峰截太清。蛟螭盘海窟,虎豹卧江坪。脉向坤维远,春

从艮位生。中洲千百祀,拟作太华盟。<small>右孤山屹镇</small>

百里江洲道,行行不见村。槿篱随处密,秋杵隔溪繁。独木桥多路,编茅屋少门。晚来灯火动,疑是落星痕。<small>右田庐星布</small>

青青斥堠草,久不被狼烟。万里同文日,孤城戢武年。马牛闲在野,禾黍自成田。杞客忧空切,长歌宝剑篇。<small>右烽堠烟消</small>

怪尔江心水,偏于野寺清。幽深宜白社,余历到苍生。不逐江波逝,能令鼎味平。如何金惠井,独擅九区名?<small>右长安井冽</small>

海屿分诸港,潮生岸岸平。断桥流夜月,乱苇动秋声。田舍阶联水,渔舠钓倚城。白鸥知客意,时向二松鸣。<small>右诸港潮平</small>

何代贞砥石,沉沙半未磨。文怜一字正,名洗百年讹。鱼鸟知奇绝,鬼神长护呵。茫茫烟水际,此日待君摩。<small>右马沙遗碣</small>

极浦无人到,渔榔时自鸣。漫随风力眇,偏傍月华清。沙鸟醒幽梦,江篱散落英。得鱼呼酒伴,此足了吾生。<small>右渔浦鸣榔</small>

又

刘　乾

水到沧溟是尽头,喜从冲要汇群流。波涛浩荡藏龙窟,烟雨微茫起蜃楼。万棹竞开潮涨暮,数峰空浸月澄秋。弹丸黑子休言小,自是乾坤一上游。
<small>右长江汇流</small>

中洲岌嵼此孤山,瀚海西来第一关。近拟金焦应是伯,远攀瀛丈或堪班。云崖绝顶看帆少,风涧流泉听水潺。一幅丹青天设造,玉屏秋冷倚青寰。
<small>右孤山屹镇</small>

槿花篱落护柴扉,邻比星罗势共依。遍陇麦秋蚕正老,千家秧雨犊初肥。苍头负耒成翰去,白发扶藜社醉归。只愿官衙清似水,闾阎安堵隶来稀。
<small>右田庐星布</small>

江草离离江水平,沙场牧马晚归城。闲门不识石壕吏,盛世安知渤海兵!烽堠雨荒烟灭影,山城月静柝无声。从今宇内皆弦诵,长吏何劳治乱绳?<small>右烽堠烟消</small>

魑魅须知莫遁形,此泉应不让中泠。诗脾可浸浑忘寐,酒力能消许独醒。短绠无缘材尚浅,和羹有用地真灵。劳民劝相吾侪事,安取空题陆羽经。

右长安井冽

万派汹汹一气盈,倐平诸港渐归城。月明江口岸惊阔,雨急渡头舟忽横。春水柳塘鸥得意,秋风芦渚雁争鸣。悠悠浸灌功何限,岂止来期不失贞! 右诸港潮平

贞砥一片是谁裁,具载舆图故事该。名袭豕鱼开谬误,字从蝌斗识飞回。江山有意留文物,风雨无情没草莱。今古几人能好事,手摩真迹划苍苔。

右马沙遗碣

黄帽老翁携短棹,鸣榔江上水云腥。惊鱼出穴漫投网,宿鹭冲烟欲下汀。沃日波涛声未已,暗江风雪响初停。个中别有人间乐,夜宿西岩醉未醒。

右渔浦鸣榔

仙洞口

陈 烁

天开图画许谁描,石磴烟萝寄兴饶。促酒传杯凭错落,披襟露顶欲扶摇。江空恍见鸥夷老,洞暝俄临王子乔。歌上前岩行复坐,不知身世几层霄。

雨霁重游[1]

人人登眺爱芳菲,到我寻山绿已肥。解意流莺穿细柳,多情飞絮点轻衣。雨开久晦山容丽,天纵重盟霁色晖。曲磴悬崖酬历遍,残阳西匿竟忘归。

游孤山

黄梦韩莆田举人

避地游江国,凌辰蹑远岑。危亭涵蜃气,孤屿起龙浔。桑海千年变,江湖万里心。天香如可即,冉冉散衣襟。

---

[1] 雨霁重游,康熙志卷十八下有"仙洞口"三字。

秋日孤山观涛有感

王　洪

萧萧寒日孤峰上,漠漠平沙万里开。峡束江涛吹地急,天清鸿雁向人来。上林苑里稀书札,西塞山前只钓台。时事屡闻明主诏,风云更切故人怀。

参元播种龙南庄

万柳阴中带五溪,参元自题曰:"万柳五溪,二堰三梁深处。"沙堤春静度肩舆。省耕又到康衢上,花晚村村布谷啼。

登孤山同天台周子

沈翰卿

石门金阙路千盘,翠壁青萝万丈县。何处仙人吹玉笛,终朝狂客弄渔船。波心皎皎芙蓉月,天际冥冥琪树烟。不觉振衣凌绝顶,浩歌回首意茫然。

仙岛逢君倾绿尊,山花满把插乌巾。紫云楼阁藏修景,白石渔樵浑野人。葛令丹丘今日否,卢敖玉杖此回新。松阴细听谈玄理,五岳何年更采真?

和韵咏靖江八景[1]尚侍御见寄,赋此答赠

华　察无锡人,翰林学士,号鸿山

木落秋水净,澄江天共长。寒容映空霁,霜气破微茫。愤击中流楫,帘投[2]外域香。停桡试登览,初日在扶桑。右长江汇流

突兀一峰秀,苍然薄太清。月明隔烟屿,云断见秋坪。刹向中天落,潮从极浦生。雅怀同镇定,独坐对鸥盟。右孤山屹镇

登车聊问俗,鸡犬满江村。地僻行人少,民稠生事繁。晚田喧野雀,秋水到柴门。泽国宁忧旱,清霜落旧痕。右田庐星布

行行江上路,四望绝烽烟。弛禁幸不扰,罢兵逢有年。贩夫仍入市,戍卒尽归田。吉甫言旋日,宁忘六月篇?右烽堠烟消

使君心似水,到处见澄清。品擅中流胜,源从地底生。藻香文甃润,花

---

[1]　和韵咏靖江八景,华察《岩居稿》卷三作"尚侍御见寄靖江八景诗次韵答赠"。

[2]　帘投,《岩居稿》卷三作"廉投"。

影石阑平。行道何须恻[1]，长流济世名。右长安井冽

诸溪一何广，水涨觉潮平。沙净涵秋色，天空起夜声。乱流通巨浸，极浪拥孤城。何处乘槎客，遥闻箫鼓鸣。右诸港潮平

断碑荒藓合，岁月未全磨。圣迹怀先哲，方言辨俗讹。篆因风雨蚀，文是鬼神呵。为惜沉埋久，停骖试一摩。右马沙遗碣

渔舟横别浦，时听夜榔鸣。带月行吟久，随风入梦清。寒沙惊宿雁，夕渚落秋英。浪迹何劳问，烟波寄此生。右渔浦鸣榔

孤山次壁间元人韵

顾元庆吴郡人，号大石

寻山出郭不为遥，漠漠江田尽入潮。信宿恐违高士约，兹游真类小山招。月中磬寂禅心定，松际风生鹤梦摇。不见惊涛来溅佛，父老言：胜国时，此山在江中。背岩一径已通樵。

登孤山和韵

童　珮龙游人

沙堤廿里自忘遥，陟巘还听响夜潮。亭上春星知客到，海东玄鹤解人招。未论心逐江形远，却愧身同树影摇。跌坐欲随僧入定，松萝犹忆北山樵。

孤山僧舍次顾征士二首

灵丘与客到，芳草一尊开。笑指日出没，不知云往来。蜀江兹地尽，朔雁望中回。余欲寻圆峤，胡麻向此栽。

水国盘孤屿，何年化巨鳌？寺门翻海气，僧榻卧风涛。沙软轻麻屦，亭虚寒布袍。却为玄思溢，山月坐来高。

崇圣寺

香刹何岑寂，萧森满径昏。山僧半茅屋，江县一沙门。殿影侵濠水，钟声尽市喧。不因沈居士，那得梵书翻？

---

[1]　恻，底本误作"测"，据《岩居稿》卷三改。

重登孤山

陈体文 江阴人

拳石江边维地灵,重来忽讶近颓龄。千邨新柳斗衣绿,数点遥山当酒青。壁已半无豪士咏,基犹曾忆旧时亭。马鸣日落又归去,春浅桃花未染猩。

秋日与朱柱峰虚谷慎庵登孤山

沈　奎 户部郎中

烟净空江四望收,振衣同上看江楼。乾坤千古浮孤屿,吴楚中流寄一洲。杯影细传岩畔菊,歌声轻散海门秋。即今天幻逢人杰,欲望云霄信宿留。

咏八景

知县张秉铎

天河倒徙入江流,洗尽东南两地愁。巴雪消来春水急,楚云飞落海门秋。星辰联络骊珠出,楼阁横空蜃气浮。芦苇月明闻铁笛,此中原是一仙洲。
右长江汇流

沧桑变幻自何时,耸得擎天一柱奇。晓色初开周鼎旧,露华未彻汉台溕。建康百里分遥帜,东海无门锁犍巇。立马迟回经几度,令人空忆岘山碑。
右孤山屹立

江潮初落俯平沙,芦荻秋中百万家。夜界月明鸡犬静,晓钟烟破芊麻赊。柴门欹侧分流水,苔径纡回各落花。春来戴笠遥相问,曾遣儿童诵五车。
右田庐星布

魏阙中天结彩云,和风吹暖到江溃。暮村歌入桑麻影,春社人闲麋鹿群。已讶伏波空摽柱,漫劳细柳说能军。相如学得东封草,欲扣天阍孰与闻？右烽堠烟消

波涛四壁拥秋声,山下还怜一线澄。鹤羽影窥疑醮雪,梅花魂落暗寻盟。寒将风转驱烦暑,润逐云来净太清。借问山僧瓢饮去,道心秋月恰同明。
右长安井冽

吴楚东趋树渐贫,江天万顷总如银。轻鸥泛入桃花径,野艇横抛芦荻滨。醮尽柴门桥欲断,引来孤屿月同新。分明际得风波静,笑领邮亭问渡人。

右诸港潮平

　　欲说吴宫事已湮,马沙遗碣自嶙峋。孤贞不逐沧桑变,埋没还怜宇宙春。瑞拟河图惊海若,光联奎璧泣江神。不将化作丰城剑,来问张华博物人。

右马沙遗碣

　　烟雨孤蓑昼欲寒,一声欸乃入江干。桃花不是秦时路,牛渚虚疑汉使翰。云卧竿头鱼已得,鸥迎莎底梦初宽。醒来弄得山前月,谁信风波世上难。

右渔浦鸣榔

新修靖江县志^[1]卷之八

邑人朱得之 纂述

附录^[2]文

"文以载道",昔人有是言也。道果何在乎？文果何谓乎？道具于心而昭著于言行者,曰文;随其分之所在而尽其情,人共由之者,曰道。古哲言行格天,书以示法,亦谓之文。犹夫足能行而有履,履载足而有迹也。今之人求行于履,固远矣,求足于迹,不尤远乎？豪杰之士,直求吾足之为物,而以履为足之寓、迹为足之适也,则示法之文之于道不可少也,必矣。不然,何以曰"人能弘道"？况虚车乎！

政事类

新建庙学记

郡人王偁祭酒

国朝承平百余年,休养生息之恩被冒海隅,故所在民安其业,户口蕃息,垦田贡赋日以增羡,则求其中地理之旷斥、征输之涉历者而析置之,创为县治,辟以学舍,俾治与教兼施,养民之生与复民之性相须以有成也。

---

[1] 新修靖江县志,底本下衍"附录",据目录删。
[2] 附录,底本误入大题中,类目无,据原本目录补。

　　靖江县在大江中流，其地名马驮沙，盖水中之洲，东枕孤峰，西引黄山，广一十八里，袤五十余里，民居以户计者六千有奇。元以前，隶扬州之泰兴，其户隶江阴者裁三之一。国朝洪武初，全隶江阴。成化辛卯，今兵部侍郎汝南滕公昭以都御史巡抚南畿，谓其地越大江，供赋税，服徭役，凡有事于邑者，多冒风涛以奉期约为非便，而民数视昔有加，爰请于朝，宜析置县。制从之，赐名靖江县。乃因东洲之旧土城建县治，又即县治之西建庙学焉。于是庙自礼殿以至门庑、神库、文昌祠，学自讲堂以至会馔堂、斋庐、庖廪、廨舍，皆以次营构，圣贤像设皆缮饰如制。以壬辰春三月始事，讫工于甲午冬十一月。

　　先是，庙学未建，而滕公以召去。右副都御史河南毕公序继为巡抚，监察御史隆庆聂公友良、赵郡郑公铭、莆田林公正相继巡按，知府吉水龙侯晋，同知平阳柳侯演，通判关西魏侯仪、瑞安吴侯祚，推官德兴孙侯需，又先后来为郡。之数公者，同德协谋，以经画于上；而凡辨方正位、度材鸠工，则知县怀安张君汝华；商度损益，则教谕天台赵君莹，训导三山王君奎；程督佣估，则典史隆庆马信，亦皆殚智毕虑，以遵程于下。至于提挈纲维，参酌规制，以启其端、要其成者，则又奉敕督学监察御史浮梁戴公珊深致意焉。学成，而沔阳刘侯钰又继来守郡，兰谿郑侯锜来知县事。刘侯加意作兴，茸其未备，谓学必有记，以识作始岁月，顷命邑二生张勋、陈琛以书来南雍属记。

　　余惟天生斯民，立之司牧，而寄以治教之任，唐虞三代尚矣。后世称善治者，如汉、唐、宋，其于学校之教，犹不免有作辍之弊。当时虽通都大邑亦寂然亡弦诵声，而况窃据之方、褊迫之区，宜其未遑及此也。洪惟我朝列圣相承，崇重学校，百官有司，祗循德意，是宜斯学之建，与邑治并兴。前规后随，有倡斯和。诸士盍亦勉进于学，以求至于圣人之道乎？圣人之道见于书，读书所以明道也。然读书之要，其惟静乎！是故有纷华眩惑之诱者，不足以为学；有利欲驰骛之扰者，不足以成功。

　　斯地也，南北阻江，商贾之所不趋，驿传之所不经，宾客游从之士之所不至。此古人所谓江阴为浙西道院，扬之通、泰为淮南道院。而斯邑又介乎其间，习俗简静，无将迎传送之烦，抑又过之。而士之勉进于学者，于焉以定其志意,端其趋向,求诸心以体诸身,举而措之以见诸行事,以辅成我国家亿万载太平之治。此明圣教学之盛心,而亦贤风纪、良民牧兴学之至意也。其毋以蕞尔之邦,藐然之躬,自陋自弃,斯可矣。是为记。

按,文懿公在我郡,先辈称醇笃古君子。今玩此记,其词温,其气顺,其意婉而劝,恳恳然望我人士以身体孔孟之教,穷则独善以自守,达则兼善以佐明时,庶几上不孤菁莪之化,下不愧含齿戴发之形也。吾侪其思文懿之言若此,其亦何所为而然哉?岂以空言寄誉以为纳交之地哉?

靖江阁出巡事记

弘农王瓒巡捕御史

成化辛丑岁,予奉命巡江,而应天、苏、松、常、镇诸府在所遍历。念及比年官兵多玩事,往往有贩私盐而劫人财者,于是乎首先案令各卫,整饬器械,筑墩、置栅、造舟,为预防广捕之具,必完必固,毋庸苟且。

厥初冒险舟行,自孟渎至圌山,扫涤余秽,搜剔民隐与贼情,勿容少匿。三月初,至太仓,闻海洋贼首刘通聚众行劫,即调八十余艘于崇明、海门,昕夕缉捕。予往江阴,墩报贼背道去;而复往南京,又报是贼复横海洋,肆恶拒捕。予往苏州,得海门驰报官兵与贼相拒先到。五月八日,兼程而行,由通州入海门,亟备官兵,水陆并进往捕之,久无声,复回通州。

是月初九日登狼山,薄暮至靖江,视其县治初设而衙门草创,且无城郭。脱值凶岁盗起,仓库曷以为守?民居曷以安堵?乃于季夏,因旧城遗址,命工执畚锸为土城,人皆欣然就役。开四门,通水关,以严出入;立铺舍,以勤夜警。察院则缭以周垣,垣下植以榆柳。儒学、斋房、射圃之类,增修如式。

维时亢旱,督官吏、耆宿洗心祈叩。越三日大雨,后又连雨,农事遂兴。既而登孤山,东瞰于海,西顾圌山,南北临于江。金谓贼尝出没于斯,乃筑墩于山之巅,守望以人。墩之前,建靖江阁,凭高可以瞭远,抑以期江盗宁谧,为悠久计也。是月十九日得报,盗首就缚于辕门,庸书勒石置阁中以告后,凡事事者知所以竭乃心力云。

此碑虽记当时事,实亦因建阁而立。时异人非,阁毁,碑仆在荆棘中。嘉靖初,令公易东桂命土人毛纪扶而起之,移岳祠于山巅,欲复建阁而去。迨今又五十年,苔藓驳蚀,勉强摹录如右,聊见诸公留心于江邑也。

义井记

黄　昭江阴人，主事

义而不穷，惠而不费，君子可以言治矣。夫义与惠，可能也；不穷不费，不易能也。能与不能之间，其用力成功多少顿异，故识治者不知所养所惠而可垂可记也鲜矣。

靖江盖扬子江之洲，县建自成化壬辰，渐次兴理，民居物产，隐然一大治。惟是廛市之饮饮食食，多取汲于江之涯，色泥味恶。旧有井一，在长庵基，去县治三里许，汲者弗便。

今年春，县之尹贰俱以事去，巡抚诸公檄吾县簿蒋君往领乃事。蒋素儒雅，以廉能闻，视篆数月，税足讼平，化行禁止。间行县，见所汲甚艰，乃相县治东阴阳学之左偏，得隙地，适邑中道里均也，将卜以井之。县之义民刘震，愿出力资。浚成，深广如制，上覆以亭。由是往者来者，咸井其井，洌焉甘焉。凡饮井之养与惠者，谓其井曰义井，约记其事。

吾惟靖江环四面皆水也，而水出以其地者，斯为有用。知其用之要，而取以利民，其术智盖有可观者矣。《易》曰："木上有水，井。"此即养而不穷之道也。《语》曰："因民之所利而利之。"此即惠而不费之道也。一井之用，大矣哉！

虽然，水之性，人之性也。人性本善，蔽之则恶；水源本清，挠之则浊。继是而治者，知所以清井之源，而不致挠以浊之，则斯井之幸也，亦斯民不穷不费之赐也。

按，蒋，簿也，客也，而有"税足讼平，化行禁止"之语。虽或言有过情，要非积逋趋讼，挠化触禁之俗也。而今有难治之名，吾长幼其励自修自立之道也哉！

劝农文

殷云霄

当职久病，暇息田亩数年。近朝廷起废[1]，授此官来，实疏庸疲薾不堪事，惧无惠利及民，上负朝廷爱养斯民意。兹迎春东郊，阖吾邑父老子弟咸

---

[1]　起废，殷云霄《石川文稿》作"记忆"。

来观,因以告谕吾民。

　　夫民以食为生,食以农为本。其获也,必盛所以培之者;其成也,必去所以害之者。相其土宜,粪其田壤,利其器用,时其耕耨,慎其灌溉,勤其力役,兹犹培其末。父子有亲,兄弟有敬,夫妇有正,子弟有学,亲戚有恩,乡闾有礼,征役有供,法宪有畏,则无怨于内外,无怨于上下,自可以尽力于农,兹乃培之大。疏以害其全,缓以害其时,惰以害其成,昧以害其宜,兹犹其小者。昧礼义则害德,寡恩爱则害家,犯刑宪则害身,竞货利则害义,耽曲蘖则害性,纵侈费则害财,逐争讼则害业,崇佛老则害正,有一于此,皆害之大。

　　若安养之无道,教导之无方,禁奸之不密,听讼之不明,征赋之无名,力役之不时,俾速戾于吾民,以害吾农[1],则我有司者之责。兹当日夜警戒,求无愧于吾民,无负于朝廷。吾民其亦体此意,毋忽!

记李公御寇事[2]

前　人

　　闰月辛卯,寇次圌山。癸巳,太守李公至江阴,靖江民来告其令曰:"江阴得李公,可无害。吾邑其何恃? 吾且逃。"令谕之曰:"李公仁足以得众,威足以慴远,寇其敢舍江阴来? 其无恐。"既而寇果不来。

　　秋七月,寇复自楚来,民复来曰:"日以李公,寇不来。今李公不来,寇其来。吾且逃。"令曰:"李公急于民者,其何不来? 其无恐。"是日,李公至江阴。寇过靖江,不为害。

　　民复来曰:"李公活吾民,民何以报?"令曰:"汝知李公活汝于江阴,不知其活汝于靖江为多。日寇且至,义勇之感激,甲兵之整饬,要害之伏密,皆李公先事之教,吾令得奉行之。兹汝未必知。"皆曰:"然。"曰:"汝知李公活汝于兵,不知其活汝于政为尤多。自李公为常州,吾邑其有苦于奸、横于征、繁于役、枉于狱者乎? 抑亦有饥于途、淫于行、暴于乡者乎?"皆曰:"无有。"曰:"兹皆李公之政,吾令尚愧奉行之未尽,兹汝亦未必知。"皆曰:

---

[1]　害吾农,《石川文稿》作"害乎农"。

[2]　记李公御寇事,《石川文稿》上有"靖江县"。

"然。"曰："李公政之善于汝久且多,汝尚未及知。一活汝于兵,则思以为报,兹岂李公之心哉？李公之心,欲吾民皆良于行,而无艰于食。汝其归,父诏其子,兄率其弟,俾无遗力于田,无遗行于家,以为李公报,其可。"

于是退而朝夕祀曰："吾愿吾李公子若孙,皆若吾李公。"则复来曰："吾固知吾无以报李公,心则不可忘。吾侪身亲其政,尚未及知,况吾子孙？吾令习于文,愿记其事,传示吾子子孙孙,俾永永无忘吾李公。以为报,其何如？"令曰："然。"

修学记[1]

增城湛若水祭酒

惟嘉靖乙酉,吴兴韦君商臣希尹,自大理评事以言谪丞于常州之靖江。既至,谒庙造学,讶其殿庑堂舍之圮,问之,诸生前曰："屡白诸督学、抚按[2],诸公屡可,而县吏屡以嫌泥。上下二十余载,以敝至于是。"韦君怃然曰："若是[3],不尽废乎？若作于民,不废于官；纳尔材,毋纳尔金；任以人,不与于己[4],则有[5]何嫌？"乃谋于令[6],白于督学抚按,皆可之[7]。

于时,帑藏仅有三百缗耳。韦君乃召父老氓庶,咸造于庭,誓之曰："今教基已坠。俗之不善[8],岂惟长民者之羞？亦尔民之忧。尔[9]之乡,有愿出材若梁栋,若柱者乎？有愿出材若椽桷暨榱者乎？有愿出灰瓦砖石者

---

[1] 修学记,《湛甘泉先生文集》卷十八作"新修靖江县儒学记"。

[2] 抚按,《湛甘泉先生文集》卷十八作"抚巡"。

[3] 若是,《湛甘泉先生文集》卷十八上有"天下事皆避嫌"。

[4] 于己,《湛甘泉先生文集》卷十八作"以己"。

[5] 有,《湛甘泉先生文集》卷十八作"又"。

[6] 乃谋于令,《湛甘泉先生文集》卷十八作"乃复谋于易令,易令曰：'吾方有事,子其图之。'韦君乃"。

[7] 抚按皆可之,《湛甘泉先生文集》卷十八作"抚巡,以常推刘君体观来相宜"。

[8] 俗之不善,《湛甘泉先生文集》卷十八作"化之不行,风俗薄恶,子孙不才,寇盗充斥"。

[9] 尔,《湛甘泉先生文集》卷十八作"尔于尔"。

乎？吾将与尔乡之子弟,明德修业于此。"三告而民莫不应焉。[1]

由是材以工备,工以材成,人以能役,力以时任,地以赀拓。始事于丁亥二月,韦迁而易尹继之,易去而番禺郑尹翘又继之。至戊子九月,则殿庑、堂斋、戟门、泮桥,巍然翼然矣。[2]凡师生之署馆,名宦、乡贤之祠,仓库、射圃、碑亭、会膳之堂,莫不[3]翕然矣。

韦、郑二君皆游于甘泉子,因请记[4]。甘泉子喟然叹曰:昔夫子言:"忠信、笃敬,蛮貊之邦行矣。"靖之为邑,海邦也,在《禹贡》扬州之域,去沂、泗为不远。[5]韦君学夫子之道,郑君布[6]恺悌之德,言出而民乐趋之,以成教化之基。乃知忠信笃敬可行者,至是为有验矣。使其父老氓庶由是心而扩充之,各率其子弟之秀,以从事于忠信笃敬,而察于人伦,入乎大道,则蕴之为德行,发之为文学,与中州邹鲁之文物何异焉?[7]

昔夫子尝欲浮于海,盖取其淳朴未凿也[8]。自成化以来,吾夫子之灵乃妥于是[9],亦当时浮海之志乎[10]？诸父老氓庶,今幸生太平之时,遭二君之

---

[1]　"有愿出材"至"莫不应焉",《湛甘泉先生文集》卷十八作"'有愿出材若梁栋、柱者否? 有则听,吾将有大褒。'于是既月而出梁栋若柱者至矣。又曰:'于尔之乡,有愿出材若椽桷暨榱者否? 有则听,吾将有余褒。'于是既旬而出椽桷若榱者至矣。又曰:'于尔之乡,有愿出灰瓦、砖石者否? 有则听,吾将有量褒。'于是既月而出灰瓦、砖石者至矣。又曰:'于尔囚缧之有愿役力助修者否? 有则听,吾将贷其情轻者。'于时而有趋事赴工者至矣。"

[2]　"至戊子九月"至"翼然矣",《湛甘泉先生文集》卷十八作"至是,大成之殿巍然矣,明伦之堂奂然矣,两庑、两斋翼然矣,戟门、泮桥俨然、泓然矣"。

[3]　莫不,《湛甘泉先生文集》卷十八无。

[4]　因请记,《湛甘泉先生文集》卷十八无。

[5]　"靖之为邑"至"为不远",《湛甘泉先生文集》卷十八作"靖江在海岛之间,三代之化所不及,盖《禹贡》扬州所谓岛夷者欤"。

[6]　布,《湛甘泉先生文集》卷十八作"有"。

[7]　何异焉,《湛甘泉先生文集》卷十八下有"是固学之所以为学也。郑君又申韦君之请,请记于石,以谂邑之人士,俾永为训。甘泉子笑曰"。

[8]　"欲浮于海"至"未凿也",《湛甘泉先生文集》卷十八作"叹道不行,乘桴浮于海。盖愤世之浊,而乐海之清也。当时,子路诸贤,且喜而从之。靖江之土浮生于海中,泛泛若桴槎然,今数千年"。

[9]　妥于是,《湛甘泉先生文集》卷十八下有"而门弟子皆从焉"。

[10]　浮海之志乎,《湛甘泉先生文集》卷十八作"乘桴之志矣乎"。

贤,知淳朴固忠信笃敬之本,由是[1]率其子弟之秀,从其令尹之教,以造夫子之道,不亦可乎?不然,岂尔乐于从事助修之初心哉?可以反其本矣[2]。

文徵明隶书。

修学记

锡山王问进士,郎中

古者造士,国有学,遂有序,党有庠,闾胥塾师,莫不有教。示之道德行艺,勤之以礼乐,以齐其志,和其衷,浑化其偏驳。学士所就,咸足以适家国天下之用。春秋时,吴在蛮夷海徼,去畿甸最为僻远,而言偃、季札之徒,与邹鲁儒生并称,岂非教化之明验欤?

后世先王道废,礼教衰。汉兴,孔子之庙不出阙里。宋庆历,始立学郡国,然师儒之官,条例未备。我国朝建学立师,黜百氏,崇教本,修先王之政,明孔子之道。虽海徼之外,殊方万里,彬彬多文学之士矣。

靖江,古吴地,俗名马驮沙,旧隶江阴、泰兴间。成化辛卯,析为县。壬辰,建孔子庙像,学官、弟子悉如制。阻江负海,土硗而气薄。其民舍稼事,则逐什一之利于鱼盐。性朴悍,负勇好斗,未易驯扰。从政于斯者,类多玩揭自恣,无有能任道德礼乐之责者振起而鼓舞之,故政教日弛,而其习愈不可返。自非豪杰特立之士,不为流俗所牵系,则往往苦于闻见之寡陋,淬砺之无资,惧莫能达其才而充其识。嘉靖癸亥,旸谷王侯以壬戌进士来尹兹邑,抑豪强,扶羸弱,弥江寇,裁革措置,不激不懦,而尤敦意学校。

先是,教谕何君炯、训导吴君继澄以学宫卑洼,庙宇倾毁,议欲新之,曾以常余仓故材为监司请。侯阅牍,得二君所请辞,慨然叹曰:“学校,王政之本,有司之首务。况栖圣育贤之地,奚以废屋弃材为也?”遂鸠工庀材,树表正位,葺毁坠,易梁丽,夷坎塞洼,崇其堂阶。不堪甚者,拓地而迁之。

---

[1] “知淳朴”至“由是”,《湛甘泉先生文集》卷十八作“宣上化理,以遵孔氏,与昔时异;又幸钟海之清淑,而犹不”。

[2] “不亦可乎”至“反其本矣”,《湛甘泉先生文集》卷十八作“是无恻隐之心,非人矣。其于尔乐于从事助修之初心何如?可以反其本矣。予故记之,以谂邑之人士,俾父师者知所以教,为子弟者知所以学”。

讲肄之所,师儒之室,庖廪库厩,次第毕举,高厚爽垲,悉逾其旧。数十年之废,兴于一旦,制度闳深,士咸奋励。工讫,何君、吴君率其学之弟子请记于予,用彰侯绩,且告多士。

予惟王者之政,不择地而施,不易民而教。人才盛衰,在振起之者何如耳。文翁治巴蜀,先儒雅,众置学官。子弟材敏者,诣京师博士受业,蜀地学士多至拟上国,尽革去蛮夷数百年僻陋之习。昌黎在南海时,南海人卉裳椎髻,喜攻斗而不知学。昌黎为延赵德师礼之,以敷教训。潮之民遂知所兴起,而其化至今不衰。靖江僻在江岛,实畿辅近地,非若巴蜀、南海,去京师万里而声教为难及;俗尚简朴,真醇未散,犹有古敦庞之风,又非遐荒绝徼,与獠猺蛮蜑之邦相齿错,以乱其视听而梗其化,其施教固易易也。侯端轨物,定规制,崇尚实学,毅然以道德礼乐为己任。其听讼治民之暇,进经生学士论议,尽修身治心之说,真有如文翁、昌黎之治,初不为暴声誉、饰虚文已也。邑之士固有闻先生长者之风而兴起者,而又得在位者倡率鼓舞之,则弃旧习,乐图其新,一洗俗学之陋,而得性术之蕴,沈濡涵育,岂无有奇伟卓拔之才,明圣贤之业,出则彰道德礼乐之教于时,以辅圣天子作人之化;入则遵晦养器,风百世而继前修,如言偃、季札者乎?匪止掇巍科、登显仕而已。南海、巴蜀之士,固未能或之先也。此固旸谷待士之意,予亦以是告多士,勖其成云。

是役也,经始于癸亥八月,成于甲子三月,凡为金若干。协其事者,县丞阎济、主簿王治华。乡大夫与诸士乐助者,咸书诸石,以志其勤。旸谷名叔杲,永嘉人。

答三石知言理财辨

朱得之

某质既迂疏,学复荒陋,无以授知于明达。然尽心知性之方,幸获闻教于君子,自省自訾,体验多年,近似少有所见,敢因明问而略陈之。

夫万物一体之心,人皆有之。无事可措,则亦徒善而已。经济天下之术,人皆慕之。无心为本,则亦徒法而已。此自私用智之徒,偏蔽流毒,莫有觉其非者。某平生所学,惟诵服法言,无所异见,每于今不及古、霸不能王者而深求其故,反之日用感应之际,证之孔、孟五经之旨,乃知知言、理财之说不明也。二端不明,是以二千余年纷纷籍籍,或流于机察,或涉于迂阔,得此失彼,无怪乎复古之治未善也。

曩者后湖周令公虚心论学,将以措之实事,某亦尝以二者告之。惜其任事不久,实效未臻。此古今遭遇之难,重为有志者之扼腕[1]也。今辱我父母先生惓惓焉以兴利除害、正本清源为问,而又仁意某,以为亦尝盘桓于大本达道之途也。某岂能默默,上负所遇,下负所志也耶?第以执事入觐之期迫,兵荒之事冗,徒乱尊听而无益,他日再告则渎矣。今幸二事已定,则三载之施为,缓急可否,必有身承明教之实,然亦岂能舍知言、理财之说以纳其忠哉?

夫所谓知言者,自知其言也。非先王之法言不敢道,出词气必远鄙倍,乃可以从政。孔门善言德行,善为说辞。孔子兼之,曰:“我于辞命则不能。”盖以知言之不易。故君子居其室,出其言,善则千里之外应之,不善则千里之外违之,况其迩者乎?故曰:乱之初生也,则言语以为阶。必知言而后能知人,安定其辞而后能安民也。今以知天下之言为务,不知生于彼心,何以害及吾政?发于政而害吾事,此区区某愿明公自知其言出乎身,加乎民,平正通达,足以通天下之志,则江邑之小,不足治也。此非明公浩然素养,无党无偏,知六言之有六蔽者,不敢以告也。

所谓理财者,非桑弘羊、王安石之聚敛也。使财之在人者,各得其分而不乱,上下彼此相安于无事,此天下所以平也。故《大学》平天下之方曰:“生者众,食者寡;为者疾,用者舒。”孟子陈王道,在使民养生丧死无憾,老者衣帛食肉,黎民不饥不寒。潜考其目,不过正经界,教树畜,因民之所利而利之耳。凡执事疑知言为组织,疑理财为先末而后本者,可释然矣。

当今之时,树蓄之方,民以素习,惟在不扰不夺而已。至于经界之正,则尚茫然。《周礼》“献民数于王,王拜受之”,即今十年黄册也。不言田数者,盖以田数一定于开创之时,科差无所于变易。惟百姓生聚死散,岁实不同故也。今井田之制既不可复,限田之说又不可行,是以听其纷纷然兼并

---

[1] 扼腕,底本误作“肔腕”,据文义改。

相踵，讼狱日繁。太平之期，复古之术，徒付之漫然长叹而已。

鄙见以为图之于乡，乡之于县，犹县之于郡，郡之于省也。图不可以越县，犹田不可以越图也。今欲一言以尽井田限井之意，惟田不过图，如古之任土作贡而已矣。为今之计，先令段头图本段之数，人户某人某人，田共若干，粮该若干，坐落某图，四止某段。又令里排详报本图段头几名，该田若干，粮共若干，坐跨[1]几港，南北几节，四止某图，各树界止。凡有田于该图、该段之家，即于本段输粮，田差亦于本段取办，丁差则于人户住图科征。凡居本图者，即编居止夫甲，待造册年分，方许会数入册。实征之法，仍照前规。又令里排开报见住该图人户某人某人等若干家，各开丁口，默寓死徙出乡之戒，守望相助之恩。如此，则图数无消长，豪猾无通隐，上遵里甲之旧规，而默制夫凶顽；下消兼并之贪心，而泽及于茕独。地虽有坍涨，亦难那移影射矣；人虽有不才，亦难潜行不轨矣。推而至于中原，衍而至于南土，马政可寓也，屯徭可定也。此或三代理财之遗意欤？

大同感

朱得之

世道隆污，执政者为之机，而政之所从出，存乎公私焉已矣。斯义也，夫人而知之，亦夫人之所昌言也。然而卒不免于以私为公者，形骸尔我之隘而莫之察。是以各国其国，各家其家，不能一视以成大同之化。窃于我王令公之改治而有感焉。

令公授靖邑不及一载，政声四达，上下心孚，殆若速于期月之可者。盖以饥渴易于饮食，此时惟靖为甚。虽宣尼自拟，亦必三年而后可望于有成。虞廷之政，《周官》之法，以至我皇朝之令典，莫不以三载考绩为章程。今也甫一载而迁治于海虞，古训乎？今典乎？惜材者以靖为偏方下邑，不当淹此大器；被仁恩者谓当久公于斯，以苏憔悴之民。事若相持，意若相背，而好德之秉彝则同也。故靖之人士远道相属，遍控于纲维之府而莫能留，虞则默主于中而夺之去。大政如此，靖惟自怨其微耳，岂我圣天子厚薄于

---

[1]　跨，底本误作"夸"，据文义改。

其间哉?

抑孰思,靖与虞均为南畿锁钥,非若越之视秦,肥瘠不相关。而靖以小邑,有战舰四冲之危,非胸富甲兵者不足以当之。故国初设戎部于江阴,以江、海二侯为之镇。靖为属地,唇齿相资,当时有故而彻。今承平怠弛,警变日新。苟念国尔忘家,一夫不获其所,若已推而纳诸沟中之义,吾心不能无戚戚也。故靖之留,私也;虞之夺,亦私也。何也? 一方之计,有我之成心也。以王道佐政者,视天下为一家,顾于百里之内,而分彼得我失乎? 既惜材矣,曷若登之岩廊,同升诸公,使得执道揆以泽天下,使靖与虞均在仁覆之为愈乎? 又孰若请显命,使公得久其治于是,表功扬准,风示天下而令令皆公也,而相忘于彼此,不尤盛乎? 得为而不为,不得为而为之,何如其择术也?

虽然,政声四达,上下心孚,公之绪余也。而渊湛之衷,精一之学,吾恐夺之者亦未知其太虚浮云也。迁虞而待三年,犹淹靖也。不淹,则开端未竟之业,存中未发之德,能无半途之叹如靖矣乎? 若是而曰惜材惜材,吾不知其公私名实何如也。且仲雍让国之义,言游学道之风,未泯于虞,虞固可以自保。乃与照临不屑之僻浒,争循良之牧,何哉?

得之耄荒,不事文墨,不恤讳嫌,于公之去,悲靖之徒攀号而无告,且以公为天下望,故即其所感以吁于上帝曰:"皇矣有赫,监求民莫。靖之得公,冥冥漠漠。虞是之夺,威福有作。"靖之俗果不可善耶? 继公位者不继公之政。虞之人果好善也? 然后可以享公之庆。不然,人虽众,天终不可胜。

公讳叔杲,字易德,号旸谷,壬戌进士,东瓯之永嘉人。

水灾告城隍文隆庆三年闰六月十七日

知县张秉铎

国家建邦设都,立之城隍,所以为民御灾捍患;官之司牧,所以为民教养爱育。是有司食朝廷之禄,固当效民牧之劳,而城隍之神享天子祀典,亦当有分忧之责。

惟兹风雨,江涨弥漫,沿江一带,房产漂流,老幼、疾病不能逃走者,固已鱼鳖。而潮势一汹,四无道路,虽强壮者,亦漂尸莫救。有司不职,值天之谴,悔祸靡及,故委命于神。惟神当为民立命,反风退潮,以副天子立城隍之意。随以有司不职,治以阴祸,令之省躬改过,以赎罪于民。此诚神之威灵所当俄顷以求其必效者也。若以有司之故而灾及于民,视民之灾而委之,无与于神,是神之负天子,亦若有司之不职也,民何赖焉?

呜呼!此水一日不退则无禾,二日不退则无民,三日不退则无城。无城与民,神与有司其能以独存乎?神不为民谋,亦当为自己谋。有司何足惜?呜呼!神其听之,毋亦若有司之悔也。尚飨!

谢城隍文

前　人

维神威灵昭著,妙用显行。盖自风潮作警,民半为鱼。祈祷之诚,方哀鸣于庙祝;而捍御之力,即丕赫于郊原。神之为国为民,信无负矣。有司之待罪,明有国宪,幽有神诛,殆不知何以自谢于百姓。但可能者,有司将责于己;不可能者,有司尚不能不倚赖于神。

捞尸瘗埋,望坛祭奠,此有司所能夫死者。然幽魂积愤,阴雨成磷,怨气干和,恐为疫疠者,惟神当有以慰之也。捐俸济饥,发粟备赈,此有司所能夫生者。然哭声载道,泣血内崩,饥馑荐臻,疾病继作者,惟神当有以相之也。

呜呼!有司心在乎民,而不能尽力于民,民非仇于有司,而终或不免于怨及有司。神鉴有严,照兹衷恳。民之命寄于神,有司之命寄于民。神之为民,或亦所以为有司也。呜呼,尚飨!

祭溺死孤魂文

前　人

呜呼!人生天地,其孰无死?然疾病而死,则骨肉春容,犹能永诀,而棺衾殡葬,可以如礼。生者固得尽情,死者亦堪瞑目。惟蹈水火而死,则暴然而来,率然而逝,骨肉仓惶而莫措,尸骸委弃而莫收。死者固为愤恨,而生者尤难为情。故死为可痛,而至痛者,莫如蹈水火。有司视民,使间有一民之入于水火,犹怵惕恻隐。况一时顷刻之间,而使千百人之遽溺于水,则缨冠无以救同室之斗,刍牧乃以致牛羊之死,其罪悔悲痛,情当曷极?故有司视民之死为可痛,而至痛者,亦莫如使斯民之同入于水火。

呜呼!水火何仇?民生何罪?有司视民,自其同生于天地,则为同胞;自其受命而司牧,则为父母。以同胞而坐视兄弟之难,以父母横罹赤子于灾,是有司于天地则为罪人,于受命则为罪臣。蹈水火者,人犹痛伤。使斯民之蹈水火者,将不免受法于王章,贻戮于太史,反不如蹈水火者之为不辱。呜呼!有司自挟册时,亦思为国为民,岂知罪积至此?是有司之所可自痛者,亦莫如坐视斯民之水火。然则有司其何以自赎乎?

呜呼!澄江渺渺,尔恨尔长;阴云漠漠,尔魂尔伤。天地应为变动,日月应为晦蚀,风雨应为惨凄,草木应为变色。然屈原沉江,子胥鸱夷。古今遭变,虽贤豪不能自免。不知尔于冥冥之中,亦有以自解何如?

呜呼!疲癃饥饿,辗转哀号,此非尔之骨肉乎?野基荒草,万亩焦黄,此非尔之田庐乎?生者苟延,谓不如死者之大梦。即斯民之无乐于为生,则有司之罪。不独有负于死者之魂,且将无以自解于生者之怨。

呜呼!江渚弹丸,尔魂不远,或招呼以共临,或释怨以式食,使有司之罪,或可少赎于万一者,其在今日之祭耶?其在今日之祭耶?呜呼,尚飨!

三祭之辞,衷肠倾竭。内省有疚者,必不能为。吾乡长幼卑尊,其思尽分于养生送死之际,毋复速天之怒如今日也。嗟夫!古今殃庆,各以类至,未尝或爽,人所共见。有识者稍抑其竞进之心,触目过耳,何在非师?得之敬白。

问学类

靖江县儒学堂舍记

殷云霄

寿张殷云霄氏来为靖江县之又明年,则为志道堂于明伦堂北。又北为六德舍,曰知、仁、圣、义、中、和;东六行,曰孝、友、睦、姻、任、恤;西六艺,曰礼、乐、射、御、书、数。又北为九畴圃、观海亭、监止池。

殷子曰：美哉！先王之教，内外本末具矣。不失其心之有之谓德，行之于身之谓行，治其事之宜而用之之谓艺。合以全其大，专以致其精。违则昧，偏则固。昧离其本，固毁其全。是故古之君子，惟其道焉而已耳。

道，物之会也；心，道之统也。不志于道，而徒以应天下之事，其何能流达无滞哉？今朝廷之教，其意与古岂异耶？今之君子，其学也，恶可独愧于古君子哉？

因名其堂舍而记之，期与诸君子共勉焉。曰：堂之揭揭，可以会业；舍之幽幽，可以处修；圃之秩秩，可以游息，用居夫学道诸君子云。

志道堂铭

志缲者得衣，志耕者得食。彼物非我，求或假力。曰道我有，惟其志哉，其何不得？则申之曰：持之以恒，致之以一。揖颜携孟，与入圣域。

六德舍铭序

德者，得也，自贤人以下言之也。生而理具于心，存之斯无假于外。惟夫失之而复，而后为得也。圣人未始失也，故曰自贤人以下言之也。

或曰：其理存者，七情安，百行顺[1]，万物和，此之谓德。言所得者多矣。

殷子曰：明诚之道，会于一矣。静动之机，通于万矣。

知：不扰其气之清，不蔽其心之灵，不杂其性之精。曰：先万感而独觉，照万类而有恒矣。

仁：公于己，一心惟理；公于人，万物吾身。

圣：物格，知性，知至，知命。

义：贞于心者，不爽其制。定于理者，不昧其宜。勇于断者，不随其似。明于分者，不混其施。

中：夫心，主物而成性。己之不尽，而曰可以为之乎？处之不实，而曰可以持之乎？如植孔繁，各育而蕃，其本则存。曰：惟是哉！万善之原。

和：温然有容者，仁之德；秩然不戾者，义之则。

---

[1] 七情安百行顺，《石川文稿》作"七情信，百行安"。

六行舍铭序

六行之目,爱之则也,行之情广矣。先王之教,专于爱,其意可识也。孝,爱之本也;友,爱之切也;睦,爱之和也;姻,爱之分也;任,爱之信也;恤,爱之感也。任何以为爱?曰:相信者不肯忮,相爱者不忍欺。

孝:远弗愧迹,终弗愧始。天且不违,凡我惟理,是曰天道,成孝之纪。致精毕力,于心于迹。凡我可为,无欠无抑,是曰人道,顺事之则。

友:爱毋衰于妻子,怨毋生于货利。

睦:以礼正伦,以心笃爱,爱无望[1]。

姻:义以合物,情以生恩。义离匪道,恩亏匪人。

任:匪貌之共,维言之衷,衷罔弗从。

恤:汝饱汝食,呻吟汝侧,独不隐恻。噫!谁能不啬其积,不德于色耶?

六艺舍铭序

礼以节情,乐以和性,射以正志,御以致远,书以载物,数以穷变。

殷子曰:道之渊渊,岂不远哉?沨化达用,不遗乎细微。是故取物以备用,立则以成化,君子弗以置诸己。

礼:盈之无弗有也,制之可以守也。维仪匪饰,保中而无咎也。

乐:乐匪人作,匪人弗成。维古作者,天粹天精,我心我音,何古何今?聿成五德,玉振金声。

射:巧于正,精于熟。

御:呜呼!慎之慎之。有安于奇,而仆于夷。

书:惟敬惟式,勿荒勿侧,乃见乎天德。

数:察变以迹,用亦维则。孰会其一,而穷于极[2]?

---

[1] 无望,《石川文稿》作"毋望"。
[2] 于极,《石川文稿》下有"兮"。

学谕王井南升职序

朱得之

天地位者，万物育也。育物之功出乎君，代终于贤，贤成于教。教也者，开物成务之大纲也。《书》曰："作之君，作之师，惟曰其助上帝。"是故天下之任，莫重于君师；天下之政，莫大于教养。然而君之养，犹有待乎师之教也。师岂易言哉？

夫党庠遂序，国学之设，古今不变，而育材选士之法，则或不同，法乎人也。三代之学，皆所以明人伦也。其乡射、乡饮、养老、尊贤、劳农、考艺、选言之政，受成、献馘、讯囚之事，皆于学乎终始。使师非其人，则乡三物之教杂然于中，何以因材笃习，相劝[1]相勉，德行技艺，各臻乃成，以备他日公卿大夫百执事之选，共成正大光明之业也？故大君者，事不虑而集，功不为而成，其要在师而已。向非久于其道，则亦不足以成化。此久任之术，重为忧世者所注意，而考绩之格，不容少紊。司柄者苟无术以处之，则亦未见其能久也。

后世之学，非不以明伦为指。师或粉饰于一时，士无渐渍之益，昨迎今送，虽有良术，其何能试？况开导之方，责望之意，惟务分章句，校词华，采摘饾饤，摩仿乎考艺、选言之绪余，以悦人之耳目，而不知自欺之根，已植于不拔之地；贪饕烜燿之习，又从而鼓舞之，其如明伦助帝之义何哉？故为师者，颙观无平心之论，则物议不待于散处。虽揖让之时，亦貌是而心非矣。幽居无道谊之实，则去留聚散，亦漠然听之而已矣。

井南先生分教靖江逾六载，适掌教员缺，士以先生为之祝，民以先生为之愿。复有图请于上，欲得先生必久于此者。先生止之曰："乐聚之益，予岂异于诸贤哉？顾有命焉。东西南北，惟君所使。子孰非师，走孰非教乎？"已而竟迁。于是靖之士民，懽然相慰，以为天人之相契也如此。至于邻邑之人，亦懽然相传，蹙然自少，以为靖之人士独幸于时也。先生何以【后缺】[2]

---

[1] 相劝，底本误作"相观"，据文义改。

[2] 底本以下内容漏刻，下有缺文。

集虚斋记[1]

王叔杲

嘉靖癸亥夏,余始至靖江,视学制圮陋,乃为之改创一新焉。政事之暇,思日与二三子游衍其中,以讲明义理,咨询时政,庶几古人仕学相资之意。然念明伦堂非深居静谈之所,乃于堂之西得隙地,筑斋凡若干楹,缭以周垣,植以花竹,深邃轩敞,可藏可修,可游可息。于是诸生彬彬然集,请余名之,余扁之曰"集虚"。

昔横渠张子曰:"由太虚有天之名,合虚与气而为性。"是虚者,天之道而心之本体也。君子常存虚明之体,则可以酬酢万变而不匮[2]矣。在《易》之《离》,以中虚为明,而《咸》之《象》曰:"君子以虚受人。"盖虚则外能烛理,内能受善。问学[3]非虚,则众理罔析;临政[4]非虚,则众善罔萃。虚则受,不虚则弗受。受者集也,虚则集矣。子不见夫泾、渭、漆、沮乎?河能集之。又不见夫沱、潢、溧、澧[5]乎?江能集之。至于集夫江、河,则非海不能,故曰随虚随集。

古之能虚[6],莫不于虞舜,故能集亦莫大于虞舜。稽古称舜之德,则曰好问,好察迩言;曰闻一善言,见一善行,若决江、河,沛然莫之能御。噫!斯其虚之至欤?

子诸生,诵法孔子。孔子之道,舜之道也。相与集于斯齐[7],朝夕思就其如舜,以去其不如舜,斯可矣。孔门惟颜氏子善希舜,其言曰:"有为者亦若是。"愿诸君子相与勉之,由学而仕,大其心以受天下之善,共进于高大光明,以满此心本然之量。即舜与颜子,何加焉?苟牿于见闻,牵于[8]习气,诡

---

[1] 集虚斋记,底本缺题、作者及正文"余扁之曰集虚"之前文字,据《玉介园存稿》卷十、万历志卷十补。

[2] 不匮,《玉介园存稿》卷十作"其用不匮"。

[3] 问学,《玉介园存稿》卷十作"学"。

[4] 临政,《玉介园存稿》卷十作"政"。

[5] 澧,《玉介园存稿》卷十作"沣"。

[6] 古之能虚,底本上衍"称"字,据《玉介园存稿》卷十删。

[7] 齐,《玉介园存稿》卷十作"斋",二字通。

[8] 牵于,《玉介园存稿》卷十作"移于"。

诡然自谓已知，则虚明者日汩，而离道日远矣。虽镌谕谆岉[1]，何益哉？

斋既成，余适有常熟之命，因述其名斋之意，以为诸君子订云。

嘉靖甲子春三月望日[2]。

钟楼记

知县张秉铎

靖环江而处，城池狭隘，无亭榭楼观之崇；民俗朴野，以鸦栖鸡鸣为旦暮。今上嗣位，百度维新，凡声教所及，皆憬然有觉。况靖隶在畿邑，则振起于精励之化者，当熙熙然有崇文之雅。惟时近斋朱叟，乃与乡人士谋建钟楼于崇圣寺。寺在县治之左，楼在寺门内数十步。己巳春三月楼成，夏六月钟成。

张子政暇，闻其大冶攸开，四方观者如堵，乃约学博士锺子、冯子、近斋叟，暨省斋、昆源、虚谷、岷泉、君重辈，同往观焉。式见炉法洪钧，火兼文武，赤日助其精光，雷霆输其声烨，神呵鬼护，金跃霞流。模范而出，则龙伏凤飞，文翻星斗；商盘周鼎，制协乾坤。诸君咸喜而相谓曰："噫！自吾县治百十有年于兹矣，乃今有是大冶之铸，则神物之出也以时，其一县之光乎？"

张子曰："噫！未也。自有天地以来，不知其几千万年于兹矣。乃今有是大冶之铸，则神物之成也不偶，其古今之大数乎！余又闻之，河出图，伏羲因之以画卦；洛出书，大禹因之以叙畴。然则是钟之成也，其为一县之梵音已乎？吾知近斋叟与诸君之所喜，端有不在是者。人心多昏于旦昼，而夜气清明之际，鲜有不得其良者。故山木萌蘖之时，在于培养，而鸡鸣善利之间，则舜、跖之所由辨，安得闻百八之声者？亦将反而思曰：暮钟之音专而确，其专确者，所以示定也。吾于今日之所为，果不累于物欲之扰乎？不然，是钟定而吾心有未定也。晨钟之音清而亮，其清亮者，所以示和也。吾于平旦之气，果得其本体之良乎？不然，是钟和而吾心有未和也。君子闻之而思以修德，小人闻之而思以寡过，则钟之成也，将与河图、洛书相为应瑞。而靖邑弹丸之地，或追夫隆古帝王之化者，固今日之钟基之也，果独

---

[1]　谆岉，《玉介园存稿》卷十无。

[2]　嘉靖甲子春三月望日，《玉介园存稿》卷十无。

为梵音而已乎？"

于是诸君益喜而相庆，乃具壶榼而相与劝酬于钟楼之上。上则翱翔万仞，玄览八极；云和助禅心之静，草煖迎诗骨之香。星辰高而魂摇直北，天地阔而志在图南。凭虚徙倚，各得其趣。独张子惨然不乐。诸君诘之，张子因解之曰："噫！夫浅渚平沙，浮沉不一。吾安得夫海若效灵，河伯助顺，使中洲天幻之区，而为钟簴不移之地乎？田庐万井，丰稔难常，吾安得夫玉烛调和，仓廪积实，使钟鸣鼎食之家，而有家给人足之休乎？礼乐文章，难隆易替，吾安得夫景星凤皇，钟灵毓秀，使声名文物之邦，而有庙廊钟鼎之重乎？"

于是诸君知张子之志，乃矍然而起，各献巨觥，若有为张子慰者。张子亦为之尽量下楼。明日，近斋谓余当有记，因为之述其事，以存相勖之义云。

景俗类

原　胜

朱得之

嘉靖庚戌春，虚生子登孤山，四望如锦，乃叹曰：地在天中，胜钟杰出，此三才一气合灵于自然者。而人之为道也，自立之志，非风气所能拘，非山川所能限，而况得胜地之孕毓者乎？故五台、五磐、上党、泰岱、终南、太和、西华、岷峨、匡庐、九子、天台、雁宕、武夷、罗浮以及西粤、珠林、滇南诸胜，又如所谓洞天福地者，咸有幽人旷士寄迹其间，以为阅世之区。然而皆以山为之称号，而江海不与也。山必取其幽邃奇窈，常履不能迹，而海外十洲三岛，今世传闻自曼倩始，其地非神游不能，至险也。是则胜之取于人也，在僻不在险。

靖邑中大江而立，有洲环绕起伏，若仆从然者十余区。邻境悬绝，出入必以舟，而骑、步弗能谋，是又僻而险者也。究论人道，必贵于学，学在不失赤子。且十洲三岛不沾尧、舜、周、孔之化，不与华夏运祚之占。而靖在畿辅之内，为金陵下流水口障。土膏虽瘠，贡赋独厚，则天神之植其生，明王之嘉其绩也，必有显之于冥冥者。《书》曰："不作无益害有益，不贵异物贱用物。"靖实有焉。故术有谶曰："孤山上岸出贤人。"或亦有见于此欤？吾徒幸生其地，际其时，而不能励志以成其胜，必将愧怒于衷，不能自已，不徒委于后之英俊也。

或谓：学校明扬，接武不乏。更一辨其志，则优入贤圣之域矣。于胜也，又奚愧？曰："然。辨志为主，志诚在道也。曲成而不遗，旁行而不流，其为胜也，加于地多矣。不然，愧奚能免？"

江舫记

殷云霄

环靖[1]皆江也，匪舟不可他往，他往必先涉大江。水之行于地者，江最巨；舟宜于江，将无不可往。

殷子作舟济于江，遇渔者，则问之曰："余以巨舟济，尚畏于江，今子奈何独以沟渎之舟，日泛洪涛哉？"渔者笑曰："子邑东即大海，海之大，不知其几千万倍于江；海之舟，亦不知其几倍于子之舟，皆不足以言大。彼乘气机而浮六合之表者，将不假于物，子知之乎？且吾累于口腹，故日离于风涛，然亦取足于渔。今子独何为哉？形劳于务，神弊于谋；事求其利，职虑其虞。其离于风涛也，不知其几倍于吾，而顾以危吾。且子之邑，匪舟也？民耕桑而足，以无求于世。今则利争而情日滋，海外奇巧浮靡之物，日溢于天下。穷民之欲而疲其力，亦惟舟。今子复作舟以自侈。吾闻子于邑，修法政而民日称治。子之业，盖止是焉而已矣。吾将有告于子。舟，浮物也。天地与吾身，皆浮物也[2]。物之浮也，岂足恃哉？安危之机，惟其持之者耳。天地之道，持之者不变，故不坏。"

余爱其言可以警余，将复有问焉，则引其舟而去。

---

[1]　环靖，《石川文稿》作"环靖江"。

[2]　天地与吾身皆浮物也，底本脱，据《石川文稿》补。

新修靖江县志后序

吴继澄 撰

继澄，南粤产也。叨以里选至京师，涉历三百舍。其间山川城郭之奇胜，华丽清幽、喧杂萧索之风景，每一击目，即思得其郡邑志一览，庶几知其得名之始，与古哲人经营栖息之迹以自慰。既而授训职于靖，莫知其地之所属。既知矣，莫得其详。求其志，咸谓新邑，每用怏怏。

及履任，观风气、人文，多简朴自守，与南北俗尚稍异。然而立不易方之士，殆若晨星然，且喜且惧者久之。及见邑志，则创于武庙之季，其文略而无稽。间与多士语邑之故实，则又疏漏于畴昔。而五十年之内，咸无纪载。乃访于耆旧，得近斋朱先生，稍闻次第。私欲述之，以识一时之遇，顾以浅陋，因循者五载于兹。

甲子春，旸谷王公提调政暇，以谋于继澄，且谓非近斋不足以当斯举。余曰："然。"余深为斯志幸也。继得也愚柴公，益留心于此。逾年，志乃成，谓余尝与参校，委言于末简。

呜呼！夫由区区经历之所惜也，邑固不可以无志。志或遗略，邻境得以互见，此古名邑然也。靖为僻浒新建，物采无他见，是尤不可不致意于志也。志而止为屠沽之日籍，固无足贵。使载绮丽而不尚德，无关世教，亦奚贵于志哉？今有志矣，余适际其时，得以毕其志，岂非余之幸耶？

斯志也，本天道以缘于人，推性情以寓夫政。先后有伦，轻重有义。纲常之际，王霸之机，犁然于纷沓之中，犹天之二十八经而七政四余纬之也。余初读，尚疑其旨与他志不类，谓当更为铨次。及闻先生再示之简，则心服之而口不胜颂矣。又窃以为非余之疑，未必先生肯发其蕴之若是也。

虽然，志也者，所以纪政传信，征往察来，使牧民者于是焉稽，观风者于是焉论；而生长于斯者，亦得以知乡里风俗之污隆，有司政教之得失，及先达之有振拔于流俗者，而感慕以兴。譬诸富家者纪籍其家之所有，以贻后人也。苟厌于田畴墅落、租赋出入、庆吊往来、积贮多寡、僮指、工役、器具之轻重、精粗、纤悉之烦且渎也而忽略之，使后之欲理家者莫考其经画条理之方，则焚然于其心，必将追咎于既往。此志以尚德为本，而又不可不详于事也。是故志也者，邑之事也，人之心也。志往事，志成俗，以为将来时措之本。若夫豪杰作于上者，以往事之善为未足，而信三代之上善无尽也；作于下者，知已成之俗尚未醇，而信秦汉之下不足[1]法也。于是作之、养之，诱且掖而辅翼之；愤焉悱焉，敏行慎言以深造之，则简朴自守者，不远于人道，而纤丽浮诞、妖孽乎世，以致移人性而荒天德者，其为功盖什伯也。近斋先生尝谓："靖之胜，不群于天下。"其亦有所指也欤！

乙丑夏六月望序[2]。

---

[1]　"先生肯发其蕴之若是"至"而信秦汉之下不足"，底本缺页，据崇祯志卷首补。
[2]　"法也"至"六月望序"，底本错置于卷首，今乙正。

〔崇祯〕靖江县志

〔明〕陈函辉 修

〔明〕徐遵汤 许 经 薛 冈 纂

靖江县新志序

国有史，郡县有志，名异而实同者也。封建罢而为郡县，于是史革而为志。班史载天文、地理、五行、百官、礼乐、刑政之属，志所权舆。志者，具史之体而微者也。郡县不得废志，犹国不得废史。武侯相蜀，不置史官，君子遂有杞宋无征之恨。

若我靖江，故非县，县之自成化辛卯始，盖新造之区也。而故无志，志之自嘉靖甲子始。凡物新者，污染常浅。靖版籍未故，方之渐之渍之之俗，即民志未始弗新也。而新者又易受污，此其责在新民者焉。善乎周人之新民也，以故之之道新之也。尝读《周书》，邠而邰，倏渡漆沮，邑岐下；而丰倏而鄗已，倏而营洛邑，汲汲然若无故土可栖，何其新之又新也？而彼其农事立国，以勤俭朴茂成风者，千有余载，自陶唐、虞、夏之际始矣。

靖在三国时，白马驮土，肇造厥洲。吴因之圈牧，渐成禾黍桑麻之乡，所从来久远。民间守犁锄机杼，士守诗书，亦犹行周之道，诗人称命维新，而必曰旧邦也。靖地故当大江下流中，洪涛四绕，称泽国。迩年三隅沙涌，东一面俯浩浩之流，新者已失其为新。不第举目有沧桑之感，而海上鲸鲵扬帆阑入于金陵、铁瓮间，靖扼其项，新民者方且分其责于御暴。往岁春，尸祝遂越俎豆而代宰割。幸徼自天，鲸鲵就戮，然至今渔人之网，未敢安集于澄潭之下也。所幸某属形家相度，河渠广浚，气脉融通，弓旌之士应运而兴者，视昔倍增。文教武功观改一旦，靖之为靖，则更新，而地则更重，不可谓非江淮间一名邑也。

载籍因陋，不亟图所以更张，而增益其未备，可乎？譬之人须眉具而成人，须眉无所用于人之面目，而一未具，则不成其为面目。载籍备而成邑，载籍无所用于人之城社,而一未备,则不成其为城社。故某重葺是志,以述者之事,体作者之心;以条理之终,成条理之始;以旧令尹催科之拙,启新令尹抚字之思。虽沾沾然有一时财成之喜,而亦颇缦缦然有百年无事之求。吁!难言矣。

驳马之初,图书无考,故不著沿革。英豪贤哲,萃于制科,故不别著人物。而若分星裂土、灾祥官师、风俗物产、制度营建,一切邑中所关,莫不宪章班氏,笔所当笔,削所当削,一字之严,不少假借。则又不敢不祖述吾夫子,而使迁之而十室,隘之而三户,千秋掌故,无或挂漏,毋令后之人称杞宋如蜀都。余小子何敢让焉?

志成,偶与友人登孤山而眺景物。大块之有靖,一沧海浮沤耳。浮沤之中,物力奚若?比者海内脊脊多事,靖之田赋,亦几视通都大邑,与日俱增。而又旱魃频仍,蜚鸿满野,人不聊生,民且难乎其为新矣。安得还天下于仁寿之域,如汉文赐民田租之半,而还吾靖以新造之年,民庶几有瘳乎?臣不佞,匪止在靖谋靖,推而放诸四海而准,不可知也。

是役也,以乡前辈大参孙公同伦、郡司马范公世祯之请,而谋属草。始其事者,澄江徐子仲昭、云间许子令则,而终其事者,四明薛千仞先生。昕夕同事,学博顾君夔、唐君继隆,与有劳焉。而丞姚君重华,前尉万君年春,今尉赵君元雯,邑明经朱君士鲲,孝廉萧君松龄、王君瑶、侯君溥、刘君畴,皆相与鼓赞而乐观厥成者也。例得书。

崇祯十有四年岁在辛巳上巳日,赐进士第、文林郎、知靖江县事赤城陈函辉撰。

重修靖江县志序

修志于靖，而其令先有不可解者七。夫左、迁、班、晔之牒，皆断自唐虞，而靖邑方建于成化七年，即一代已非全史矣。此其一。昔之长，马驮巡检司耳，今俨然令矣，而其卑殆有甚焉，其民则贸贸然如故也。此其二。蛋人之君，摈在岛外，会盟不列于邾莒，人辄埒崇明而并称，且曰是夜郎王而扶余国主也，何以说也？此其三。浮山一拳也，孤山一碣也，而今且半为陆矣。长江浩浩数万里，发源于岷，而实自昆仑以外，大小殊不称，山川将安考实乎？此其四。令虽小，敕之以文林，郎官不上应列宿乎？而城隍犹社伯也，封典缺然，则祠庙为之不光。此其五。往者附庸之黑子也，国书已寥寥，而澄又欲中分之，即艺文一编，岂可尽搜断简？此其六。大川天所堑也，自应隶于江北，而动于江以南执手版，令一载半舟航，一月半参谒。此其七。

客有进而言者曰："如君言，缺陷多矣，靖志可以不修乎？是示人以弱小也。崇、靖并驾之说，又何以解焉？"陈子曰："夫崇安得比靖？崇远在海若之乡数百里，几于天子不得臣，而靖则不然。靖于金山下流，是秣陵之咽喉也；于君山上流，是毗陵之臂指也。从来孤立涛限中，而今沙堤新涨，西接雉皋，北接海陵，为走险长驱之极境，行将用武。又文运新辟，郁彬初秀，芸窗之甲盾三百，艺苑之虎彪六千，行将用文。夫靖而又安得以崇比也？"

客曰："如君言，则靖宜有志久矣。而闻是志纂于嘉靖之中叶，而脱于万历之末季。今先生为词坛小白，又安所多让哉？"陈子曰："不然。辉少而失学，未娴于丘索董倚之书，簪笔非令权也。请以谋诸野者获，而辉于简末姑序所自起焉，使后人知邑君一片苦心，与荒洲一二逸事足矣。"

客曰："有说乎？"陈子曰："有之。夫江南所以薄岛外者，谓其繁华胜俭啬也。嗟乎！繁者之终虞耗札，华者之渐落奢淫，天下事已见其兆矣。不有朴塞一隅，挺然自固于风气之表者乎，则何反讥靖之束帛筊筊也？即云小国之君，奚逐队列？我十九萃夫屹然者，靖虽不肇自秦封汉甸，而总三吴之则壤，无一非开国让王、承家季子之所留，亦无一非好战阖闾、好色夫差之所怀。即至今四郊多垒[1]，赋额顿增，小东亦告劳焉，不敢避征缮也。赤乌之著号，垌牧之流声，一出而空冀北，不可歌天马来乎。且夫吴大帝开霸之英也，岳将军训忠之烈也，骥渚砥其前，阴沙屯其后。先臣有虑及此者，请改县官治之，俾治礼教，而今亦滔滔乎江河之愈趋而愈下也，可奈何？"

客曰："靖无人焉？而昔既立之监，今又佐之史，是其修救修备之权尽在吾子矣。"陈子愀然曰："客恶知靖之所以难治乎！先此吏靖者，草昧之初，百度未举；凋敝之后，六事莫支。宦之途，指为蚕丛鸟道，以靖塞官谤，一岁或三褫之，而递及陈子。陈子始下车，复有才陈子者，数下尺檄，议改而之他。陈子固久持老聃知足之戒，守汲黯卧理之说，安阳城下考之分，则语人曰：十步无丰草乎？三户无俊民乎？七年旱而九年祲，无补天石乎？而陈子雪涕述道州之咏，愿以告上官；剖肝绘监门之图，愿以告我后。无何而陈子恻矣，鸿雁嗷嗷乎近郊也；无何而陈子惧矣，狐鼠乘间而窜伏也；无何而陈子岂不日戒矣，鳄未徙而鲸且拔扈至也；无何而陈子伤谤书矣，鵂鹠尽见于其侧也；无何而陈子困二竖子矣，鹏闲闲止坐隅也；无何而陈子死而放还矣，大鸟欲来会葬也。夫陈子于靖如此，而又乌能志靖所以难治之故乎？"

客曰："志成矣，君不言，谁知之者？"陈子曰："苟言之，则如东方生上书，王武子争功，非自嘲，即自誉。虽然，请言其凡也。夫江而何以独称靖也？《诗》曰'肆其靖之'，曰'靖共尔位'，《书》曰'以嘉靖我邦国'。靖之义，繇于与民安靖，靖一方以靖四方也。故曰：自靖自献于先王。此蕞尔者靖，予观其蚩蚩食土，其青青食古，而独其眈眈者乃欲搏而食人，陈子

---

[1] 以下自"赋额顿增"至"伤谤书矣鵂"一段文字，原缺陈序的第五、六两页，据陈函辉编《选寒江集》（明崇祯间化玉斋刻本）卷上所录《重修靖江县志序》补全。

于是知所以治靖矣。试一一陈而客听之。向图总纷而入矣,自条鞭法立,而石壕不敢上下为奸,邑于是乎始有管库。向捕役纷而出矣,自游徼法立,而虎冠不敢剥噬四出,邑于是乎始有鸡犬。向豪右纷而多事矣,自丈量法立,而列戟籍阡,不敢复为并吞,邑于是乎始有疆理。犹未也,四绝之变为四封也,不可忘夙备也,为之列营伍,为之画[1]沟垒,股栗者皆援弧而先登焉,邑于是乎始有捍陬[2]。犹未也,靖泽国也,七十二塍之旧形,宛然如月,而鞠为茂草已乎。岁乃凶,陈子始之而终之,率惰农锸,而饵饥农以筐,汤汤洋洋,布帆如绣,将八十里焉平土可舟而渔矣,邑于是乎始有水庸。犹未也,白氏之渠,可听其泄而无潴乎?小支阑入,而潮汐入而啮之,则立为淤卤。自平山而来如鼎峙,捐俸设镘,石[3]而门之者三,而旱与潦两无恐矣,桔槔之声盈野其征乎?邑于是乎始有版筑。犹未也,莘辂远矣,梁木其萎,皋庑不能蔽风雨。马洲[4]故有书院,其遗址皆墟矣。陈子用形家言,离光在簧,巽峰在郭,其敢以草莽告成?邑于是乎始有闳泮。犹未也,江海汇而人文发皇,此天意也,鼓钟有新响乎?陈子忆当年读书,起自壁立,而有人曰:‘此中三十年淹矣,何薄待我天下士?’陈子至,则祷于庙,为之广岁科额,为之拓弟子员。朝肄业于程马之堂,而夕衡文于射雕之圃。怒蛙可式也,骏骨可市也,应梦焉。丙巳之交,拔茅连茹,而玉笋班遂甲于上国,邑于是乎始有人文。犹未也,海波久不扬矣,卯之秋,羽烽忽告警。书生膺长子之命,下濑张艅皇之威。歼[5]彼渠魁,磨我盾鼻。天吴九首,净涤腥风。发鳝千条,望戈远遁。抚军、直指使,不尝[6]特以入告乎?邑于是乎始有武略。盖尝内书心碧,外记杀青。大莫如国额,而赔补几于剥床之肤;细莫如囷粮,而措设[7]甚于下车之泣。并六十柜为六收,承里役不过数月;练三百人为三驷,简乡勇堪代选锋。铺行之小票日下,则民不堪命矣。为定价而勒之

[1] 画,底本、咸丰志皆作“尽”,据《选寒江集》卷上改。
[2] 陬,《选寒江集》卷上作“抎”。
[3] 捐俸设镘石,光绪志作“捐俸镘设石”。
[4] 马洲,底本作“马州”,据《选寒江集》卷上改。
[5] 歼,底本作“纤”,据《选寒江集》卷上改。
[6] 不尝,《选寒江集》卷上作“不曾”。
[7] 措设,《选寒江集》卷上作“措谟”。

石者,平给而[1]发之。八字经不独革,其名铺设之上司岁易,即官亦疲于奔命矣。为按簿而代,以田者公贮私用之一岁租,不独赖其实。更可笑者,靖人言煌,恭之以祠祭也。捕瘗之务殚,自陈子履亩必躬始也。靖人之秋成,奉之以贩枭也。盖藏之有收,自陈子徙木立信始也。若夫一方虞芮之质,劝之使有闲田;两界梁楚之争,禁之使无怒辙。养老于四民之中,恤其无告;放生一牛之故,推及有知。此皆令所应尽之心、应修之职,而以点缀靖之新书,其可曰此令一人事,而非靖百年之事乎?而陈子羁小吏,何敢遽言功成拂衣?独念老母在堂,捧毛檄而未能养也。道山之符,玉楼之使,殆九死而巫咸招之曰归来,遂初尚可不赋乎?而陈子于是可以谢靖人矣。"

客遂旅进于庭,曰:"使君能靖之,杞宋之无征若何?束牲载书,今日东诸侯长也。愿以江干之野乘,一烦帐下之衙官。"而陈子复赧然释毁曰:"昔之陈子,强项令也;今之陈子,瘦腰人也。夫陈子不能以其靖终靖。靖而尝为建楼于芜署中,额之曰'青立',分而言之,合而言之,皆是念而已矣。"

记自丙子迄辛巳,六载以来,呕血剜肉之一寸心,不可不以一词告之大众,并以告大江与先民焉。而陈子又多言也矣,其并以告后来之君子也夫。

崇祯辛巳孟夏上浣,天台小寒山子陈函辉木叔父题于青立楼中。

---

[1] 而,底本作"面",据《选寒江集》卷上改。

靖江县志旧序

殷云霄

天下之城宇、官职、丁赋、学较、兵戎、食货、土疆、名士，为天下者不可不知。郡邑之城宇、官职、丁赋、学较、兵戎、食货、土疆、名士，为郡邑者不可不知。天下城宇之沿革，官职之良戾，丁赋之损益，学校之起废，食货之庸畸，兵戎之变袭，土疆之险易，名士之升沉，惟乎郡邑知之。郡邑之城宇、官职、丁赋、学校、兵戎、食货、土疆、名士，无志无可征者。周人小史、外史之制，今已无可征，后世莫善于汉班固氏《书·志》。志夫城宇、官职、丁赋、学校、兵戎、食货、土疆，城宇、官职、丁赋、学校、兵戎、食货、土疆之人之事，莫备于传，今之志皆有之。殷子曰：予来为靖江县，愧多病，无可及民，行且引去，则为《靖江县志》，俾后欲知夫邑之城宇、官职、丁赋、学校、兵戎、食货、土疆、名士者，庶其有征也。

都　穆

今之郡县，率皆有志，然往往叙事无法，冗杂可厌，求其善于铺叙，精当简严，如古之志者百不一二，则亦无怪乎其不传也。夫郡县之在天下虽僻处一隅，未必无可书者。惟志之者非其人，于是并其可传者而失之，岂不大可惜哉！

靖江县在扬子江中，隶常州府。其设迄今四十余年，而户口、田赋、民风、土物不减剧县，第未有为之志者。前令惠阳唐君汝立始有志修纂，书将就绪，以升官不果。正德癸酉，西安王君廷瞻来令于兹。越二年，令行禁止，民用以和。谓县之无志为缺典也,乃以旧稿取裁于予,寿之于木。是志也,虽未知其果合于古,而其辞少事详,所为精当简严者或庶几焉,其亦他志之所无者乎!

王叔杲

环靖皆江也。江自岷山东注,界地纪为二,夹维阳、毗陵间,有洲隆起,名马驮沙,横可百里,从三之一。土阜物繁,居然沃壤也。历朝沿革靡一,或北属泰兴,或南属江阴。乃若建县,则自成化之辛卯始,迄今且百年矣。靖故未有志,前令周、唐二君盖尝志之,咸未及成书以去。逮西安王君而志乃成,然亦略矣。

嘉靖癸亥,余承乏是邑,登孤山之巅,俯中流之胜,而四境式廓,万井密比,罔有遗睹。思以顺土宜,采民风,而故牒之犹有遗纂也,慨然兴怀焉。夫释老之庐,异教也;水石之奇,物玩也。而修词之士,犹托之载笔,矧乎兹靖则畿甸之上游,江防之雄镇也。往迹匪志则弗章,来代匪志则罔诏。治与时宜,政繇俗迁,而变革兴坠于百年之内,有不可胜书者矣。然以典故则尚其谙,谙莫逾乎土著;以删述则尚其公,公必推乎耆德。故举而属之近斋朱先生,先生为之稽吏牒,询故老,搜逸事,披荒碑,逾年告成,而余业调常熟尹矣。代余者为仁和柴君,图梓之,以稿来示,且征言为序。

噫!靖前乎此,仅一诸耳。幸际圣朝,特陟为县,张官设教,与三吴诸邑并入职方。暨读其志,则又彬彬然文物声华,既已脱凫丛鱼薄之陋,而跻神州望县之列矣。是志也,讵非靖之所借以为重者乎?乃今更数君之手,历数十年之久,而始克成编,抑亦有待于其人耶?顾余实始厥事,则序言有不得辞者。于是原邑之建置与志之纂述,以复于柴君,并以质于朱先生。

张秉铎

圣天子立极初载,秉铎自淮阳奉檄入毗陵,渡江而北,则见夫蓓畲万井,烟树千村,桃水曲而入怀,孤峰挺而独立,因叹曰:"美哉,其壤之沃乎!"既而入境,则见夫雉堞连绵,茅茨弗剪,事耕凿而不以为劳,寡嬉游而不以为简,复叹曰:"厚哉,其唐之遗风[1]乎!"又既而谒文庙,登明伦堂,与诸士相揖让,则见夫器蕴珪璋,道明礼乐,如凤雏在鷇,玉树凌风,叹曰:"郁哉,其海滨之邹鲁乎!"

然因地而增其胜,因俗而弘其化,因人文而雕琢其成,又守土者之责,予将何以彰之?适近斋朱先生以《县志》示予,予喜曰:"所可以谢山川而纪文物者,不有在于兹乎?"于是乃以拱璧宝之。又曰:"求益诸人士,使各售其所知,以共成夫信史。"于是疆理悉准诸《禹贡》,法制悉宪诸《周官》,人物则阐忠孝而表隐逸,艺文则重制命而追《风》《雅》,褒贬则窃《春秋》之大义,纪载则踵班、马之绪余。盖近斋以数十年阳明之学,而思以垂之于不朽,又以阳谷王君、也愚柴君、吉斋张君相继莅于兹土,其相与究心于是者,殆若昌黎之考经于韶郡,紫阳之首问于建康,则其足信而足传者,有不待予之献其愚,而及人士之别有所售也。故予既谋锓诸梓,不揣复为之序,然犹有所惧焉。

夫一心之中和,实位育之所从致,而一命之士,又民生休戚、风俗淳漓之所攸系。故守土得人,则疆理可治,鸡犬可宁,纪纲法度,日登诸理。所以为山川之光、人文之贲者,志亦可书,名亦不辱。或不能有所树立,而于民物一无所补,则山崩水溢之患,民穷盗起之虞,又靖邑之所易危者。于山川人物,不惟重有余愧,致后人书之,且指而蹙矈曰:"此某也,某也,某地人也,而今安在哉?"铎不敏,而蹑于阳谷三君子之后,不知得以守其绳规[2],而赖以寡过矣乎?语曰:旧令尹之政,必以告新令尹。予因序而重有所望云。

吴继澄

继澄南粤产也,叨以里选至京师,涉历三百合。其间山川城郭之奇胜,华丽清幽、喧杂萧索之风景,每一击目,即思得其郡邑志一览,庶几知其得名之始与古哲人经营栖息之迹,以自慰。既而授训职于靖,莫知其地之所属。既知矣,莫得其详。求其志,咸谓新邑,每用怏怏。及履任,观风气人文,

---

[1]　其唐之遗风,后原衍一"风"字,据文义删。嘉靖志卷首《旧序》作"其有唐之遗风"。
[2]　绳规,嘉靖志作"成规"。

多简朴自守,与南北俗尚稍异。然而立不易方之士,殆若晨星然,且喜且惧者久之。及见邑志,则创于武庙之季,其文略而无稽。间与多士语邑之故实,则又疏漏于畴昔,而五十年之内,咸无纪载。乃访于耆旧,得近斋朱先生,稍闻次第。私欲述之,以识一时之遇,顾以浅陋,因循者五载于兹。

甲子春,旸谷王公提调政暇,以谋于继澄,且谓非近斋不足以当斯举。余曰:"然。"余深为斯志幸也。继得也愚柴公,益留心于此。逾年,志乃成,谓余尝与参校,委言于末简。

呜呼!夫繇区区经历之所惜也,邑固不可以无志,志或遗略,邻境得以互见,此古名邑然也。靖为僻浒新建,物采无他见,是尤不可不致意于志也。志而止为屠沽之目,籍固无足贵。使载绮丽而不尚德,无关世教,亦奚贵于志哉?今有志矣,余适际其时,得以毕其志,岂非余之幸耶?

斯志也,本天道以缘于人,推性情以寓夫政。先后有伦,轻重有义。纲常之际,王霸之机,犁然于纷沓之中,犹天之二十八经,而七政四余纬之也。余初读,尚疑其旨与他志不类,谓当更为铨次。及闻先生再示之简,则心服之而口不胜颂矣。又窃以为非余之疑,未必先生肯发其蕴之若是也。虽然,志也者,所以纪政传信,征往察来,使牧民者于是焉稽,观风者于是焉论,而生长于斯者,亦得以知乡里风俗之污隆,有司政教之得失,及先达之有振拔于流俗者,而感慕以兴。譬诸富家者,纪籍其家之所有,以贻后人也。苟厌于田畴墅落、租赋出入、庆吊往来、积贮多寡,僮指、工役、器具之轻重精粗,纤悉之烦且渎也,而忽略之,使后之欲理家者,莫考其经画条理之方,则梦然于其心,必将追咎于既往。此志以尚德为本,而又不可不详于事也。是故志也者,邑之事也,人之心也。志往事,志成俗,以为将来时措之本。若夫豪杰作于上者,以往事之善为未足,而信三代之上善无尽也;作于下者,知已成之俗尚未醇,而信秦汉之下不足法也。于是作之养之,诱且掖而辅翼之,愤焉悱焉,敏行慎言以深造之,则简朴自守者不远于人道,而纤丽浮诞妖孽乎世,以致移人性而荒天德者,其为功盖什伯也。近斋先生尝谓:"靖之胜,不群于天下。"其亦有所指也欤!

李日宣

余详《浑天图录》，震旦国中十洲三岛，皆水中灵气所聚，往往有至人神异其间而具只尺。观者咤其光怪，莫可端倪，遂附丽其事，谬传之为仙为神，亦大惑也矣。余谓天一生水，五德之中最先孕灵。凡天下之屹于海、峙于河、峤于江者，无非坎中光明，藏人实多异，曷足异焉？

尝之靖江，扬子江中一渚也。汉以前不经见，相传吴赤乌间有马驮沙入江之祥，洲遂隆隆而起。此一鳌立四极之说，非讹即寓耳。乃江自岷山东注，直达海口，倏焉界地纪为二，夹维扬、毗陵间，寻复纵横盘结，百里一区，以衡其威。睹造化射注，应有巨灵把柄于中，吸长江沥液之精，而又缀以孤浮诸山，参差拱卫，若雄狮之怒于侍，宝筏之络于屿。种种奇构，真令人按图动色，望而知为麟郊凤阿、骥野骏图，灵杰所钟，岂偶然乎？

靖有志，故邑近斋朱氏所修，今吾丰邑侯月航朱公复谋加撰者。公毗陵名儒，深于道德性命之学，秀才时即思任天下。其于邑若名山大川，以迄分野贡土、皇风民俗、物产地宜，莫不极其考核，胸次所罗，未可涯际，故为靖志井井凿凿，无烦无简。辨疆域，则玄圭敷土，《禹贡》之奥也；述宪章，则《冬官》《考工》《周礼》之核也；选胜迹而列星纪，则子长八书之遗、孟坚十志之雄也。真一代信史哉！

顾余熟公之志，知公所自与者，不在是也。公之志，盖有《春秋》柱础之思焉。靖虽望去砂碛榛莽未远，公欲力存其质，以防其末。每持一议，匠一辞，辄深江流不转之思，而会归于风教之微。孝弟忠信以强其干，诗书礼乐以韵其风，尊仁尚义，奖恬兢节，重农桑，饬浮薄，以炼其神而滋其气。庶几日游桃源、仇池之天，偕其俗于迁善，而不知上以铎圣教，下以翼良牧。志之所造，不已远乎！

于是为之序曰：余观于靖志，而知一道同风，系乎人也。计有靖百余年耳，其间理学、功勋、孝义、节烈、隐逸之流，煌煌简册，史不胜书。若刘光禄之忤逆瑾，两逮不屈；刘太宰之拂权相，一挥乞还；朱本思挂冠，而寻姚江之盟；祁时鸣探囊，已绝长物之蓄；孔永芝割股愈父；陈善卿出妇养母；顾学渊之却衣，惟鸣琴哦诗；江处女之遇贼，竟夺刃投渊。但试取一段，质之古人中，皆足震一时而名千秋。地以人灵，信乎！

余且考其建置之初，首先树学，遂使人知先道德而后功利，则将来名世大业，固有不尽于简编所载记者。若夫长江浩荡，从数千里外，电迅箭疾，以归于海，而靖劈处其冲，尽受奔流激湍之贡，灵异之气，诚有所待，余于公不无厚望矣。靖人士，其能志公所志，又何必问淳风于十洲，探玄象于三岛哉！聊缀为叙，以报令公。

赵应旂

夫邑志之来旧矣，江文通以为修史之难，无出于志。盖执志可以治天下，非苟而已也。靖江一弹丸地，襟吴带越，实绾江海之口。洪涛拍天，孤悬四绝，即又为金陵锁钥之门户，淮海维扬，此实扼其要冲。宜其地虽蕞尔，形胜参乎上游也。

邑故未有志，近斋朱先生留心文献，始捃拾成帙。永嘉王君叔杲实肇修之，继集于也愚柴公乔，终于莆阳张君秉铎。自隆庆己巳迄于今，又侵寻五十年所矣。其间生齿之盈缩，国计之虚实，风俗之淳浇，递代变迁，志民瘼者能恝然不加之意乎？

岁甲寅春暮，余自南州来莅是邦，惴惴焉惟簿书期会是思。邑虽如斗大乎，而与民相摩相渐于冲和恬漠之中，惟一二大猾思拔薤以惩之。刑清事简，调单父之琴，与潮声清彻相应；吏散鸦啼，惟朝夕手一编，草米颠书数帧而已。惟是迩年风潮不惊，萑蒲之下呼庚癸者稍息。于是邑之缙绅率父老进于庭而告曰："不腆邑志，久属漫漶，庞者宜芟，缺者宜补，人文之继起者宜增润。意者宪章鸿业，我侯慨然从事乎？"于是与乡之先达朱君家栭、刘君文栻，邑之誉髦，扬榷而上下之。凡疆域、分野、职官、科贡，都为纂集。而至于田赋、户口、贞夫、节妇，尤加意经画，曲为表章。褒者无虚美，贬者无隐恶，不偏任乎亭父里魁之言，不滥饰乎謦欬浮夸之语。衮钺森然，法戒具备，其亦可以为靖江之信史乎？

史方成，余将入觐，荐绅大老以余尝董其事，相与遮道而问序于余，遂汗漫数言而勒之马首。异日余报政之后，隶职他方，或者破长风，问月孤山之上，鸡犬桑麻，恍入武陵桃源旧境，则此志也，余且附永嘉诸君子后，托不朽之业矣。顾三吴岁赋当天下强半，靖瘠而介在其间，征缮殷繁，视余令时更甚。第幸有刘君九霞可商旧政，凡恤其困而甦其役，著为式，以补志所未逮。使闾阎永有保聚，簪组辈出，旷百世而艳称望国，以雁行中吴诸剧邑也，余愿其倍慰矣。

马驮沙小志序[1]

李维桢

马驮沙者何？今靖江县也，其始隶江阴，至成化而后割置县，易今名云。称马驮者何？大河中划，百里之洲隆起，若负图出河者。又饶广荐草莽，吴时牧马其中，谓之骥渚。志者何？毗陵王文学百穀与邑人朱光禄在明也，山川封域、城郭宫室、土田贡赋、灾祥谣俗、官司文献，烂焉盈掌矣。然则何以称小志？都太仆玄敬初志之，朱桐庐得之更志之，皆不相仿袭。若扬己而招人过者，故嫌之，嫌之故别之，别之故小之也。盖今之为志者，地亡何有则见以为小，而攘名胜之迹以自高；事无可书则见以为陋，而骋浮蔓之辞以示文。澳闻则毛举细故，信耳于道路之口而不可为训；浅中则藉手于字铖句袞，以行其爱憎而谩澜诬人。是志也，详略有度，中于情实，扬挖褒刺，与众共之，时出秀语，妍婉可餐，忠于桐庐氏矣。即太仆而在，傥亦有起予之叹乎？

王穉登[2]

余与朱君在明善，间岁一渡江，买污邪一顷在沙中，种菽艺麻，卒岁也。而当壬午之季，以波臣之不靖，畛隰善崩，躬负畚而筑之。客朱家者二旬，与其遂人田畯、老农妇子相饷馌，望景观卜，察宜考风，靖之俗盖得十二焉。或厄言以诮，在明则愕眙曰："不腆敝邑之虚实，客何悉之深与？而曷不以志？"曰："是子大夫之事也，客则奚敢？然则子曷不以志？"朱君曰："是邑大夫之事也，仆则奚敢？"而后出其诸父桐庐公志示余，余曰："赡哉，而

---

[1] 马驮沙小志序，底本原缺《旧序》第十二页后面的内容，据所存第十二页最末一行"马驮沙小志序李维桢"九字，以康熙志卷首《旧序》所录补全。
[2] 王穉登，此序底本原缺，康熙志卷首《旧序》接在李维桢《马驮沙小志序》后，据补。

其失也芜。"最后出故吴人都太仆旧志示余,余曰:"简哉,而其失也略。略故浅,浅则疏而不该;芜故秽,秽则冗而无纪。然而宁简无赡,宁略无芜,宁浅无秽,宁疏无冗,宁不该无无纪,太仆其庶几乎?"乃削牍,疏其一二,捃摭附丽,忽而满案,非敢考二君之瑕,抑亦咳唾之余耳。朱君不俾覆瓿,登之薄号,题其首曰"小志"云。

靖江县志卷之一

星　野【后缺】[1]

疆　域

体国经野,则壤成赋,一王之制尽然矣。靖幅员虽俭,然立极厚生,无以异也。独是靖初邑时,[2]尚悬江之心。江分沙合,桑田乃变,消长之数,职贡不可以无稽。志《疆域》。

靖江,故扬子江中洲也。洲呼马驮沙,其地中分为二,曰东沙、西沙。汉以前无考。隋、唐时属泰州海陵、吴陵县境。宋隶泰兴,亦称阴沙。建炎四年,岳飞下令渡百姓于阴沙,即此。元因之。我朝初以地厥产类江南,田赋税亩之入重于扬州,故隶江阴,而设巡检司治之,然仍号马驮沙。至成化三年,巡抚高公明以江盗不靖,奏设县丞一员署其地。七年,巡抚滕公昭始奏立为县,隶常州府,称靖江云。以其地属金陵下流,又抗江海门户,捍全吴,屹然重镇,而县以江海多警乃立,故名靖江,扼其冲也。

靖邑两沙,本以海潮逆江,依孤山之麓,渟聚成壤。《广陵志》谓三国赤乌年间,有白马负土入江而起此洲。嘉靖三年,知县易幹循行至西沙集山港坍处,得断碣,其文不续也。中云此沙为吴大帝牧马大沙,隔江一洲为

---

[1] 靖江县志卷之一星野,底本原缺卷一的第一、二页,据卷首总目补标题,其他内容缺。

[2] "疆域体国经野"至"独是靖初邑时",底本原缺卷一的第一、二页,据中缝所标"疆域"及所存第三页内容,以嘉靖志卷三《疆域考》补。

牧马小沙,则此土之来远矣。又方言呼"大"为"驮",讹"牧"为"白",遂相传号"马驮沙"云。先是,两沙中一套水为限,至嘉靖己酉,套渐涨为平陆,两沙始合为一。其地广袤二百余里。旧志东西百里,今东自青龙港之尽至西焦山港之尽,约里百三十有奇。旧志南北二十五里,今孤山北拓境颇远,南北约里三十有奇。其四达则东至江阴巫子门海口六十里,西至武进横担六十五里,南至江阴君山麓四十里,北至扬州府泰兴沙河埠二十五里。其四隅则东南繇蟛蜞港对江阴之蔡家港五十里,西南繇大新港对武进之澡港五十里,东北繇孤山港对如皋之石庄七十里,西北繇展苏港对泰兴之新河五十里。旧与泰兴亦一江相隔,今且接壤为康庄。其正北则与如皋相望,然盈盈一水,日就浅涸,鸡犬相闻,不数年间,当亦渐成平陆如西陲矣。其境内疆域延散,民居互迁,无恒业,因遂画之以团。

中洲团,在邑境之中,其地东界耿公,西界丁墅,南界长安,北界孤山,中抱邑治及郭外坛塔、武场之属。跨苏家港,西至于婆港,如三顾埭、七家村等处,皆其所辖。

耿公团,以有耿公庙,故称。其团在邑之东南隅,西界中洲,北界孤山,西北界永庆,东南俱及江而尽。东西沿江约二十里,南北五里。中天生港左右数百武,抵江仅可三里,因北界有永庆地插入故也。

永庆团,以有永庆寺,故名。是为邑之东北隅境,南界耿公,西南界中洲,直西为孤山团,东北皆江。自江而北注者,曰新、曰天生、曰东天生三港。自江而西注者,从臧家至北朱家,计港与流漕凡十有三。所辖四至俱约二十里。十团惟此团最大,以东北境渐涨绵远,而团地则仍旧析云耳。其中地名俱以港称,青龙港其最远者。

孤山团,所辖境皆近孤山,南界中洲,东界永庆,西界丁墅,北尽于江。四至东西约十八里,南北十里,跨东新及西堀九港。内地名孤山,其最显者,余则有烈女祠、王店桥、费家村等处。

丁墅团,以地名丁墅,故团亦称焉。其地东界孤山,中洲、长安绕其东南,西止太平,北尽于江。东西约十里,南北七八里。从东小港至西水洞,跨港六,有龙王庙、戏鱼墩、侯家埭、陆家港等处。

太平团,自洪武间其庵名即已有之,故团亦如其称。当邑境之西北,其东为丁墅,西抵隐山,南界长安、焦山,北尽于江。东西约八里,南北十里。自水洞至西之徐家,跨港八。

隐山团,旧有土山,曾以隐称,即以名其团。是为邑之西北隅。东南俱焦山团界,直西江中有三沙,亦其所辖。直北隔江为泰兴,近以涨与壤接。稍南且接三沙,三沙接复土,复土接泰兴矣。此团地势绵亘,而土丰阜,近年邑民所告升十段俱在焉。东自韩家港至西童湾港,共跨港十三。

焦山团,在邑西南隅,其名以焦山港,故名。东南界长安团,距邑七里。西界隐山团,稍南抵江,距邑三十里。东北界太平团,距邑十五里。跨焦山港而上,绕严家港,港凡十。南江滨有土山,高丈余。

长安团,在邑之西南,向有长安寺,故名。其地绕中洲之南,至苏家港口而尽。西界焦山,止王都港。东北界中洲、丁墅、太平三团。南俱江,沿江从东亘西十余里,南北五里,跨杨铁港至苏家港等。梅山闸在元山团,新造;桃山闸在永庆团,新造。

小沙团,即辖西小沙地,向亦悬江中。今以接连大沙,距邑西南三十余里,称沃壤,设巡检司于此。跨衙前、缪家港等处。

洪沙,在小沙团西。

复土沙,在小沙团西北。二沙土稍瘠,向亦悬江中,今已合四为一。

鹤洲沙,邑之正南悬江中,形似鹤,故名。与江阴君山相对。沃壤,横三里,纵七里,今已坍什之七。

暗沙,在鹤洲沙之东,隐江中,长十余里。过江者乘潮平则可渡,不则纤道三十余里,舟人患之。

砥柱沙,在鹤洲沙西北,连大沙,沙隆隆起,近居民垦筑焉。

崇让沙,在邑之极东,悬海口,与青龙港相望。上有段山,亦称虾蟆山,旧隶靖,今割隶于常熟。

邑外旧有十洲,自东绕南达西,联络起伏,或大或小,曰面条沙,曰东开沙,曰尹家沙,曰官沙,曰段头沙,曰南沙,曰西小沙,曰孙家沙,曰新沙,曰团沙。其西小沙即小沙团所辖者是,而鹤洲、洪沙、复土沙俱附焉。若尹家沙、官沙、面条沙,侵于他邑,易名且久矣。其孙家沙即称复土,团沙即称洪沙,新沙即称三沙,段头沙即称崇让,南沙即称鹤洲,皆以旋坍复涨,故改称云。

附：

疆域考

朱家栻邑人

邑环水而国，其四履沧桑，变迁不常，则今昔不必尽同也。邑之故土，邑西南二十五里，邑东南三里，江水限焉，俗名曰浃，是曰西沙。浃之东北三十二里而抵于江，至嘉靖间始合为一壤，是曰东沙。此邑东西沙六十里之制所繇定也。其南北皆距江十里许。邑之外附者，一曰南沙，亦名鹤洲，一曰西小沙，藐焉撮土耳。邑之旧疆若是止矣。旧志所载道里之远，则借之水程也。乃今东北拓地二十余里，西南则洪沙增焉，西北亦拓地二十余里，若邑之幅员益增而广矣。虽然，未足恃也。大约江水剽疾之势，最为土地患，但分则其势少杀而未甚，今则合流而归于南也。尝溯邑旧域，南可十里，而今不及五里。南旧境十分不能存一，今固一面而三面独当其冲击，其能久而不溃乎？故愚以为方今日拓之胜，或启将来日蹙之患也。为赋役之计者，不可不预忧其所终矣。

朱家楫曰：邑初西陲与焦山颇近，烟树蔼相望也，故焦山寺僧占佃于兹，而港亦以山称焉。乃今邑之望焦山何如也？且孤山向峙江中，而今登陆数里。邑沙旧分东西，而今合两为一。迩年西壤渐拓，已与泰兴西南境壤接，驾车驰马，成孔道矣。然靖邑诸沙，皆度其境之广狭，以均阖邑之赋。尺地寸壤，俱隶职方，坍则赋加通县，涨则指水认粮，非若他邑芦课草税，仅佐官司盈诎而已。而迩者隣封之民，辄生冀幸，而为之上者，又因而曲庇之，曰："是其为吾民也。"鸣呼！天下之民一耳，易地皆然，抑何见之不广哉？

按：靖邑积沙成壤，则壤成赋。百年来，沙之坍涨略相等，而涨似过之。据靖赋原额若干，而有涨田贴亩税十之一，则每亩原额宜减等，似亦百姓邀天之灵，而今未能出于此也。岂朝廷加派日甚，姑存余力以抵之耶？抑有所侵匿于民间及他邑，而县官莫之敢问耶？迩者朝廷又时有诘责于县官，而百姓又未以宽假之恤，天心仁爱，岂终虚而不报？后之当事者，其必有成见以抚存百姓，无徒委之凭城伏社矣。采旧志。

靖江县志卷之二

建　置

　　靖治鼎造未久,而孤悬四绝,控江表海,厥惟金汤。维崇其墉,维浚其隍,非规度弗便,非绸缪弗疆。以至政治之府,弦诵之宫,宾旅之舍,积贮之仓,方术之局,守御之司,坊表风励之寄,贸迁往来之所,一土一木,谁实司之?草昧之功亦云大矣。志《建置》。

城　隍

　　城初因伪吴将徐太二结寨,规模周七里许,环沙画界,计地五百一十亩有奇,仅填土作高址,外堑河,环绕以守耳。成化七年置县,十三年,张侯汝华始修土城。十七年,海盗刘通窃发,巡按御史王瓚檄下再加缉治。正德元年,海寇施天泰、钮东山复大发,巡抚都御史艾璞命府通判王昂、知县周奇健筑土垣于址上,四门皆易陶甓,覆以楼居,而名其门,东曰观海,西曰障江,南曰济川,北曰回澜,建西关引水入城。嘉靖八年,海寇侯仲金、郑二猖獗,邑侯郑翘复缉治之,设警铺二十所,寻废。三十二年,复寇急,江南北俱缮城堡。汪侯玉领郡帑分授富民,环城尽甃以砖石,诸城楼堞台、女墙俱如制,复移西水关于东。三十四年,应侯昂筑瓮城,加城高三尺,广城濠,易四门石桥以木。四十三年,王侯叔杲周视,其有倾塌者修之,又欲扩城包西市,弗果。万历十九年,廖侯惟俊因倭践朝鲜,复增女墙三尺,下筑垯址高二尺,造飞楼三十三所,浚城濠视旧广丈许。时濠中潴水汪洋,游鱼泼泼,邑若增而雄焉。三十五年，朱侯邦宪议廓城，命丞罗邦佐定址。后朱侯勋亦踵其议，止开复西关，其工费皆藉之邑民盛恩，而廓城以经费之诎未果。崇祯十一年，陈侯函辉奉修练之檄，复加缉治。

朱家楫曰：邑民生聚百五六十年，日以繁阜，邑之市地亩值数十百金，连楹接厦，空不寸武。幸平世犹可外逐水草，一旦有变，其谁容之？廓城之议，未必非根本长虑也。采旧志。

市河，与城濠相表里，所以钟水畜秀，利民用。然城濠日久不浚，潮水不蓄，如流潦然。而市河亦为民积岁填塞，且架屋其上，令不可置锹，遂有出郭取汲者。故城之高厚与河之深广，皆宜明著其数，使不得侵减焉。城高一丈八尺，厚八尺五寸。城濠广六丈五尺，深一丈八尺。市河广一丈六尺，深一丈。至崇祯时，唐侯尧俞、晏侯益明先后浚治。至十年，陈侯函辉周详经理，畚锸云集，而靖始有水利。详见《河渠》。

东关，市河东，外通巽河，汪侯玉建。西关，市河西，外通运河，朱侯勋建。

玉垒冈，在邑治后北门外里许。形家以邑后不宜单弱，赵侯应旗营度，卜地于玉带河之上，聚土成冈。横三百余武，纵里许，竹树葱郁，一邑胜概。惜九仞一篑，今渐坍夷，然其址固在也。

邑　治

县治以邑地脉从西来，逶迤而东，至城北二里，有高址为护。稍南，左右分两翼，中低平，为邑城。城内稍西，正枕城北高原，为邑治。成化七年，张侯汝华始建，自有记。嗣是金侯洪、周侯奇健、易侯幹俱重加修建。嘉靖十八年，周侯继学惩前屡次风潮之患，尽撤旧材，高其址而厚其垣，可比江南望邑矣。邑治之堂曰牧爱，堂后有轩，轩后有厅三楹，左右皆公廨。堂左为赞政厅，赵侯应旗修建。稍前为东册房，右为仪仗库，稍前为西册房。中阶为戒石亭，前为仪门。门左有室，贮收柜。而南为土地祠，右有馆以迎宾。而南为圜墙，尽南为樵楼，嘉靖间，屈侯思忠崇建，址高丈余，后以形家言稍卑之。左右有旌善、申明两亭。

邑令宅,在堂后轩厅之正北。宅后旧有土山,竹木蓊蔚,延广可包左右衙。其室初甚卑隘,弘治初,金侯洪始易茅而覆以瓦。嘉靖时,俞侯献可增造西书房两楹。嗣是间有修葺。崇祯十年,陈侯函辉就土山址建楼七间,曰江峰阁,城树村烟,俱一览无余矣。

丞厅,在邑令宅左,丞冯钺重造。自有《记》。

簿厅,在邑令宅右,前皆吏舍。簿革,今为尉厅。

尉厅,在丞宅之南,尉吴国华[1]重修,前皆吏舍。

学 宫

儒学在邑治西,地二十四亩有奇。

至圣庙,原癸山丁向,左右翼以两庑,安崇祀先贤主。前为戟门、泮池、棂星门,左为学门。繇学门直北西转为仪门,至是就至圣殿后阶以升明伦堂,堂左右有斋曰明善、曰复初。后有室七楹,中一楹为门,以达尊经阁。门左右各三楹,以会文讲业。尊经阁北则敬一亭,尊经阁右则启圣宫,东西亦翼以两庑,前有门。左右各三楹,一名宦祠,祀王秉彝、张汝华[2]、殷云霄、韦商臣、何炯。一乡贤祠。祀孔元虔、刘乾、范永龄。其南又有总门,而缭以垣。土地祠在儒学仪门之左,文昌即祀尊经阁,祭器库即明伦堂左,册房即明伦堂右。学仓在明伦堂后,东西列,今废。集虚斋,今废,文庙西教谕宅即其故址。训导宅在教谕宅后。射圃亭在训导宅西,但乏隙地,不堪比偶,恐难以副功令也。

右学之造,成化八年,张侯汝华经始之。正德三年,周侯奇健重修。六年,殷侯云霄增志道堂及号舍十二,曰六德,曰六行,自作记铭勒石,后废。嘉靖三年,易侯幹奉诏易庙象以木主,与谪丞韦商臣金谋,升建文庙以下诸室及谕、训宅,各有记。六年,郑侯翘与陈谕应龙协谋新之。嗣是,王侯叔杲、陈侯文燧屡有修葺,寻就圮。至万历三十年,邑诸生请于学使者,发学

---

[1] 吴国华,底本"吴"字原为墨钉,据万历志卷一补。
[2] 王秉彝张汝华,底本作"张秉彝、张汝殷",据上下文及康熙志卷十一改。

租三百金,重建尊经阁,移敬一亭于后。尊经阁前为会膳堂七楹,尽撤旧材,易以新。费可千余金,皆诸生酹金为之,而廪生盛时杰输什之七,一时称为义举。迨四十三年,赵侯应旂与陆谕明扬复甃水道以砖石,引泮池作九曲势,与南市河通。更移前坊稍北,下障以门,左右皆缭以朱栏,接棂星门,周围十余丈。泮南作崇墉,高三丈,广倍之。崇祯初年,唐侯尧俞与余谕懋俨复以形家言,移会膳堂于学门之内,移敬一亭于启圣祠前,凿外泮池与市河通,泮南崇墉更移之市河之[1]南,规制一新。惟文庙尚仍故陋,且向系落空,科名失利。崇祯十年,陈侯函辉复谋鼎新,首捐俸三百缗,益以赎锾,共千余金,数月告成。行释奠礼,陈侯自为记。

公 廨

社学,旧在县南,明正德六年,殷侯云霄迁于儒学西,址一亩五分。万历初,邑人沈瀚复助一分二厘,[2]捐田二十亩,以供社师。

僧会司,在崇圣寺。

道会司,在城隍庙。

迎恩亭,旧在南门外,嘉靖四十四年,柴侯乔重建,寻废。万历四十三年,赵侯应旂特跨亭于剑池桥北之官路,额以故名。旁市民田四亩,建堂曰宝纶,阁曰天章。今陈侯函辉增新之,额以"马洲书院"。

演武场,在东门外。地十九亩六分,前厅三楹,后茶室,左右耳室,共五楹。前木坊,正德元年,周侯奇健建。六年,殷侯云霄改创高敞。万历四十三年,赵侯应旂复增新之。

接官亭,在澜港。厅五楹,前门缭以垣。今坍去。

憩亭,在接官亭之南,临江可憩。赵侯应旂建。今废。

总铺,初建县时在察院西,嘉靖三十三年,应侯昂迁南门右坊隙地。

---

[1] 以下"南规制一新"至"陈侯自为记",底本原缺卷二的第七、八页,据所存第六页内容,以康熙志卷十一《学校纪》相同内容补全。

[2] "公廨社学旧在县南"至"邑人沈瀚复助一分二厘",底本原缺卷二的第七、八页,据所存第九页内容,以康熙志卷十《公署纪》相同内容补全。

急递铺,在澜港接官亭后。朱侯勋重建。

巡警铺,正德元年,周侯奇健因江寇时警,披图按地形设立六十一所。

营房三所:一在城内,居陆哨;一在北新港,前门,中厅三楹,后寝三楹,左右侧室各一,周为室三十六楹,以居浙兵,万历三十五年,朱侯勋建;一在永定港界河,即永定营,哨官陈芳植、朱士鳌建。

养济院,旧在城外。嘉靖三十二年,汪侯玉因倭犯境,暂以崇圣寺后法堂地令无告者栖之,遂为定址。万历三十九年,景侯曰轸新之,易以砖甓。崇祯十一年,两次焚毁。陈侯函辉捐俸修葺,增置屋十余间。

书　院

马洲书院,起自圣裔孔元虔,原在西沙,旧迹已湮。崇祯十一年,陈侯函辉就迎恩亭址扩之,仍其名。先是,赵侯应旆植棘为篱,中建宝纶堂三楹、天章阁五楹。堂以迎诏名,阁祀文昌名。舍旁各数楹,衿绅至止,可以读书谈艺,规制略备矣。陈侯至,相度经理,就址前及左右市民田十余亩,旧篱门南出数武,建门三楹,西向,署曰“马洲书院”。循道而入,左右植梧竹。抵中界,设栅门。繇门而入,有桥,甃石列栏。桥下池新凿,深广数十丈,可放生。池东筑石闸,通江潮往来,可不涸。闸南有祠,祀八蜡。桥北成屋五楹,寻东成大士阁,俱临池水,高可六丈余。轩窗四敞,城野山川如列屏。循阁而西,有堂五楹,约居址二进。复有新移屋三楹,约居址一进。中又成高屋五楹,后成楼三楹。楼左又成新屋,前后共十楹。左右两翼南向,介宝纶堂、天章阁。又右则新成大屋三楹,供如来。后又为法堂五楹,供仁皇。四围撒樨棘,固以墙垣,廊庑皆备。随集誉髦,结社课艺其中。陈侯亲品题甲乙之,多所造进。中所祀者,巡抚大中丞汝南滕公昭,配江阴令西蜀王公秉彝、靖令怀安张公汝华。是始创之功,百代不祧者,三贤祠以此名。若督学使者东鲁亓公伟、关中张公凤翮以广额作兴祀,司理永城胡公格诚以救荒祀,邑令兰溪郑公锜、乌程朱公邦宪、琼山周公奇健、寿张殷公云霄、巴县易公幹、永嘉王公叔杲、江陵张公师载、云梦景公曰轸、南昌赵公应旆、慈谿刘公志斌、云南叶公柱国、南昌晏公益明、邑丞孝丰韦公商臣、谷阳朱公继芳以有功于民祀,学博何公炯、陈公安、刘公挈、陆公明扬、汪公良枳、纪公纵群以有功于士祀。或移自特祠,或采自舆论。总之,岘首不磨,畏垒长祝,与书院同不朽矣。

坊　表

邑之坊,旧志载二十有三,今存者十一,新增者一,其节烈坊不与焉。

承流坊县治东。

宣化坊县治西。

江城保障坊县治南。

兴贤坊学宫东。

育才坊学宫西。

万代瞻仰坊学宫前。

大卿坊为尚宝司卿刘乾立,在县南。

旌义坊为光禄署正朱正约立,在县北。

万寿坊崇圣寺山门,僧会思复建。

天马渡坊南门吊桥下,天台陈侯建。

中洲天幻坊剑池桥上。

蹑云坊孤山半,南昌赵侯建。

以上坊俱见存者。旧有"澄清""定海""文璧""思贤""泰兴""迎恩"六坊,各因向立;"东南市""东北市""西市"三坊,各以地名。又如"山高水长"之为谭公渡,"科第"之表举人朱绅,"起凤"之表举人王格,"腾蛟"之表举人陶廷威,"进士"之为刘乾表,"尚义"之为朱茂林表,废已久矣,不敢尽载。

市　镇

邑之俗,民居如星列棋布,散漫不成聚落,故无专名。今东西两乡始成大集,无异他邑市镇。其市之在城内者,各以货名。

米粮市在新街四门。

布市旧占学前，近奉院道驱逐，在县后。

柴市四门皆有，惟东西两门通河处为最。

猪市四门、乡村所在有之。

羊市一在西门外，一在南门外。

鸡鹅市在东西大河边。

青果市在西门外察院、学前等处。

棉花市四门内外，乡落多有之。

鱼市在新街县西石桥、西门外等处。

蒲鞋市南门外，兼绳索草具。

竹市一在西门外，一在南门内。

木敞[1]东西两门以至乡村多有之。

东阜镇去邑治东三十里永庆团，地方广远，百货毕集，旧名斜桥。

生祠堂镇去邑治西十七里，南通江，北达泰兴，巍然一大镇。

新丰市去生祠西一十八里，夹大河而居，南通江，北达泰兴姜溪河，南北要集。

西宁镇新丰市西十余里，距泰兴新市五里，人烟环聚，百货骈集，为诸镇冠。旧名镇海市。

街　巷

邑之街，惟城内外属孔道者称焉，余皆曰巷。其在乡落则称路，其近民居处亦称巷。

大通街自东门经县至西门。

崇化街自县前达南门。

新街自察院达南门。

学西街自大通街达北门。

北市街北达北门，东达养济院。

南仓街常余仓河南。

---

[1]　木敞，康熙志卷三作"木市"。

察院巷通永丰仓。

县东沿河巷达后铺。

县后市河南岸巷后铺。

北岸巷后铺。

仓东巷永丰仓东。

市河中巷东关至西关。

南横巷新街尽,达东城。

龙兴巷万寿坊前,龙兴桥畔。

城下四周巷今北隅为民居占塞。

以上俱在城内。

东直街东门外,达祠山殿。

东折街从祠山殿达南北。

西直街西门外,至朝阳殿。

南直街南门外,至迎恩亭。

章家苍南门外。

蒋家巷东门外五里许。

薄家巷[1]北门外三里许。

常家埭东门外里许。

七家村去东门三里许。

三顾埭东门外三里许。

以上俱城外附近著称者。其在乡者,不悉志。

水　利附堰闸桥梁

水利之通塞,非特以其人也,盖亦有数焉。靖邑团河之议,载之前志者非不凿凿,而力阻移山,事同筑舍,今始通观厥成矣。然潮汐往来,以蓄以泄,则堰闸之功,直与民命相为终始焉,而桥梁次第举矣。志《水利》,并志

---

[1]　薄家巷,底本作"薄家港",据康熙志卷三改。

《堰闸桥梁》。

　　邑之水利,其支分者曰港,会通者曰河。盖靖邑平衍如席,环四履无不耕之土。土高阜宜菽者什之三,卑下宜禾者什之七。其旱涝蓄泄之宜,全资之港。港与港相距每里许,颇为均停。第其身有广狭,蓄有浅深,注有远近,水利之通塞因之。自西北一带,接壤维扬,沙起水涌,外者不入,内者不出,昔年膏沃,半作污莱。旧志详载团河之议其利有八:免江潮之冲没,一;遏海寇之长驱,二;备旱涝之蓄泄,三;轻输运之负戴,四;可以招商土产,不至于坐费,五;可以引灌飞沙,不至于荒芜,六;夏之桔槔,无候潮之争,七;冬之疏浚,无每岁之役,八。顾聚讼百年,迄无成画。

　　崇祯元年,叶侯柱国有志而未迨。至崇祯十一年,陈侯函辉始审天时,酌地利,排众议,合金谍,下令鸠工,动众开浚。一曰如式疏挑,广五丈,深一丈五尺。二曰照亩派役,自某港起至某港止,该河若干丈,河南北若干段,共田若干亩,每亩派河若干尺,画地认开,亡容躲闪。三曰委任责成,团保分率人夫,辰集酉散。四曰筑坝储蓄,各港口二三里,筑坝十余丈,低岸数尺。五曰设闸启闭,东门东山闸、西门寒山闸、小沙平山闸。六曰疏港通团,连络十团,故名团河,各港仍开浚如式。七曰设夫看守,闸夫四名,长二名;坝夫二名,长一名。八曰增胜固本。县后卑薄,疏玉带河,筑玉垒冈。因大兴畚锸,各子来恐后,向年凫没龟坼之地,仍为沃壤,万世之利,两月报竣。

　　团河者,取其连络各团,环团兼济之义也。河有干有支,干母支子,子母灌输,而水道以备其形势。东自青龙港纡而北,绕孤山之麓,繇巽河以达于城濠。近城濠三里许,为苏家港,县之下臂,易于泄水,置石闸以障之。闸名东山。城濠之西南,旧有澜港,通江为运道,更置一闸,以通潮汐。闸名寒山。从此纡而西六七里,开支河,折而北,通于婆港[1]。更直西四十余里,至隐山团、镇海市等处达界河。隐山团地藏殿而北,通泰兴姜溪河。镇海市之北,又浚一支河,以通朱束港。其南则为江南北孔道,繇小沙团缪宗港以达于江。近江六七里,又置一闸,以防尾闾之泄。闸名平山。三闸费可二千

----

[1]　于婆港,康熙志卷四作"渔浦港"。

余金,出自俸镪公帑,不派民间一缗。又有诸坝,以捍外卫内,潮可往来,雨不泛溢,自是水皆为我用矣。其焦、隐两团接壤泰兴处,西北二十余里,又画界河,以定虞芮之争,皆陈侯所经画也。

太平河,在城南迎恩亭之西,通澜港。今渐塞。

巽河,城东南巽方,自城濠通苏家港。万历九年,单侯文盛浚。

运河,在城西南,通澜港。

玉带河,在城北玉垒冈下,自西尤家桥北通郭家桥,南折坛西,以达宣家桥、横桥等处,环护县后。

界河,在焦、隐两团靖、泰接壤处,自南而北,广延二十余里。陈侯函煇因旧限更深广之。

邑之港,旧志载一百有六,有坍去而仅存其名者,有新涨所浚未有名称者。今现存九十有五,其旧志所载流漕不与焉。港凡阔三丈六尺,深一丈六尺。

中洲团港三:澜港,城西南,通大江。半条港,即澜港之尾。苏家港。城东南,通巽河入江。

耿公团港七:西双港,东双港,蟛蜞港,天生港,天生汉港,犁牛港,陆座港。

永庆团港九:臧家港,安宁港,东南三十余里。龙潭港,邑之正东。青龙港,邑之东北,与段山相望。卢金港,太平港,夏仕港,距邑三十余里,南通天生港。塌港。与天生港通。

孤山团港十:孤山港,孤山之麓。亮港,叶家港,柏家港,即流汉港。卢桥港,即流水港。石碇港,孤山碇在焉。支家港,北新港,掘港,小港。

丁墅团[1]港五:于婆港,庙树港,顾客港,曹家港,水洞港。今改为集福河。

太平团港十:蔡家港,严家港,小水洞港,祁家港,小港,杨铁港,范家港,小禄港,展苏港,徐家港。

隐山团港十有四:童湾港,三水洞港,南小水洞港,唐铁港,小新港,张方港,祁朱港[2],陈湾港,缪庄港,申家港,刘家港,大新港,毛庄港,韩家港。

[1] 丁墅团,底本作"丁野团",据万历志卷二改。
[2] 祁朱港,万历志卷二作"祁珠港",康熙志卷四作"朱束港"。

焦山团港十有三：齐港，小夹港，杨奇港，奇汉港，奇小汉港，焦山港，横渡港，王都港，东汉港，西汉港，钓台港，减水港。

长安团港十有一：东天港，西天港，陈公港，丁家港，东丘港，中丘港，西丘港，西小新港，东小新港，芦场港，小汉港。

小沙团港十有六：缪宗港，韩宗港，观音港，大港，丁仁港，太平港，夹黄港，刘公港，北小港，横沙。西新港，横沙。李贤港，朱八港，朱松港，马六港，学田港，惠民港。

鹤洲沙港四：老庄港、马港、官路港、北亮港。

按：诸港皆引江流以资灌溉，备旱涝，其为利也溥矣。然或有港而不能受潮，或有潮而不能入港，各乡无舟楫之利，城濠无洪洞之观，靖实居水之中而不受水之利，其故何也？曰：港身狭也，港蓄浅也，港流分也，港派近也。惟团河成，则狭可使广，浅可使深，分可使合，近可使远。旧志所载团河之利，凿凿不诬。今既赖陈侯不惮非常之原，犯黎民之惧，大兴畚锸，度数以田，分役以力，天假以时，地假以利，万世永赖，两月告成。向者污邪之地悉成膏腴，褙负之途尽通舟楫，抑且复隍有恃，虹采高搴，士喜风气之回，农切登丰之庆，蕞尔江皋，无殊江南大邑矣。惟是团河之利，数闸而外，全在各港一坝。盖清水不泄，浊流不壅，自不病于沮洳。且河水江潮如血脉贯通，永无障蔽。乃靖人见小忘大，狃近遗远，议浚之初，多挠其成，成功之后，咸资其利。而或争咫尺之利，私摊河堑，竞晷刻之便，擅启港坝，势必仍前停淤，岁岁疏凿，益又难为力矣。是断宜与盗决河防同严厉禁者也。

堰闸桥梁

寒山闸，一名长安闸，在邑治西南里许长安境华严庵侧，通澜港。崇祯十二年，陈侯函辉造。闸上有祠，碑有记。

东山闸，邑治东南三里许，苏家港之杨湾。崇祯十二年，陈侯函辉造。十四年修。

平山闸，邑治西南三十余里，小沙缪宗港。崇祯十三年，陈侯函辉造。学博顾虁为之记。

谭公渡,即苏家港口。郡侯谭公桂以靖之渡者,从澜港达江阴黄田港,经鹅鼻之险,暗沙之折,不时风波叵测,特改渡于此,径达黄山港,故以名。后以黄山港居民射利,寖废。旧有憩所,门曰济川,堂曰永泽,亭曰美哉,坊曰山高水长。吴郡王世贞为之记,惜今不复也。

戒衱堤,长可百余丈,在澜港。横大江中,阔五尺许,皆木桩而石甃之。澜港,邑之通渡,渡者日以千计。顾其地滩势绵亘,渡舫深泊殊远,不论寒暑,男女必募地之强力善水者,负之登舫。赵侯应牗捐俸缮筑堤,可径与舫接。或大汛潮涌,复于堤之尽处,造两小舫济之。自是民不病涉,皆呼之为"赵公堤"。邑人朱家栻为之记。今稍圮。

港堰,靖之港凡九十有五,其通团河者十之七。恐潮汐往来,浑沙壅塞,各港近江二三里,俱筑浅水坝,长二百余武,视两岸低尺许,使外水大则可入,内水大则可出,长江舟楫不得辄入,小有旱涝不得轻启。各坝设立坝夫二名,与团保协管,擅启者坐以罪。著为令。

大岸马头,邑南澜港渡处。其通江大堤,俗呼大岸,相传为徐太二走马处。马头以官渡,故名。

陆家埠,邑西北三十余里。

鞠家埠,邑西北四十余里。皆通泰兴处。向皆江,今成平陆,埠仍旧名。

范家埠,邑西南小沙通江处。

桥之在城内者,曰平政桥,县南。龙骧桥,县东。凤鸣桥,县西。登云桥,平政桥之南。西石桥,学西。永济桥,常余仓前。兴贤桥,学南。乘骢桥,察院南,跨市河。龙兴桥,崇圣寺前万寿坊下。旧桥下引水注东关,今渠没,但以石为记。东关桥,东水关上。西关桥,西水关上。东后铺桥,旌义坊下。西后铺桥,跨县后市河。弓家桥。旧称弓家坝。

桥之在城外及乡墅者,曰平惠桥,南门城濠。丰乐桥,东门城濠。西水桥,西门城濠。殷仁桥,北门城濠。迎春桥,邑东,跨巽河。新桥,东塔寺前,木建。乐善桥,西水桥之西,石建。朝阳桥,即朝阳殿前,石建。剑池桥,南门外官路之半,即朱定、徐泰二[1]走马画沟处。通会桥,旧水次仓前,旧曰仓桥。徐家桥,北达西水桥。宣家桥,达孤

---

[1] 徐泰二,本志其他各处又作"徐太二"。

山。天水桥，宣家桥东。横桥，秦家桥东。永济桥，即秦家桥，石甃。王富桥，苏家港。孙家桥，北门外。阳复桥，北门外七里许，石甃。通济桥，真武庙前，即郭家桥。文兴桥，城西南四里许，石建。利涉桥，烈女祠前。刘秀桥，烈女祠东。康庄桥，刘秀桥东。斜桥，东阜镇上。石皮桥，去县西五里。太平桥，本团范家港，石建。吴桥，太平庵西。济善桥，永昌桥，永兴桥，太平团蔡家港，石甃。拱真桥，生祠堂西，石建。南石桥，严家港。惠民桥，韩家港。普济桥，毛庄港。新安桥。小新港。

　　右所志皆孔道，旧设及新增石梁有称名者载之，余不悉纪。又如旧志东丰、龙华、通津、峒江等桥，废已久矣。

靖江县志卷之三

户　口

国有与立,惟民是依。《周礼》:郡国岁以生聚之数上大司徒,献之天子,藏于天府。可谓重矣。靖当未县以前,隶于江阴,或隶于泰兴。中间兵戈相寻,民鲜土著,版籍荡然不可考。自成化七年建邑,列于职方,而后其籍可得而考焉。志《户口》。

靖邑建于成化七年,至明年而户口之册始定,故以成化八年起。

成化八年,户七千九百八十九,口三万六千九百五十一。十八年,户八千六百二十一,口三万九千九百三十一。

弘治五年,户八千一百九十,口三万九千八百八十三。十五年,户八千三百二十一,口三万九千三百六十。

正德七年,户八千七百四十六[1],口四万一千五百九十四。

嘉靖元年,户八千七百八十二,口四万四百有一。是年风潮溺死人口二万有奇,黄册仅减一千口。十一年,户八千七百七十九,口四万八百四十八。是年增户口,编里六十。二十一年,户九千九十九,口四万一千七百五十五。三十一年,户九千三百四十一,口三万四千八百二十三。四十一年,户九千五百四十二,口四万七千七百七十七。

隆庆六年,户九千五百一十四,口四万七千七百七十一。

---

[1]　八千七百四十六,底本"四"字原空,据嘉靖志、万历志补。康熙志卷七作"三"。

万历十年,户八千五百九十五,口二万八千四百八十一。二十年,户九千七十,口二万八千四百八十一。三十年,户九千乙百七十,口二万八千四百八十一。四十年,户八千六百二十九,口三万三千四百六十五。

田　赋[1]

成化八年,共田二千八百九十七顷五十八亩一分六厘,内官田、官滩俱如前数,见郡志。是年至弘治五年,三造黄册,俱湮没无考。

弘治十五年黄册,官民田山滩二千八百九十七顷五十八亩,夏麦一万三千五百九十七石,秋粮二万六千三石,马草三万四千六百四包,各有奇。

十八年,新升田滩一千一百一十六顷一亩,夏麦二百七十八石,秋粮一千四百九十三石,马草一千九十三包,各有奇。

正德二年,除坍江官民田滩五十五顷一十亩,夏麦一百五十五石,秋粮三百五十一石,马草四百一十二包,各有奇。是年新升并改正官民田滩二百五十四顷九十二亩,夏麦六百六十七石,秋粮八百二十二石,马草二千一十三包,各有奇。

正德七年黄册,无考。

十年,除坍江官民田滩三百五十顷六十四亩,夏麦三百八十四石,秋粮一千八石,马草一千一百三十六包,各有奇。

十一年,轻则转科并新升改正坍江田滩七百五十七顷八十九亩各有奇。

十三年,实除坍江官民田滩一百二十六顷七十五亩各有奇。是年复熟原额田滩并新升转科田一百六十八顷二十八亩各有奇。

十五年,实官民田山滩三千八百六十五顷二十八亩各有奇。

嘉靖元年黄册,官民田山滩三千四百八十七顷七十四亩各有奇。

十一年黄册,官民田山滩三千四百四十顷一十五亩各有奇。

---

[1]　以下"田赋成化八年"至"七百五十七顷",底本原缺卷三的第三、四页,据中缝所标"田赋"及所存第五页内容,以万历志卷三《田赋志》相关内容补全。

十八年,邑侯周继学清察通县田数,总计官田一百四十二顷,官滩四十六亩,民田二千五百七十八顷八十二亩,民积荒沙田一百九十五顷五十五亩,民飞沙田一十三顷四十五亩[1],共官民田滩三千四百四十二顷三十四亩,各有奇。

二十一年黄册,实在官民田山滩三千三百四十七顷七十亩各有奇,系邑侯俞献可清出。

三十一年黄册,官民田山滩三千三百八十七顷八十九亩各有奇。

四十一年黄册,官民田山滩四千二百三十八顷七十四亩各有奇。

隆庆三年,邑侯张秉铎清察田数,实官民田山滩四千一百一十二顷六十四亩各有奇。

六年黄册,官民田山滩四千一百一十五顷六十四亩四分七厘九毫各有奇。

万历十年黄册,官民田山滩四千三百五十四顷九十六亩九分三厘二毫各有奇。是年,奉旨丈量,如前数。

十一年,共正升并转科沙田二十一顷九十六亩八分五毫,坍没沙田三十二顷七十九亩九分八厘九毫,实在田滩四千三百四十四顷廿八亩七分四厘八毫,各有奇。

十二年,正升并转科官民田山滩四千三百八十六顷一十七亩九分三厘五毫各有奇。

十四年,实在官民田山滩四千四百一十五顷八十一亩五分七厘七毫六丝各有奇。

十九年,正升并转科实在官民田山滩四千四百二十四顷四十七亩九分七厘九毫八丝各有奇。

二十年黄册,官民田山滩四千四百二十四顷四十七亩九分七厘九毫八丝各有奇。

二十[2]四年,沙田转升平田一百四顷一十六亩二分五厘三毫,该除

---

[1] 四十五亩,底本作"田十五亩",据嘉靖志卷一、万历志卷三改。

[2] 以下"四年沙田"至《田赋》结束的"一分九厘六丝三微六纤八沙六尘一埃五缈",底本原缺卷三《田赋》的第七、八页,据所存第六页内容,以万历志卷三《田赋志》相关内容补全。

转科坍没沙田一百一十顷五十七亩四分一厘九毫,又除坍没滩三十八顷八十三亩七分六厘六毫六丝,实在田四千三百七十九顷二十三亩四厘七毫三丝。

二十九年,正升并转科平滩等田三百四顷七十六亩四分四毫七丝二忽四微,除坍没沙田六顷六十八亩四分一厘三毫,实在田四千五百四十八顷二十亩一分五厘四毫一丝二忽三微。

万历三十年黄册,官民田山滩四千六百六十八顷一十六亩二分五厘三毫二丝三忽四微,共平米五万三千六百一石七斗五升二合五勺二抄七撮七圭,内本色米并折色银几何无查。

三十一年,平沙田山滩四千六百六十八顷三十一亩二分五厘三毫三忽四微,平田亩科平米一斗二升九合七勺八抄五撮,沙田科米八升七合六勺八抄一撮,滩科米三升三合。

三十二年,平沙田山滩四千六百六十八顷三十一亩二分五厘三毫二丝三忽四微,本色米一万八千四百六十九石二升六合,折色银一万四千八十七两二钱六分七厘。

三十四年,增田滩五百一十顷二十四亩六分,内沙田六十九顷三十四亩八分五厘三毫,滩四百四十顷八十九亩七分四厘七毫。

三十六年,增田滩四百七十六顷二十六亩五分六厘,内平田一百五顷五十一亩八分八厘八毫,沙田五十四顷三十九亩三分七毫,滩三百十六顷三十五亩三分六厘五毫。

三十七年,本色米一万九十三石八斗二升六合,折色银一万四千二百三十九两一钱四分八厘。

三十九年,本色米一万九千一十一石六斗二升六合,折色银一万四千二百二十九两九钱四分五厘。

万历四十年黄册,官民田山滩四千六百六十八顷三十一亩二分五厘三毫二丝三忽四微,夏税麦一万六千五百八十九石七斗六升九合八勺,秋粮正耗四万一百一十四石四斗五升四合三勺九抄二撮七圭,内折银几何无查。

四十五年分会计,官民田滩旧额并新升转科实在共五千九百二十九顷一十九亩四分七厘八毫一丝六忽五微,税额照旧。自万历十年至此,田滩岁有加增,亩科岁有酌减。今平田止科米一斗一升五合九勺五抄二撮,沙田科七升八合三勺三抄六撮,滩科三升三合,共计坐派本色米一万二百二十石六斗一合七勺八抄二撮,折色银一万七千七百三十四两五钱八分六厘四毫二丝九忽二微,解扛银二百四十六两四钱二分四厘四毫四丝,练兵银一千二十一两六钱六分九厘一毫七丝。自万历十二年起至今,于额征平米每石带办练兵银一分九厘六丝三微六纤八沙六尘一埃五缈。

课　程

县商税钞五十锭五百文,铜钱五百一文。

契本工墨钞九十四锭三贯,铜钱九百四十六文。

酒醋[1]钞四十二锭,铜钱四百二十文。

汕榨钞九锭一贯,铜钱九十二文。

桃梅李果钞五十三贯,铜钱五十六文。

嘉靖十六年,课钞二百一锭二贯五百文,铜钱二千一十五文。遇闰,加钞一十五锭三贯五百文,铜钱俱折银如例。

万历三十年,课钞二百一锭五贯,铜钱二千一十五文,共折银六两四分五厘。

鱼课银八两五分九厘。

包补逃亡网户解京渔课银六十八两三钱二分七厘七毫。

麻胶课银一十二两一钱七厘七毫。

职贡子鲚鱻,岁贴江阴县银五十两二钱。

户口食盐钞,永乐中,岁报口照丁征之,增损不一,民称烦扰。成化十七年,巡抚尚书王公恕始于秋粮耗米内给解起运。正德五年,巡抚张公凤因岁凶,兑运外包补不及,仍验口征之如故。旧本府该起运钞价银三千四百六十五两三钱五分,万历十六年减半。本县派银八十八两四钱五分四厘一毫,解扛每两一分四厘。嘉靖十六年,入秋粮数征。

---

[1]　酒醋,底本作"酒错",据嘉靖志卷一改。

万历三十八年,始行官盐,令富民充土商,诣两浙都转运盐使司,以银一百六十两买千引,至天赐场,撤盐四千石载归,发铺行卖之。

朱家樎曰:是役也,则云梦景侯为之。侯曰:"天下岂有不食盐之邑哉?靖之盐不行于官,而徒禁之于私,非法。故欲禁私盐者,法不得不行官盐。"此其意非不甚善,惜其未谙于靖之土俗也。靖邑环江四绝,商则不至。靖民安土重迁,不任为商。不得已,乃括富民充土商任之,而富民又更以直募徽人任之,展转相委,所费过当。且私盐不能悉禁,官盐不能大行,徒令私盐长价,而商本大剉。于是土商告金替,金替告而猾胥黠民相倚为奸,民益踣踣,不胜重困。侯岂意流弊至是?

按:靖密迩淮、扬,民恒采淮盐贩市,故设兵壮捕之。即以捕得之盐为官盐,取值于民,故靖盐斤课常倍他邑。今盐引增至一千,而盐斤不少损,何也?初,靖止有引五十,缘不行而附于江阴。夫五十不行而欲行千,斯已难矣。采旧志。

学 田房租附

孤山团:徐镜段下沙田一十五亩二分六厘九毫;沈沂下平田三亩五分九厘八毫;杨正下平田十三亩七分六厘四毫;徐镜下又沙田一十六亩五分,系万历三十七年生员郑维宁义赈羡银置。

耿公团:朱仁段下坍江沙田改滩三亩。

永庆团:王铁下平田一十二亩;张琛下平田五亩;张仲下平田一十四亩五分二厘二毫;陈慈下平田三亩。

焦山团:邓学下平田七十亩零三分一厘。

小沙团:陈祯下平田一百六十九亩一分三厘三毫;童松下平田二百零三亩九分一厘;孙光下平田二十九亩七分一厘三毫;夏泰下平田六十九亩三分九厘;孙佑下平田七亩九分。

鹤洲沙:韩宁下平田十亩八分五厘六毫;尚阳下平田二十九亩七分六厘八毫,又沙田四亩一分三厘四毫。

以上实在平沙田共六百八十五亩二分六厘九毫。其秋夏每亩租入俱照民家,向属学收,贮仓公用。自万历二十五年归县收管，弊窦滋多矣。

续置学田

中洲团：孙智下平田四亩；一百五十号。张潮下平田七亩二分。六十四号。

丁墅团：侯质下平田三亩八分七厘。四十号。

焦山团：丁钦下平田九亩一分三厘。五十八号。

长安团：陶良下平田五亩；十六号。孙甫下平田五亩一分五厘六毫，三十七号。又平田三亩三分。廿号。

太平团：刘钱下平田六亩。五十一号。

永庆团：夏琳下平田五亩；十六号。张文俊下平田二亩七分六厘。八号。

孤山团：吕恩下平田九亩；一百六十四号。徐槐下平田六亩九分八厘五毫。一百二十三号。

耿公团：钱海下平田三亩一分。七十三号。

以上共田七十亩五分零一毫，其秋夏每亩租入俱照民家。系万历四十一年奉抚按二院发银二百两，又动支本县多田滩价，置买民人孙之潜、韩氏等田，听学自收公用。

又小沙团：赵成萃下原滩五百六十二亩，得分口四十五弓二尺，系生员王三聘备查学田坍额告升，逐年垦足者。今现成田□百□亩□分，系万历四十五年出粮。

又□□下平田二十亩[1]，系邑人范函奎捐。

通记本学房地东西共一十五间，平沙田新旧共七百五十五亩七分二厘[2]。遵依新编书册起科，平田一斗一升五合九勺零，沙田七升八合三勺零，滩三升三合，岁该办税粮八十二石[3]有奇。余所存租米麦，照岁丰歉，所入几何，听学支销公用。

旧志学租经费定式

每年存米五十石，预备修筑滨江田圩岸。生员贫不能婚丧者，及时量

---

［1］ 又□□下平田二十亩，底本原空两字，康熙志卷十一作“焦山团沙田二十亩”。

［2］ 平沙田新旧共七百五十五亩七分二厘，底本“七”“五”“五”“七”“二”原空，据万历志卷一补，万历志后尚有“滩五百六十五亩”。

［3］ 八十二石，底本“八”“二”原空，据万历志卷一补。

议给助。生员每名岁给灯油十斤，窳惰无行者不与，能改者复与之。本学月考并习礼之日，计人多寡，量支米麦，照时价付膳夫领办茶饭。其合用试卷纸笔，俱量价预备听用。有宿斋肆业，贫不自给者，月量助米四斗。岁贡起送花红、酒馔共四席，随时剂量。科举起送花红、酒馔外，每名给银二两。书籍礼器损坏，岁加检点修理。学舍稍有损坏，可量力修葺者，即会议支价酌用。学师公出，即会议给费。府县官长迎送燕贺公礼，随时酌用，起于一两，至五两止。生员中式者，以学租三年之羡给之。如鞫汝为初捷，学谕柴芝给银八十两，近止给银一十二两。本学纸札之费，每月支米二斗，责学吏应办。其科岁刷卷造册等项，酌费另给。

右各经费，俱教谕王轾悉心经画，载于旧志，简明切当，毋滥与，毋妄费。赈恤行而贫儒无俯仰之忧，公费酌而师长无赔累之苦，考校勤而士无窳惰，旌赏厚而人有激扬。斋堂器籍，间葺而不至极敝；典礼品节，时举而不至阙遗。然亦租属之学，司事得人，入者有纪，出者无溢，用能参缓急，剂盈诎，事皆得以刻集。于学有独[1]制之便，于县无申请之嫌，是以得学田之用，而收学田之利也。目曩司事者染指其间，鉴咽而夺之食，遂罄以属之于县。岂县之猾胥，独廉于庠之髦士也哉？从事其岁入之丰凶多寡，学不敢诘；胥吏之渔猎转移，县不及察。有酣酌饱满以去，而学曾不得其一丝一粟之用矣。呜呼！初学田之设，岂为若曹设耶？然则将奈之何？曰：不若以其租贮之学仓，以其钥司之。邑帑更为籍三，互相篆记，一存县，一存学，一付于任役者。每有收放，三籍并登，而役则岁轮一人，如老人等充之。又时以一二生核其差数焉。庶彼此交稽，互相钳制，虽有奸胥，谁得越地而巧为渔？虽有饕士，谁从借钥而阴为窃？况众耳众目之地，岁之丰歉，出入之盈缩有无，又不得以彼此弥缝相冒。故以其租掌之于县者，所以养士之廉；以其仓贮之于学者，所以清役之窦。余观他学俱有学食，靖学旧亦有仓，今废久矣。所望于硕名思义者，修而复之。采朱家楫旧志。

按学田租入，每岁每亩折银四钱，盖以国课差徭，总系佃户办纳故耳。然尔时米麦价贱，麦极贵不过四钱，米极贵不过七钱，故颇均停，无偏肥瘠。

---

[1]　独，底本原为墨钉，据万历志卷一补。

今则价数倍矣，佃学田者何厚幸乎！何怪乎种种霸种之弊滋，而胥吏亟乘其隙，互相侵漏也。是不可不一厘正之矣。

按：常熟学田，每岁必刻一通知簿，颁行示众。上详开本年见田若干，某段若干，收入夏麦、秋米若干，佃户拖欠若干，为某事某生支用若干，见存若干。此亦杜欺隐而塞侵渔之一法也，各学俱宜仿之。

附房租

儒学门东临街房地三间，系嘉靖三十一年，教谕柴芝以学租羡银一十七两买，收租公费。

西临街市地一方，屋三重，共十二间，系邑人朱正约造，岁房租银一十二两。万历三十一年捐[1]学公用。每年轿伞夫工食及书手纸张之费，俱取足于此项。

---

[1] 以下"学公用"至"俱取足于此项"，底本原缺卷三第十六页后至卷四第一页之间的若干页，据康熙志卷十一补全。

靖江县志卷之四[1]

武　备

设　官

明万历十九年,以倭警设总练司,统练水陆官兵三百零四员名。廿一年,除原额外,添设水陆二哨并识字家丁、耆柁操兵共五百员名,兵船二十只。二十四年,减去沙舡六只,耆捕兵一百四十名,又减陆哨操兵二百五十六名,又减去操兵四十一名。二十五年,复留沙舡六只,耆捕兵八十四名。二十六年,复留沙舡四只,耆捕兵五十六名,又留陆哨操兵一百二十六名。二十八年,减去号舡六只,耆捕兵七十三名,舡兵陆续汰革外,实存水哨官兵二百八十三员名,陆哨目兵二百零九员名。三十四年,又以倭警添设浙哨目兵三十六名。又于天启元年,准江防同知万建侯详补本营沙舡八只,耆兵在旧额内分派各舡。天启二年,院道汰去沙舡入只,止净存沙舡额设一十二只。水营于天启三年提去空缺兵四十名,补游巡营兵,又汰去冗役、百长、健兵四名。九年,又提去兵十四名,补火角营兵,实净存官目兵二百二十五员名。陆营于天启二、三年,常镇道提去空缺并汰革外,实存官目兵一百八十五员名。兵粮见《田赋》。

原额兵舡十二只,在事故银两修理,后因抚台曹将事故银题请济边,哨舡年久失修。每每出洋,令耆民雇募民舡,钱粮无所出。守备黄梦瑶于十二年十月督兵出洋,擒获巨盗王大年

---

[1]　"靖江县志卷之四武备"至"兵船二",底本原缺卷四《武备》的第一、二页,据所存第三页内容,以康熙志卷十二《武备》相关内容补全。

等巨艘三只,发营充哨。十二月,获崇明盗舡一只。十三年四月,获盗舡一只。八月,又获盗舡一只。现存六艘,在洋巡缉。信地辽阔,实有鞭长不及马腹之患矣。

巡检司,自宋、元已设。旧有弓兵八十名,今制存四十名。

民壮,旧额有巡盐、巡捕、守宿诸名目,其数每视时势多寡,今现存三百四十四名。

水营。哨官一员。

陆营。哨官一员。

浙营。统于总哨,在北新港。兵粮见《田赋》。

永定营,天启七年设,在靖、泰分界处。统辖哨官一员,识字一名,百长一名,哨长五名,土兵一百名。官廪兵粮,地方有田人户出。廪粮见《田赋》。

团兵,即乡兵也,向俱有名无实。崇祯十一年,寇警震邻,陈侯函煇画策,以靖有十团,团有十保,保有十甲,议于一甲之内量报壮丁数名,即于本甲给予口粮,量备衣甲,仍择团保之长为众所钦服者,俾司训练。县官按时试验,著定赏格。但自为守望,不在征调之数,使无事则为农,有事则为兵。若手足之捍头目,亚旅之卫主伯,盖即三代寓兵于农之意。而准之以团,尤为画一而可守,经久而不敝者也。又本县旧有听差民壮三百四十四名,向在营训练,因承平日久,渐致废弛。侯仿王文成在虔遗意,就民壮中拔立精悍,还其保党部署之名,给以楼鼓追胥之号,乡村城市处处有兵,舆儓子弟人人皆兵,比闾族党、伍两卒旅,焕然一新矣。

按:靖未建邑时,无他兵卫,仅一巡司,统弓兵八十名,巡警江上。自成化七年析县分境为十团,团有数烟墩相瞭望;浚其川为七十余港,港有数信地为防守。置哨舡浮江上下,以利折冲。置民壮分队水陆,以便接应。又间行十家牌法,互为保甲,仿古兵农合一,户自为卫。而巡检司则迁之沙上,抗江流以当一面,其兵制视昔加密矣。顾其时阃无专寄,辖以邑丞,邑无冗兵而徭赋省,兵无杂费而膂力宽。要之,丞贰无出哨之便,兵壮耽即次之安。崔苻屡警,潢兵间兴,则法弛士媮,往往而然,无足怪者。迄万历庚寅、辛卯间,朝鲜告急,凡东南沿江郡邑,俱缮城堡,简将帅,益卒伍,勤教练。于是始设练兵职员,而向之领于邑丞者皆属之。自是官有专职,无他营,始得校射习械,日登演武之场,击楫飞帆,直穷烟水之窟矣。第皆居乏廨舍,蹴舍斗城，信地遥隔，驱驰匪便。逮夫警发而报至，报至而出，吾徐徐涉于江浒，而贼杳不测其何之矣。谓宜于邑城数里外，持建一武署，如所谓营室者。即绕其傍，庶几信地密临，举足可及，将士共垒，颐指可挥，兵不敢玩，贼不敢窥，岂非长久利便之策哉！至于哨舡高阁港内，潮落沙拥，有警不能辄出；迨潮至舡浮，贼已逸去，尤惰媮之甚者。今往往坐是，恐扬帆出没者，如入无人境矣。采朱家楫旧议。

军器。并火药贮军器库。

西洋神器。共十位，崇祯十年，陈侯函辉请铸，分列四门。其贮库旧铜铳不在数内。

烟墩。棋置各团信地要害。

附《防倭略》：倭始至，必泊陈前、马迹诸山，乃图分道无所注意，多以风便。陈前、马迹在浙之东，故东风则寇浙东，北风则寇闽、广，东南风则寇苏、松，掩人不备，随地登陆。征诸往事，壬子、己未首尾八年，或从常熟蔓延无锡、江阴，或自应天流突宜兴、武进。然靖常被倭患最毒，不可不先事而预防者，防之仍即在江也。

朱得之曰：国初惩倭之诈，缘海备御，几于万里。其大为卫，又次为巡检司，大小相维，经纬相错，星罗棋布，狼顾犬防。故所在制有数百料大舡、八橹小舡、风尖快舡、高把稍舡、十桨飞舡，凡五等。至如定海、昌国，贡道所经，切近彼岛，则舡数倍蓰他处，而以时出哨，各有限准。至各港次呑所，又设水寨营栅以止舍之。所以制御之者綦密矣。岁久人玩，法去盗生，二十年来，山颓澜倒。当事者见不可用，遂别募以充，远征以御，改造巨舰，一切从宜，而旧法因废不讲，则亦惩咽之过矣。愚窃谓，卫所军壮、巡司弓兵之类，宜因旧法，务足故伍，或抽羡丁，或金壮士，而以其半哨守，其半团练，更迭肄之，俾皆可战。或虑一时未习，不足应猝，则量留旧募与新调之选，以备缓急。久之或可尽罢，一守石浦而循焉。虽然，此特治标云耳。若夫约己裕人，宜民酌损，修明法纪，变易风俗，力挽衰颓黩冒之习，务敦忠实节爱之政，是谓自治，是谓先为，不可胜则存乎其人焉耳矣。

附《军籍听原籍充伍议》。其略曰：解查补伍，费神费牍，劳民伤财，而逃隐买补之弊，终莫能革。每见审并一军，动扰排里，本管误脱，刑累伤生，攒造册籍，岁无虚日。及其已解在卫，徒縻口粮，一遇征发，恐有失利，不敢调用，仍募民兵。夫当无事，民既出力以养军，及其有事，民又出身以代死，均之赤子，一捐一怜不问。若此者，何哉？法使然也。若止本籍当军，无绝无逃，无查无勾，私家军庄，足供常膳，有事赴戌，公家重资其行。民壮不必别审，而卒伍自有定分；军卫不必纷错，县令足以统制。虽或临阵，有各余丁自甘充补，彼利常饷、行资之厚，谁肯认缺？此则一举而百省者也。窃闻正德初年奏行事例，凡军逃者，许就逃至处所自首，即于其地收伍，原卫开除。愿留原卫者听，不复原卫勾查，新犯者自当照例问遣。此亦顺民情以求实用之一端。今察靖见在并户存军六百二十四名，差合近年募兵之数。若以排年编户，轮年操备，又不若即军籍者尤为便利也。深惟民兵、卫兵，天下行之久矣。孰不知卫兵虚名、民兵实用之辨？第卫兵生长行伍，习干戈如未耜；民兵取于畎亩市井间，训练有难易耳。若取吾说行之，则可无二者之患矣。采旧志。郡判吴公绅议。

陈侯函辉议城守。略曰：城守一事，为当今郡县第一要着。顾有城守之地，有城守之人，有城守之备，皆宜先事绸缪，始克有济。何谓城守之地？即如靖江小邑，环城四围，不过三里，中间收保几何？蓄聚几何？楼橹于撅之饬几何？故婴城而守，不如画地而守。除三面临江，东北通圌狼，东南接江阴，战舰艅艎，久宜日习。若陆行出西门，延袤而北通泰兴，不过六十里耳。其间别无险阻可凭，关河足恃。惟是泰、靖交界之地，有河一线，划分南北。原有永定一营，民兵百人，屯集其地。使此河不塞，固垒深沟，尽可界限戎马。奈连年淤塞，仅存河形，不独旱涝无资，封豕长蛇，不犹枕席过乎？更二十里，则有镇曰生祠堂，系北来便道，为盐盗出没之地，关切尤近。于此设立营堡，因林就薮，可以设伏。稍折而东，则孤山一垒，亦可乘上临下，处处伏兵，所谓守在藩篱者也。何谓城守之人？靖原设水陆额兵五百余人，除先后抽汰，已近百名，即使人皆罴虎，原不成旅，况倩冒老弱之弊，种种而是。今从保甲之内，选练精壮，俾乡自为伍，伍自为长，授以器械旌旗，誓以勿抽勿调，各因营垒，自卫父兄。其永定一营，又新拨勇哨，责以练习，务求拔十得五，可济缓急之用。其水哨舡只，估价更造，帆樯号哨，饬令一新。而于排门守堵人夫，逐一点闸，编成步伍，又不舍富役贫，累及鳏寡，所谓守在远者也。至于城守诸备，先期铸西洋神器十大位，分置四门。又从库中清出铜鸟铳，如虎踞、虎尾、佛狼机、马鞭铳、三眼铳诸项，分头安放。又从道府借到火药，及自行买办硝黄等物，如法制用。又遣役亲往镇江，买造弓箭，及凿运江阴石块，堆积城垛。其灯竿、灰瓶、悬帘、檑木，一一整棚，以防旦晚之用。又劝募士绅，约法典铺、米行，积草屯粮，不许外徙。庶几防御周而城守无缺矣。犹恐兵单力弱，隔江声势不相联络，又请抚道分拨浙营哨兵，分驻生祠堂、镇海市要害处，以壮声援，孤城恃以无恐耳。

功 绩

宋建炎四年，金人陷承、楚。时岳飞守通、泰，顾虏势盛，泰州无可恃之险,乃全军保柴墟,战于南霸塘,金人大败。相持数月,粮饷乏绝,刳胔尸以继糜。十一月五日,下令渡百姓于阴沙,飞以精骑二百殿,金人不能逼,遂屯江阴。

至正丁酉,我太祖遣徐达、康茂才取马驮沙,拔水寨,擒伪吴将朱定、徐泰二,戮之。丙午,寇复出沙上,上亲督战,寇潜遁。英武卫指挥使吴桢追至巫子门,寇迎潮逆拒,桢纵兵急击,俘获无算,寇遂平。刘兴、刘印功见《武职》。

洪武二十五年,焦山下院僧谋不轨,伏诛,籍没之。成化十七年,海盗刘通以贩盐出入海上,聚众数百,劫掠子女,滨江民被其害。邑乃缮城堡,相戒严。寻都御史白公昂领操江,躬至海上,诱出之,戮于市,支党多逸去。

弘治间,崇明人施天泰雄长沙上,时纵党出江中掳劫,有司不能制。都御史艾公璞与苏州守林公世远招下之,谪天泰戍南丹,当时以为失刑。后正德元年,其党钮东山复聚徒称乱,都御史魏公绅征各郡兵入海追之,东山死,其党来降,皆伏诛。

正德七年,河朔大盗刘七、齐彦明称乱北土,海内震动。大将以兵蹴之,无与敌者。都御史陆公完驻济宁出师,贼入襄、汉,夺商舟,顺流而下。南京守兵不能制,沿江郡邑俱被残遏。六月,至江阴,分掠靖江。郡守李与江阴令某、靖江令殷侯云霄议御之,夜使壮士泅水凿沉其舟,贼惊引去。至狼山,窥苏州不可得,复引舟西上肆掠。七月[1],仍返集狼山。廿一日,值大风,贼舟皆击碎。明日,都御史遣将刘辉、郄永将所统辽卒及江阴水工,以战舰直捣狼山。贼下石以拒,辽卒乘间火其寺,贼穷,下投崖,皆被斩。时彦明卧病舟中,一卒斩之,持其首出,余党悉平。十四年正月,征兵戍金陵。八月遣归。

嘉靖八年,海寇郑二、侯仲金作乱,征兵。十九年,海寇王良、秦璠作乱,征兵。三十二年,倭寇告警,令应侯昂加筑瓮城戒严。三十三年,倭入境,杀掠甚惨。募兵,增民壮,为守御之策。三十四年,倭入境薄城下,罄毁民

---

[1]　以下"仍返集狼山"至"故不敢窥十三年",底本原缺卷四的第十一、十二页,据所存第十页、第十三页内容,以康熙志卷十二补全。

居,杀掳二千余人,掠币货无算。生员席上珍率团兵出城,格斗死之。三十五年,倭复至寇掠。时倭以屡入得志,恒轻官兵,泊舟于邑之东南套口,而日出肆掠。至西沙,群聚于邑富民翟某家淫饮为乐。邑人集官兵数百围之,纵火燔其庐,贼仓皇,一无得出,遂大败,获贼首七十余级。其所泊之舟,适沙土暴涨,陷于泥中,竟不得去。四十三年,大盗石乾、孙麻二等聚众至二百余人,据小沙为巢穴,白日肆出掳掠,或活穿人于土坑,官兵不敢诘。令柴侯乔密请调江、靖二县官兵,用巨舰疾发至沙上,擒乾等渠魁六十三人诛之,余俱解散。

万历三十年,大盗啸聚江上,白昼掠人,舟不敢渡。知县赵应旟率水哨巢士鼎巡视江上,竟与贼遇。鼎发一矢中一贼,贼恃强连舟奋击。鼎以短刀御之,贼四五十人并歼水中,皆鼎一人力。一时以为奇捷。

崇祯二年八月中,大盗百余人暴至西门外,排家劫掠。总捕观望不敢前,陆哨徐高只身奋击,一方赖以获全。三年,江盗王寿二聚徒千人横行江上,巡抚都御史曹公文衡檄水陆两营擒获,哨官王钺、叶镇彝力战遇害。七年,流寇震邻,唐侯尧俞率阖邑深城濠,日万人,数日底绩。十年,流氛告急,陈侯函辉缮城隍,谨圬墌,开界河,置西洋神器十二位,敌不敢窥。十三年春,海寇昝云峰等绯衣雪甲,聚众千人,驾巨舰出入狼、福间,官兵莫敢问。巡抚都御史张公国维疏题陈侯函辉监纪诸军,指授方略。侯躬冒矢石,搜剿穷洋,云峰走死,余党悉平。

靖江县志卷之五[1]

坛　庙祠合祀典者附

社稷坛,在城外东北隅,地五亩。中有古柏,四周缭以土垣,石坊为表。

风云雷雨山川坛,在城南,地五亩。缭以周垣,石坊为表。

附坛制:坛北向,用营造尺东西二丈五尺,南北亦二丈五尺,高三尺。四出陛各三级。坛下,前九丈五尺,东、西、南各五丈。以垣缭之,立门,繇北入。有石主,长二尺五寸,方一尺,埋于坛上,平中近南,止露圆尖,距坛边二尺五寸。有木主,高二尺五寸,阔四寸五分,厚九分。座高四寸五分,阔八寸五分,厚四寸五分。其神号如社稷曰县社之神、县稷之神,余仿此,皆朱漆青字。

邑厉坛,在城西北,地五亩。缭以周垣,石坊为表。

漏泽园,凡三,一在北门外,一在东门城墙下,一在城东南隅,有垣缭之。陈侯函辉有记。其在各团称义冢者,不悉纪。

城隍庙,在察院东,成化八年,知县张汝华创建。大门正殿、寝宫各三间,翼以两庑,规模[2]宏敞。一修于正德改元,再修于隆庆三年。至万历四十四年,道会展丹衷,益地一亩七分,募赀士民,一新庙貌。寝先告竣,殿宇落成。四十六年,寝宫有碑纪事。陈侯函辉莅任,政通人和,百废具举,谓庙无蓬卷,陛无堂穿,中非所以肃具瞻而绥灵贶,遂于崇祯十年捐俸续

---

[1] “靖江县志卷之五坛庙”至“知县张汝华创建大”,底本原缺卷五《坛庙》的第一页,据所存第二页内容,以康熙志卷十五补全。

[2] 规模,底本作“规谟”,据文义改。

建。百余年来阙典,一朝经营,屠工鸠材,庶民子来,乐趋盛举,不日告成。侯骏奔走于庙,顾瞻丹垩,亦矍然自喜,辄命彩笔颜其篷曰"日监在兹",堂曰"肃雍昭格",盖万世不泯者也。

岳武穆祠,在西沙二十四图界。

龙王祠,在城西北五里。地五亩,门堂、左右夹室俱如制。相传洪武中亢旱,乡民群祷,有龙从西北来,驻其下,成两深潭,须臾雨洽。里人捐地构祠祀之。中有银杏树,大数合抱,高十余丈。有欲伐之,神见梦于令曰:"何为夺我华盖?"锯下浆如血,遂止。至今下有锯痕,祷雨往往灵应。

八蜡祠,在马洲书院水关南。陈侯函辉建。

三义祠,在生祠堂。祠即祀岳武穆,后人更增入汉寿亭侯、张睢阳像,曰"三义"。

四贤祠,在孤山绝顶。知县陈函辉建,以祀赵孟頫、虞集、孔元虔、孙一元流寓诸贤。有香火田三十余亩。

胡公祠,在南门外前门后,祠三楹。隆庆五年,以郡节推胡公赈荒有德于民,立祠祀之。公名格诚,别号锦屏。

陈公祠,在胡公祠东。门一楹,厅三楹,左右夹室。为邑侯前大名兵备副使陈公文燧立,寻废。万历四十年,其子朝璋判郡,为重建。

滕公祠,在关王庙南。万历四十五年,阖邑官民以汝南滕公昭抚应天时奏立县,有开创功,请于台府立祠祀。其赀出赵侯应旂俸镪,而邑人襄之。址一亩,邑人朱大粜捐。祭田五亩,邑人刘文栻捐。今移建三贤祠,其基地上价入民户。

德造祠,在马洲书院,以广庠额,祀督学亓、张两公。邑令陈函辉建。

三贤祠,在马洲书院,祀邑令张公汝华、殷公云霄,丞韦公商臣。

四惠祠,在马洲书院,祀邑令金公洪、易公幹、张公师载、郑公锜。

赵公祠,在马洲书院西,祀石焴赵公。

刘公祠,在滕公祠西,今移马洲书院,祀九霞刘公。

陈公祠,在寒山闸。崇祯十一年,团河成,更置寒山、东山、平山三闸。邑人德之,立祠祀。

烈女祠,在县治东北五里许,址五亩,祀元至正中烈女陈玄奴及国朝正德间孙、冯二氏。嘉靖三年,邑丞韦商臣建,给田十亩,缮香火。

寺 观庵堂、宫殿及民间一切祠庙附

佛老教行,崇宫杰构,布满域中。靖未邑时,玄梵之宇已稍稍见,矧后物力渐繁,建造滋甚,所不能免,而淫祠惑众,伤化实深,恶可勿禁? 今存其沿于俗而不轨于理者。志《寺观》。

崇圣寺,旧在今县城西南十七里衙前港,宋淳熙二年建。国朝成化八年建县,十年,令张侯汝华遂迁寺于县城东门内,为习仪祝釐之所。其基址则本寺僧会惠瑞于是岁四月间捐己赀若干,买民葛寿儿、郭清等地盖造,有大雄殿,有山门,有法堂。嘉靖二十一年,俞公献可建天王殿于大雄殿前。三十三年,汪公玉毁法堂。而四十四年,柴公乔修复之。隆庆间,张公秉铎建钟楼于山门内。万历六年,僧会思复捐赀,白单公文盛,皆为重新。三十四年,朱公勋移法堂稍东,以其址建藏经阁,又买西畔地构楼。而寺前临街之万寿坊,则四十二年赵公应旌所建。崇祯十年,僧会了凡舍己赀二百余金,及募乡绅士民赀,重塑大雄宝殿、大金莲座法身三尊。了凡又同本师祖龄将本房田二百余亩变价五百余金,奉陈公函辉命,改建钟楼于天王殿前东偏,并新山门、天王殿、万寿坊,浚四眼义井。而旧设赡寺香火田二十亩,盖赀出僧会思复而置者也。

东塔寺,在东门外巽河北。万历二十三年,朱侯邦宪以此地当有巽峰,邑光禄朱正约建塔三层,未竣。后万历四十六年,刘侯志斌捐俸首倡,合通县力成之。西有梵宇、后室、侧舍。原香火田一十六亩,皆出自光禄,今田为后人攘去矣。

孤山寺,循山南路而上,路半有坊曰躐云。旧路颇峻崒,今改折而东,稍平衍。纡曲数十武,有汉寿亭侯祠。折而西,登层台,右梵宇,稍南为土神祠。更西折达北为山门,门东盘石上有三茅真君祠。门西南高址为仙人台,古柏数百株,菁葱多荫,观音庵在其下。山门左右列俱僧寮,直北向有室,为山之重门。更进登大崇台,为山之中址,有殿曰东岳行宫,正德十年王侯荣霄建。台下庑东西向,即殿之翼卫也。殿后高数丈,有厅以恣客游。厅后突起复五六丈高,止矣,是曰孤山之巅。有楼焉,额以"环玉",赵侯应旂复手书"定水恒沙"表其上。后圮,山僧智涵更募建之。其栢竹杂树,皆易侯幹所植。

关王庙,在南门外,地一亩八分。前门楼,后庙,两翼室。万历三十年毁,邑人朱正约复建,仍圮。崇祯十年,陈侯函辉鼎新之。又有在县西十二里者,为岳武穆驻兵时建。有在孤山东南之里许者,制亦轩厂,邑民鞠舜倡建。

睢阳庙,在东门外塔东。万历三十年,署县事郡判刘公春葵建,址一亩。

东岳行宫,在东新港。柴侯乔因故址重建,旋坍去,今迁在隐山团生祠堂西里许。邑人陆本鲁助田三亩,捐金二百余。又行宫一所,在焦山团界河边,邑丞谢文光建。

真武殿,在北门外二里,邑民杨汝文修。万历间,僧如慧建禅堂,叶侯改法藏庵,僧性仁、海量居守。

楞严庵,在北门外,址十三亩,梵宇门庑皆备。邑人沈其旋为戒衲海门倡建,其墓塔在焉。邑人朱家楫为之记,徒寂法、寂得住守。

华严庵,在寒山闸旁,址十三亩。僧俗性花者建,其后禅僧静涵鼎新之。

护国寺,在马洲书院,陈侯函辉建。以连年灾祲不时,蝗蝻继起,特建以祀仁王,故名。住持性亮守。

文昌祠,近孤山三里,沈氏建。

放生庵,在城内东北隅,有大池。陈侯函辉捐俸,邑人朱大桢捐地,太学朱维炯请九华僧修琮建。

朝阳殿,在西门外直街尽。崇祯十一年重建[1]。

永兴庙,在西门外鸡鹅市西。邑民倪姓者建,以镇水口。

祠山殿,在东门外直街尽。

三元行宫,在祠山殿东北,地一亩六分。前门,中殿,后僧舍。又有在永庆团者,址五亩,香火田五亩有奇,规制亦备。里民鞠舜建。

三茅观,在南门外胡公祠西,基二亩五分。前门,中观,道舍二十楹。

---

[1] 崇祯十一年重建,据康熙志卷十五,此殿建于明成化十年。

隆庆四年,道士张有静建。

玄真观,三国吴赤乌元年建,名紫薇宫。入国朝景泰三年易今额,然邑人犹仍故称。在县西南十七里衙前港。正德十年重修,旋坍没。万历初年,迁于草观音庵之南稍西。

钓台寺,去县西八里和尚港东。

证圣寺,一名正圣,去县西二十里范家港。

一了庵,又名一寮,在巡检司港西,已坍。今在王都港,基地七亩,皆僧自置。

古崇圣寺,在陈公港。旧志云：其遗址傍有僧塔,嗣僧覆茅以继香火。今住持慧泽稍崇饰之如制。

太平庵,去县西十五里,郑侯翘废。隆庆间里人复建,万历间重修。

大慈庵,在长安团太学,孙培纯捐建。有香火田二十亩。

白云庵,在长安团太学,刘士燐建。有香火田一十二亩。

万寿庵,在耿公团。万历二十八年,邑民孙祥倡建。有香火田[1]八亩九分。

耿公祠,在蟛蜞港。公宋哲宗时人,殁而为神,能除水患,故祠祀之。

药师庵,原系张公殿,诸生朱肇穆建。后朱侯勋增修,易今名。址二亩六分,在永庆团。

海会庵,在永庆团[2]新港,里民刘钿建。

净业庵,在孤山团。香火田并基地共九亩。

普度庵,在孤山团,太学郑维翰建。

文殊庵,在新港,逸民张可仪建。

净土庵,在孤山南流水港,僧福力募建。

玉皇殿,在烈女祠东。

天妃宫,在澜港。

张公殿,在苏家港等处。公水神也,邑东坍甚,丞孙京令民迎而祀之。

---

[1]　香火田,底本脱"火"字,据文义补。

[2]　永庆团,底本脱"庆"字,据康熙志卷十五补。

其神出萧山县,敕封"显应"名号。

灵云庵,在北门外通济桥畔。

镇海寺,在西沙。僧会了凡同师祖龄奉邑侯陈公函辉命,捐赀建。

延禧观,一名三官殿,在焦山团。邑簿杨鸣凤捐俸建,复施田廿余亩赡香火,命道士曹建诚、季柏龄、徐明伦共典之。

永宁庵,在西洪沙浃往港西,崇圣寺僧恭信、福如师徒建。

总观音殿,今名法在庵,系古刹,去县西十里。赤乌年间,牛郎建。

涌莲庵,在小沙团大港东。

永镇庵,在西宁镇西北里许永镇港边。

海神庙,在水洞港,毛士纶建。有香火田五十亩。

集福庵,在庙树港。

净土庵,在天生港杨末桥东,秦元超建。

如来庵,在东门外三官殿北,基二亩。崇祯十年建。

地藏殿,在县西四十里许,邑民黄晚成同高凌汉倡建。香火田二十一亩,住持普亮居守。

善庆庵,在东门外秦家桥,僧性和建。

白衣庵,在百家港。

大觉庵,在卜家港东,住持祖真建。

永庆寺,在县东北隅。

长安寺,在县西南隅。今废。

耿公殿,在小沙团巡检司东。左志。

柱流庵,在小沙,崇祯六年韩益元建,住僧真乘。

关王庙,在小沙,于万历庚戌海防樊建。

文昌祠,在小沙,袁浃建。[1]

---

[1] "耿公殿"至"袁浃建",观底本字迹,似为后来抄补。

靖江县志卷之六

职　官<small>兼载名宦，俱自置县时始</small>

名宦应大书特书，于职官年表中立传，亦志之变例也。然亦昉自靖邑旧志，显微毕陈，详略互见，而循卓之谱已在其中，非敢云惇史之遗，或亦斯民之直道耳。志《职官》。

县　令

王秉彝[1]，字好德，巴县人。成化三年，繇举人授江阴令。时马驮沙尚未设县，民困于赋役。侯时乘舟抵其上，为之抚循。因沙之涨坍，以甲之羡补乙之缺，积逋始清。输粮涉险者，计银布抵之。招流亡，缓积负，助谷种，赎子女，资婚葬。三年往返，风涛无怠。既议置县，尤再三履亩，察土定赋，令可为世守。迄今邑之征科，皆其制也。靖再易令，民怀之不忘，立去思碑[2]。郡志亦载，为靖邑名宦之首。

张汝华，怀安人。成化七年建县，繇举人授靖江令。时未有城郭宫室，邑治内皆麦陇高低，沟圳衡缩，列耕氓四五区。侯至，依民居辟草厂为治，日夜拮据，造邑治、儒学及各公署，三年而后竣役。详《造县记》中。<small>载《艺文》。</small>四年，以艰去。邑人谓视百姓如己子，处官事如家事，盖实录也。祀名宦。

---

[1]　王秉彝，底本作"王乘彝"，据万历志卷七改。
[2]　去思碑，底本作"去思牌"，据文义改。

郑锜,字威甫,兰谿人。縣进士,成化十一年知县事。负治才,有局干,理繁治剧,运斤成风。时靖邑初建,草昧经营,悉心规画。凡前令未竟者,辄勇往成之,询百姓力本业,习耕织。会崇明民三十余口泛海种田,风扬其舟,抵靖港,弁军执之,以盗闻。侯按赃,惟末秕笠鏄,多方释之。为治六年,岁歉者半,公输民命,悉赖斡旋[1]。政成,以艰归。靖人怀之,貌像以识不忘。子罐,亦登进士。

陈崇德,字季广,长乐人。縣进士,成化十七年任。历升至浙江布政。

金洪,鄞县人。縣进士,弘治元年任。强明果决,事无巨细,一览无遁情,宿胥老猾不得刺手。有潘蛮儿掠妇而杀其夫,埋之,逾年无知者。侯行县至其处,马惊,令起视,得尸,蛮儿伏辜。又民居岛屿中,不知医药,性尚祀祷,多横死。侯毁淫祠,施善药,全活甚众。时部檄督积逋甚峻,有田已圮而赋如额,民嗷嗷无诉。侯廉而豁之,计亩六十有奇,仍割他田之新涨者赋之如故数。又劝民开荒田听业,并以所开之多寡赎罪。时西北军兴告急,大司徒征常平谷于诸郡邑,所在驿骚。侯抗言:"靖新造,多饥民,朝夕不能自活,安得余谷以佐军兴?"遂获免。侯莅任三年,兴学造士,设津梁,疏水利,奠民居,饬官署,无须臾宁晷。后调吴江令去。

孙显,字微之,华州人。縣举人令吴江,以抗直忤当路,调靖江。饬学宫,设社塾,均徭赋,垦荒芜,开七十二港,葺百余桥,辟郭南官路十里,建坊甃衢,增饰城门,县务毕举。且令民杀礼婚娶,出赀掩骼,而又多因利就便,财不费而功就。政迹在《去思碑》。

郭浃,字崇仁,兴国人。縣进士,弘治八年任,二年调。

晁尽孝,字克仁,新城人。縣进士,弘治十年任,一年卒。

王润,鄞县人。縣举人,弘治十一年任。

陈篪,莆田人。縣举人,弘治十五年任。

周奇健,琼山人。縣举人,弘治十八年任。莅治明敏,发隐剔蠹,邑政一新。始创县治,未就,以忧去。

唐勋,字汝立,归善人。縣进士,正德四年任,二年调去,仕至御史。

---

[1] 斡旋,底本作"幹旋",据文义改。

殷云霄,字近夫,其先自凤阳徙寿张。弘治乙丑进士,以疾归,居石川,作畜艾堂,聚书数千卷,旦夕诵思,多所著述。疾愈还京,以正德六年来知县事,明察有断,不劳而治。苏盗过江淮,渡江掠常州,谍知有备,不敢入靖。复发兵追之,江阴亦借以完。民朱铠死于文庙西庑,莫知杀之者。忽有匿名书嫁祸于铠仇,侯令群胥各呈其字,有胥姚明字类匿名书,讯之,遂吐状伏辜。调青田,擢南京工科给事中,数上疏言事。既病,封疏于母,遂卒,年三十七。云霄笃学好古,冠婚丧祭,必考订古今礼行之。所至好游览川壑,托之歌咏。为文若诗,必追古作者。著古乐府四百篇,集《志彀录》[1]《金仆姑》数十卷。初嗜庄周言,后究心六经之旨,海内名公皆倾心下之。葬于石川之南,会者千人。靖邑祀名宦。

王荣霄,字庭瞻,淳化人。縣举人,正德七年任。始创邑志。

蔡德器,黄岩人。縣举人,正德十四年任。

易幹,字伯贞,巴陵人。縣举人,嘉靖二年任。时嚣党与胥吏相比为奸,人多奔走讼庭,不得安业。侯彰善瘅恶,举奸党尽置之法,民乃得殚业力于穑事。后以召行,卒于淮,众悲号如丧考妣。有受其重惩率改行者,尤过戚,曰:"侯惩我,实生我也。"其行法而得民心若此。

郑翘,番禺人。縣举人,嘉靖五年任。苽治五年,邑人迄今称其廉平。

胡春,南丰人。縣举人,嘉靖十二年任。

周继学,黄梅人。縣举人,嘉靖十七年任。修举废坠,百务一新。先是,靖之田涨坍不常,因丛兼并欺隐之弊,侯履亩勘验,核实定科,减阖邑田租亩二升有奇,民咸德之。二年,以忧去。

林相,秀水人。縣举人,嘉靖十九年任。苦节经费,一年去。

俞献可,莆田人。縣举人,嘉靖二十年任。悉心民事,豁虚赋千八百石有奇。正疆界,定版图,抑豪右,抚流移,逾岁而民多复业,邑以殷阜。有《核实田粮碑》,与《去思碑》并传。

何天衢,道州人。縣恩生,嘉靖二十二年任。

石砥,莆田人。縣举人,嘉靖二十三年任,逾年罢。

[1]　志彀录,底本作"志壳录",据殷云霄《石川集》卷四《志彀录序》及万历志卷七改。

刘烨,怀安人。繇举人,嘉靖二十四年任,以艰归。

汪玉,黄梅人。繇举人,嘉靖二十七年任。拨官滩以膳诸生,然其时水陆多盗警。

应昂,江山人。繇举人,嘉靖三十二年任。始筑瓮城,募民增兵。时值倭寇抢攘,役重民困,三年罢。

刘钥,肤施人。繇岁贡,嘉靖三十七年任,未期罢。

马文兰,桂林人。繇岁贡,嘉靖三十九年任。察减田粮,一年降。

寥兴邦,奉新人。繇岁贡,嘉靖四十年任,未期罢。

王叔杲,字阳德,永嘉人。繇进士,嘉靖四十二年任。励精明察,修学较,勤考课,与诸生相劝勉,欢若家人。又裁费革冗,蠹政一洗。有议以新涨田租济毗陵、锡山二驿者,侯力阻之,事遂寝。逾一年,调繁常熟。后以宪使备兵吴中。

柴乔,字也愚,钱塘人。繇举人署泰兴教谕,升靖令。修举废坠,裁冗费,革冗役,立法便民。一年艰归。

张磐,宛平人。繇进士,嘉靖四十五年任,五月调丹徒县。

张秉铎,莆田人。繇举人,隆庆二年任。攻古文词。铸大镛,建楼悬焉,自为记。著有《天马山房稿》。

张师载,江陵人。繇举人,隆庆三年任。絜己持重,屹然山立,人不敢干以私,左右无敢出一言者。在任五年,而解颐者三,至今称"张公三笑",又称"张木胎"。临事果决,有便于民,辄勇为之。治盗贼,一无所纵舍。贼闻,多解散去。后以入觐,不谒其乡江陵相,遂拂衣归。

黄自任,黄冈人。繇举人,万历三年任。

单文盛,临川人。繇举人,万历七年任。平易近民,尝浚东西巽河,引江水从苏家港以通城濠。

陈文燧,字汝相,临川人。繇进士授行人,历任御史,晋藩臬,以言事谪靖江令。为政严肃,令行禁止。修文庙,创庙坊,建常余仓,废坠靡不振举。升兵部郎。

屈陞,贵县人。繇举人,万历十三年任。

廖汝恒,衡阳人。繇举人,万历十五年任。

陈所蕴，庐陵人。繇举人，万历十七年任。

廖惟俊，新建人。繇举人，万历十八年任。决断如流，史胥敛手。造城堞飞楼数十座，浚城池深广倍数丈，复浚东西河达孤山港。后升开封通判，终秦府长史。

朱邦宪，乌程人。繇选贡，万历二十三年任。甫至，与诸生崇文讲学，举乡饮，行保甲，凡有便于民，莫不次第底绩。谓靖邑东南当有巽峰，宜镇以浮屠。以调去，塔未合尖。又欲扩邑城，亦未举。

屈思忠，通江人。繇举人，万历二十六年任，以忧去。

周职迁，山阴人。繇举人，万历二十八年任。

吴应，临川人。繇举人，万历二十九年任。有惠政，具《去思碑》。子之仁，成进士，以御史视醣浙直。

朱勋，字定国，鄞县人。繇举人，以词赋名，万历三十二年任。在任六年，廉明慈爱，如子贱在单父，民不忍欺。升松江府同知。子陞，壬戌进士，宰休宁。

景曰轸，云梦人。繇举人，万历三十八年任。甫至，颇繁扰，后与民休息，僚佐不侵事，胥史不舞文。服用俭约，草疏麦饭，酒脯不数进。二年，引疾归。

温宗通，宁都人。万历四十年任，明年被劾去。

赵应莳，字敏卿，南昌人。繇举人，万历四十二年任。诚心质行，政主便民，斥羡金，减供亿。岁屡侵，监司课牒如雨，侯酌缓急应之，不知催科之苦。邑连通、泰，素食淮盐，当事者欲行浙盐，侯力争之，乃报可。冬月病涉，令甃石为堤，堤穷，复为小舟通焉。听讼稽貌，务得其情，无不感服去。桥梁馆舍修举，悉取俸镪，不累民半菽。廉平不苛，有古循吏风。仅升台州府通判。

刘志斌，字九霞，慈谿人。万历四十七年，繇署於潜谕升任。下车即盟诸神，以绝苞苴、屏竿牍自矢，更矢群吏胥徒于庭，戒以无怠事、无渔民。已而次第布之，人俱悦服。粮约十限，欣欣乐输。片言折狱，告黜失实者立坐。至奸氓远避，食肆徙业。暇与诸生考德论业，多所成就。朱侯创邑东浮屠未就，侯出俸薪鼓士民，期年而塔成。诸蓄泄无弗举者，方议浚团河，以忧去，环邑黄白俱为儿啼。

朱尚宾,浙江人。繇举人,天启二年任。

王懋学,陕西[1]人。繇进士,天启四年任。清廉爱士。闻丧即号泣跣归,以孝德称。

叶柱国,字大登,云南人。繇举人,天启六年任。明决有为,废坠无不修举,且能以文学饰治。倡团河之役,旋以艰归。

叶良渐,福建人。繇举人,崇祯二年任。为政清肃,伍伯洗手。以征敛无法劾去。

唐尧俞,全州人。繇举人,崇祯七年任。清恕平易,不为赫赫之声。以岁赋亏额去。

晏益明,号庶庭,南昌人。繇举人,崇祯八年任。先是,其尊人怀泉先生名文辉。令武进,陟南省,践清卿,吴人迄今思慕之。先生令武进七年。侯令靖仅四月,性古樸强毅,为治综核明辨,一切刑名赋役,积弊如洗,窟穴一清,正色堂皇,诸豪右望之已负霜雪。进诸生课艺有程,试童子尺牍无徇。未几,以艰去。以积逋罣吏议,邑人仍思慕之。陈侯函煇继至,为立《去思碑记》。

陈函煇,字木叔,临海人。繇进士,崇祯九年任。

按:成化间建议置县,自大中丞滕公昭,似应以冠名宦。顾节铖大臣,非令佐列也。署篆之良牧,有胡司理格诚,赈恤饥荒,多所全活;阮别驾纯如,清静不扰;赵别驾堪,以诚动众,以德化争;张别驾懋德,清修律己,和易近民。俱邑人所尸祝者,已载郡志,未敢胪列。

县 丞

邓纯,邵阳人。成化十七年任。

吴伯机,安山人。弘治五年任。

张瑜,□□人,弘治十三年任。

袁思孟,鄞县人。繇监生,弘治十五年任。

魏浩,柳州人。繇岁贡,正德六年任。

---

[1] 陕西,底本作"俠西",据康熙志卷十三改。

郑廷献,广东人。繇岁贡,正德八年任。

高继叙,临淄人。繇监生,正德十一年任,后致仕归。

金鼎,兰谿人。繇监生,正德十六年任。重廉耻,礼善憎恶。莅任三年卒。

韦商臣,字希尹,孝丰人。繇进士,授大理评事,以言事忤旨。嘉靖四年,出为靖江丞。修缮学校,日进弟子员之有行艺者,课以经术,无事则挥洒赋诗自适。在官以清白吏自矢,纤芥不染。越年迁去。时值汛风大作,舟人震骇,商臣微吟曰:"舟中若有民间物,尽向碧波深处沉。"风遂息,得渡。今祀于名宦祠。

冯钺,易水人。繇监生,嘉靖五年任。以廉恕称,艰去。

章橙,会稽人。繇监生,嘉靖十五年任。

王汝楫,保定人。繇监生,嘉靖二十年任。

易铺,荆州人。繇监生,嘉靖廿二年任。倜傥有干。

孙京,上虞人。繇吏员,嘉靖三十一年任。有胆敢为。时倭乱,恒短衣,足缠佩刀,杂行伍中,出城巡警,或数夕不归。后以事被遣。

吴徽,江西人。嘉靖三十五年任。以升去。

阎济,山西人。繇承差,嘉靖四十年任。以善缉盗称。后升去。

杜德辉,慈谿人。繇贡生,嘉靖四十四年任。

汤元功,长沙人。繇岁贡,隆庆元年任。

崔魁,□□人。繇监生,隆庆四年任。

危湘,□□人。繇岁贡,万历三年任。

来学易,□□人。繇监生,万历七年任。

莫如爵,□□人。繇吏员,万历九年任。

黄大本,安溪人。繇监生,万历十一年任。

陶博,嘉兴人。繇监生,万历十五年任。

张文灿,大田人。繇选贡,万历十七年任。

陈綵,山阴人。繇吏员,万历十九年任。

陈王道,平湖人。繇监生,万历二十一年任。

罗邦佐,庐陵人。繇监生,万历二十五年任。

夏宣化,嘉兴人。繇监生,万历二十七年任。

朱继芳,阳谷人。繇选贡,万历二十八年任。甫至,革例缙数十事。爱民如子,厚生吊死,施糜药,设义冢,皆以俸镪资之。御下特峻厉,不少假借。尝摄篆,掾属稍舞文,辄以法痛绳之,官舍肃然。性质俭,不御酒肉,夏葛冬褐,至敝垢不易。不诏事上官。于署圃植蔬蓏,熟则饷同官,曰:"使共领略此味。"尤喜崇饰文教,稽求故实,如修黉序、开西关、定滩额,皆悉心为之计经久,不苟且粉泽一时。公余则赋诗课子,伊吾声达户外。其署政之岁,麦秀两岐。后调武昌卫经历去,送者填巷陌。其随行则萧然敝橐,一老苍头,二女媪,绽衣策蹇而已。

蒋宋恩,山阴人。繇吏员,万历三十二年任。越五载,升保定左卫经历。

张锺,会稽人。繇吏员,万历三十七年任。性强毅,洁守自将。

姚大龄,庆元人。繇吏员,万历三十九年任。

王增禄,字锡我,宝丰人。繇监生,除鸿胪寺序班升,万历四十三年任。捐俸建滕公祠。越三年,升卫经历去。

孙尚义,余姚人。繇监生,万历四十六年任。

金自修,浙江人。繇。

谢文光,浙江人。繇监生,天启□年任。慈惠不苟,为邑人赎子女雪冤枉,至倾囊不恤。以捐俸建东岳庙于沙渚,后与泰兴争壤,即以此为界。邑人德之,立《去思碑》。

凌天禄,浙江人。

夏德华,浙江人。

郑良璧,浙江人。

俞廷相,浙江人。

姚重华,字协甫,浙江秀水县人。繇监生,崇祯十二年任。

主 簿 自全设时始,崇祯十二年议裁

王宪,吉安人。弘治五年任。

张惠,□□人。弘治十五年任。

张能,□□人。繇吏员,正德六年任。

刘秉端,陕西人。繇监生,嘉靖七年任。

刘良,山阴人。繇监生,嘉靖十二年任。

丘敬,莆田人。繇吏员,嘉靖二十年任。

谢教,湖广人。繇岁贡,嘉靖二十六年任。

陈云衢,莆田人。嘉靖二十九年任。

陈光传,莆田人。嘉靖三十九年任。

王治华,陕西人。繇岁贡,嘉靖四十二年任。

盛世中,临安人。繇监生,嘉靖四十五年任。

何询□□□人。繇□□,隆庆四年任。

陈国光,□□人。繇岁贡,万历三年任。

吕克辅,□□人。繇□□,万历七年任。

钟学礼,□□人。繇□□,万历七年任。

艾子正,吉水人。繇监生,万历十年任。

孙化,即墨人。繇监生,万历十三年任。

张文时,诸城人。繇监生,万历十七年任。

帅廷郁,宁州人。繇吏员,万历二十二年任。

丁与勋,彭泽人。繇监生,万历二十七年任。

王命召[1],龙溪人。繇例贡,万历三十年任,卒于官。

叶以鹏,青田人。繇选贡,万历三十三年任,忧去。

刘长勋,饶平人。繇吏员,万历三十三年任。

徐时,会稽人。繇吏员,万历三十七年任。

陈力,同安人。繇吏员,万历四十二年任。

淮卫经历

祁汝宋,山阴人。繇监生,万历四十六年任。

王元弼,浙江人。

---

[1]　王命召,底本"王"字原为空,据万历志卷七补。

叶如丛,福建人。

杨鸣凤,湖广人。

杨仪凤,四川人。

章凤翔,浙江人。繇岁贡。

钟上聘,广西人。繇选贡。

程文龙,福建人。

典　史

马信,隆庆人。繇吏员,成化七年任。时县初建,百务经始,信佐邑令张公汝华,草昧拮据,克赞新政。

范铨,历城人。弘治五年任。

朱奇橙,福建人。正德四年任。

周宣,莆田人。嘉靖二十年任。

裘敬,慈谿人。嘉靖廿九年任。

程文诰,□□人。嘉靖三十四年任。

汪子印,黄岩[1]人。嘉靖三十七年[2]任。

冯一松,福青人。嘉靖四十四年任。

高梓,莆田人。隆庆二年任。

陈国振,□人。万历三年任。

钟尚德,赣县人。万历十年任,逾年内艰去。

周福,莆田人。万历十二年任,仅八月,卒于官。

陈相,山阴人。万历十三年任,越三年升巡检。

黄裘,建德人。万历十七年任,三年内艰去。

王文赞,永康人。万历二十一年任,逾年升巡检。

刘圯[3],桃源人。万历二十二年任,四年升巡检。

---

[1] 黄岩,底本作"黄严",据文义改。

[2] 三十七年,底本"十七"原为墨钉,据嘉靖志卷四补。

[3] 刘圯,康熙志卷八作"刘玘"。

潘熇，山阴人。万历二十七年任，未几以外艰去。

施甘棠，建德人。万历二十八年任，三年升巡检。

徐良佐，山阴人。万历三十一年任，三年升主簿。

况如梁，峡江人。万历三十五年任，三年升仓大使。

何应麒，高照人。万历三十八年任，居官清苦。升仓大使。

俞尔章，慈谿人。万历四十二年任，三年升巡检。

俞铨，山阴人。万历四十七年任。

戴廷烈，福建人。

梁思义，浙江人。

姚应徵，浙江人。

罗士蕙，江西人。

陈以敬，北直人。

向可进，湖广人。

万年春，湖广人。崇祯十一年任。

赵元雯，陕西富平县人。崇祯十一年任。

按：天下捕职领之典史，近奉旨申饬，不独以捕宜首领，亦以秩稍卑，不致逞威福毒吾民。独靖领之邑丞，营穴有故，不可不亟为厘正者也。

教　谕

赵莹，天台人。繇岁贡，成化八年至。时邑治、儒学俱草昧新造，莹莅任，实与商度。

魏胤，南昌人。繇岁贡，成化十七年任。

吴华，福清人。繇举人，成化二十一年署学事。

胡士奇，江西人。繇举人，弘治十年署学事。

王榖，金华人。繇岁贡，弘治十五年任。

钱钺，乌程人。繇岁贡，以工部司务谪，正德三年任。

张瀚，侯官人。繇举人，正德六年署学事。令王棨霄属修邑志。

梁佐，新会人。繇岁贡，正德十二年任。作事有恩礼。

赵献尝,桂林人。繇举人,嘉靖五年署学事。

陈应龙,新昌人。繇举人,嘉靖十一年署学事。修葺学宫,作兴士类,规制一新。

王轾,万年人。繇选贡,先授靖江训导,得士心。后例当迁,会学谕缺,诸生诣宪部上书,请即以轾为谕,已而果然,靡不相喜过望。率化逾敏,多所振起。为人志清,行醇言信,以身范士。置学田,立碑以纪其用,俱有法程。自嘉靖十二年以训至,比升谕,凡九年乃归。

张泉,闽县人。繇岁贡,嘉靖二十年任。

柴芝,江山人。繇岁贡,嘉靖二十五年任。清补学田,至今赖之。

林庭植,莆田人。繇岁贡,嘉靖三十年任。醇厚最得士心。

陈坤,□□人。繇岁贡,嘉靖三十六年任。

何炯,字思默,晋江人。繇岁贡,嘉靖三十九年自安福训升任。学有本原,性朴直,不为瓦合。待士以至诚,不问脩脯。画开河之议,上官善而行之。久之,自免归。所著有《四书易经纪闻》《清源文献录》《温陵留墨》诸书。泉祀乡贤,安福、靖邑俱祀名宦。公子乔迁、乔远皆成进士,为时名臣。乔远为南少司空时,曾扁舟来谒祠,不令人物色也。

钟文纪,上杭人。繇岁贡,嘉靖四十四年任。

郑中行,晋江人。繇岁贡,万历三年任。

胡天叙,湖广人。繇岁贡,万历五年任。

王梦麟,广德州人。繇岁贡,万历十年任。

刘挈,字育之,江陵人。繇举人,以丙戌乙榜署学事。律己端楷,待士有礼节,未尝以亵见。诸生稍屑越,辄责以大义。校艺寒暑不辍,供具必丰。诸生贫弱者恤之,不能婚葬者助之。束脩之有无丰啬,绝口不道也。戊子秋,典试粤西,返,卒于途。

霍与逵,南海人。繇举人,万历十八年署学事。越二年,卒于官。

徐述,成都人。繇举人,万历二十年署学事,后升祁县知县。

丁行可,宿州人。繇岁贡,万历二十二年任。

朱尧年,钱塘人。繇岁贡,万历二十五年任。

张三省,巨鹿人。繇岁贡,万历二十七年任,致仕。

王廷贵,字兆斗,吴县人。繇举人,万历三十年署学事。鼎新学宫,兴社督课,士心归之。为人清节自励,嗜古博学,然绝无矫矫之色。越五年,升南京国子监学正,终杭州府同知,所在著声焉。

薛思霁,字晴襟,上虞人。繇举人,万历三十五年署学事。平易有度,课士特勤。四年,升阜平知县,终廉州府同知。

汪良枻[1],婺源人。繇岁贡,万历三十九年任。抗直有志操,以枘凿于时令,迁藩秩去。

陆明扬,上海人。繇举人,万历四十二年署学事。为人表里洞达。首定先贤位次,籍祭器,修颓垣,改文庙前去水之在坤者于丙,诸所修茸,即欲观其成。丙辰夏,卒于官。

李化龙,荆门州人。繇举人,万历四十三年署学事。强敢有为。过事曲直,辞色不假。越四年,以内艰去。

郑绍武,广东人。繇举人,任□令,左迁靖谕。性执,不妄诡随。任三年,升临桂知县。

施应龙,浙江人。繇岁贡,天启□年任。

王熙宾,昆山人。繇举人,天启五年[2]署学事。自课课士,勤苦如诸生。六年,教泽在人,升光州知州。

纪纵群,湖州人。繇岁贡,任灵璧训,升靖谕。左规右矩,言行文章,俱中准绳。自为诸生,即以才望见推。后里中同社多鼎贵,未尝丐齿牙为当道地,世益高之。后以荐升太和令。

余懋俨,字意行,海宁人。繇举人,崇祯七年[3]署学事。为人隽爽英发,笃于交游,好奖拔后进。修学课艺,拮据不遑。在任刻积风社。后升连山知县、九江府同知。

徐正心,句容人。繇岁贡,自本学训导升。

王膂,镇江人。繇岁贡,崇祯□年任。

---

[1] 汪良枻,康熙志卷十三同,万历志卷七作“汪良祝”。
[2] 五年,底本“五”原为墨钉,据康熙志卷十三补。
[3] 七年,底本“七”原为墨钉,据康熙志卷十三补。

郑士奇,字雪子,嘉兴人。豋举人,崇祯十年[1]署学事。性古朴,善诗文,人不可干以私。升兴国[2]知县。

顾夔,字虞一,昆山人。豋举人,崇祯十三年署学事,□□□□□□。

章一祯,滁州人。豋贡士,崇祯十六年任。[3]

训　导

王奎,闽县人。成化八年任。

陈鉴,番禺人。成化十七年任。

张镛,远江人。弘治十年任。

陈初,晋江人。弘治十六年任。

阙全,永丰人。正德六年任。

汪忠,武康人。正德八年任。

朱恭,北直人。正德十一年任。

魏汝赞,夏津人。嘉靖四年任。

欧舆,莆田人。嘉靖六年任。

朱以和,高安人。嘉靖十八年任。

王金,沔阴人。嘉靖二十五年任。

张文宪,晋江人。嘉靖三十二年任。

吴继登,饶平人。嘉靖三十八年任。

冯天益,彭泽人。隆庆元年任。

雷万里,□□人。万历元年任。

周鸿,归安人。万历六年任。

陈安,字秀林,晋江人。万历八年任。真诚厚悫,与人无城府,而中自井井。诸生以阿堵相将,则拂袂起曰:"道义之交,安得徇此?"言语行谊,绰有古人风。时子若侄鸣华、鸣熙,皆少年登隽,辄携随任,日与诸生谭道

---

[1] 十年,底本"十"原为墨钉,据康熙志卷十三补。

[2] 兴国,底本作"与国",据文义改。

[3] "章一祯"至"崇祯十六年任",底本"顾夔"条后页面残缺,具体内容无考,据康熙志卷八补。

课艺。会时令颇作势虐士,安每多方委蛇,令稍戢灭。士以此逾德之,为立《去思碑》。

赵时中,颍州[1]人。万历十三年任。恬拙有守,未尝见其嚬笑。越三年,升黄安谕。

赵孝思,霍丘人。万历十六年任。

潘有年,盐城人。万历二十二年任。

蒋希武,字绳之,武冈州人。万历二十七年任。

董一经,崇明人。万历三十二年任。清真岸立,居署中,焚香煮茗,危坐终日,宴如也。三年,以艰去。

敖明善,新喻人。万历三十五年任。

郭如石,宝应人。万历三十七年任。越四年,升亳州学正。

高德重,繁昌人。万历四十一年任。四年,升望江谕。

刘一科,广西人。万历四十年[2]任。古貌古心,遇士以礼,时称为长者。

施遂翀,字羽循,华亭人。美丰仪,善谭论,诗赋古文词,霏亹可喜。学使者首荐,未几卒于官。

丁喜遇[3],颍州人。天启四年[4]任。致仕归,流寇犯颍,同张鹤鸣殉难题恤,可谓不负所学矣。

徐正心,句容人。崇祯□年任。

章樗,字若木,吴江人。崇祯□年任。

唐继隆,字式中,嘉定人。崇祯十三年任。

巡　检未建县已前及隆庆、万历、泰昌、天启间,皆无考

樊学,宛平人。成化八年任。

孙志清,山东人。正德二年任。

---

[1]　颍州,底本作"颍川",据万历志卷七改。

[2]　四十年,底本"十"字后有一墨钉及一空格,据康熙志卷十三补"年"字。

[3]　丁喜遇,康熙志卷八、卷十三均作"丁嘉遇"。

[4]　四年,底本"四"字原为墨钉,据康熙志卷十三补。

李问,华阴人。正德八年任。

王通,武安人。正德十一年任。

周伦,临汾人。正德十四年任。

杨锦,辰州人。嘉靖元年任。

刘溥,□□人,嘉靖四年任。

刘理,□□人。嘉靖六年任。

庞浩,隆庆州人。嘉靖七年任。

高经,文安人。嘉靖十二年任。

张镛,山阴人。嘉靖十六年任。

石逵,恩县人。嘉靖十八年任。

李芳,井陉[1]人。嘉靖二十一年任。

赵宗儒,铅山人。嘉靖二十四年任。

张璞,夷陵州人。嘉靖二十九年任。

王相,榆次人。嘉靖三十一年任。

马尚志,临邑人。嘉靖三十六年任。

郭恭臣,安丘人。嘉靖三十八年任。

吴道成,贵溪人。嘉靖四十三年任。

孙枝芳,浙江人。此下皆崇祯间任。

裴时继,贵州人。

金朝宰,浙江人。

赖德隆,福建人。

何正谏,浙江人。

王德昌,崇德人。崇祯六年候任。

---

[1] 井陉,底本作"井径",据嘉靖志卷四改。

靖江县志卷之七

人物上兼载乡贤

　　邑割自江阴、泰兴，则前代人物应不乏，而前志所收者仅数人，今姑仍之不敢益。而今选举错见于中者，正欲以人物重科甲，而不以科甲重人物也。辟举诸款皆仿此。若文学、布衣足表著者，皆与孝义等列，正见人物不可以科甲尽也。志《人物》。

宋

　　孔元虔，至圣五十二代孙。建炎中，其五世祖若罕与子端、志俱高抗不仕，寓居泰兴。淳祐五年，泰兴[1]毁于北兵，元虔携其弟避居沙上，构室号马洲书院，闭户藏修，以教授生徒为事。治生而不屑求富，读书而不肯干荣禄，能恪守其先训。崇祀乡贤。

　　蔡济，咸淳间委镇马沙。元兵下江南，济知时不可为，率江阴、泰兴民纳款。主帅因命为泰兴尹，兼判江阴军事。此全城之功，不能掩叛宋之罪。旧志载《宦绩》之首，应存其名而削其迹。

元

　　陈杰，字汉臣。体貌奇伟，好读书，善属文。建万卷楼，藏古今书，积帙至于充栋。赵子昂、虞伯生二公未遇之时，延之训其二子简、范。又尝出粟赈饥。已授江阴路税课副使，不屑赴。久之殁，陆文奎铭其墓。

---

[1]　泰兴，底本作"太兴"，据文义改。下几处皆同据改。

刘堨,字公坦。工诗文,兼精书法。童卯时,赵子昂承旨奇其秀异,书"小斋"二字贻之。至正间,尝辟帅府照磨。居亡何,遂谢事归。恬静自守,飘然物外。所著有《小斋集》传于世。

丁珉,字汝琳,号沧洲。端方坦易,为一乡之表。人得其品藻者,咸以为荣,甚有甘刑罚所加,而恐为陈君所短者。所著有《沧洲集》。

李时可,任侠自喜。元末居马沙,杨廉夫造之,以赤玉盘盛脯,白玉斗盛浆,大并径尺。又设樱桃燕,玛瑙斗盛浆,水晶为食具佐酒。清歌妙舞,皆绝代美丽。高皇帝下江南,诏征粟助军兴,时可以万石应。后治巨筏浮海而去,不知所终。

时可应作国初人物,然杨廉夫受我朝征辟,诸史俱载作元人矣。治筏浮海,隐有不得臣之意,因附前朝人物。

国朝兼载选举

科 甲

成化元年乙酉科置县在七年。绅原居马沙,因为科目之始。

朱绅,字舜文。任南昌府通判,清粮弊,出冤狱,人尸祝之。致仕归,辟圃自娱,自号多竹翁。正德间,南昌饶公按吴,追思德政,厚恤其家。

成化十年甲午科

严容。云南中式。

弘治二年己酉科

陶廷威。见癸丑。

弘治五年壬子科

王格,字文贵。初任南京工部司务,升员外郎。为人端慎简重,不以色亲人,有君子之风。子莘,亦正德丁丑进士。

弘治六年癸丑科毛澄榜

陶廷威,本姓屈,名震,育于舅氏陶祺,遂承其姓,以字行,改字君重。官户部员外郎。弟霖,亦举成化丁未进士,官刑部。母以节旌。

弘治八年乙卯科

陈赡,字德卿。

弘治十一年戊午科

刘乾。见己未。

弘治十二年己未科伦文叙榜

刘乾,字克柔。授户部主事,迁郎中。廉敏公明,出督边饷者五,所至得将士心,蓟州有生祠。以忤逆瑾坐罪,系狱不屈。瑾诛,出掌武选,厘正选格,请托不行。嘉靖初,擢南京鸿胪寺卿,秩满,迁光禄卿。疏请勾稽往牒,立条列,慎出入。复请以本寺额办煮醴,岁输费数万,不若并移北寺为便。诏从之,著为令。因灾异自陈,致仕归。卒,钦赐祭葬。乾事父母孝,备极禄养。湛甘泉称其乐道人善,不言人短。同年伦文叙为作《忠孝传》。祀乡贤。乾原产靖,既贵,徙江阴,故两邑志俱载之。靖志原列《宦迹》。

弘治十七年甲子科

王莘。见丁丑。

严范。容之子,云南中式第一名[1]。

正德八年癸酉科

严表。范之弟,云南中式经魁。

正德十二年丁丑科舒芬榜

王莘,字符聘,格之子。东莞知县,累官四川副使。

正德十四年己卯科

承天秀,字锺之。授钱塘知县,当报满,民诣阙请留,历任九载。会织造内监毕有逆谋,约明日丑时发兵。漏下二鼓,天秀伺其实,即集兵城上,张灯发炮,郡守及仁和令俱未相闻也。毕惊怒,聚众鼓噪,见拥卫已严,遂解散。事闻,置毕于法。天秀仅升南阳同知,致仕归。

嘉靖九年壬子科

刘銮。

嘉靖十三年甲午科

---

[1] 第一名,底本原脱"第"字,据万历志卷四补。

陈烨。

嘉靖十六年丁酉科

须道。第二名。

嘉靖二十二年癸卯科

刘光济。见甲辰。

嘉靖二十三年甲辰科秦鸣雷榜

刘光济,字宪谦。初任户部主事,榷临清,剔蠹孔几尽。复命,行李萧然。时北虏薄都门,大同勤王师首至,廷议遣郎一人蓐食饷之,虏骑隔绝,势不可前。光济奋然请行,竟领饷达云中。夜与虏遇,躬仗剑先士卒,虏不敢逼。转员外郎中,出守卫辉,历迁山东、浙江、江西、福建藩臬。在浙时,甬江赵有家人匿袁相国第,光济令人就第中捕之。袁讽台谏露章劾之,而徐文贞多其风力,置不问。在闽,亲平贼巢,屡受赏晋秩。在南赣[1],土豪以大旱争水,抚臣以反叛闻,光济单骑往谕,众皆解散。晋秩都御史,巡抚江西,行条鞭法。奏闻,通行天下,事载《大明会典》。又招抚万洋山赋数万,所全活甚众。寻拜户部右侍郎,改吏部,又改南吏部尚书,转兵部,参赞机务。时江陵夺情议起,光济独不署名,江陵衔之,嗾御史曾士楚论归。光济生于靖江,后移居江阴,每岁北渡,省祖父丘陇,与宗人合食,多称其孝义。荫嗣构难,今封树亦莫与守矣。原志列《宦迹》。

嘉靖二十八年己酉科

鞠汝为。

嘉靖四十三年甲子科

朱正裕,任湖广浏阳县知县。

万历七年己卯科

邓汝楫,字弘济。慈利、龙门两县知县。江阴人,以柯赐田占籍。

万历十九年辛卯科

孙同伦,字汝明。初任江西德化县令,捐例金苏驿困,筑封廓、桑乐二洲石堤百余里,更置石闸以泄潴水,至今赖之。升湖广荆门州守,豁羡丁,

---

[1] 南赣,底本作"南戆",据文义改。

出冤狱，开诚布公，得士民心。未几，丞济南，驻广宁，职马政积弊，豪猾赂权要，以赢马获善价，伦痛恶之。会虎墩兔瞰扰边，急索抚赏，当事者难其人，伦请行布置，部勒诸夷，稽颡称万岁。时值三韩败衄，辽沈继陷，经抚或逮或没，无全者，伦独固守广宁，间关万死，完身济国。后奉廷议旌劳臣，加衔运同，随擢守南安。南安东连岭表，粤夷蠢动，诸如缮城浚隍，修具饬备，靡不先事绸缪，屹然屏翰。南安郡邑俱有生祠，其士大夫各有贤父母、贤公祖之称。甲子，推升云南屯田水利道，清屯地，严私鬻，开金、银汁二河以资灌溉，滇民尸祝之。丁卯，转本省曲靖兵备道参政，赍捧阙下，请告家居，杜门扫轨。扉履绝于公庭，刺牍不出里，虽至亲罕睹其面。生平修谨，绳尺自将，不苟言笑。历官二十余年，四拜恩纶，得年八十有七，预知死日，里党津津道之。母张太淑人以节旌。崇祯十四年祀乡贤。

万历二十五年丁酉科[1]

范世桢[2]，字献吉。以庚戌乙榜授寿州学正，升罗田知县。罗楚岩邑，民素刁悍，桢甫至，即清汰里役，厘正解纳，令行禁止。邑又介麻、黄间，豪绅大猾，能持吏短长。桢为治严明，一无纵舍，始各敛戢。六年，转广平郡丞，威信更著。未几，解组归。邑中利弊无不身任，即时触忌讳不恤也，一方赖之。孜孜为德，不遗余力。生平抗直，有志操，孝弟节俭，尤为兢兢。遇子弟宗族有恩有纪，截然不乱，时论归之。

万历三十七年己酉科

朱家楫，字仲济。中万历己酉科乡试。初仕黟县教谕，丁内艰，服阙，补浦江谕。升永丰知县，多惠政，意主爱养休息，不务赫赫声。立乡社，问疾苦，平赋役，慎出纳，日用简朴如寒素。著《俗吏恶趣》三十首以见志。会宪檄责逋甚急，不忍以小民身命博膴仕，即欲解组去，以大计不获请。仍因厨传得过，贵人论调，遂投劾归。归装惟敝箧，贮残书数千卷而已。少与兄家栋，弟家模、家栻，兄弟相师友，各以清节砥砺，不问生产。生平澹于声利，喜愠罕行于色。读书怀古，啸咏自适。所著有《彝白斋稿》行世。前邑

---

[1] 以下"范世桢"至"朱澂"，底本原缺卷七《人物》的第九、十页，据所存第八页的内容及上下文体例，以康熙志卷九《选举》及卷十四《人物》相关内容补全。

[2] 范世桢，万历志卷四作"范世祯"。

乘,其所撰也。

卢焕文,字维章。父栋,有质行而贫。焕文事之,先意承志,备极色养。素授经,以供甘旨。所得束脩,与兄弟共之。为人落落无他肠,真诚醇谨,士林重之。

崇祯九年丙子科

王瑶。

崇祯十二年己卯科

萧松龄,仕至国子监学正。

刘峙。

侯溥。

崇祯十五年壬午科

朱澂。

贡　荐

成化

顾复,字德中。成化八年,以江阴学生实靖江应贡,廷试高等,当授官,念母不置,告归省母。复促之行,且命婿与偕往,至即遣婿归。无何,以念母卒于邸次。卒之日,母于睡中闻复哭声,惊曰:"儿死矣!"数日后讣至。及柩还,以所服冠庋柩上,遇母哭,冠辄跃覆于地,以为孝征。复素有文名,传有《贫士八咏》。原志载《孝行》。

张勋。

陶廷威。见《科目》。

徐宗。

冯泽。经历。

冯江。灌县知县。

蒋闳。仙游县知县。

王节。

徐文焕。

弘治

王泰。教谕。

丁烨。

张昉。

朱天锡。

陈宪之。主簿。

承天贵。教谕。

陈琛。主簿。

孙永彰。

朱世禄。卫知事。

施汉卿。江阴人。

江纪。嵊县主簿。

汤铢。江阴人。

正德

陆杲。

尤辅。无锡人，训导。

李南阳。

叶廷器。

尤萃。无锡人。

陈天爵[1]。江阴人，主簿。

颜吉。琼州府经历。

陆载[2]。江阴人，训导。

卞愧。江阴人。

嘉靖

王颐。秀水教谕。

王隆。教授。

---

[1] 陈天爵，底本"陈天"两字原为空，据康熙志卷九补。

[2] 陆载，底本原为空，据康熙志卷九补。

凌云。_{江阴人，训导。}

朱寅之。_{选贡。}

刘鏊。_{选贡。}

陈烯。_{选贡，唐邑知县。}

孙伟。_{九江训导。}

毛廷毂。

范永龄，字德徵，授浙江新城令。先是，新城有巨镛，悬而不鸣，邑谶云："若要寺钟鸣，须应邑令清。"永龄至而钟鸣。后筑城，掘得古碣，文云："城当七百年后，邑令范某造之。"纪年以唐，适符其券。邑多虎，至是虎屏迹，枯竹枯柏俱重生。盖其居官仁恕为质，而立法详尽，足垂经久。平反冤狱，多出人意表。又尝被委均田富阳，适迁荣藩审理，上[1]固留卒业，田赖以均，豪强敛戢，流民之徙业以万计。既事荣藩，日引古礼定世子婚，手笔经传，讲论不倦。寻致仕归。生平事亲孝，父患疽，终夜不解带。析产尽与庶弟，复置义田以赡宗族。所著有《穷元日稿》四卷。新城、富阳皆有生祠，靖邑祀乡贤。

朱得之，字本思。以贡得桐庐县丞，寻挂冠归。少负大志，习制义，自出理解，不袭训诂尘诠。己心契阳明先生良知之说，遂往受学。时阳明门多高足，得之日与讲论剖析，所得渐真。阳明尝称其入道最勇。其学体虚静，宗自然，自起居食息、一言一动，皆以真心检点其间，虽幽独无少懈。其教人以立志为先，诲子弟有法程。尝修邑志，著有《正蒙通义》、老庄列三子《通义》、《杜律阐义》、《四书诗经忠告》、《心经注》、《宵练匣[2]》、《参元三语》诸书行世。祀毗陵先贤祠。

刘志忠。_{宁海训导。}

孙端。_{仙游训导。}

展思。

陈勷。_{河间知县。}

尤琢。_{无锡人，教谕。}

---

[1] 以下"固留卒业"至"经历致仕敦伦"，底本原缺卷七《贡荐》的第十三、十四页，据所存第十二页及十五页内容，以康熙志卷九《选举》及卷十四《人物》相关内容补全。

[2] 宵练匣，底本作"炼宵匣"，据《说郛》本《宵练匣》改。

刘鎣。鲁山知县。

刘鉴。蜀府纪善。

范学颜，字思克。仕庆元县丞。律己端方，居家整肃，子孙世率其教。其先有仲宽，举宋进士及第，自邢台徙镇江，复移马沙。有《文官花卷》，辛稼轩诸公题咏。

朱庶之。东阳县丞。

刘钥，字慎卿。授海盐训，为县请广额，督学重其才品，从之。升安义谕。生平具笃行，散财于昆弟，而以贫约终其身。迄今宗党犹称其友让。

朱弦，字和南。以贡授温州府训，迁平阳谕，升兴安知县，致仕。曾游阳明先生之门，以孝友廉静称。

朱绘，字质甫。少有声诸生，饩廪在兄弦前，当贡，先让于兄。选龙游县丞，转临安府经历致仕。敦伦修行，缉宗约，修世谱，综家祠，友于兄弟，恤睦姻党。当道多式庐表宅绘，杜门恬处，又自若负俗然。龙丘陆瓒志其墓。

王言。鲁府教授。

刘大经。

隆庆

朱汶，字文鲁。初生，有冰花之瑞。十四游庠，十五食饩。元年恩贡，廷试第一，授上林苑署丞。不鄙夷其官，多所厘剔，中贵勿敢挠也。当为诸生，受知于邑令，为县省无名之徭六百石，人多德之。孙宗伯继皋志其墓。

范节，字安伯，永龄子。少受学于阳明先生，言动必籥矩矱。就选铨曹，上书论选法考课不应拘资格，当事弗能用。授宁德县丞，居官清慎，不随俗俛仰。寻挂冠归。生平临财廉，赴义勇，事亲能养志，事兄如父，割产膳嫂。曾捐百斛佐友急，不责券。绝迹公庭，以乡饮征，不一赴，人益高之。

李鸣岐。武进人。

羊琛。训导。

曹约。余杭训导。

陈埜。池州府教授。

万历

祁震，字时鸣。青田县主簿，二年挂冠归，囊无长物，以诗文自娱。性度旷达，对亲朋知交，了无边幅。子姓环侍，肃若朝典，自号历外遗黎。性嗜酒，醉则经丘寻壑，四顾江天，洒然世外。

朱焙，字□□。胶州同知，三年即乞归，惟挟一故竹笥，敝衣数事而已。恬淡安义命，生平迹不践非礼。致仕归，家益落，仍授徒自给。有弟仲若季，季稍羸而夭，无嗣，焙不以己子后，而以仲之子后，曰："吾子两，而仲之子三也。"生平无疾言遽色，人亦不忍有忤，恍若虚舟之游世云。

刘之骥。祁门训，转清河谕。

丁柏。归安县丞。

朱应魁，字元之。授余姚县丞。性朴直，不慕势要。尝谒上官，上官以所知讽之，魁敖然不应。上官惭恨，因解组归。

朱一儒。滁州训导。

朱应文。字载之。

朱崇美。

陈讷，字可仁。授常山主簿。有徽商假桑梓名，持金求谒，讷诃责之，时无不嗤为迂腐。三年挂冠，萧然一橐。虽时为嘲谑，偶涉月旦，一字不轻假□。

刘文栻，字应程。选贡，授四川什方知县，升云南陆凉知州。两奏最，封父元永如其官。再升广西梧州同知，归养。在什方，革羡例，清凤蠹，建学宫，修邑乘，力争采皇木之檄，获免者甚众。在陆凉，当汉夷杂处，土酋肆螫，善招抚怀辑之。筑城卫民，布置庐舍，荒城渐成膏壤。在梧州，以才守为上官所倚任。前滇南土官以却金修郄，中蜚语论调。时父与陈宜人俱在堂，文栻年逾艾归，称八十寿觞，始终孺慕，里党颂之。为人美髯眉，善谈论，笃于故旧，赡及姻族，人人归德云。年六十九卒，平原彭期生表其墓。子士焜，亦膺贡，以文行世其家。

刘文集。南安教谕。

田炜。选贡。

范遇。醇谨朴诚，时称长者。

沈其来。

朱维炳，字启明。恩贡，授河南淅川知县。莅任三载，每进父老咨民疾苦。革常例、禁火耗,日用薪粲,与民间并价。听断则曲直立剖,无科罚。
与诸生说经义,月两课,定甲乙加赉,以示鼓舞。岁旱蝗起,露祷三日,甘雨
如霆,蝗尽消。乃请赈发粟,计口均分。更捐俸薪,设粥邑门外,以食贫者,
赖以全活无筹。巡青台琐交荐,以励合属,终方于事上,因中蜚语,遂解组
而归。不别市一亩,创一椽,衡宇栖迟,洋洋自得。有叔年皆少,朔望必肃
揖其庐。交友无面谀,亦无背非,而内行尤饬。尝以怙恃蚤失,未获尽养为
歉,即享年六十有九,终不敢当子姓之祝,人咸推重。悉见志传。今其子若
孙以文行著者,代不乏人。

朱正定,得之子。常熟训导,升通山教谕。

黄卷,字文萃。金山卫学训导,升湖广云梦知县。初在金山,与卫弁争
庙谒礼,学使者壮之,着为令。莅云梦甫二载,即以强项与豪绅左,投劾归。
群二三黄发为香山社。天启六年,岁大祲,民逃死相继,卷悯之,苦囊无余
金,急以所着[1]抄板质银五十两,首倡助赈。繇是邑令请之上台,各发捐赈,
全活无筹。

朱家栋,字伯隆。授常熟训,转宁州学正,又转镇江府授,致仕。父大中,
从阳明高弟讲良知之学。家栋少承庭训,而通经考业,好撮秦汉英华,镕以
法律。七试棘闱,三秉教铎,所奖拔多名士。性磊落,与人交,洞见肺腑,不
能容人过,能恤人贫。至宦归,家逾落,终不言治生事。与子弟谈说经术,
亹斐不倦。所著有《去华子集》十卷、《女则》四卷。弟家楫,举孝廉,令永
丰。仲子士鲲,崇祯元年恩选为永丰[2]。后诸子孙俱有文名。

刘文杰。

黄文斗。福建训导。

陈廷言。字德扬。

朱崇善。

盛时杰,字□□。如皋训导,升长宁县知县。现年七十有九。

刘应徵。

---

[1]　所着,康熙志卷十四作"所置"。
[2]　恩选为永丰,康熙志卷十四作"以选贡授武宣知县,卒于官"。

泰昌

刘自学,字□□。恩贡,授湖广辰州府经历。诸生时,名籍甚,试辄冠军。为人修谨,不妄交接。任辰州,郁郁不得志,未几即拂衣归。杜门,以内典自娱,即所亲罕见其面。

天启

陆允昇,字南之。选贡,授宁德县丞,转河南温县知县,以丁内艰归。

陈应鹄。桃源训导,升宿迁教谕。

秦亹昌。归安训导,升禹城教谕。

崇祯

朱士鲲,字仲舆。元年恩选。家楫子。

朱万龄。苏州府训导。

朱肇政。泗州训导,转东阿教谕。

陆可辅,字良弼。授苏州府训。性孤介,屡空晏如,不事生产。没之日,囊无一金,吴门诸名士为经纪其丧。子允淳,亦以文行称,蚤故无嗣,时论惜焉。

沈应泰。松江府训导,升冠县教谕。

朱肇牧。正定子。长洲训导。

萧松龄。字公木。拔贡,见《科目》。

刘士焜。字玄之,文栻子。见任泾县训导。

刘润。字悦万。

黄金章。字如心。

朱纬。字□□。己卯副贡。

陈芳标。

靖江县志卷之八

人物中

辟　举

朱瑷,字廷珪。洪武间举人材,任临江府知府。

鞠斌,字□□。好学博古,工诗文。洪武间荐举,授鄜州知州,升延安知府,所在多惠政。

陈刚,字子柔。以人材荐,任天台县知县。

朱安二,以人材荐,任台州检校,升扬州知府。

朱颐,字德观,两淮运使忠之子。洪武时,以才行举,进四策,纳之。丞相李善长荐知临江。陈友谅据南昌,旁郡骚动,颐至,力抚绥之。升吏部侍郎,卒于官。颐本泰兴人,常郡贤守落职,颐奏留之。守报以沙田,子孙占籍马驮沙,称靖之甲族。

朱杲,字明通。洪武时,以材德荐,授秦府纪善,升长史。文皇继统,召入朝,杲乞骸归田,御书“资善堂”及白金宝楮赐之。所著有《雪江集》。

朱安七,字德刚,颐之弟。洪武末,以材德荐,为秦府纪善。建文时,靖难师起,与都御史茅大芳、山东布政司铁铉同誓师遏之。成祖即位,戮诸不用命者,遂缧绁以死。

刘敬,字以庄。正统间,以荐授青田知县,抚字有方。调江西萍乡知县,政迹尤著。弟刘让,字以顺,代兄任,青田人尝称“大知县”“小知县”云。大司马光济即其玄孙。

朱暹，字明远，以字行。其先太仓人，洪武初，徙居于此。荐人材，授湖广城陵矶巡检。其地豪民庞道窝逃军，暹就其家捕获之，道以为雠。当时国法，有官不职者，许地方耆民挷缚至京，道挟此缚暹。在途遇锦衣千户张某，廉得其情，并道缚归法司，得直。事闻，钦赐钞二锭与压惊。升政和主簿，卒于官。

周玉，以人材荐知浮梁县，有治行。识戴珊于髫年，召读书署中。玉归里，珊以直指使者按江南，辟驺从来访。玉与妻方曝檐下，谛视知为珊，呼其妻曰："戴秀才来，可设鸡黍留之。"问今何官，曰："御史。"珊欲割俸治宅，俱辞之，缱绻而别。

应　例

范天爵。

刘艮。

朱轨，南京鸿胪寺序班，以病乞归家居。父为仇家所诬，老不任狱。轨挺身诣官请代理者，引嫌，在橐馈者十六年。值父丧，尽哀，欲自沉，有过舟挽之去。卖卜沔、汉之间，后竟客死。生平能诗，善草书。居乡，卓然笃行君子也。子诸生习之，亦有孝行。当其父沉之时，官司追捕四出，习之赴官代理，在狱者六年，拷掠百至。后事白而归，因弃儒业，以老卒。以子正初贵，赠鸿胪丞。

邓奎，定海主簿，让荫与弟璧，仍以子封鸿胪丞。

朱臣。余姚县丞。

朱承荣。

陈炳。吉州同知。

闻弦。归德吏目。

陈岚。广东按察司检校。

朱承恩，字怀柏。累行多善，廷元、君汝其子也。

沈鳌，字济之，附例。嘉靖中，岛夷犯境，乡民奔走城中。它皆扃户自卫，鳌独听民集其家，出粟为糜，拆屋为薪，旬日尽粟百余斛。有邻筑舍，侵其地,方召客欢饮,家人愤欲直之,鳌曰:"我即失地,何损? 乃欲以此失邻里好。"不听。初艰于子,字族之子为子,以酒过不受责,仍自归宗。鳌叹曰:"彼即不我父,顾我视之犹子也。"仍割产之半与之。生平无所嗜好,独以诗史自娱。所交皆一时贤达,或告之过,感其人,终身不忘。朋友晏集,绝口不及时事,间赋一二短章,自喻适志。卒,年八十三。

陆仕。广西南宁府经历。

张承爵。

刘鋭。州同知。

朱孔兆。河南都司断事。

朱幭,例授怀远将军、苏州卫指挥同知。子承恩,楚州引礼舍人,又为侯门教读。

闻忠言。澧州吏目。

朱津。序班。

闻廷训。

朱治。光禄寺监事。

朱汀,字文宁,鸿胪序班。为人浑厚有礼法,每旦,肃衣冠,集子姓授戒,造揖两兄,始朝食,至老不衰。兄尝中雠隙,误逮,汀辄任不辞。当道廉其冤,得释。岁时存诸亲故,必量其所需,贻之以为常。隆庆中,岁祲,斗未千钱,汀发粟议赈,饥民赖之。生平谨恪无惰容,盛暑不辍服御。卑狎必以礼,绝不谈人过。有苍头盗其帑,汀觉,密扃焉。日晡,出之,曰:"饥否? 第改此,不汝暴也。"其人感泣,为良善。性厌藻饰,而简雅绝胜,所至人争诵为古人。

朱汴。苑马寺主簿。

刘甫政。归德府检校。

沈津。山西都司经历。

仇勉。主簿。

朱洛。江西都司断事。

朱綋。卫经历。

陆偲。主簿。

陈胙土。州吏目。

朱正初,字在明,鸿胪寺署丞。意落落,不治生产。好古,多蓄法书、名画,汉、晋间彝器。好客,辟园亭台榭,选声命酒,日挥千缗,海内名流无不知有在明者。能诗,书法亦遒俊。王元美兄弟、李本宁诸公往来酬和,诗卷成帙。与王百谷为姻好,同修《马沙小志》,未梓行。所著有《燕游》《菰蒲》等集。

朱同气。平江县主簿。

朱正健。

朱梁,字君重。父为雠家所陷,梁鸣父冤状,渡江。值飓风作,人不敢渡,梁跪舟人曰:"今日不济,吾父当冤死雠口。"舟移,风亦渐和,遂得渡。啮指血书状,恸哭公庭。当道怜之,为按实事,竟得白。父多庶孽,析产多与膏腴,以顺父志。父尝于坐客前掌梁,梁饮食自若,毫无拂容。父出,即丙夜必整冠候,无间寒暑。宗党欲上其孝行,谢曰:"子之顺亲,分耳,奈何以之博名?"故人愈多其孝。

范察。

范观。主簿。

范宏。学颜子。见《恩典》。

朱应召。

朱正约,字在充,光禄寺署正。尝辇金数千佐军兴,诏旌其义。万历戊子、己丑,民饥,米踊贵,出粟数千斛与民平粜,全活甚众。又捐赀数千金,创塔于邑东南,以当巽峰,未竣而卒。

祁露[1]。序班。

朱大桂。晋江县主簿。

朱大果,字君行。初官藩幕,升高州别驾,有廉能声。左迁王官归。大学士吴公宗达为志。

祁应龙。忠州同知。

顾明良。海康县丞。

---

[1] 祁露,底本作"祈露",据嘉靖志卷六改。

朱大桐,字君旸,汀之子。廪例,授海盐县丞,却常例,蠲繁费,尽力民事。筑海塘石岸数十里,商民尸祝之。以执法忤当道,迁王官归,仍理旧业。手《纲目》一编,更精堪舆家言。为人忠厚驯谨,里中推为长者。九与宾筵,年八十有二卒。

祁应麟。

盛时英。光禄寺署正。

朱大栋。光禄寺署正。

朱大檟。四川经历。

刘懋远。郑州同知。

沈应科。布政司经历。

刘学文。附例,夏县主簿。

朱大楫。

沈应斗。经历。

朱肇吉。

朱杰。福州府照磨。

侯万言。卫经历。

朱大柏。卫经历。

沈应麟。秦府审理正。

陈大谟。丰城县丞。

陆可欲。江西万安主簿。

沈慎馀,字谨德,附例。襟期散朗,善酒,善谈论,读书至老不衰。

朱大桢,附例。授澄迈县主簿。晚年究心内典,舍地为放生庵。

朱大棐,光禄寺监事。性端谨,事亲孝,与人和好。读书手不释卷,治家一遵古礼,时矜式之。

陆正学。县丞。

侯万里。

陈世清。南安县主簿。

朱肇安。盐运司运副。

朱统善,字体仁。少抚于叔父,色养俱不啻所生。膏腴之产,悉让幼弟。

父没时,以应试南都未及诀,抱终身之痛,宗族俱称其孝。

陈世治,字同叙,善之子,闻喜簿。为诸生,有胆志,敢言。游国学归,凡遇邑中剧役艰苦,无不身任解纷。居官清操,釜几生尘。民有以揭致贿,裂而笞之,邑令苗思顺每叹为不可及。

盛时扬,字显卿,上林苑监丞。性豪爽,工书画,有义侠风。

沈应明。附例,序班。

刘肇远。凤翔府经历。

盛时彦。光禄寺署正。

陆允中。济宁州判。

周鼎。高安县丞。

朱家模,字端叔,廪例。幼读书,不善记诵,父大中使持门户,便愤志取藏书,昼夜读之,一年即游庠,都试落乙榜。工古文词。贫而喜结客,善为人排难解纷。晚更精堪舆家言。所著有《芝云馆集》。

盛时遇,布政司经历,以纂修《光禄寺志》准贡。

朱家贤。镇江卫指挥。

郑维翰。附例。

陆可春。

朱维衡。大桐子。

刘士燐,文栻子,附例。抗直不苟,志行卓然。未仕卒。

朱大相,字道甫,别号薇垣。勤于举业,罔不研究,□试拔之前茅。郡侯龙岗施公刻意造士,收之龙城书院,与合郡诸名公日相切劘。七走棘闱不第,入太学。生平抗直,不阿于人,为雠所诬,后卒白。正欲持檄北上,抱疾而终。

朱维炯,字劬生,大相子。孝以事亲,终身孺慕。为人谦恭修谨,不妄交接。族有逋欠南粮千石,已拟城旦,将毙囹圄。炯念同祖,出息称贷,挺身力救,繇是产业倾半。复捐金百两贮库,豁其罪。郡侯石公阅其案,两批"真义士"。居家,杜门不出,辟圃课花,绝不与外事。客有造其门者,则命酒徼欢,披诚剧饮。建放生庵于北城隅,捐膳田,备器具,手书"衷隐",勒于庵。优游岁月,若将终身焉。艰于嗣,告县继立。辛巳秋,公呈本府,府学荐举本府乡饮,申详各院批允。勘语云:"勘得太学朱维炯,仁心为质,雅操不群。博学宏词,思入风云之誉;敦伦饬谊,情同日月之昭。嘉言懿行,国学著朱夫子之称;裕国奉公,郡邑多真义士之奖。治家严而蔼,人夸公艺遗风;涉世谦以和,里传叔度遗轨。恤窭则沟瘠顿起,抚孤而冬叶旋荣。一往芳标,真可从忠革薄;千秋端范,何难挽朴还醇?寿与德兼跻达尊,名与实允孚舆望。所宜敦请介宾者也。"本府赠以扁额一,曰"邃学醇儒"。

刘熙国。

郑维宁。附例。

周应京。偃师县丞。

陈世濂。

朱传策。

王之宾。

仇杰。

侯士达。

周士启。四川阆中县主簿。

孙培纯。同伦子,附例。

沈应旃。

盛于岐。

陆德隆,字伯修,增例。志行醇谨,事后母以孝称。有贫士不能朝夕,隆饮食之,卒成其志。

范函奎。字文开,世桢子,附例。

黄学就。附例,考州判,未仕卒。

朱维爌。[1]

黄汝谦。

孙培一。

---

[1]　以下"黄汝谦"至"陆万年",底本原缺卷八《应例》的第十一页,据所存第十页及又十一页内容,以康熙志卷九补全。

陆正己。

祁国琏。

王化隆。

蒋德成。

朱美政。

顾翼云。

盛于邠。

盛于鄟。

盛于浦。

陆允皋。

吴中杰。

沈文彦。

孙元宰。

薛维翰。

袁第。

陆永修。

盛卫。

沈士彦。

陆万言。

朱大楠。

陆万年。

儒 士

陈世法。建宁府检校。

刘文程。九江府检校。

朱之英。汀州府检校。

顾明一。鸿胪寺序班。

陆伋。

顾中行。鸿胪寺序班。

掾　仕

施恩。故城典史。

朱正中。外卫知事。

马俸。卫吏目。

陈岑。卫吏目。

黄文元。灵寿典史。

陆本鲁。义乌典史。

陆廷谏。霑化典史。

朱应明。清丰县丞。

刘文荣。桧溪典史。

陆可继。永宁州吏目。

王来聘。广信府知事。

王域。驿丞。

陆艺。蓟州马兰峪仓大使。

陈芳模。桂阳州判。

朱之藻。广东西宁主簿。

高可昇。卫经历。

吴之彦。中城兵马。

戴大绪。江夏典史。

戴大经。主簿。

周应昌。大竹主簿。

陆之凤。玉山典史。

毛士纶。蕲水主簿。

周景云。经历。

沈宗舜。归善县丞。

顾言恭。省祭。

卢宗时。字□字,龙江递运所大使。

封　赠

刘僎,字以行,以子乾累赠光禄寺卿。

承银,字伯纯,以子天秀赠顺天府通判。

陈兰,字国芳,以子炳赠鹰扬卫指挥。

刘和,字永和,以孙光济累赠南京兵部尚书。

刘绪,字子端,以子光济累赠南京兵部尚书。

朱习之,字君儒,以子正初赠鸿胪寺署丞。

祁源,字德深,以子露赠鸿胪寺序班。

朱承荣,字□□,以子汀赠鸿胪寺序班。

孙朋[1],字方来,以孙同伦赠云南布政司参政。

孙昌,字爱之,以子同伦累赠德化县知县、荆门州知州、云南布政司参政。

刘元永,字子贞,以子文栻封什邡知县、陆凉知州。

范宏,字原扩,以子世桢赠罗田县知县。

邓钦承,原任四夷馆序班,以子汝舟赠光禄署丞。

顾坊,字□□,以子明一赠鸿胪寺序班。

顾儒,以子中行赠鸿胪寺序班。

盛恩,字子惠,以子时遇赠湖广布政司经历。

吴大经,以子之彦赠顺天武功卫经历。

荫　叙

邓璧,字文府。因始祖明安南归顺功,嫡长兄奎让荫四夷馆序班,成化二年赐田马驮沙。

邓钦承,奎之子,仍袭序班,升鸿胪寺主簿,赠光禄寺丞。

---

[1]　孙朋,底本后有一墨钉,康熙志卷九作"孙朋"。

邓汝舟,钦承次子,兄汝楫。乡举,袭序班,历升鸿胪寺少卿。

邓林乔,汝楫长子,办事未叙。

刘绍宗,以父光济尚书荫送监读书,讼废未叙。

靖江县志卷之九

人物下

孝 行

顾复，字德中。旧志载《孝行》之首，今见《贡荐》。

孔永芝，西沙十五图人。性孝让，父久病，两兄议析产较低昂，永芝曰："父病方亟，闻之必加重，吾惟兄所命而已。"日以父疾忧惶无措，忽户外医至，永芝延入，诊父曰："此疾须亲生儿女肉制药可愈，不则死矣。"永芝即于密室割左股肉，授医制药，父服之果愈。医去，莫知所向。伤不疮，旬日平服。或问之，曰："当时但求父愈，不知痛也。"

陈淑，字善卿。期失怙，稍长，求父葬处，母携令识之，时往洒泪。长游庠，贫无养，教授以给。其妇仇色忤于母，竟黜之。躬具甘脆，多方以佐母欢。母病，焚香吁天，愿以身代。及卒，附其尸，勺水不入口三日，垂绝复苏。比葬，躬运土成坟，庐于其侧，中夜悲号，闻者凄断。尝大风揭其庐，乡人争为构葺。三年外，亲友力劝归，犹一日一往，每祭，涕泣沾襟。为人笃行醇恺，非义不取。尝拾遗金，无认者，而仍委之路傍。受米值，过其数，而亟还之舍主。生平不愧独知，事悉类此。年六十七岁卒。母徐氏，早孀，矢志靡他，年八十四卒。先后直指累旌其子孝，亦以贞操表其母焉。

朱梁，字君重。见《胄监》。

陈可达，窦户细民也。与父偕渡江，有估客同舟，颇多赀，舟人利之，益纵帆覆其舟。可达善水，先登，觅父不得，遂操橹溯流往，得父，连声曰："急附橹！急附橹！”旋以两手击而前。时寒风凛冽，俏冻痿不支，因复溺。可达不见其父，大哭，复挟橹赴中流觅[1]父，竟亦溺死。三日，抱其父尸而出，面色如生。

孙繡，业缝衣。蚤丧母，事其父至孝。每出，得果脯善，辄归以贻父。日必市酒，令妻温而荐之，怡怡如也。冬月，必抱父足寝。妻陈氏，亦颇能成繡志。父殁，以一苇席庐于墓侧，终三年哭不绝声，过者无不叹羡。

刘权，居北新港。力佣以事其母，然不远佣，择其附近者始往。日必夙兴，具盥沐，待母食而后出。每食必趋归，反复视始去，与众共饭执役。后母死，出积值，市地一方以葬母，遂庐其上，涕泣奉膳。出入必告，如其生，终身未尝他徙。

朱绂。邑侯刘公烨尝以孝子旌之，行实未考。

范弘祖，字懋卿，庠生。性至孝，事父先意承志。寡母寝疾五载，朝夕不离床侧，药必口尝，吁天请代，而推食解衣，殡死焚券，又其余事也。子振文，庠生，亦至孝，有父风。

文　学 见《科贡》《胄监》者不更载

陈善，字德先。初为诸生，性抗直慷慨，不辟忌讳。因以言贾祸，遂弃家游武夷、匡庐诸山，谈出世之业。后归，日杜门坐卧一小楼，著书自娱。兰溪赵师相征之，不就，以“明时弘景”四字贻之。甘直指旌其高行不群，刘中丞称其精于性命之学，殆有道而隐者。善生平好善疾恶，喜接引后进，闺门肃然，兄弟不别业。著《大学古本》《中庸疏义》《道德经筌》《心经注》《阴符喻》等书行世，吴郡王世贞为之序。

朱大中，字时甫，邑诸生。性拓落，不事生产，读书多独见。为制举义，好出己意。以先世业农，鲜藏书，鬻产至金阊，购异书数千卷，无不披览。以不得志于有司，去为汗漫游。晚更从阳明高足讲良知之学，欣然有得。诸子孙皆能世其学。

---

[1]　觅，底本作“为”，据万历志卷八改。康熙志卷十四作“寻”。

吴琛，字文玉，邑廪生。以学行著称一时，从游者甚众。动与古期，落落多大节，学者咸称为海门先生。

严启桢，字瑞先，郡庠生。博览群书，诗歌古文辞悉取裁西京，晋、魏以下不屑也。为人迂僻傲诞，不可一世，人亦以此仇之。所著有《幽籁集》行世，惜后人不能守之，其稿多散失。

姚慎思，字元睿，邑增生。家贫力学，所居数椽，风雨不蔽，读书晏如。性复侃直，不善俯仰，以此不为时俗所喜。试有司，又辄不利，以奇穷卒。独试童子时，受知于宜兴令秦公某，为纳聘购书，期以远到。后复受知于云间司李吴公之甲，奖叹不去口，为特眼云。

黄学成，字伯诚，邑廪生。姿性高彻，振笔千言立就。好独行己见，不随俗低昂。然见人有善，称之不啻口出。惜中道卒，未竟其志。

鞠正学，字师圣，邑诸生。言坊行表，动以礼法。屏居林壑三十余年，读书自娱，足迹不履城市。介然绝俗，有古人之风。

陈学礼，字汝立，邑廪生。绳趋矩步，言笑不苟，虽晏处肃然。临贡卒。

陈世淳，字太素，善之子，邑诸生。性质厚，孝友姻睦，闻于里党，远近无间言。尤善隶书。居恒一团一畦，陶然自足。处世若虚舟然，别号若虚。

隐 逸

程飞卿，善诗文。苜蓿萧然，不喜干谒。群偷入其室，束之荐中，犹毅然曰："曲生我所嗜，可勿将去。"

沈瀚，字鸿甫。性厌繁嚣，清斋野衲。考室北郭外，门径幽邃，无剥啄声。圃中尝植海棠，高丈余，颇繁盛。有狭邪辈饮其花下，去即伐之。暮年辟舍后隙地，封一墓而虚其中，纳棺焉。旁设一小榻，尝跌坐竟日不出。越八十有四，疾作，命具衣衾，卧于棺中而卒。

顾学渊，字启明。家贫，世居城东南三里许，仅茅屋数楹，大可容膝，绕屋杂植竹树果卉，绝无俗人往还。日弹琴咏诗，欣然有得。生平未尝一谒郡邑长吏。晚征乡饮，不出。子春和，邑诸生，其清真亦有父风，而狷守尤峻。

尝出舍,苦耕代养。一日暴寒,主人贻以衣履稍华,辞[1]曰:"以吾服敝缊,虽寒而安,鲜华无吾分也。"卒不受。

萧正声,字雅所。质厚寡营,动必缘礼。即燕居,衣冠肃然,不改其度。待宗戚故旧之贫者,礼意尤笃。遇婚丧,每质子钱赈之。居乡温克,即非意相干,不形于色。子邑廪生信芳,亦以学行著称。闺门之内,雍雍肃肃,为时所式。

陆俅,字时杰。初为邑诸生,高尚恬退。卒,年百岁。

陆大韶,字振之。屏居乡庐,舌佃糊口,生平未尝入城市。年七十余,亲党高其风,为闻之,邑大夫式庐,造请宾筵。甫至郭门,即大惊曰:"是何处?吾不惯入此。"即引退。

尚　义

朱正约。见《胄监》。

盛恩,字子惠。幼孤窭,后起赀巨万,与弟忠不别异。邑有公役,率身先趋之。尝捐数百金,启辛关、施槽[2]、设糜、葺梁[3]、造井诸义,费无虚日。及修学,建明伦堂、尊经阁,皆其子长宁令时杰董之,复捐助数千金。尝有负其金数百者,其人产尽落,度不能偿,杰急券焚之。盖世行义云。

席上珍,初为邑诸生,强力有胆。嘉靖乙卯,倭薄城下,人情惶骇,珍慨然欲率乡兵御之。时邑丞孙京谓日辰不利,宜少需。珍曰:"寇逼门庭矣,何需为?"领壮士百余,从东门鼓噪出,杀数十贼而东。至秦家桥,贼众忽冲突,珍仆,遂遇害。

义仆顾姓,名未考,为隐山团人。其主与主母相继死,滨江田坍尽。顾与妻乳其褓褓之子如己子,长而为之婚配者,载躬佃田事,操作以养之。且其子有癫疾而愚,顾不以其故失主仆礼,客至,辄趋令陪坐茶饮,而己侍立其傍,执役甚恭。或有问,必直告之。以上载原志。

---

[1] 辞,底本原为墨钉,据万历志卷八补。
[2] 施槽,底本"施"后衍一"施"字,据万历志卷八删。
[3] 葺梁,底本"梁"前脱"葺"字,据万历志卷八补。

尤邦志，嗣于张，因冒张姓。少失所，佣以事母。偶徽人汪姓者寄一匣金，约八十余两。未几，邻居火，延及其舍，急命妇翼其母出，已持匣置野中，谨守之。数日后，汪驰至，已意此物灰烬，不则为他人攫去矣。志原识与还，分毫无染，里中高之。赵侯应旌扁旌之，复优以布帛十余匹。

游　寓

赵孟頫，字子昂；虞集，字伯生。未遇时，客陈杰家，教其二子简、范。

杨维祯，字廉夫，客李时可。

王逢，字原吉，江阴人，有《独游马沙》诸诗。

孙一元，字太初，关中人。殷云霄为令时，客于此，多题咏。

陈体文，字仲约，江阴人。童佩，字子鸣，太末人。康从理，字裕卿，永嘉人。秦柱，字汝立；叶之芳，字茂长，并锡山人。顾愿，字朗生；黄河水，字清甫，长洲人。李维桢，字本宁，京山人。顾养谦，字益卿，通州人。王穉登，字百穀，长洲人。皆客朱正初家，秦与王乃朱之姻知也。采《马驮沙小志》。

钱敬忠，字孝直，浙之四明人。比部丁艰时，读书马洲书院三年，与此地士大夫往还，咸相交厚。尝捐赀买田，以赡福聚庵僧法空。

方　术

瞿介福，其初常熟人，后徙靖，以医名。匕剂投人，无往不效。为人性端谨，言笑不苟。万历年间，邑中瘟疫大作，介福施药，所活甚众。子宗鼎，亦谨朴孝友；次子宗爵，俱克世其业。

邹志夔，字鸣韶，其先丹阳人。少业儒，试一二不效，辄弃去。精医药，旁及坟典，于书无所不窥。为人朴雅，动则古昔，称先生，取予一介不苟。尝罗邃古仓、扁以及近代刘、李诸家之言，著为《脉辨正义》五卷，言言理要，与《素问》《灵》《难》相发明。邑人朱家栻为之传。

方　外

释海门，号洪注，楚之钟祥人。初为三槐门人，后与汰如、见晓同参一雨。精湛内典，严于戒律，所游皆寒素士。与人交，初终不替，道义相勉。邑人沈其旋倡建楞严庵，卒，塔墓其地。

节　烈

陈玄奴，楚良女。年十七，至正德丙申冬，随父避乱往姑苏。遭兵，欲掠之，女即投水死。良悲愤，抗骂不屈，亦遇害。楚良尝为巡检，其与女死事，友人潘鹏尝纪而哀之以诗。

孙氏、冯氏，族类无考。正德七年，流贼刘七掠境，掳男妇，群驱而行，惟孙与冯不从。贼以威胁之，益厉色自守，遂遇害。嘉靖三年，邑丞韦商臣建祠祀之，并祀陈玄奴为三烈。

顾玉洁，朱性之妻。年二十一而寡，父与舅欲夺其志，不得。正德壬申朔，贼刘七掠境上，所在奔窜，玉洁怀夫木主随姑走匿，卒与姑失。与一邻妪野宿二日而归，以诸婢不顾恤之情告姑，姑劝其改节。是夕，怀夫木主自缢，时年二十五。

袁氏，年十七归陈莲，二十三而莲死，孤天秀仅三岁。时伯利其产，而父亦怜其幼，金为议改醮。袁徐曰："待三年。"既三年，天秀亦六岁矣，议改醮者如前。袁复曰："待送此子上学，能识几个字，当惟命耳。"伯憎其迂缓，渐侵削之，仅与田六亩自给，袁亦不以为少。昼夜纺绩[1]，课儿句读，后业亦日以裕。伯乃信其立志坚屹不可动，且沉静敦睦，遂改敬焉。

陈鹦奴，陈云之女侍也。年十六，尝抱云之幼子避倭，卒与贼遇。贼欲掠其行，鹦诒曰："行次中此孩殊为累，我当送之邻家，从汝耳。"贼监之行，鹦举孩付邻妪曰："为我还其母。"语毕，坦然随行，贼不疑其有他也。及登

---

[1]　纺绩，底本作"纺帻"，据万历志卷八改。

舟,卒投入江,贼急赴救,鹦牵贼发而死。

江相女,年十七,西沙十九图人也。嘉靖三十五年五月,倭寇泊岸,女泣谓父曰:"避之无地,愿先死,以免其难。"父再三止之,乃以布自敛,蒙垢敝衣,用锅煤涂面,潜密林中。贼掠其家,窥见欲污之,女奋力夺刀自刎不得,遂投水死。次日,父收其尸,面色如生。观者怜其志,竞为辞以挽之。

刘氏,张守敬妻。生子三岁,年二十二而夫亡。凶人陈某谋娶之,不从。陈辄造谤以激其所亲,所亲亦疑其不能以节终也,欲令改适。一日,遇凶于途,掳归,百方凌虐不能合,幽于一室。是夕,妇自经,时年二十五。后凶伏诛,直指赐额旌其户。

刘氏,生员陈焰妻。年二十六焰死,无嗣。焰诸兄俱顽狠无赖,利其产,逼令改嫁。刘罄所有与之,复利其身,逼如故。刘以死自持,不少憾。已又以姑处诸悍间,数受怂恿,宁与同居,躬纺绩织衽为养,慈爱愈坚。姑年九十七岁而殁,无营葬者,刘尽出其簪饰以经纪之。后稍以十指所积有田二十亩,仍为诸悍夺去,乃假生员刘大纶一室以自活。呜呼!以彼嗣无所寄,身无所归,口无所资,而又加以催迫万状,乃卒能抱此咫尺之义,而在幼不移,至老不悔,是将欲以奚为哉?真可谓有介石之贞,而之死靡他者矣。

鞠氏,马纪妻。正德三年,夫殁,时年方十九岁。有一岁孤,稍长复死。鞠甘茹贫,守志不变,寿七十余而卒。

刘氏,陈燧妻。其详无考,邑人刘烨尝举以应直指旌典。陈族名烁者,有"五年伉俪三年病,六十光阴四十屯"之句。

张氏,孙昌妻。昌故时年二十六,子同伦甫五龄,贫窭至不能具饘粥。或讽其改醮,乃抚同伦泣曰:"未亡人所不即死者,以此子耳。欲我舍子而他适,何以生为?"躬习勤俭,昼夜纺绩,资同伦负笈修业。后同伦列贤书,直指使者先后致粟帛示风励。寿八十一,以子贵累膺诰赠,称宜人云。

朱氏,黄绍妻。绍亡,年甫二十,父母怜其幼,欲嫁之。氏以志盟于母,母偪之愈峻。一日,忽理其家事,付侍婢,夜分自缢。婢觉,呼家人破牖救之而甦,自是父母不复言。日勤纺绩,奉舅姑甘脆,乡邻罕睹其面。年八十,里中称庆。池中莲开并蒂,人以为节孝之应。

张氏,生员朱肇修妻。年二十一而寡,无嗣,以死誓不他适。绝不御华饰,终日坐一室。寻病痿,或劝之医药,答曰:"未亡人惟蚤从夫地下幸甚,安用生为?"终不服药而卒。

陆氏,朱应问妻。十九岁应问亡,寻举一遗腹子,氏矢节保孤,百挫弥厉。后遗孤长,名之翰,复[1]夭,媳王氏亦踵姑志,立嗣承宗。先后直指旌其一门双节。

席氏,施于道妻。年二十于道亡,氏誓死不二,足不逾阃。有一子,复夭,舅姑俱耄,媳朱氏所生两孤皆幼,善病。氏旦暮拮据,仰事俯育,卒之老有终,幼有立。施氏得以不替其世,皆席之力也。屡经旌典。

朱氏,施某妻。夫与舅相继卒,姑席贞守自厉,氏克承其志,上奉垂白,下抚两孤,佐以勤劳,之死靡忒,称完节云。

尤氏,鸿胪序班朱津之副室。年十三归朱,二十五而寡。时遗孤大棐方七月,幼孽弱婴,皆倚嫡徐以为命。徐姓[2]严急,复恐氏不能以节终,每事故摧折[3]之,以察其意。氏事徐委婉有加,而自矢百挫弥厉,躬俭约操作,克宜其家,资大棐卒业太学。五十八而卒。

徐氏,即朱津次子大棠之妻。大棠亡,氏甫十九,无子,恸数绝。已,念其姑老,性严急,无媳而谁与俱生?遂忍死视姑,寒暄甘脆惟谨,同寝处跬步不离。姑殁而经纪其丧如礼,复立二嗣,延夫祀。年五十二卒。

黄氏,江阴太学黄继元女,盛于鄘妻。二十一而归鄘,越二年鄘夭,氏恸哭数绝,却粒欲以身殉。诸姑姒百方劝慰,始进淡汤稀糜。后罄毁其珠翠绮纨,示不复御。尝手书"未亡人"三字,粘之室以自矢。姑患背疽,四月不解带。翁姑所服用,非亲制不以献。然竟以过恸成疾,终不服药饵。后鄘弟有子,请以后其夫,曰:"夫有嗣,吾事毕矣。"不食六日而卒,时年二十五[4]。崇祯九年八月,奉旨旌门。

韩氏,孙德妻。年二十二而寡,无子,族中欲胁嫁之,以利其赀。氏截发毁容,誓无他。事姑极色养,立嗣以延夫祀,族中遂不敢言。万历四十年,

[1] 复,底本原为墨钉,据万历志卷八补。
[2] 姓,万历志卷八同,疑应作"性"。
[3] 摧折,底本作"推折",据万历志卷八、康熙志卷十四改。
[4] 时年二十五,万历志卷八同,康熙志卷十四作"年五十二"。

奉旨旌门。[1]

范氏玉贞者,父恭遂。当天启改元,民间讹传大婚,汹汹许嫁,恭遂以女过朱敛璧门,为子妇,时年十二耳。讹息,还家。朱氏子痘殇,恭遂将贞别字。一日,母持钱千文,与贞为女工费,贞疑为聘赀,却弗受。自是不栉不沐,时曝烈日中,或立大雨下,推餔弗食,彻夜危坐,毁容截发,有若癫痫。母语之曰:"尔父贫娄,若不嫁人,衣食安给?"贞泣曰:"从此当以缝绩自给,脱不敷,惟有饿死耳。"父知其志不可夺,因还后聘家礼。贞由是茹荼饮蘗,若将终身。贞女守义,较节妇尤烈云。

倪氏,年十七,于归陆承荣。至二十一岁,而荣卒,坚心守节持身四十三年,闾里莫不钦其清洁。

张氏,医士邹志夒妻。夒远游,忽一夜邻人失火,沿烧已匝其居,张扃室如故,人以为寝熟不觉也。亟排户大呼"出避火",见张方危坐,徐答曰:"一妇人,两女雏,暗夜抢攘中,出将焉往?宁自烬耳。"阖户益坚。须臾,风返火灭,一时传为异感。

任氏,高文江妻。二十五岁而寡,氏持斋衣缟,冰操自厉。郡节推何行县,锡扁附志。

鞠氏,弓轼妻。轼故,氏年二十三,挈男自立,断发自守,人无间言。食粗衣敝,艰苦备尝。纺绩奉姑,孝养无忝,邑人称之。

吴氏,舟人褚某子妇。嫁逾年而夫死,翁姑逼之改嫁,不从,因为夫除灵。氏哭奠毕,阖户自经而卒。

闻氏,太学朱一熙妻。归七年而熙卒,痛不欲生,遗一子尚幼,姑百方劝慰,始进匕缟素,终身不御华绮。屡奉宪旌。

汤氏,故民项良木妻。年十七归良木,家贫,僦人一室以居。年二十一良死,一无所藉,二子皆岁余,其宗人怜其贫,欲嫁之。氏有死无二,昼则为人缝衽,夜则缵纻达旦,四十年如一日,里人义之。崇祯十年,奉旨旌门。

朱氏,举人朱家楫女,许同年举人卢焕文子玉立。焕文死,家尽落,玉

---

[1] 以下"范氏玉贞者"至"一时传为异感",底本原缺卷九《节烈》的第十九页,据所存第十八页及二十页内容,以康熙志卷十四相关内容补全。

立无所依，父携之任所，为毕姻。不数年，玉立死，氏哀痛誓不欲生，念有幼女，勉进粒。日书《金刚经》数卷，闲涉《列女传》《孝经》诸书，足迹不逾阃。女甫嫁之一夕，氏曰："吾事毕矣。"瞑目卒。

郁氏，生员朱维烊妻。年十七归烊，二年而烊卒，止生一女，甫弥月。翁姑欲逼嫁之，因辞灵，并其神主焚之。氏潜觉，向火中抱出焦主，欲入祠，门者拒之，哭于祠门者一日夜。后并夺其供膳田百余亩，氏纺织为业。现年六十四，无嗣，无举之者。

江氏，故民孙同科妻。年二十六，同科卒，无子。其父欲令改适，氏泣曰："女适孙氏，虽无子，有女雏在背。夫弃女，吾不忍也。"纺织糊口，年六十六卒。

夏氏，故民侯川妻。年二十三川死，生一子，甫十月。其族人欲嫁之，氏以死守。后其子复夭，备极荼苦，邑人怜之。

刘氏，贡士陆可辅母。辅幼年丧父，氏以艾寡，外持门户，内秉家政，服缟素终其身。教子有成，稍不合，辄跪责之，时称严母。

周氏，生员朱凤雍妻。年十七归雍，越五年而夫卒[1]，遗一子，尚未及期。苦节自守，年逾七十卒。

鞠氏，陈胙土妻。十九守节，寿逾九旬。从前屏居一室，诵经课子，邑人称之。

朱氏，毛世岚妻。二十七岁而寡，时子士伦尚在襁褓，茹荼饮蘗，百折不挫。直指使徐尝旌之以风世。

太学盛于岐妻黄氏，二十七称未亡人，甘贫乐澹，立志不移。训诸子以义方，能使家业充拓，振起前徽。卒，年四十有五。

杨遇春妻沈氏，年十九为妇，二十二而嫠，矢志不二。事后姑能孝，姑性素严急，沈奉之惟谨。昼奉姑，夜课子，每篝灯至夜分，坐两孤其傍，子诵读，己缉绵，咿唔声与机杼声相间。其后两子皆学成，先后入庠序。两子者，国栋、国梁也。崇祯十年，直指上其事，奉旨旌门，命有司岁给粟帛。

刘氏，年十九归庠生朱士骥，一年而骥病，又一年死。未有子，刘抚侄

---

[1] 以下"遗一子尚未及期"至"缝绩课子屏"，底本原缺卷九《节烈》的第二十二页，据所存第二十页及二十三页内容，以康熙志卷十四相关内容补全。

滦继朱嗣,而终身焉。

郭氏,羊放礼妻。羊死时,郭年二十四,遗一子甫期岁。家极贫,有强暴谋娶之,郭宁死不从。缝绩课子,屏居一室,内外截然,虽至亲罕识其面。今子士弘亦列庠序,有成立云。

黄氏,沈宗汤妻。十六而寡,翁姑因其年少,欲嫁之,氏誓死不从。系云梦令卷之女。

侯氏,生员张之浚母,二十五而寡。及笄适张,家业零落,数岁而失所天,浚在襁褓耳。氏茹荼守节,形影独吊,艰辛拮据。事媚姑徐氏,修洁甘旨,丸熊训子,不少姑息。弱冠游庠,律身醇谨。孙国政,发才燥入泮,儒业藉氏世传勿替。

靖江县志卷之十

风　俗<small>方言　农歌附</small>

　　水土演而风生，习染久而俗成。即十室之邑，百年之间，而谣俗异宜，被服好恶，质文异尚，不知其所繇然。管子曰："辟则愚，闭则类。"鲁道衰而洙泗之间龂龂如。吁！可畏也。志《风俗》。

　　靖隶吴，礼节俗尚与江南诸郡邑大略相似。然江南稍浮薄，而靖地下湿，厥土夷衍。生其间者，多驯扰柔顺，率易平坦，外不营耳目之观，内不矜机变之术，不能习伎巧糊口四方，不能为商贾猎取三倍。令适百里，非裹三口粮则废然返矣。大抵俗崇质愿，重廉耻，衣布衣，食麦饭，宁劳筋苦骨，自食其力，毋低眉垂首，视息于人。土著之民，有佣力，无丐流；有钝汉，无清客。即鄙细极贫之家，非生死万不得已，不轻以身为人奴也。郭中地亩四五百金，非世族巨室不得占，而居民多于四郊布散而处，列如棋置，环渠为卫，竹树荫之。前后畦亩，耕获以时，自春徂冬，从寅至戌，有勤动之劳，无斯须之逸。就其中之负远志，禀异姿，缓其服而峨其冠，以修伊吾之业者，即谓之士。吴中士轻俊喜事，以凌厉高抗为豪举，靖士独恂恂循谨，三尺法不敢逾，一命吏不敢犯。盖其处卑而无与为徒，地僻而易与为制，亦其积习然也。市肆列贾，半出他邦；公府史胥，率多奸黠。每见市井无赖，才挂隶籍，知衙署方向，辄磨牙而思大嚼；乡落细民，诡遍团保，晓地方姓氏，即吹毫而恣贪求。近更有白布豪民，交通衙从，谋充乡耆[1]，公行武断者。邑民类攻苦力作，麦饭藿蔬，昼夜惕息，以保门户之不暇，而市肆则悉食精凿、被绮縠矣，衙署色目则日矜肥润、夸醉饱矣。间有神奸巨猾，造访倾人，壬人诞师，嚣讼挑衅，为害滋甚。惟夫饮博冥豫，恶少年所在有之，而佞佛成风，愚夫妇比屋而是。人情日趋华靡，物力日见凋敝，此则有识所共忧，而莫知所底也。采朱家楫旧志。

靖俗喜纤啬，耐寒暑，服劳苦，无江左游闲之习，其畎亩陂池，经纬错综，有古井田遗意。农家树篱插棘，沟池竹木，前后环匝。岁二、三月间，春江半绿，马首桃花，与茅屋相映。村坞如红霞，游人往来，衣袂皆丹，宛然武陵图中也。最重右姓，高卑截然。奴产世世为之厮养，沙土易耕，地无遗力。田塍亚水，有耨无耘，蓄泄江潮，以供灌输，可不忧旱。租庸赋调，不足当江南十五，其地足当乐土。近乃渐变为繁瘠，征求甚多，物力渐耗，天时人事，适凑其穷，视万历初年，已不胜盛衰今昔之殊矣。

冠礼废久不行，其冠者择一吉日，盥手加冠，更新其衣，如此而已。三加醮祝，不复知为何说。婚有六礼，万历初犹行之，今奠雁、亲迎皆废。居丧而娶，三日后而庙见，施襟结帨，不曰夙夜，无违宫事，而曰往持门户。至若论财倚势，尤失之大者。丧事，天启末渐从简杀，棺椁衣衾附于身者，诚信缺然。而迎神设醮，化楮忏悔，纸人竹马，彩幢花架，观美之费相戒以为缺一不可。惑葬师祸福之说，亲死至数十年不葬，曰时日不利也。祭事从数，岁时伏腊，无不祭其祖先。他邑祭多统于宗子，而靖则支子分祭。但取简便，拜跽奠献，鲜中仪节，是不无待于勤思复古者。

岁时元旦，亲戚党里肃衣冠，交拜履新，并为醵聚。迎春日，荐春盘，啖春饼，老稚竞出东郭观土牛，喧阗竟日。十三夜，试灯。上元日，作灯市，笙歌彻旦，家作粉丸食之，曰团元。寒食，曰百五节，人簪麦叶。清明，扫墓，插柳冢上，标白纸钱，哭新鬼。四月初八，僧尼浴佛。端午，采芦箬，裹秫米为角黍，屑菖蒲、雄黄以饮酒。正午，采百草辟毒。妇女簪艾虎、佩符辟邪。画舫观龙舟。七月七日，乞巧，月下穿针。中元，爀茄饼，荐先设斋，曰盂兰盆会。八月十五，设瓜果赏月。重九，登高饮菊，插茱萸。和枣脯为糕，

---

[1] 乡耆，底本漫漶，似为两墨钉，据康熙志卷六补。

曰重阳糕。冬至日,贺履长,略如元旦。腊月八日,杂果蔬辛物,曰腊八粥。廿四日,相传为灶君朝天,用糖饼以祀,糟团秣马。是日,扫屋尘,丐者饰鬼面傩于市。暮,炽柏枝大门外,曰粆盆爆竹。杂赤豆,炊米为饭,食家人,曰辟瘟。除夜,接灶,封井,过三日不汲。画石灰于地,象弓矢,象仓廪。换桃符、春联。老幼围炉欢饮,守岁达旦,爆竹声不绝。

按:靖俗务本力穑,食粝衣粗,然民间敬老慈幼,安贵贱之节,吏民相安,不敢作奸犯科,最称近古。正德初,崇明民千余家避屠来靖,皆饶于财,数椎牛酒相晏乐。邑民惑之,始有从之啸聚江上者。迨庚戌、辛亥、壬子间,姑息养奸之政行,而亡知贪利之徒翩然猾起,以至于今,抵冒殊捍,熟烂不可究诘,盖所繇来渐矣。上之人遂曰是悍黠难治,不察其奸生于财竭,乱萌于积忿,负无复之忿而欲逞,又习忕于纵弛之政,欲无习攘敚而兴行谊,何可冀也?夫靖邑数万户,以习恶好讼闻者数人而已,萑苻[1]不逞,何地无之?遂云靖不可治,岂其然哉!忆昔旧令郑侯锜自兰溪来游毗陵,靖民闻之,往迎者百里相属。既至,茅檐蔀屋,莫不鸡黍款留。三月而归,涕泣引车者塞道。易侯幹振肃纲纪,分别臧慝,而善良归农,诬罔销阻,民歌思之。至今学谕王轻去,士民怆恋,追送不忍别。近令王侯叔杲莅任,期月调去,邑人随车悲号,百里不绝。无贫富,时时往省候,经岁犹然。此数君子者,非能深文虎视,威制下也;非多行小惠,违道以干誉也。民怀之如是,如是而曰难治,可乎?故曰:制治清浊之源,专自上而不自下。采朱得之旧志。

按:靖自成化初,民间不冠不履,小袖短衣,相遇或不能具一揖。今则衣冠日盛,高盖驵奴以相驰逐,伛偻丈人遍于乡里。加以岁祲民贫,素封之家不能什一存,而男女仍务修饰,亟聚会娶嫁,衣服饮馔过度,至破产不惜。农人贱而商贾贵,士发愤治诗书,或困窭,贷一钱不肯与。而豪富吏民畜积累巨万,意色扬扬,鲜裘怒马,出入都市,驺藉士大夫,莫敢谁何。中馈井臼之教微,而羽葆群游,女僧盛行,倾动中篝。岁时伏腊,蘋蘩之羞缺然,而炫服供佛,肩舆错于道。又好生分,用妇言,父子兄弟别异而居,或终岁始一见。群居儇巧相勖,言及忠厚,则色赧然不欲为。此皆风流薄恶,贤人君子

[1]　萑苻,底本作"蕉苻",据康熙志卷六改。

所闻风太息而不能自已也。若乃精庐竞建,教学相长,通经怀古,斌斌多好学之士,则今或有逾于昔。西蜀文章,文翁倡其教;颍川笃厚,黄、韩为之率。庶民惟风,上为一而下为二,宣其然乎!

方 言

与人方便,自己方便。 吃饭防噎,走路防跌。 若要好,大做小。 不听老人言,终有凄惶泪。 小心天下去得,大胆寸步难行。 扒得高,跌得重。 前船便是后船眼。 识人多处是非多。 求人不如求己。 饶人不是痴,过后得便宜。 闭口身藏舌,安身处处乐。 身宽不如心宽。 若要宽,先办官。 爷顽赖,儿还债。 贵买良田,子孙得用。 未来休指望,过去莫思量。 早起三光,晏起三慌。 世上无难事,只怕有心人。 学无前后,达者为先。 自家有病自家医。 借的猫儿不过宿。 酒中不语真君子,财上分明大丈夫。 好汉吃拳不叫痛。 不痴不聋,难做家主公。 识得破,忍不过。 路遥知马力,日久见人心。 人无千日好,花无百日红。 人争一口气,佛争一炉香。 有麝自然香,何用当风立? 君子爱财,取之有道。

农 歌

锄禾当午日为烧,血汗翻浆背欲焦。老幼饥寒还未算,皇家有赋敢辞劳? 听说开仓带笑挑,只愁比较有花消。若还清了官私债,欢喜堂堂过岁朝。 芙蓉开过菊花黄,邻比相期斫稻忙。笑听霜镰声哑哑,三朝已后有新尝。 有新尝了有新尝,白发双亲久缺粮。白酒黄鸡男女孝,香橙螃蟹满盘妆。

风俗而及方言、农歌,为已细矣。虽细也,有昌言之意,邠雅之遗焉。故过而存之,毋过而废之也。附录如右。

占 候 海道歌诀附

占候之文，历无明效，而杂说谬陈，互相矛盾。夫《月令》阴阳垂训，尚有未洽，岂应胶执烦文，自滋疑惑？独农家五行、海运应候，颇孚气数。靖固国于江海之间，以桑麻为本，取其切于民用，为靖人所恒称者。志《占候》。

正月。元旦，占风东南有年，东与东北次之，西北大水，东北五谷熟。 雨，主春旱。 雾，岁饥。 云，日未出时，东方黑云，春多雨；南方黑云，夏多雨；西，秋多雨；北，冬多雨。谚云：年朝乌鹿秃，高低一齐熟。 立春日占：甲乙丰，丙丁旱，戊己损田园，庚辛人马动，壬癸水连天。 元宵[1]风送上元灯，雨打寒食坟。晴宜果，亦主春旱。 十七日晴，棉花有收。 惊蛰：未曾惊蛰雷，路白雨来摧。谣云：春雷须见冰，弗冰弗肯晴。又云：惊蛰逢雷，米似泥霜。谚云：一日春霜三日雨，三夜春霜九日晴。又曰：春寒多雨水。

二月。初八日，候西南风，有秋。十二花朝，十三收花，并喜晴明，百果百谷倍收。 社日宜雨。

三月。谚云：三月无三卯，田家米不饱。初一雨飘飘，人民当食草。 蛙鸣初三日：午前鸣，高田熟；午后鸣，低田熟；终日鸣，齐熟。唐诗云：田家无五行，水旱卜蛙声。 三月初三晴，桑上挂银瓶；三月初三雨，桑叶生苔痕。 十一日，麦诞，喜晴。 寒食雨，烂麦堆。 清明雨，有梅水。谚云：雨打墓头钱，今年好种田。

四月。初四，稻诞，喜晴。 初一日，谚云：小麦不怕神共鬼，只怕四月初一夜里雨。 有利无利，但看四月十四；有谷无谷，只看四月十六。 十八小分龙，晴，主旱。 立夏日，无晕，旱；有晕，则水朝。 桑叶贵晴，主旱。 日暖夜寒，东海也干。 麦秀风来摆，稻秀雨来淋。

五月。初一雨，井泉浮。初二雨，井泉枯。初三雨，连太湖。 霉时梅熟，

---

[1] 元宵，底本作"元霄"，据文义改。

因曰黄梅。谚云：黄梅寒，井底干。雨打梅头，无水饮牛。　端午晴干，农夫喜欢。　芒种端阳前，处处有荒田。　未吃端午粽，寒衣不可送。　夏至点雨千金价。　候西南风，风急急没，风慢慢没。　时里西南，老鲫奔潭。　迎梅雨送时雷，送了去，再不回。　二十日，大分龙，谚云：二十分龙廿一雨，倒个车来就出水。　小暑雨，转黄梅。　熟不熟，但看五月二十六。

六月。谚云：六月初三落一暴，高低田里多得稻。　六月初三晴，山筱尽枯零。　六月不热，五谷不结。　伏里西北风，腊里船不通。　秋前生虫，损一茎，发一茎；秋后生虫，损一茎，无一茎。　朝立秋，凉飕飕；夜立秋，热到头。

七月。谚云：七月秋，莳到秋。六月秋，索罢休。　秋字鹿，损万斛。言立秋发雷晚，稻则秕。　立秋后虹见，曰：天收，虽丰年，必少收。　风潮怕处暑，稻花空作蕊。　处暑雨不通，白露枉用功。　秋分在社前，斗米换斗钱；秋分在社后，斗米值斗豆。

八月。朔日晴，连冬旱；朔日雨，宜麦姜。　白露前是雨，白露后是鬼。言白露是天收雨，损稼也。　云掩中秋月，雨打上元灯。　分社合日，农家叫屈。又曰：分了社，谷米遍天下；社了分，谷米如锦墩。　八月小，糯米宝。

九月。初一至九日，应来年每日北风，则米贱。　九月一日晴，不如九日明；九日明，又不如十三灵。　霜降见霜，收米做霸王。又曰：重阳无雨一冬晴。

十月。初一西北风，粜新米，籴冬春。　初一阴，柴米贵如金。　卖絮婆子看冬朝，无风无雨哭号啕。　十月雷，人死用爬推。雨打冬丁卯，飞禽不得饱。

十一月。至前米价长，贫儿有长养；至后米价落，穷汉转萧索。　十七日东北风，有云来，岁有雨大熟。　液立冬后十日为入液，至小雪为出液。此时之雨，乃天地膏液，主治杀蛊消积，宜麦。

十二月。若要熟，年前见三白。　腊月有雾露，无水做酒醋。　两春夹一冬，无被暖烘烘。　腊雪是被，春雷如鬼。　除夜犬不吠，新年无疫痢；除夜犬恶噪，新年多火盗。

四时占谚：日生双珥，断风绝雨。　日落云里，雨落半夜后；日落胭脂红，无雨也有风。　月如仰瓦，不求自下；月如弯弓，少雨多风。　一个星，保夜晴。　星月照烂地，晴日不多时。　东风急，备蓑笠。　云行东，车马通；云行西，脚踏泥；云行南，水平潭；云行北，阵陡黑。　春雨甲子，赤地千里；夏雨甲子，乘船入市；秋雨甲子，禾头生耳；冬雨甲子，牛羊冻死。　春丙旸旸，无水撒秧；夏丙旸旸，暵死稻娘；秋丙旸旸，干谷上仓；冬丙旸旸，无雪无霜。　春己卯风，树头空；夏己卯风，禾头空；秋己卯风，水族空；冬己卯风，畜阑空。　久晴防戊雨，久雨遇庚晴。　久不晴，看丙丁；久不雨，看戊己。　朝霞暮霞，无水煎茶。朝霞不出门，暮霞行千里。

海道歌诀

朝看东南黑，势急午前雨。暮看西北黑，半夜看风雨。右占天

早起天顶无云，日出渐明。暮看西边无云，明日晴明。游丝天外飞，久晴便可期。清朝起海云，风雨霎时辰。风静郁蒸热，云雷必振烈。东风云过西，雨下不多时。东南卯没云，雨下巳时辰。云起南山暗，风雨辰时见。日出卯遇云，无雨必天阴。云随风雨疾，风雨霎时息。迎云对风行，风雨转时辰。日没黑云接，风雨不必说。云布满山低，连宵雨乱飞。云从龙门起，飓风连急雨。西北黑云生，雷雨必声匀。云势若鱼鳞，来朝风不轻。云钩午后排，风色属人猜。夏云钩内出，秋风钩背来。晓云东不虑，夜雨愁过西。雨阵两双前[1]，大飓连天恶。恶云半开闭，大飓随风至，风息始静然。乱云天顶缠，风雨来不小[2]。风送雨倾盆，云过都暗了。云红日出生，劝君休出行。红云日没起，晴明不可许。右占云

秋冬东南起，雨下不相逢。春夏西北风，夏来雨不从。汛头风不长，汛后风雨毒。春夏东南风，不必问天公。秋冬西北风，天光晴可喜。长夏风势轻，舟船最可行。深秋风势动，风势浪未静。夏风连夜倾，不昼便晴明。

---

[1]　两双前，嘉靖志卷五作"两双煎"。

[2]　不小，嘉靖志卷五作"不少"。

雨过东风至,晚来越添巨。风雨潮相攻,飓风难将避。初三须有飓,初四还可[1]惧。望日二十三,飓风君可畏。七八必有风,汛头有风至。春雪不二旬,有风君须记。二月风雨多,出门还可记。初八及十三,十九二十一。三月十八雨,四月十八至。风雨带来潮,傍船人难避。端午汛头风,二九君还记。西北风大狂,回南必乱地。六月十一二,彭祖连天忌。七月上旬来,争秋莫船开。八月半旬时,随潮不可移。右占风

乌云接日,雨即倾滴。云下日光,晴朗无方。早间日珥,狂风即起。申后日珥,明日有雨。一珥单日,两珥双起。午前日晕,风起此方。午后日晕,风势须防。晕开门处,风色不狂。早白暮赤,飞沙走石。日没暗红,无风必风。朝日烘天,晴风必扬。朝日烛地,细雨必至。暮光烛天,日光晴彩,久晴可待。日光早出,行途可千。晴明顷刻,返照黄光,明日风狂。午后云遮,夜雨滂沱。右占日

虹下雨雷,晴明可期。断虹晚见,不明天变。断虹早挂,有风不怕。右占虹

晓雾即收,晴天可求。雾收不起,细雨不止。三日雾蒙,必起狂风。白虹下降,恶雾必散。右占雾

电光西南,明日炎炎。电光西北,雨下连宿。辰阙电飞,大飓可期。远来无虑,迟则有危。电光乱明,无风雨晴。夏风电下来,秋风对电起。闪烁星光,星下风狂。右占电

蝼蝈放洋,大飓难当。两日不至,三日无妨。满海荒浪,雨骤风狂。大海无虑,至近无妨。金银遍海,风雨立待。海泛沙尘,大飓难禁。若近山岸,仔细思寻。乌鳍弄波,风雨必起。二日不来,三日难抵。水上鹅毛,风大难抛。东风可守,回南暂傲。白虾弄波,风起便和。右占海

月上潮长[2],月没潮涨。大汛潮光,小汛月上。水涨东北,东南旋湲。西南水回,便是水落。北海之潮,终日滔滔。高丽涨来,一日一遭。莱州洋水,

---

［1］　还可,嘉靖志卷五作"不可"。以下"惧望日二十三"至"风起便和右占海",底本原缺卷十《占候》的第十五、十六页,据所存第十四页内容,以嘉靖志卷五相关内容补全。"右占海",据《海道经》补。

［2］　"月上潮长"至"须抛木",底本原缺卷十《占候》的第十五、十六页,据所存第十七页内容,以《海道经》(明嘉靖刻《金声玉振集》本)相关内容补全。

南北长落。北来是长,南退方觉。扬子江内,粮舟之患。最怕船密,大风紧急。系定且守,船走难缆。纽定必凶,直至沙岸。走花落碇,神鬼惊散。要知碇地,大洪泥硬。滩山一舣,铁碇可障。海中泥泞,须抛木碇。黑水洋深,接缴数寻。成山开处,名罗鼓地。磨断棕毛[1],篾缴可抛。成山铁山,万丈深泉。右占潮

---

[1] 磨断棕毛,底本“磨”字缺,“棕”作“宗”,据《海道经》补改。

靖江县志卷之十一

褆　祥赈恤附

汉治近古,其垂世文章,亦首称免民田租诏令,故良吏为独盛。我朝亦以民庸课吏治,遇一灾荒,辄下一恩诏,父老犹能道之。迩者兵、荒并告,即民命如丝,而请蠲请贷,不敢出诸口矣。虽有龚、黄、卓、鲁茧丝保障,将安处乎? 志《褆祥》。

洪武二十年,旱。二十五年,旱。二十九年,大旱,沙心苗稿死。

永乐三年,风潮,雨浃旬。十一年七月,风潮,漂没民居。有石香炉大如斛,从潮浮至,停东沙[1]十图田内。有居民朱泉,因其址作孝向庵,为祀先合族之所。

宣德四年,旱,民饥,诏免田租。六年秋,大风潮。九年孟夏,旱。秋,大潮。诏免田租。

景泰四年十二月,大雪,木冰。五年正月,雪深三尺。五月,雨,风潮。诏有司赈恤。六年夏,旱,蝗。巡按御史杨贡奏免秋租。

天顺四年秋,雨,风潮。免田租之半。八年八月,雨,风潮。免田租有差。

成化元年七月,风潮。二年五月,风潮。七年夏,旱。秋,潮。减田租。十七年春、夏,大旱。秋,大雨,风潮,淹没田庐,人多溺死。明年春,

---

[1]　东沙,底本脱“沙”字,据文义补。

赈济。海寇刘通[1]称乱,征兵。十八年秋,旱。减田租。十九年,大水,荒。二十一年秋,大旱。减田租。二十三年,旱。大赦。

弘治元年五月,大风雨,潮没如洋,湮死老幼男妇二千九百五十一口,漂去民居一千五百四十三间,阖邑公宇颓圮尽。下诏宽恤。是年,孤山登岸。四年,风潮。五年,风潮。赦。七年,风潮。十二年,风潮。十四年,旱。孤山崩东北一角。十六年夏,旱。秋,潮。冬,雪深三尺,冰坚尺许,橙、橘皆死。诏减租发赈。十八年,旱。九月十二日,地震。

正德元年,旱。减租。二年,风潮。三年,风潮,旱。五年夏,久雨。五月十八日,风潮。凡境内筻竹、紫竹生花结实,尽死。诏抚院等官存恤,本年正额并各项钱粮俱量免。六年春夏,疫,民有灭门者。秋七月中,渡船蚤发,望南洪有物如山,长百丈许,自西而东,良久始知其为鱼鬣。占者以为兵象。次年,流寇至。七年秋,风潮。赦。八年,风潮。九年夏,旱。秋,潮。诏免田租。十年秋七月,久雨,风潮。十四年正月,地震,有声如雷,庐舍皆摇动。十五年夏,风潮。

嘉靖元年春三月,有海兽如羊,登孤山。居民逐之,至江入水中。秋七月二十三日,大风雨,潮涨如海。三日,邑宇崩塌,民庐漂没,死者数万。故老相传,谓弘治元年之潮不及其半。抚按奏闻,钦降内帑银二万两,委宜兴县知县何栋散给存恤,并料理各公署,仍免田租。二年,饥,人相食。七月,有虎自江南浮至澜港。三年二月,地震,斗米百钱。五年,五星聚营室。二月,霪雨,民庐多倾塌,二麦尽死。通邑竹节生花,大如豆,形如人面,色亦肖。冬月,朱氏盥盆水冰花,其花透起如牡丹状者三日。七年夏,蝗。十月,地震。廿五日,白虹亘天。八年六月,蝗自西北来,蔽天,禾田无水者,与豆、麦俱尽。八月十九日夜,大雨,平地水五尺。廿三日,西风大作,走沙石江中,涸半晌。江滨民奔取江中物,回顾江岸如山,少焉水涨,多有不及岸而死者。九年三月,捕蝗,遗种甚多。十年,蝗。十一年,蝗来自西北,蔽天,所集竹树、豆草、禾苗立尽,数日苗长如初。秋,潮。有虎自江北来,至西沙,乡人荷锄向之,虎不为动,人亦莫敢逼。迨夜,虎至邑西南长安寺,马遇之,战栗

---

[1] 刘通,底本作"流通",据嘉靖志卷三改。

不前,数日忽不见。十二年夏,蝗。秋,潮。十四年夏,旱。秋,大潮。民艰食,斗米百文钱,饿莩载道。十五年四月,雨雹积寸许,桑、麻、麦俱尽死。十六年,风潮,淫雨。十八年,风潮。十九年,龙卷于婆港顾姓,人屋俱去。二十一年夏,旱,蝗。刘甫学诗云:"五斗糠秕三尺布,一挑河水五文钱。"二十二年夏,旱。秋,潮。二十三年三月初二日,甘露降,柏枝独渥。夏,旱。二十四年,大旱。二十五年,大旱,米价三倍,蠲田租,与三十三年通融全免。二十六年,麦秀两岐。二十八年十二月,邑人朱承恩兄弟因所居地坍逼江,募力四千筑坝连东开沙,以遏潮势,祷于江神数日。傍晚时,众望君山一灯大如斗,俄分为数百灯,满江皆红,飞集坝所,众皆惊走,有跌伤者。数年遂涨,两岸相接成平畴。三十年九月,地震。三十一年,风潮。三十七年,自夏迄秋,霪雨,始生马蝗。三十八年三月,甘露降于朱氏墓。三十九年,霪雨,自六月迄重阳。孤山北崩数石,闭仙洞门。四十年五月,风潮。九月,复风潮。四十一年,芝草生。四十三年,有龙起孤山西田间,头角皆见,卷去民居数十间,移石井栏越一港。四十四年春正月,雷,大雪,木冰。四十五年春二月,寒,伤人。六月,大雨三昼夜,邑皆没。

隆庆元年正月,民间讹传[1]采绣女。凡民家有女自四五岁以上,皆许婚配过门,谓之霍亲。三年六月朔,潮涨。闰六月,潮涨如洋,漂民居无算,溺死者万余口。七月望,大雨三日,平地水深五尺,百谷皆死。本县请赈恤,奉恩诏免米三万九千五百五十二石八斗五升二合,起运银改折三万六千七百五十两。四年,地青虫,形如蚕,食禾苗几尽。

万历元年七月,风潮。六月及十一月,地震。九年,彗星见,尾指东南,初昏长二尺许,夜央,其长竟天。八月望,大风潮,人民溇死,东沙尤多。十年七月,风潮。八月,地震。明年,奉诏免米一万九千八十石五斗二升五合二勺。十四年,西隤暴坍,居民流徙。有孙杰诣真人府请符,插江中坍处。既三日,有巨鱼首浮出,似鳅状,约重可数百斤。后果涨。十五年七月,霪雨,风潮,禾皆生耳,稼不登。米改折银一千五十九两九钱五分八厘九毫,停征折色银二万八千五百二十五两三钱九分七厘六毫。十六年,民饥。五、六

---

[1] 讹传,底本作"諴传",据文义改。

月,大旱。抚按题准赈济,发存留地方关税等银五百五十两给散。十七年,民饥,斗米百五十钱。五、六月,大疫,免本色米五千六百四十石八斗八合四勺,折色银三千三百八十三两五钱二分七厘五毫,又停征银四百八十两五钱七分七厘八毫。钦差户科给事中杨文举赍发太仆寺马价并南户部银三万两,分发本县,得银一千七百十两赈济。十九年七月,风潮。二十年三月,民间讹言黑眚见,各以灰印其户,金声彻夜不绝。八月,雨雹,下伤稼。二十一年十月十五夜,天裂东北方,长丈许,中有火光烔烁。二十三年,水灾,免征银八十八两四钱五分四厘三毫。二十四年,水灾,免征银一百八十六两四钱五分四厘五毫。二十五年,霪雨,麦不登。二十六年正月,地震。十二月二十日,复地震。一岁水灾者载,免银一百五十四两五钱八分八厘。二十九年,霪雨,自二月迄四月,麦尽伤,即获者亦不可食。八月,复霪雨,伤早稼,免征银一百七十八两三钱六分六厘。三十六年四、五月,霪雨,江南田中行舟。八、九月,水始退,靖江差有收。巡抚周孔教奉旨议赈恤,钦发赈银一万二千七百两,本县得赈银一千五百两,省免米二万六千六百八十四石九斗,省免银五万四千三百二十五两一钱一分,又省免米四千三百八十七石七斗一升,又省免银一百八十九两六钱八分。又抚按行文借本府库银一万二千两,分发各县,本县行银三千两,买米贮仓平粜,以济饥民。又河南固始余中书义助赈米七百六十石,靖亦得赈米一百石。三十八年,地震,自西而东。三十九年五、六月,霪雨。四十一年五月,霪雨,孤山东北角崩,内有陶缶五,山僧持献贮库。四十四年八月二十六日,蝗从西北来,蔽天,所集竹芦青草立尽,然不伤稼,遗种甚多。十二月初五辰巳间,日晕生珥,白虹竟天贯日,日傍有数黑子磨荡。四十五年二月,蝗生,赵侯应旌单骑下乡,率农捕蝗遗种,共得九十石解郡,余皆燔之。五月二十九日,飞蝗从西北来,蔽天集地,厚尺许。有两龙自西南下,震风大作,一时卷蝗俱尽。八月,风潮,伤江滨禾稼。四十六年春,雨,伤麦。九月二十六日晚,白气见东南,半月而灭。寻有星孛于东方,渐移而北,光长数丈,直亘天中。

天启元年正月,讹传选宫女[1],民间嫁娶多不备礼,不择对,即六七岁

---

[1] 宫女,底本"宫"后脱"女"字,据康熙志卷五补。

亦不免,举国若狂,官府不能禁。夏五月,塔将成,有巨楠浮江而来,作塔心。二年九月九日,大雾。十二月廿二日,地震有声,屋瓦皆动。四年二月十一日,大星如蛋,自北移东没。夏四月,霪雨。五月十九日,澍雨五昼夜,江涨,漂没江滨民居。六月中,异星昼见,去日有尺光动摇。五年正月上旬,大雾八日,晦。三、四月,霪雨。六月初四日及八月廿三日,天鼓鸣。六、七月,旱。七月廿六日,太白经天。六年正月,雪,大雷电。四月初八日,天鼓鸣。六月、闰六月,大旱。七月朔,大风雨,拔木偃禾,江涨,滨江田皆坏。十二月廿八日,木冰。七年正月朔至三日,天鼓鸣西北,昼晦,澍雨迄十八昼夜不绝,民食树皮。十九日迄廿一日,风雨雷电,随大雪兼雷雹。二十二日,臭雾四塞。十一月二十二日,大风数日,江流涸如带。

　　崇祯二年,自九月至十一月,不雨。三年春,不雨,麦萎。八月,霪雨,苗不实,流氛洊警。六年正月朔,县东卷房火,卷案俱焚。六月廿五日,烈风猛雨,江瀑涨,澄死人畜,漂没屋舍,不计其数。奉旨蠲赈有差。邑人黄卷、范世桢、朱家栋首倡助赈,全活无算。七年四月初七日,黑云起东北,大雷电以风。须臾,雹下如石,堆尺许,有大如升斗者。二麦俱坏,屋瓦皆打碎。八年春,久雨。夏,不雨。冬十月,流寇震邻,江淮告急。唐侯尧俞动大众,缮城隍,日万人,数日底绩。九年春,流寇震邻,晏侯益明增修城堞,戒严。十年元旦,日有食之。三月,流寇告急,戒严。陈侯函辉缮城隍,谨圮堞,开界河。六月,龙见华严庵南,卷草舍数楹。秋后至次年春杪旦晚,赤气弥空,月色亦赪。十一年四月十九日至二十四日,大风损麦。六月,大旱。八月,雨粟,形如青黄麦,间有米,亦黄色。蝗从西来,有声如烈风,蔽天漫野,食禾豆竹木叶俱尽。陈侯函辉素衣走出,号泣拜祷,购捕不能绝。捕蝗四百余石,每石给钱三百。九月更余,空中有声如潮,如是者旬日。冬,旱,赤气旦晚弥天。蝗遗子复生,食初生麦苗。十月二十三日,五龙垂天,不雨。十二年三月,小蝗生,购捕。四月旦晚,虫聚鸣于天。五月,旱。八月,稻白蛸,无收。十一月,大雷雨,禁伞。十三年春三月,蝗复生,购捕。风云雨土者久之。夏五月,不雨。至七月,陈侯函辉率士民拜祷于途,靡神不举。秋八月,蝗复从西北飞来,蔽天漫野,路绝行人,至不可捕。九月,稻白蛸,东乡无收,民饥,通、泰饿莩就食者载道。十一月十二日更余,赤气弥天。十四年春正月十七日，大雪，木冰。

物　产

《洪范》八政，首食与货，民生国用，于是焉在矣。三代而上制简，期于利其民；三代而下制繁，期于利其国。民利国竞，国利民病，安在量土入而为之制乎？志《物产》。

民以食为天，是先谷入。谷品庶矣，曰麦，曰稻，曰菽，曰黍，曰稷，曰麻。

麦，有大麦，牟也，有早、晚二色，四棱、六棱。有小麦，来也，亦早、晚二色，舜哥、紫秆。元麦，俗呼穬，三月熟者糯，带青炒食，磨之似新蚕。又粳者，曰舜麦，色稍赤。均可饭。荞麦，小暑种，十月收。粒三棱，皮黑花白，可为粉食。旱乃种。

稻，有糯、秫也。先熟易落，曰蚤白糯。皮薄易酿，曰晚白糯。芒赤米白，曰虎皮糯。晚熟，性软色芳，曰羊脂糯。秆硬，曰铁梗糯。皮厚，曰姜黄糯。蚤种宜酿，曰赶陈糯。虽熟不枯，曰青枝糯。秆柔可为索，曰麻筋糯。香胜于香粳，曰香糯。旱种，曰撒杀天，有粳、粘也。米白早熟，曰早黄川。粒大性软，曰晚黄川。又有曰晚青川。米长性硬，曰红白籼。粒大而佳，曰蚤红莲。蚤熟，曰救公饥，曰拖犁归。圆硕见收，曰秕六升。瘦长雪色，曰箭子稻。中秋熟，曰闪西风。初秋可莳，曰六十日，曰乌口稻。皮芒稍黑，和他米炊之甚香，曰香滋米。皆九、十月获。

菽，俗名豆。日用不可缺，为腐，为油，为粉、粉屑。菉豆，产江淮，产于邑者，粒有大小，色有青、黄、紫、黑之别。蚕豆，粒最大，采以蚕月。豌豆，粒最小，与麦同种收。又有细小者曰安豆，亦可作腐。穄，稗之属也。青色者，粒大味美曰扁莆，粒圆多实曰圆珠，翠碧粒小曰茶青。其淡碧而味色绝美者曰白果，六月拔，八月枯。乌眼黄粒有黑眼，水面白粒大品佳。麻皮黄、牛垦庄、兔子圆、鸡趾黄、獐皮黄，皆黄色之属也。色紫者，僧衣、香珠、莲心三种并妙。乌香珠、大黑、子黑之属外，有五色杂而宜饭者，俗呼赤豆。其粒细而长蔓生者曰蟹眼，早收者曰麻熟。其他豇豆、带豆犹列谷食，刀豆、扁豆则蔬品也。黍有粳、糯、红、黑各种,稷有粳、糯、青、黄各种。

麻有黑、白二色,总曰芝麻。白者宜油。黑者曰胡麻,一名巨胜,饵之延年。若皮可沤而绩者曰苘,曰苎,曰葛,曰花,花即木芙蓉皮也。

菜之熟也,僅不书。其品曰芥,曰菘,曰箭干,曰莙达,曰苦荬,曰苋,曰韭,曰葱,曰蒜,曰胡荽,曰波稜,曰莴苣,曰莱服。红、白二种。其野生者曰荠,曰蒿,曰马兰,曰灰藋。其泽生者曰茨姑,曰茭白。其蔓生者曰瓜,曰匏。瓜有东、西、香、甜、丝、南、苦各种,而西瓜又有青、白、长、圆之别。土产极佳。匏有三种,惟盘匏可食,余不可食。其蔓生而食根者曰薯蓣,一名山药。曰香芋,蜀人呼为蹲鸱。曰落花生,花间滴露而生。曰天茄,曰黄独。若茄则植之场圃,芋则种之丘陇,均有资于蔬食者,与竹笋同列之菜宜也。

木实曰果。果之最佳者,惟桃与柿。桃香甜离核,大者两枚斤许,柿干囊无核。产泰兴者,最易混之,而味、色迥别。其他若梅,若李,若杏,若梨,若栗,若枣,若橙、橘,若樱桃,若枇杷,若银杏,若胡桃,若林禽,所在有之,不以专名。若香圆则繁硕,而香似又倍于他处矣。其他若葡萄,若菱、芡,若莲、藕,若荸荠,虽非木实,厥类用之,其为果均矣。

药材贵于道地,否则萧敷而已。紫苏、白芷、川芎、藿香、枸杞、红花、白苏、天麻、槐花、胡麻、茱萸、半夏、木贼、苍耳、良姜、木瓜、甘菊、贝母、荆芥、枳壳、香附、陈皮、粟壳、商陆、蟾蜍、续断、萹蓄、泽兰、枳实、地黄、前胡、薏苡仁、槐角子、地骨皮、五加皮、益母草、蒢莶草、车前子、鱼腥草、香附子、楮实子、地肤子、鹤膝草、夜合子、见肿消、火丹草、女贞子、天花粉、金银花、瓜蒌仁、麦门冬、蒲公英、过山龙、桑白皮、桑椹子、椿根皮、蛇床子、虾蟆草、虎掌草、寄生草、青木香、何首乌、小茴香、土茯苓、蓖麻子、马鞭草、柏子仁、旱莲草、夏枯草、紫花、地丁、菖莆、薄荷,虽非川、广之材,然性味俱堪服食,并列之。

木以利器用。邑无大泽深山,匠石罕顾,然厥土宜杨,江皋堤畔,所在有之。此外若杉,若桧,若柏,若石楠,若冬青,若白杨,用表墟墓。椐、榆、槐、楝,荫门庐。剔牙松、桐、梓、黄杨,媚园亭。桑、柘供蚕,作棘槿,编篱落。其他若樟,若椿,初生叶香,可食。若柏,若枫,若棕榈、黄连,初生叶香嫩,可点茶。夜合、枸骨、枳等,多生丛薄。其质坚可用者曰檀与椐、桑等。若樗,若阴朴,恒以不材终天年矣。

竹，产靖最多，独无毛竹。乡居舍后各有竹园。竹萌最早，风味绝出，称佳品者曰燕竹，以燕来时即笋出也。其柔韧可治篾者曰淡竹，质厚而坚曰筀竹，材更佳于淡竹者曰水竹，皮点点可作器者曰斑竹。又文理细而花者曰湘妃竹，色黄而修干者曰黄竿竹，解箨隔岁而紫者曰紫竹，冬笋外长、夏笋内长者曰慈孝竹。又有坚瘦实中曰石竹，曰凤尾、潇湘，供盆盎之玩。若社竹、灰竹、苦竹，直竹之下品耳。其亭亭雪中，砂粒丛缀，本非竹种，强名天竹云。

花之木本者，其妆舒两岁曰梅，有香似梅而实非梅者曰腊梅，有狗蝇、莲花两种。色报中春曰杏，春深争艳曰桃李，桃有绯碧、人面数种。山茶、海棠、有西府、垂丝、铁梗三种。玉兰、木笔、川鹃曰艳，紫荆、栀子、绣球[1]、八仙、芙蓉、木槿、郁李、瑞香、榴花、紫薇，各以时芳。木本而刺者，木香、蔷薇、荼蘼、玫瑰、刺莓、月月红、十姊妹、佛见笑、迎春、万年春等。草本则兰、蕙、芍药、金钱、玉簪、长春、夜合、石竹、水仙、丽春、含笑、宜男、天棘、葵、有荆、蜀、秋、冬之分。剪春罗、剪秋纱、秋牡丹、秋海棠、洛阳、渥丹、凤仙、鸡冠、虋粟、秋香、滴滴金、虞美人。藤蔓而花者，凌宵、紫藤、锦带、铁线莲、菊多奇种。具范氏《谱》。其他草花，惟棉花衣被民生，不可以花衮之者。

草，有菖蒲、虎须、绣墩、凤尾、芭蕉、吉祥、翠云、书带、薜萝、映山红、万年青、千年蕴，其他野生不能悉志。

毛之属十有四：牛耕，马乘，驴骡代步；羊豕犬猫，皆为家畜。生于野者，有狐，有兔，有貛；生乎水滨者，有獭；生于穴室田者，曰貍，曰鼠。

羽之属甚繁，畜于家者，有鸡，有鹅，有鸭，有鸽；若生于野、于林、于水际者，则雉、凫、鹊、鹳、鸦、鹰、鸠、鹘、鹭鹚、百劳、鸰鹏、百舌、山练、琢木、鹌鹑、鹡鸰、倒挂、告天、偷仓、鱼虎、蜡嘴、黄头、竹鸡、鹋鹁、布谷、姑恶、练[2]带、竹嘈、赶拣、采桑、樱桃、绣眼、黄鹦、白头。雀有麻、黄，鹮有青、白。桃花、柳叶，各以气生；候雁、玄鸟，各以时至，更仆不能数也。

---

[1] 绣球，底本作"绣绿"，据万历志卷六改。

[2] 以下"带竹嘈"至"然不足数矣"，底本原缺卷十一《物产》的第十八页，据所存第十七页，以康熙志卷六《食货》相关内容补全。

水族江海错陈,志其别邑所罕者。子鲚、鲥鱼,以充贡物。应长群鱼,刀鲚出水如银刀,鲜肥在诸鱼上。河鲀一名鯸鲐。味极肥美,治之不得其法,能杀人,东坡所云"值得一死"者。鲙残较银鱼为大,二、三月产于江中。挞沙即比目鱼也。虾虎即松江之鲈、鲟鱼,大可四五百斤,以郡人珍之,靖反罕食。鳗鲡以秋风而肥,白虾其淡碧如玉。其他如鳊、白、鲤、鲦、鲭、鲢、鳟、鳢、鮰、鲫、鲈、鲹、哺姑、钻口、竹嘴、黄干、着甲、虎头,杂出江海,与夫鳅、鳝、银鱼、黑鳢、召阳之类,不能悉纪。池鱼入江则肉粗,江虾入沟则壳硬。

介类,蟹、蚌、龟、鳖、螺、蚬、蟛蜞,或以卜,或以充庖。更有鼋,大至数百斤,多聚于滨江坍处。

虫之有用者:曰蚕,妇女多养之,浴而成茧;曰蜂,采花酿蜜,多畜之民家,无野生者。其诸蠕动,不异他土。

货殖,用所出也。金、锡、木、石、羽、革,多不产于靖。农民种业多棉花,所为布,精细不及江南,然坚紧耐着,屡浣愈白。纺织虽少,而利则在蚕之上也。绩麻为布,精细异常,江南士大夫珍之。更织小而狭者,曰巾,曰帨,最利暑月。其苎布亦坚致,但质稍重。民间棉花之外,多艺蓝为染,取利甚倍。蓝有大蓝、小蓝、槐蓝之别。取靛花为青黛,亦甚佳。外榆皮为香,吴茱萸子可入药,可作酱,民多树之,外方来收者颇众。近日村民亦颇养蚕抽丝绵,色稍亚于浙中,而用则无异。余若炙鲚、虾米、桃、柿,与他邑产者迥别,特为远近所见珍耳。

药品各有土宜,非其宜勿取也。有美且多者,为吴茱萸,为桃仁,为紫苏,为荏,为红花,为益母,为天花粉,为薄荷,为甘菊,为忍冬,为蕺菜,为地骨皮,为青黛;有美而不能多者,为何首乌,为薏苡仁,为泽兰,为杏仁,为藿香,为三七。其芜生而贱者,虽不足记,然皆有用也,为莎根,为牵牛,为苍耳,为射干,为艾,为菖蒲,为车前,为蒲公英,为地肤子,为紫花地丁,为夏枯草,为桑白皮,为樗白皮,为苦楝根皮,为槐花、槐夹,为大小蓟,为土木香,为土牛膝,为青蒿,为蛇床子,为牛旁子,为马鞭草,为羊蹄,为大黄,为鱼腥草,为龙葵,为葶苈,为刘寄奴,为商陆。其余可用者犹多,然不足数矣。

古　迹[1]

郡国之有古迹,或出造物所幻化,或出贤达所创垂,令后之君子得考按以为故实,称引以为殊观,曰自昔已然矣。靖自赤乌以来,历年滋久,事迹之湮没者,姑从阙疑,惟夫故武现在,文献足稽者,不可当吾世失之也。志《古迹》。

赤乌碑,其文漫灭不可读。三国吴赤乌元年立。

紫薇宫,三国吴赤乌元年建。

崇圣寺,宋淳熙二年建。

万卷书楼,元陈杰建,赵孟𫖯、虞集读书处。

马洲书院,在西沙崇圣寺傍。宋淳祐元年,先圣五十二代孙孔元虔建。

圣井,一名长安井,不知浚于何年,在长安寺旧址之北。其水清冽,与他井异。嘉靖初,禁民不得汲,于其傍别穿一井,以供民用。后其井泉渐竭,竟堙,今存者新井而已。

孤山碇,一名石碇。故老相传云,其锋石较他石颇泽。石周楷镌《法华经》三卷,后没于土中。初有石峰,透土三尺许,峭拔如剑。嘉靖八年,村民恶其不便于耕犁,击去之。其本尚存土中,大可合抱。

剑池,去邑治南三里。旧传伪吴将朱定、徐泰二于此演武,画沟为限,故名。今池夷没,所存者一沟而已。

龙潭二:一在东十一图,初甚深,久为潮沙停淤,已成平畴,南去半里许,土中皆砂石;一在东十图,近严家港,今亦夷而为田。

《十七帖》,系赵孟𫖯舍陈杰时所临摹。王右军真迹今已散失,有刻本藏于诸生祁尔禄家。

---

[1] “古迹郡国之有古迹”至“虞集读书处”,底本原缺卷十一《古迹》的十九页,据所存第二十页,以康熙志卷三《古迹》相关内容补全。

靖江县志卷之十二

艺　文

文之足征,以言之行远。靖邑天马未闻负图,赤乌只传断碣。但旧志所载金石,已垂琬琰重焕。此外广为搜辑,取其有关吏治民风者,则录之。若公堂祝诵,付诸口碑;玄壤碑铭,归诸家乘。不敢蔓引,恐致滥觞。志《艺文》。

赤乌碑

嘉靖三年,知县易幹循行至西沙焦山港坍处,得断碣,乃三国赤乌年碑,其文已不全。中云:"此沙为吴大帝牧马大沙,隔江一洲为牧马小沙。"则此土之来已远,因存其名,冠《艺文》之首。

记

靖江县造县岁月记

怀安张汝华邑令

扬子江之中,有地曰马驮沙。盖江源万里,数道之水一汇之而注于海。至是海近,潮势汤汤,江阔数倍,水岐而复合,中积成沙。洲适居水之中央,东西可五十里,南北可二十里。居民版籍五十有五,岁征粮斛二万五千赢。旧隶于常之江阴。成化辛卯,巡抚大臣以周围风波不时,居民往来,舟楫阽危,奏准开设靖江县于沙之东土城,除授县学正佐等官。

汝华于是年十一月之廿八日来任。维时土城内皆麦陇高低,沟洲衡缩,只有耕氓草屋四五区而已。姑即氓屋视事,相地絜基,召匠估计,维辟草厂于城之北隅,移居之,以便督役。越明年,壬辰春二月十八日甲寅,梓工戒始。五月廿四日庚申,竖县堂。秋七月十七日壬子,竖学宫。又明年癸巳夏四月十九日己卯,竖察院总铺。秋八月三日壬戌,竖城隍神庙。冬十一月二十日丁未,竖公馆及迎接亭、仓廒。十二月初六日壬戌,营各坛。又再明年甲午仲冬,始行文庙释奠礼及坛祀。三月廿七日壬子,竖各斋房及存恤院。至冬十月十三日辛未,浚河修城。十一月廿一日癸酉,厥功告成。计房屋大小凡二百八十一间二十四厦,池一口,井五口,板桥八所,内外墙垣凡九百七十丈。本府先后给发到料价及油漆、彩绘、妆塑等价共白金五千三百七十一两二钱九分三厘一毫,放支工价食米六百一十二石六斗七升四合。其官物出纳之际,天地鬼神临之。若夫事之克成,则有赖于上官之严督,与下诸执事之效劳也。

尚忆[1]方经营之初,木料未至,有松木大而长者二株,短而方者二十七株,风潮逐于沙之南岸,得之以资乎始。及事之将完,木材有阙,复有大木一十七株,飘集于沙之北岸,资之以成其终。此又天之所以默相其成,以福我邑之民。第以碑石未立,恐遂遗忘,庸书其概,揭于楣间,以志岁月。其或营建未备,及有隳坏者,则有望于后之贤人君子,随时增饰而修葺之,以期胜于今日。

重修靖江县治记

建牧以阜民,营邑以宅牧,古也;综理肇造,临民以听治,制也。制而弗饰,曷以宅牧?牧弗饰于制,亦罔显于厥政,民无则焉。良于牧者,莅厥邑必相土度宜,耸民之瞻,求不诡于制,拓前规而侈后观焉。

靖江派扬子一洲,曰马驮沙,伪吴朱定、徐泰二窃据时筑土城,周若干里。国朝成化间,县尹张君汝华始修治之,而县庭之营创建置,多因陋就简。或有病于风雨者,虽时加补葺,于制未称,于业未弘也。

黄梅周君继学来治兹邑,敷政既明,乃请于上,务弘敞其堂帘,翼卫其

---

[1] 尚忆,底本作"尚亿",据嘉靖志卷四改。

廨舍,作戒石,新仪门、谯楼、幕厅、卷房、司狱、土祠,暨仪从、丰盈二库,申明、旌善二亭,咸次第周整。资惟庾羡,力惟子来,工惟农隙,猷画之道弘矣。

役未竣,周君以内艰去,继之者吾友俞君献可也。始至,划奸剔弊,威德丕著,政简而事理,民信而财裕。乃嘉周侯丕绩,又欲多于前功,爰咨爰谋,集师生耆民而告之曰:"牧之职在于维民而树观,予曷其不攸毕周侯之功而树观以维民乎? 夫莫之创犹将创之,莫之饰犹将饰之。矧张公创于始,周君饰于中,予其曷弗克完厥终哉?"因广规画,增其未备,请于府若按若抚,报可。因治公署,则堂若室数百楹,立之亭,复植之坊,缺者以补,颓者以葺。出公余以修署,缘浚河以筑山。悦以使民,民忘厥疲;因利兴工,泽乃不穷。

邑之士民朱习之等伟侯之绩,乐观厥成,致币走京师,请予记之。予作而叹曰:"大矣哉! 俞侯之贞志于治也,有四懿焉:归功于前,不袭而有之,示民兴让也;经远崇饰,植作则之良,示民知肃也;沿旧创新,不迫不劳,示民知节也;标揭立帜,以镇风表俗,示民有纪也。"君子之学以适用也,要在疏通而达变。俞君负经济弘裕之才,莅政靖江,令闻宣昭,惠泽旁洽,厘百废而振起之,恢张大造,光前裕后,厥功懋矣。用述其巅末,镌于石,垂不朽焉。

靖江阁出巡事记

弘农王　瓒御史

成化辛丑岁,予奉命巡江,而应天、苏、松、常、镇诸府,在所遍历。念及比年官兵多玩事,往往有贩私盐而劫人财者,于是乎首先案令各卫,整饬器械,筑墩置栅,造舟为预防广捕之先,必完必固,毋庸苟且。

厥冒险舟行,自孟渎至圌山,扫涤余秽,搜剔民隐与贼情,勿容少匿。一月初[1]至太仓,闻海洋贼首刘通聚众行劫,即调八十余艘于崇明、海门昕夕缉补。予往江阴墩,报贼背道去,而复往南京,又报是贼复横海洋,肆恶拒捕。予往苏州,得海门驰报,官兵与贼相拒先到。五月八日,兼程而行,繇通州入海门,亟备官兵水陆并进,往捕之。久无声,复回通州。

---

[1] 一月初,嘉靖志、万历志均作"三月初"。

是月初九日，登狼山，薄暮至靖江，视其县治初设，而衙门草创，且无城郭，脱值凶岁盗起，仓库曷以为守？民居曷以为堵？乃于季夏，因旧城遗趾，命工执畚锸为土城，人皆欣然就役。开四门，通水关，以严出入；立铺舍，以勤夜警。察院则缭以周垣，垣下植以榆柳。儒学、斋房、射圃之类，增修如式。维时亢旱，督官吏耆宿洗心祈叩，越三日，大雨，后又连雨，农事遂兴。既而登孤山，东瞰于海，西顾圌山，南北临于江，金谓贼尝出没于斯，乃筑墩于山之巅，守望以人。墩之前建靖江阁，凭高可以瞭远，抑以期江盗宁谧[1]，为悠久计也。是月十九日得报，盗首就缚于辕门，庸书勒石置阁以告后，凡事事者知所以竭乃心力云。

新建庙学记

郡人王　　俟祭酒

国朝承平百余年，休养生息之恩被冒海隅，故所在民安其业，户口蕃息，垦田贡赋日以增羡，则求其中地理之旷斥、征输之涉历者而析置之，创为县治，辟以学舍，俾治与教兼施，养民之生与复民之性相须以有成也。

靖江县在大江中流，其地名马驮沙，盖水中之洲。东枕孤峰，西引黄山，广一十八里，袤五十余里，民居以户计者六千有奇。元以前隶扬州之泰兴，其户隶江阴者裁三之一。国朝洪武初，全隶江阴。成化辛卯，今兵部侍郎汝南滕公昭以都御史巡抚南畿，谓其地越大江，供赋税，服徭役，凡有事于邑者，多冒风涛以奉期约为非便，而民数视昔有加，爰请于朝，宜析置县，制从之，赐名靖江县。乃因东洲之旧土城建县治，又即县治之西建庙学焉。于是庙自礼殿以至门庑、神库、文昌祠，学自讲堂以至会馔堂、斋庐、庖廪、廨舍，皆以次营构，圣贤像设皆缮饰如制。以壬辰春三月始事，讫工于甲午冬十一月。

先是，庙学未建而滕公以召去，右副都御史河南毕公序继为巡抚，监察御史隆庆聂公友良、赵郡郑公铭、莆田林公正相继巡按，知府吉水龙侯晋，同知平阳柳侯演，通判关西魏侯仪、瑞安吴侯祚，推官德兴孙侯需，又先后

---

[1]　宁谧，底本作"宁谧"，据嘉靖志卷八改。

来为郡。之数公者,同德协谋以经画于上,而凡辨方正位、度材鸠工则知县怀安张君汝华,商度损益则教谕天台赵君莹、训导三山王君奎,程督佣佑则典史隆庆马信,亦皆殚智毕虑,以遵程于下。至于提纲挈维,参酌规制,以启其端,要其成者,则督学御史浮梁戴公珊深致意焉。学成,而沔阳刘侯钰又继来守郡,兰谿郑侯锜来知县事。刘侯加意作兴,葺其未备。谓学必有记,以识作始岁月,顷命邑二生张勋、陈琛以书来南雍属记。

余惟天生斯民,立之司牧,而寄以治教之任,唐虞三代尚矣。后世称善治者,如汉、唐、宋,其于学校之教,犹不免有作辍之弊。当时虽通都大邑,亦寂然亡弦诵声,而况窃据之方,编道之区,宜其未遑及此也。洪惟我朝列圣相承,崇重学校,百官有司,祗循德意,是宜斯学之建,与邑治并兴。前规后随,有倡斯和,诸士盍亦勉进于学,以来至于圣人之道乎?圣人之道见于书,读书所以明道也。然读书之要,其惟静乎?是故有纷华眩惑之诱者,不足以为学;有利欲驰骛之扰者,不足以成功。斯地也,南北阻江,商贾之所不趋,驿传之所不经,宾客游从之士之所不至。此古人所谓江阴为浙西道院,扬之通、泰为淮南道院。而斯邑又介乎其间,习俗简静,无将迎传送之烦,抑又过之。而士之勉进于学者,于焉以定其志意,端其趋向,求诸心以体诸身,举而措之以见诸行事,以辅成我国家亿万载太平之治。此明圣教学之盛心,而亦贤风纪、良民牧兴学之至意也。其毋以蕞尔之邦,藐然之躬,自陋自弃,斯可矣。于是为记。

修学记

增城湛若水祭酒

惟嘉靖乙酉,吴兴韦君商臣希尹自大理评事以言谪丞于常州之靖江。既至,谒庙造学,讶其殿庑堂舍之圮,问之诸生,前曰:"屡白诸督学、抚按,诸公屡可,而县吏屡以嫌疑,上下二十余载,以敝至于是。"韦君怃然曰:"若是不尽废乎?若作于民,不废于官,纳尔材,毋纳尔金,任以人,不与于己,则有何嫌?"乃谋于令,白于督学、抚按,皆可之。

于时帑藏仅有三百缗耳,韦君乃召父老氓庶,咸造于庭,誓之曰:"今教基已坠,俗之不善,岂惟长民者之羞?亦尔民之忧。尔之乡有愿出材若梁栋若柱者乎？有愿出材若椽桷暨榱者乎？有愿出灰瓦砖石者乎？吾将与尔乡之子弟明德修业于此。"三告而民莫不应焉。

繇是材以工备，工以材成，人以能役，力以时任，地以赍拓。始事于丁亥二月，韦迁而易尹继之，易去而番禺郑尹翘又继之。至戊子九月，则殿庑、堂斋、戟门、泮桥，巍然翼然矣。凡师生之署馆，名宦、乡贤之祠，仓库、射圃、碑亭、会膳之堂，莫不翕然矣。

韦、郑二君皆游于甘泉子，因请记。甘泉子喟然叹曰："昔夫子言忠信笃敬，蛮陌之邦行矣。靖之为邑，海邦也，在《禹贡》扬州之域，去沂、泗为不远。韦君学夫子之道，郑君布恺悌之德，言出而民乐趋之，以成教化之基。乃知忠信笃敬可行者，至是为有验矣。使其父老氓庶繇是心而扩充之，各率其子弟之秀以从事于忠信笃敬，而察于人伦，入乎大道，则蕴之为德行，发之为文学，与中州、邹鲁之文物何[1]异焉？昔夫子尝欲浮于海，盖取其淳朴未凿也。自成化以来，吾夫子之灵乃妥于是，亦当时浮海之志乎？诸父老氓庶，今幸生太平之时，遭二君之贤，知淳朴固忠信笃敬之本，由是率其子弟之秀，从其令尹之教，以造夫子之道，不亦可乎？不然，岂尔乐于从事助修之初心哉？可以反其本矣。"

修学记[2]

锡山王　问金宪

古者造士，国有学，遂有序，党有庠，闾胥塾师，莫不有教。示之道德行艺，勤之以礼乐，以齐其志，和其衷，浑化其偏驳。学士所就，咸足以适家国天下之用。春秋时，吴在蛮夷海徼，去畿甸最为僻远，而言偃、季札之徒，与邹鲁儒生并称，岂非教化之明验欤？

后世先王道废，礼教衰。汉兴，孔子之庙不出阙里。宋庆历，始立学郡

---

[1] 以下"异焉昔夫子"至本文末"可以反其本矣"，底本原缺卷十二《艺文》的第十一、十二页，所存第十页内容为湛若水《修学记》的前部分，以嘉靖志卷八《附录文》所录湛若水《修学记》补全。

[2] "修学记锡山王问签宪"至"不择地而施不易民"，底本原缺卷十二《艺文》的第十一、十二页，所存第十三页内容为王问《修学记》的后部分，以嘉靖志卷八《附录文》所录王问《修学记》补全。"修学记锡山王问签宪"数字，据上下文体例，以康熙志卷十六补。

国,然师儒之官,条例未备。我国朝建学立师,黜百氏,崇教本,修先王之政,明孔子之道,虽海徼之外,殊方万里,彬彬多文学之士矣。

靖江,古吴地,俗名马驮沙,旧隶江阴、泰兴间。成化辛卯,析为县。壬辰,建孔子庙像,学官弟子悉如制。阻江负海,土硗而气薄,其民舍稼事,则逐什一之利于鱼盐。性朴悍,负勇好斗,未易驯扰。从政于斯者,类多玩揭自恣,无有能任道德礼乐之责者,振起而鼓舞之,故政教日弛,而其习愈不可返。自非豪杰特立之士,不为流俗所牵系,则往往苦于闻见之寡陋,淬砺之无资,惧莫能达其才而充其识。嘉靖癸亥,旸谷王侯以壬戌进士来尹兹邑,抑豪强,扶羸弱,弥江寇,裁革措置,不激不懦,而尤敦意学校。

先是,教谕何君炯、训导吴君继澄以学宫卑洼,庙宇倾毁,议欲新之,曾以常余仓故材为监司请。侯阅牍,得二君所请辞,慨然叹曰:"学校,王政之本,有司之首务。况栖圣育贤之地,奚以废屋弃材为也?"遂鸠工庀材,树表正位,葺毁坠,易梁丽,夷坎塞洼,崇其堂阶。不堪甚者,拓地而迁之。讲肄之所,师儒之室,庖廪库厩,次第毕举;高厚爽垲,悉逾其旧。数十年之废,兴于一旦,制度闳深,士咸奋励。工讫,何君、吴君率其学之弟子请记于予,用彰侯绩,且告多士。

予惟王者之政,不择地而施,不易民而教。人才盛衰,在振起之者何如耳。文翁治巴蜀,先儒雅,众置学官。子弟材敏者,诣京师博士受业,蜀地学士多至拟上国,尽革去蛮夷数百年僻陋之习。昌黎在南海时,南海人卉裳椎髻,喜攻斗而不知学。昌黎为延赵德师礼之,以敷教训,潮之民遂知所兴起,而其化至今不衰。靖江僻在江岛,实畿辅近地,非若巴蜀、南海去京师万里,而声教为难及;俗尚简朴,真醇未散,犹有古敦庞之风。又非遐荒绝徼,与獠猺蛮蜑之邦相齿错,以乱其视听而梗其化,其施教固易易也。侯端轨物,定规制,崇尚实学,毅然以道德礼乐为己任。其听讼治民之暇,进经生学士论议,尽修身治心之说,真有如文翁、昌黎之治,初不为暴声誉、饰虚文已也。邑之士固有闻先生长者之风而兴起者,而又得在位者倡率鼓舞之,则弃旧习,乐图其新,一洗俗学之陋,而得性术之蕴,沈濡涵育,岂无有奇伟卓拔之材,明圣贤之业,出则彰道德礼乐之教于时,以辅圣天子作人之化;入则遵晦养器,风百世而继前修,如言偃、季札者乎?匪止掇巍科、登显仕而已。南海、巴蜀之士,固未能或之先也。此固旸谷待士之意,予亦以是告多士,勖其成云。

是役也,经始于癸亥八月,成于甲子三月,凡为金若干。协其事者,县丞阎济、主簿王治华。乡大夫与诸士乐助者,咸书之石,以志其勤。旸谷名叔杲,永嘉人。

儒学舍记

殷云霄

寿张殷云霄氏来为靖江县之又明年,则为志道堂于明伦堂北。又北为六德舍,曰知、仁、圣、义、中、和;东六行,曰孝、友、睦、姻、任、恤;西六艺,曰礼、乐、射、御、书、数。又北为九畴圃、观海亭、监止池。

殷子曰:美哉!先王之教,内外本末具矣。不失其心之有之谓德,行之于身谓行,治其事之宜而用之之谓艺。合以全其大,专以致其精。违则昧,偏则固。昧离其本,固毁其全。是故古之君子,惟其道焉而已耳。道,物之会也;心,道之统也。不志于道,而徒以应天下之事,其何能通达无滞哉?今朝廷之教,其意与古岂异耶?今之君子,其学也恶可独愧于古君子哉?

因名其堂而记之,期与诸君子共勉焉。曰:堂之揭揭,可以会业;舍之幽幽,可以处修;圃之秩秩,可以游息。用居夫学道诸君子云。

乡贡进士题名记

胡　华

国朝海内郡邑,各建学立师而教育贤才。三年一宾兴之,必第其名于桂籍,而播闻中外者,重其事,荣其人也。

靖江县学,创立于成化八年,更科六次,战艺数北,岂非陶镕未久,经术未明而然欤?术者有云:文运否泰,或关于风水。于是前邑令、今陕西道御史长乐陈公崇德,凿泮池而桥其上。继而四明金君洪,高垣缭学宫三面,前则鼎立危楼,匾之而为之伟观。又浚左右河,引江流周回拱揖;跨梁关阓之,以储秀气。暨华山孙君显来治,毅然以造士为己任,莅学环视,惟龙位隐然,乃竖坊门品列于其隅,绘饰之为雄飞势。直南造二桥,北河[1]泮桥其数五,为五星奎聚像。而主簿安吉王宪、典史历城范铨咸赞厥功。

余受命职教,晨夕惟弗称是惧,乃偕训导连江张镛日督诸士子进修罔懈,期学底于成。郡侯蕲州华公仲贤岁严考阅,蠲礼有差,以劝惩之。同知鄞邑吴公桓、通判番禺林公会、推官鄞邑汪公斑每巡邑谒庙余,必进之于讲堂下,诲谕谆复,犹资其灯窗之费,时士亦感激务学。

弘治壬子岁,故事又当试士,盖七科也。提学御史东浙王公鉴之简其优于艺者七人,令就试。秋八月丙寅日发榜,而王生格高捷,大夫士喜其为贤科,发轫而将御,馈饩之礼较他邑倍焉。

逾月,余秩满,将戒行,适县丞安山吴伯玑莅任初,尼之曰:“古之若昼锦堂、醉翁亭,凡人事景物可娱目乐心者尚记之,矧今日之事重而且荣,旷古创见。子师生恩义,讵忍去不为记以寿其名,因而永彰诸公作养之美德耶?”余是之,乃请诸郡邑,协谋寮案,募工伐石,勒其名第,立于明伦堂东侧。庶几诸士子日见而企慕之,益励乃志,精乃业,擢高科,跻膴仕,服驾蝉联,叙名氏于其后。

岁贡题名记

兴国郭　浃[2]邑令

儒学岁贡题名者,以县庠岁所贡士之姓氏,刻诸石以永传者也。国家取士,始于郡县,拔其乡间之秀者,储之学以教养之,尤者廪饩之。又三年大比,令各省集多士群试之,拔其尤,谓之乡试,以贡礼部。复总天下所举士试之,拔其尤,谓之会试,以献天子。亲策之,谓之进士。各汇书为录以传矣。其间有积岁而或未之拔者,则所司每岁拔一人,贡之礼部,而后贡诸天子,廷试之,而谓之岁贡。既贡而又入太学,以优养之。又远数年,深于吏事,而后官之。与是选者,厥惟艰哉!

夫自载采九德之举、宾兴考行之制莫传于天下,而后有所谓明经出身、

---

[1] 北河,嘉靖志卷五作“比河”。

[2] 郭浃,底本作“郭陕”,嘉靖志卷五作“郭浃”。弘治六年《进士登科录》有郭浃,湖北武昌府兴国州人。据改。

孝廉九品、博学宏辞、茂才异等诸科。虽法制世殊，而求士则一。若所谓岁贡，固天下士也。以天下士为天下治，不亦荣且重欤？

靖江在先为江阴属地，其俊拔之士，皆江阴人称也。至成化八年，诸当道以地广民庶，始请立为县，而学因之。至于今若干年，其已拔于贡者，亦遵制不乏，有若干人。况乎蒙造就于积累之余，获收拾于材用之末，其所以著乎时而施乎事者，立乎其身，或亦可以知，而励与戒且存焉，宜乎不泯于后也。

于时庠谕胡君士奇、司训张君镛，谋伐石以志，功未就。及予至邑，辄以告，且属记之。因喜其用心之厚，而遂赞其成，乃列夫其已然者，而以俟夫其将然者，为之记云。

集虚斋记

永嘉王叔杲邑令

嘉靖癸亥夏，余始至靖江，视学制圮陋，乃为之改创一新焉。政事之暇，思日与二三子游衍其中，以讲明义理，咨询时政，庶几古人仕学相资之意。然念明伦堂非深居静谈之所，乃于堂之西得隙地，筑斋凡若干楹，缭以周垣，植以花竹，深邃轩敞，可藏可修，可游可息。于是诸生彬彬然集，请余名之，余扁之曰"集虚"。

昔横渠张子曰："繇太虚有天之名，合虚与气而为性。"是虚者，天之道而心之本体也。君子常存虚明之体，则可以酬酢万变而不匮矣。在《易》之《离》，以中虚为明，而《咸》之《象》曰："君子以虚受人。"盖虚则外能烛理，内能受善。问学非虚，则众理罔析；临政非虚，则众善罔萃。虚则受，不虚则弗受。受者集也，虚则集矣。子不见夫泾、渭、漆、沮乎？河能集之。又不见夫沱、潜、溧、澧乎？江能集[1]之。至于集夫江、河，则非海不能，故曰随虚随集。称古之能虚，莫大于虞舜，故能集亦莫大于虞舜。稽古称舜之德，则曰好问，好察迩言，曰闻一善言，见一善行，若决江、河，沛然莫之能御。噫！斯其虚之至欤！

---

[1]　集，底本原为墨钉，据嘉靖志卷八补。

子诸生,诵法孔子。孔子之道,舜之道也。相与集于斯斋,朝夕思就其如舜,以去其不如舜,斯可矣。孔门惟颜氏子善希圣,其言曰:"有为者亦若是。"愿诸君子相与勉之。繇学而仕,大其心以受天下之善,共[1]进于高大光明,以满此心本然之量,即舜与颜子,何加焉?苟牿于见闻,牵于习气,诡诡然自谓已知,则虚明者日汩,而离道日远矣,虽镌谕谆岬,何益哉?

斋既成,余适有常熟之命,因述其名斋之意,以为诸君子订云。

核实田粮记

龚用卿

今天下财赋大半出东南,而苏、常诸郡又财赋之甲也。常之属邑曰靖江,地以江流奔放,沙泥回合,淤为沃洲,可圩可稼。然巨浸冲啮,坍涨不常,豪右奸宄之民乘此以射利,浚小民而吞并之。经界不正,欺隐未除,言田赋者往往称不便。

嘉靖戊戌,黄梅周子继学来尹是邑,划强植弱,民有颂声。会有以东南之田赋不均为言者,天子下其议,令各核实,以苏民困。于是巡抚都御史欧阳公铎委兵备副使王君仪、知府应槚议,率周令行之。令乃慎简耆老官属,遍历田野,巡行而督课之。于是摘隐伏,正欺蔽,纠奸慝,坍没者豁之,转科者核之,新认者公之。先是官田亩科四斗有奇,民田亩科一斗七升有奇,轻重相去悬绝,而里猾胥史之弊纷然百出,至不可以致诘。至是则均平如一,通融相等,官民田亩皆科一斗八升,积荒沙田亩科一斗二升,飞沙荒田亩科五升,新认滩田亩科四升,士民便之。隐伏者以祛,欺蔽者以明,奸慝者以理,而宿蛊以清,弊端以塞矣。然而坍江陪粮之数尚未除也。

越三岁,辛丑冬,蒲田俞子献可继之,进父老于庭,问民疾苦,皆曰:"周令之丈量田土,弊已清矣。顾陪粮之虚数,所以遗吾民之患者尚在也。民以不堪命矣,惟侯亟图拯之也。"俞子恻然曰:"以财赋称甲之地,而所以为之则者,乃无画一之法。民之坐困,其原实本于此。"于是出视田原,阐幽显微,除豁虚粮千九百余石,取新涨转科之额以补之。正疆界,定版图,抑

---

[1] 共,底本作"其",据嘉靖志卷八改。

兼并,惩豪右,减虚额,明实数,籍贫民之无告者而匀给之。招抚流民,人人复业。旧五十八里,增编二里,为六十里,凡二百九十户,千一百余丁。

呜呼!俞子其善用其道者乎!《传》曰:"说以使民,民忘其劳。"其是之谓乎!夫天下,观于省者也;省,观于郡者也;郡,观于邑者也。以俞子之法,虽推之一郡,推之一省,推之天下,无不可者,况一邑乎!

夫均田,不难也。得其人,若周子、俞子者任之,则田可均矣;不得其人,则法未行而私弊已百出,求民之免于贫,难矣。欲民之免于贫,莫大于均民之田亩。田亩均,民不能以独贫;民不能独贫,则天下治矣。董子限民名田之议,其深得此意乎!况夫节彼与此,夺已定之业,以撼易摇之心,非成之有渐,处之有术,猝未易可致也。呜呼!天下之人不能皆富也,不能皆贫也,吾取其族之不能皆富也而一之,不能皆贫也而均之,非节彼与此,内外同异之较然者也。繇此以渐而扩充之,天下有不可平者乎?吾于俞子之均田也,知其政之可以施于天下,故以告后之继尹是邑,且使观风者有所考焉。

建常余仓记

刘光济

靖江孤悬大江中,四面无险阻可恃为屏障。旧有仓在关南外,岁贮民粮五万石有奇,以俟职赋者转输南都。嘉靖间,岛夷内犯,所司患之,始改建于关内。仓仅三十楹,规制弗备。岁既久,栋挠梁摧,顷复为风潮冲击倾圮,遗构为墟,扃钥弗严,侵蠹滋弊,而守者输者病焉。相继为令者,率委于时绌,弗克鼎新。

万历十年冬,江右愚所陈侯来视县事,修举废堕,政靡不举。越明年癸未,乃召父老谕之曰:"储蓄,国之大计,民之脂膏,括而输之,匪委积得所,而以之厌饫硕鼠,可乎?"父老咸欣听命。后乃上其议,台司报可。

侯毅然身任其事,营表既定,乃召遍与计佣审材,首捐俸,佐以赎锾,率作兴事,乃悉意指挥诸役。民之趋役者,以力以财。侯复计口给食,而民莫不踊跃,荷畚锸,运陶甓,以役于公。其地视故址广百丈有奇,仓凡六十楹,视昔加倍,周回环向,翼如也。中为监收之堂,重霤宏敞。堂后为轩,轩后为室庑湢有所,规制大备。始事于万历十一年秋八月,越三月告成。父老欢传,颂侯之功。

士人沈君津辈来致侯命,俾余为之记,且亟称兹仓之建有五利焉:输纳以时,不至逾期坐耗,利一也;县令临之,必以平准,利二也;邑无逋额,官无追呼,利三也;转输至京,储计不亏,官与民如期竣事,无稽留督促之谴,利四也;海滨之民相安于惟正之供,而无额外诛求之扰,利五也。有是五利,泽将无穷,侯之功胡可忘也?

余曰:"诚然哉!备斯五者,谓之善政,国之大计于是乎赖。"夫邑方六七十里,其土肥瘠相半,其民服田力穑,课桑麻而鲜游贾,经营什一之利,故厥赋惟中中。自南运之外,无他重额。所以爱养民力,使之常有余,而寓益下之道于催科之中。故其民安土乐生,谨于奉令,而输赋惟恐后时。矧兹仓之建,益有利于民,其有弗恭义而兴感者乎?侯之功诚不可忘也。

侯起家行人,拜监察御史,奉命按云中、上谷,继又按滇南,寻擢副臬台,饬兵魏、博诸郡。所至振纲肃纪,察吏治,恤民隐,声施赫然。顾以戆直忤时,为吏议所中,左迁县令。其体国恤民,不二其心,于斯仓之建,征其一端焉。侯临川世家,名文燧,登壬戌进士。

靖江县里役编年长赋记

太仓王锡爵

高皇帝之肇造区夏也,军兴储胥,大半取给于江南数郡。其立法而征之,与择其人而长之者,甚均且悉。当其时,官无横需,民无负逋,上下咸赖其利焉。所谓长赋者,每输将入都,天子为之陛前而论,殿上而燕。山黎野农,父老子弟,熙熙然获与黄屋至尊周旋,所以慰劳而良苦之,靡有不至。民生斯时,何不乐于长赋也哉?

今江南富人,十室九空,甚者五木金铁,累然圜扉之中。察其故,皆以长赋破家。而会计公府之入,往往输者、负者相为什[1]五。于是长民之吏不得弛其鞭捶,民始嚣然丧其乐生之心。议者徒见其弊,举归咎于长赋,不

---

[1] 以下"五于是长民之吏"至"虽然法不难",底本原缺卷十二《艺文》的第二十五、二十六页,所存第二十四页、二十七页内容分别为王锡爵《靖江县里役编年长赋记》的前后部分,以康熙志卷十六所录王锡爵《靖江县里役编年长赋记》补全。嘉靖志卷四亦录此文,然与本志所录文字略有差别。

知此非高皇帝之法不可行于今,盖守之者不能通其变,而挠法之民有所玩而相为夤缘,遂令其弊至此也。

靖江在江南为下邑,楼橹萧萧,浮沉汐涨间。其人鸡犬桑麻,竹木藁苫,有武陵桃源之想,心甚羡慕之。每往来江上,欲一入其境,未能也。及是,其邑中士民来过余,能言其邑长赋之法甚善,曰:"吾邑之所幸仅仅未困者,以此。"请余为碑记之。

其法:凡图,为里长者十,大约十岁之内,岁推一人长其赋。一人长之,九人从而督之。富人有力者,十岁中再役之;不及者,两人充一岁之役。按岁而更休,既周复始,如循环然。长者总其入,督者稽其数。一人既率其九,而九人皆得以各率其属也。里中编户,若雁行鱼贯,可枚数而指屈,孰敢避匿以欺其九? 而九人者方且互相为长,又焉能干没以累其一哉? 夫是以公家足取盈之数,私室免催科之扰。靖江之民,虽无陶朱、猗顿之富,而亦稍稍能不蹈于沟壑之中。如江南他郡以长赋破其家与累然拘囚者,皆彼邑中所无有也。审知长赋之利如是也,则高皇帝之法信可行之于今,其行而既验者,于靖江一邑昭昭矣。

吾方意此法之可以尽复于江南诸郡,而不当徒泥于靖江之一隅也。又意靖江之地,其民情土气与他郡不甚相悬,而良法得以独行也,何故? 盖询其俗,访其人,与之上下其议论,然后得其时为贤县令者四,贤别驾者一,贤中丞者三,而其法乃行,得以不挠。县令者,今司马永嘉王公露其议,议未集代去,而后令柴公始较画参订,拮据而必行之。嗣柴公者为燕山张公,摄令事者为别驾高公。方众口之欲坏法也,两公严阻而力排之,新令莆田张公又踵而成之。中丞,则今总漕钱塘方公、故开府姚江周公。两公者,能允县令、别驾之请,不惑群议,朝上计而夕报可,以迄成此美,以惠此一邑之民,何其幸也!

吾因之有感矣。高皇帝之旧法,更数君子之经画,而仅仅得施于靖江蕞尔之地,法之行也,顾不难哉? 虽然,法不难于议而难于处,不难于立而难于守也。是法也,所不利于奸民者二:逋者之不利于积负也,揽者之不利于侵渔也。主者心感摇,即群口沸而交铄之矣。法奈何得不弊耶? 余既为碑以复其士民,而俾以其详勒碑阴。后之为靖江者,纵无感乎余言,其深绎高皇帝立法之初意,并勿忘数君子规画之苦心也哉!

新建尊经阁记

丹阳姜　宝

万历三年正月,靖江儒学尊经阁成。学谕邵君训、司训雷君万里为状,走庠生陈善言、刘之奇辈来言曰:"此故左道人供奉材[1],邑父母张君师载撤而建于学宫者也,敢请为记。"

予闻之董生云:言道术者尊孔氏,诸不在六艺之科,勿使并进。夫尊孔氏之六艺,尊经也。非其科而勿使并进,乃所以尊经也。非六艺之科犹云勿使并进,况不经如左道者欤?张君毁彼而就此,不但重惜民财不妄费,且因斥邪以崇正,诚于经知所尊矣。虽然,经之尊也,不贵藏而能贵读,读不贵以口耳,贵[2]以心。以心读经,是在靖师生务敩学以相勉焉。

今夫通都剧郡之士,号称多书而能读。然其读是书也,以资学业之用,为取青紫之楷梯。方读是书时,已不胜其名利之争于胸中矣。及其名成而身日荣显也,曾不思畴昔所读之书为何名义冒焉。惟身与家自私,曾又不思经所载忠孝节义为何事。若然,则奚以尊经为欤?

靖本马驮沙,中江而邑于其上,达人贵客之所不经,富商大舶之所罕至。其人多淳朴而少殊慕,声华利禄之事少有夺乎其耳目,营为干请之念亦少有杂乎其心。既非通都剧郡比,其为士者又多从游有道之门,而能不失其传。故最能读经者,宜莫如此中人士。若使读之不精,治其说也,不能以专名家,恐反为左道人诚心以供奉者之所非笑。是则苏长公所云"束书而不观",文公朱先生所云"读书而不能有其义于身,徒为书肆"云耳。予前所病,病世之为士者方读经而已怀名利之争心,是不足以为靖士虑。若后所病,病在不能精专,如所云"束书""为书肆"者,是则所当虑也。

抑闻张君为政能洁己,忠于其所任,又以思亲久,力请于台司而必求去,非所谓忠孝节义,真能尊经而以身率人者欤?请因是而人自勉焉。能知阁之所以建,则能明于邪正之分,如广川大儒所称道术务归于一而心不

---

[1]　供奉材,姜宝《姜凤阿文集》卷二十《靖江县儒学新建尊经阁记》作"供奉所"。

[2]　贵,底本作"读",据姜宝《姜凤阿文集》卷二十《靖江县儒学新建尊经阁记》改。

颇。能如经之所以尊,则免于不精专之患,无或如东坡氏、晦翁所讥学业务底于成而志不息。名利之争,既以地偏而人朴,不少杂乎其心,而忠孝廉节之是取,又人人能追其令君之贤而欲与之并也,庶其无负于建阁之意,庶亦可以言尊经矣。不然,徒读是经,终不免叛是经也,将不为经之罪人也欤?予昔承乏外僚也,尝购经子史诸书,留而藏之于锦官周南之公署,欲为之记而未果。又尝志于所以尊经,思有其义于身,而愧亦未能也。因靖师生之请,为著其说如此。今且老,冀亦与共相勉云。

开府徐公创立学田记

华亭董其昌

粤稽三代盛时,自国都以及闾巷,莫不有学。乃其犁然可述者,惟尊贤养老之典,而羞服匪颁于学,则不经见。岂其田以井授,而百亩常制外,又有余夫之田?故俊秀咸得以自给,而心不乱营。三代之英,所繇卓绝于千古也。自田不井,而士多患贫。彼箪瓢屡空,惟贤者乐而安之。中材一值穷愁,即挫志变节,皇皇于功利之趋。夫心杂于功利,犹冀输忠殚赤,有所建立于国家,此必不得之数也。故蒿目忧士习者,在曲体其患贫之心,以专其志,而吾儒效可几而睹焉。

我明右文图治,庠序星布于寰区,而三吴人文独甲于天下。开府徐公建牙南土,初下车,首崇俭约,以立准标。既思职在拊循,要在赈穷而周急。士首四民,而家每无常业。其间有艰薪火者,有旷婚姻者,有急丧葬者,吾甚念之。计非学田之设不可。会上之御极四十年,浒墅关余税六千一百两有奇。公曰:“易田之需也。”于是酌其议于直指使房公,事既竣,报其成于直指使薛公,佥曰善。

公遂分心于三吴,而数有多寡,视弟子员数以为差。靖江给银二百两,公犹曰:“惠未遍也。”令有司多方设处,以广其仁。昔署府事王司理下其议,县令朱侯慨然有志,从多田价中设处银四十五两,共易田七十一亩零。每岁输课之外,余米麦四十七石有奇。沿垎履亩,亲自[1]蹈勘,悉皆膏腴,

---

[1] 亲自,底本作“亲白”,据康熙志卷十六改。

而滨水近海者不与焉。此惠遍[1],靖江士咸嘉赖之,世世颂休德矣。公又虑久而无稽,令立石于学以示信。朱侯以今有师生试[2],属余为之记。

余谓易田赡士,开府之特恩也;砥行立名,章缝之特操也。开府威德并行江海,肃赡业,舒天子南顾之忧矣。而其轸念孤寒,肫肫若是者,予于是有愿望焉。多士受天地之中以生,而诵法孔氏。孔氏称君子忧道不忧贫,诚饱以仁义,娴以礼乐,醰以经史,富贵浮云,贫贱终身,斯无愧于孔氏之徒。如土苴性真,膻悦世味,与时浮沉,而漫无表见,是湮没而不闻也,奚以名士? 名之不副,其若制田之初意何? 吾愿多士沐体作养盛心,砥节砺名,以无忝于是类,其百世而下,嘉开府之明赐。是为记。

迁建邑丞公署记

易水冯　钺县丞

靖江丞廨宇,旧尝改葺,规制不密。嘉靖丁亥夏,钺承乏丞兹邑。越明年,督饷于京师。竣事还,以己丑三月遘疾。邑三老子弟时来慰问,或致医,或致祷,或推步气运,罔弗殚厥心。间有术者曰:"府宇之栋,奔突正冲,术书所云'穿心杀'。少尹病,实应之。斯廨宜速迁,弗迁则弗善。"民闻之,咸蹙然不宁。既而复忻然聚议,甫一日,集所捐者百金,市民居之左于正堂、后廨者,金谋肯构。随请于令尹敬斋郑公,公曰:"可。"乃卜日鸠工,无何而垣堂寝夹,倏然凤成。余迁焉,逾月而疾愈。

噫! 无似如钺,莅事仅一载,无寸绩于民,静夜深思,惴惴然惟伤于民而负于令长之教约是惧,而民之为虑之也顾如此,矧弘材茂德,感民日深者乎? 先余之丞,则廷评苕溪韦公也。公尝语人曰:"靖之俗最醇厚,士雅而廉,民良而义,其或弗率,其风教之司耳。"繇是而观,不亦信然矣乎?

盖方图黾勉,夙夜自尽,以庶几无斁于职,无负于民者。乃不幸以先慈谢世,长辞归矣,将若之何? 虽然,吾民之德,可忘也哉! 姑以铭诸心者勒诸石,俾嗣余者知兹廨之繇,始知吾民之良,而无若钺之负之也。惟吾民益敦醇厚之德,以大风化之美,令凡莅兹土者与有光焉,是则钺之愿也。因列

---

[1]　遍,底本作"偏",据康熙志卷十六改。
[2]　今有师生试,康熙志卷十六作"余有师生谊"。

趋事姓氏于左,而为之记。

孤山记

甬东朱　勋

余始来视靖,辄问所为孤山者而登之。山四壁峭绝,与大小孤等,故名。高广仅里许,盘石横出,缘石而上,有细径辟积,不异羊肠。再折而上数百武,有石绰楔[1],颜曰"蹑云"。转而西,有小祠,汉寿亭侯像在焉。循祠而上,路稍夷,屋三楹,供[2]世尊。又折而东,有亭供大士。转而上,左右为僧寮。又上为寺门,左右各有供。入门,翼以两廊,修梧夹之。历阶而上,为大殿,以奉岳帝。循殿而上,亭三楹,为憩所。

余巡行周视,山强半属里中儿朝夕纵斧斤焉,四望童如,寺亦就圮。为之捐滩田三十亩,赎山归寺,今渐蓊然。又捐俸粪除之,俾破刹若新。乃憩所正当殿,苦乏登眺,于山巅得片地,创为楼。登楼,见长江如练,周遭县治,因题其楼曰"环玉",而前亭曰"晏海"。盖余不佞,登斯山徘徊久之,而窃有概于中也,乃托墨卿为之记,勒之贞珉。

古者建邑必有镇,靖无镇,止[3]孤山突兀江中日久,遂与靖连为镇子[4]。余穆然以思,兹山也,宁讵为靖镇? 我高皇帝定鼎留都,江流奔泻无已时,且密通东溟,岛夷出没其间,即萑苻啸聚甚便,则天堑之口,当必有砥柱以为之阨隘者,意此殆留都之户牖乎? 夫留都曷重? 重备也。有备无患,是故备之勋旧镇守,又备之本兵参赞,又备之提督操江。此三备者,皆藉江为险,则皆藉江为守,其形势固尔。而兹不然,近当事者稍设防,盗亦稍息,验已略可睹矣。倘更立重兵,俾此山与狼、圌上下响接,则外可控制江北,内可以固江阴藩篱,彼诸不轨能飞渡哉? 斯亦留都东面一大屏蔽也。然则有留都不可无靖,有靖不可无此山,有此山而留都之户牖如捷斯下,其系重而当为之备何如已? 而至今山之不得为公家有也,司土者将安逃责?

---

[1]　绰楔,底本作"绰楔",据康熙志卷十六改。

[2]　供,底本作"拱",据康熙志卷十六改。

[3]　止,底本作"上",据万历志卷十改。

[4]　镇子,万历志卷十作"镇云",康熙志卷十六作"镇焉"。

《书》曰："申画郊圻,慎固封守,以康四海。"余不敢知,无亦惠邀高皇帝衣冠之灵,而假宠于兹山之胜,以作卫留都,永殿我天子之邦,列于三者之备而四,庸非称极维焉?此余今日所为有事兹山,冀少裨万分者。余不佞,既以兹山为事,复忘其固陋而为之记,识余志也。世不乏同志者,尚知余记孤山,所记不直在孤山已。

靖江县新改谭公渡记

王世贞

靖江治在江中央,其北达通、泰以至淮、扬为运河,南达江阴,走晋陵、姑苏道。靖江之士吏农贾,南渡江阴者十之七八,其自江阴而北渡者十三四。当靖江之渡,所谓渡七十二,而其最巨者曰澜港,前接江阴之港曰黄田,其始亦最为近易。嘉靖以来,两岸摧圮,其浸转阔且倍蓰,而中忽横一沙间之,东西延袤可三十里。渡者必循暗沙自苏家港逆流而上,取江阴之黄山港转入黄田始泊。中历大小石湾、鹅鼻觜,鹅鼻之山益岑崿而水益遒迅,深者几四十余丈。江阴之渔连巨舰而障其上流,稍过之,多为旋涡所迫,触石而葬鱼腹者岁无虚月。近者远,易者艰,两邑之人皆苦之,而靖江其尤剧者也。前是为守者秦越其属邑,而为令者过于尊畏其守而狎其民,亡肯以所苦告。

今太守谭公来,下车之后,除弊举废,百猷鼎新。乃以其间按行诸属,询问父老,具得其状,慨然叹曰:"吾安忍目视吾赤子之阽溺而莫之挽也!"顾谓长年三老:"靖江之渡,孰与澜港便?"曰:"苏家港便。"已复谓:"江阴之津,人渡孰与黄田港便?"曰:"黄山港便,顾黄山之旧道多淤浅。"

公具其事请于台,自港口疏之,直抵江阴郭。为丈一千五百,费直金九百二十,皆取之肺石之羡,而民力不与焉。又严网鱼之禁,毋使伏险,而所谓大小石湾、鹅鼻之峭厉泅伏,皆恍然而若失。远者复而近,艰者复而易。轻舠[1]峭帆,乱流啸风,不移晷而彻于黄山、苏家之口矣。盖自是卒岁,而无一报溺者。公又请改石头之巡司于黄田口,设闸于港内,以资蓄泄。台

---

[1] 轻舠,底本作"轻舠",据王世贞《弇州四部稿·弇州续稿》卷六十三改。

两报可。

于是邑民感公之德，共谋即其地立祠以祀公。亡何，子来而趣已。公闻之，曰："毋庸也。"民曰："未可以涸我公知，姑建一亭以安[1]憩者。"曰："美哉！洋洋禹功乎？"名之曰"美哉"，复名其门曰"济川"，名其堂曰"永泽"，亦以寓公惠也。总而名之曰"谭公渡"，而问记于世贞。惟邑之令廖有恒亦然，以为异日尸而祝公者此地也。

世贞不佞，闻之古单襄公过陈，而得其桥道陂津之不饬，以占其将败。公孙侨之相郑，所务实长于此，而孟氏以其济人溱洧之一端，而测其徒杠舆梁之不葺，为惠而不知为政。夫以深厉浅揭，于民之损何几，而君子切切焉，以效其规。今公一转徙之间，而岁脱数十百人于鱼腹而遗之安，积其僦舟之直省可亦不下百余缗，自是而推之十世，以至千万世，其利益当何限也？昔有名堰、名堤、名坡，而曰召伯，曰白公，曰父曰母者，几与天壤相敝，然以视谭公，何啻径庭哉？是宜邑人之思公，与公之见思于邑人也。

是役也，相之者倅王君、梁君、冯君，司理张君，奉而行之者即廖令，执役者簿孙化，来请记者光禄署丞朱正初，某之于法得附书。公名桂，新建人。王君名鹤龄，鄢陵人。梁君名鹤鸣，南海人。冯君名宇，慈溪人。张君名有德，祥符人。

迁建西小沙巡检司记[2]

朱正裕

嘉靖乙丑春，大提调柴侯乔迁建马驮沙巡检司公署于西小沙之中，工三月告成。其制：重门、垣墔、桥树，完整如式。计其堂庑狱寝，为屋共三十楹。其前隙地，居民愿移者听。为地方亩者十有三，费不扰民也。

先是，本署在大沙之新港，历宋、元以迄我明，其建其圮，莫考厥由。迩

---

[1] 以下"憩者曰"至"祥符人"，底本原缺卷十二《艺文》的第三十七、三十八页，所存第三十六页内容为王世贞《靖江县新改谭公渡记》前部分，以王世贞《弇州四部稿·弇州续稿》卷六十三所录《靖江县新改谭公渡记》补全。

[2] "迁建西小沙巡检司记"至"民亦侮法因建县"，底本原缺卷十二《艺文》的第三十七、三十八页，所存第三十九页内容为朱正裕《迁建西小沙巡检司记》的后部分，以嘉靖志卷二《廨宇》所录朱正裕文补全。

自嘉靖三十三年毁于倭寇,官吏寄居邑廛。前令王侯叔杲尝以为未便,申请迁建。度地鸠材,未集,迁常熟以去。既而我柴侯来,默筹潜画者半载,尽得御人之凶,而藉之申白,得允。检邑藏,得余金七十,遂成乃绩。巡检吴道成以材承委,实董斯役,且持侯简来请记。

余惟巡检之设,职专缉盗诘奸,故其署多控扼津要。其篆方文,得以上下申白;其阶虽卑而责实重,虽列县属而实有专制之权,盖许其摘发机密,而望以徙薪曲突之功也。本土偏且僻,制设此署,尤将以消不充,以保驯良望之也。故未县之前,民以地远阶悬,一切户婚皆赴求理。久而弊生,民亦侮法,因建县以统之。然小沙隔涉,去县远而拘摄难,出江近而外交易,遂习于悍厉残忍,渐以成风。其间淳朴者,苦其事而恶其党,又惧祸而不敢发其迹,惟饮气吞声,仰天求救耳。兹得我柴侯方谋迁建,而群凶就毙,工费将给,而吴君适来,岂非侯之心格于天,而天悯一方鸮鹊之混也耶?

吾知其有耻心者,固藉以伸其不言之情;彼思免耻者,亦必因是而图善其终,不第革面而已也。然则是役也,宁谓非兹沙百世之泽哉?使居斯署者思体今日之心,生斯土者尚究防微之义,庶几不失柴侯望[1]也。是为记。

崇让沙记

朱 勋

往都太仆尝志靖矣。靖之沙凡十,江缘海襜,土脉舃卤,止饶广荐草莽而已。圣治日大以蕃,生齿渐繦相依,污邪为命。纯皇帝朝始保聚而封列之,雉堞庐井,岁时伏蜡,民用以和。

维是诸沙环错东西陲,所利赖公私至亟。属波臣之不恬,隳皋崩陀,桑田沧海之迹,未易更仆数,而民始患雕边矣。物穷则攫,肆为侵牟。每一沙涨,则大豪宿猾,人人睥睨假正,夤缘为奸,视稂厚薄,上下其手。前升者与后升者,角而交斗其间,哗然如群儿抟黍。盖不复党入和如初。故靖之簿书讼狱,争滩居十之七。其既坍而始复者,即今所称崇让沙也。枕东陲,接段山,旧名段头沙。当事者惧民之有争心,乃易今名。又立法纲纪之,沙分

---

[1] 望,底本脱,据嘉靖志卷二补。

二十段,段置一人,分曹设版,官司用印钤识,彼此后先,划然有据。公私之藉,无所异同,虽百祀可覆视也。所为便遵守、息愤嚣,法綦密矣。

不榖承乏此邦,思什我躬之恫瘝,而跻之雍睦庸媚于天子。会沙事告竣,诸父老合词请记,曰:"止让,足训也。"不榖曰:"若让云何?脱衣就功,首茅蒲,身被裰,非有缟收端哻、鞸绅綦福之为佩服也。击果待时,挟抢刈耨镈以从事,非有逶迤周旋、伛偻謷蔑之为容止也。昼田夜纺,终岁所获,半入子钱家,又无能割涝退舍、折券弃责以为豪举也。若让云何?"

诸父老曰:"岂当事者之以让谩我也?"不榖曰:"唯唯,否否。昔舜耕历山,人皆让畔。虞芮交讼,入周界而趑趄巡不敢前,曰:'吾所争,周人所耻。'故言让无若舜、文之世。然舜命禹敷土则赋,抑何井井也。井田之制,里有坊,畦有域,法至比栉,讵温恭肃雍之澡濑犹未灏灢,而民之齻齵枭獍是虑哉!盖均无贫,和无寡,安无倾,法立制定,而民自雍,祥莫斯甚。烈祖有之:'奏假无言,时靡有争。'终之曰:'自天降康,丰年穰穰。'此崇让之旨也。甚矣,当事者之大有造于尔氓也!春秋邢侯与雍子争田,至绝亲以买直,三奸同罪,侯是以逋。范宣子与和大夫争田,欲攻之,微家老訾祐,几无以相晋国而亡隰叔子之宗。故祸莫憯于自利,衅莫惨于攘人。若世为吴氓,未稔吴乘耶?吴之先太伯以至德让天下,偕其弟仲雍次比耦,以芟杀四方之蓬蒿,以立名于荆楚。十九世延陵季子让国诸樊,吴人强之,弃其室而耕,让所浸渍非昕夕矣,若犹未尝挹馨香而注其肺腑耶?嗣后二女争桑,斗其邑长,于是公子光有居巢、钟离之役。此吴之已事可鉴已。今皇上久道成化,礼让云蒸,业已漂虞荡周,称极治。若属冥顽不逞,蹢躅陇陌间,纵沟壑之念,以为尔句吴羞,是又废先王[1]之教而衡上命也。孰是冠履而尸其土,罪其可辞?愿邀惠尔众。靖之沙有大江在焉,毋或勾夺,毋或附阴,毋或沐发而指影,世有盟誓以相信也。余庶几藉手报万一哉!"

诸父老复稽首若博,合词而谢曰:"不腆敝邑,实惟君侯宠绥之,敢不永永懋承之无斁。"于是次其语而托石于段山之阳。

---

[1] 先王,底本作"先生",据万历志卷十改。

江舫记

殷云霄

环靖皆江也,匪舟不可他往,他往必先涉大江。水之行于地者,江最巨;舟宜于江,将无不可往。

殷子作舟济于江,遇渔者,则问之曰:"余以巨舟济,尚畏于江,今子奈何独以沟渎之舟日泛洪涛哉?"渔者笑曰:"子邑东即大海,海之大,不知其几千万倍于江;海之舟,亦不知其几倍于子之舟,皆不足以言大。彼乘气机而浮六合之表者,将不假于物,子知之乎?且吾累于口腹,故日离于风涛,然亦取足于渔。今子独何为哉?形劳于神,神弊于谋,事求其利,职虑其虞。其离于风涛也,不知其几倍于吾,而顾以危吾。且子之邑,匪舟也?民耕桑而足以无求于世,今则利争而情日滋,海外奇巧浮靡之物日溢于天下,穷民之欲而疲其力亦惟舟,今子复作舟以自侈。吾闻子于邑修法政而民日称治,子之业盖止是焉而已矣。吾将有告于子。舟,浮物也。物之浮也,岂足恃哉?安危之机,惟其持之者耳。天地之道,持之者不变,故不坏。"

余爱其言可以警余,将复有问焉,则引其舟而去。

钟楼记

张秉铎 _{邑令}

靖环江而处,城池狭隘,无亭榭楼观之崇;民俗朴野,以鸦栖鸡鸣为旦暮。今上嗣位,百度维新,凡声教所及,皆憬然有觉。况靖隶在畿邑,则振起于精励之化者,当熙熙然有崇文之雅。惟时近斋朱叟,乃与乡人士谋建钟楼于崇圣寺。寺在县治之左,楼在寺门内数十步。己巳春三月楼成,夏六月钟成。

张子政暇,闻其大冶攸开,四方观者如堵,乃约学博士锺子、冯子、近斋叟,暨[1]省斋、昆源、虚谷、岷泉、君重辈,同往观焉。式见炉法洪钧,火兼文武,赤日[2]助其精光,雷霆输其声烨,神呵鬼护,金跃霞流。模范而出,则龙

---

[1] 暨,底本原为墨钉,据嘉靖志卷八补。
[2] 赤日,底本作"亦曰",据嘉靖志卷八改。

伏凤飞,文翻星斗;商盘周鼎,制协乾坤。诸君咸喜而相谓曰:"噫!自吾县治百十有年于兹矣,乃今有是大冶之铸,则神物之出也以时,其一县之光乎?"

张子曰:"噫!未也。自有天地以来,不知其几千万年于兹矣,乃今有是大冶之铸,则神物之成也不偶,其古今之大数乎?余又闻之,河出图,伏羲因之以画卦;洛出书,大禹因之以叙畴。然则是钟之成也,其为一县之梵音已乎?吾知近斋叟与诸君之所喜,端有不在是者。人心多昏于旦昼,而夜气清明之际,鲜有不得其良者。故山木萌蘖之时,在于培养,而鸡鸣善利之间,则舜、跖之所繇辨,安得闻百八之声者?亦将反而思曰:暮钟之音专而确,其专确者,所以示定也。吾于今日之所为,果不累于物欲之扰乎?不然,是钟定而吾心有未定也。晨钟之音清而亮,其清亮者,所以示和也。吾于平旦之气,果得其本体之良乎?不然,是钟和而吾心有未和也。君子闻之而思以修德,小人闻之而思以寡过,则钟之成也,将与河图、洛书相为应瑞。而靖邑弹丸之地,或追夫隆古帝王之化者,固今日之钟基之也,果独为梵音而已乎?"

于是诸君益喜而相庆,乃具壶榼而相与劝酬于钟楼之上。上则翱翔万仞,玄览八极。云和助禅心之静,草煖迎诗骨之香。星辰高而魂摇直北,天地阔而志在图南。凭虚徙倚,各得其趣。独张子惨然不乐。诸君诘之,张子因解之曰:"噫!夫浅渚平沙,浮沉不一,吾安得夫海若效灵,河伯助顺,使中洲天幻之区,而为钟簴不移之地乎?田庐万井,丰稔难常,吾安得夫玉烛调和,仓廪积实,使钟鸣鼎食之家,而有家给人足之休乎?礼乐文章,难隆易替,吾安得夫景星凤皇,钟灵毓秀,使声名文物之邦,而有庙廊钟鼎之重乎?"

于是诸君知张子之志,乃矍然而起,交献巨觥,若有为张子慰者。张子亦为之尽量下楼。明日,近斋谓余当有记,因为之述其事,以存相勖之义云。

李公御寇事记

殷云霄

闰月辛卯,寇次圌山。癸巳,太守李公,至江阴,靖江民来告其令曰:"江阴得李公可无害,吾邑其何恃?吾且逃。"令谕之曰:"李公仁足以得众,威足以慴远,寇其敢舍江阴来?其无恐。"既而寇果不来。

秋七月,寇复自楚来,民复来曰:"日以李公,寇不来。今李公不来,寇其来,吾且逃。"令曰:"李公急于民者,其何不来?其无恐。"是日,李公至江阴,寇过靖江,不为害。

民复来曰:"李公活吾民,民何以报?"令曰:"汝知李公活汝于江阴,不知其活汝于靖江为多。日寇且至,义勇之感激,甲兵之整饬,要害之伏密,皆李公先事之教,吾今得奉行之,兹汝未必知。"皆曰:"然。"曰:"汝知李公活汝于兵,不知其活汝于政为尤多。自李公为常州,吾邑其有苦于奸、横于征、繁于役、枉于狱者乎?抑亦有饥于途、淫于行、暴于乡者乎?"皆曰:"无有。"曰:"兹皆李公之政,吾令尚愧奉行之未尽,兹汝亦未必知。"皆曰:"然。"曰:"李公政之善于汝久且多,汝尚未及知,一活汝于兵,则思以为报,兹岂李公之心哉?李公之心,欲吾民皆良于行而无艰于食。汝其归,父诏其子,兄率其弟,俾无遗力于田,无遗行于家,以为李公报,其可?"

于是退而朝夕祝曰:"吾愿吾李公子若孙,皆若吾李公。"则复来曰:"吾固知吾无以报李公,心则不可忘。吾侪身亲其政,尚未及知,况吾子孙?吾令习于文,愿记其事,传示吾子子孙孙,俾永永无忘吾李公,以为报,其何如?"令曰:"然。"

城隍庙寝成记

邑人朱家楫

余先世聚族于城隍庙西里,自高曾辈联里中诸父老为社,以岁时伏腊修蒸尝。余方俎嬉知拜跽间,以先严命摄骏奔游于寝室,见其基趾污莱,庭宇潐溢,意谓维神一邑司命,精英灵爽,赫焉在人心目,讵当吾世而毋新其庙貌者乎?

越万历癸丑,邑人佥谋葺之,鸠工聚财,竞趋如市。至甲寅而寝成,至今年而雕镂丹垩[1]咸竣事焉。于是羽客展丹衷,率其属造余请记。

---

[1] 丹垩,底本作"丹堙",据康熙志卷十六改。

余惟神之有庙,庙之有寝,规制具在,振古已然。即堂构巍焕,栋宇崚嶒,奚足为神重?毋已,则以事神之说为吾二三子勉焉。且二三子不难殚算罄力而营是者,岂非以为神昭事地乎?夫事[1]以文不若事以情,事以一时不若事以素行。《书》曰:"惠迪吉。"子曰:"丘之祷久矣。"故令尔二三子而克履忠蹈信,尚义敦仁,以孝悌廉谨各为防维,虽闷宫乏实枚之颂,神不予吐。不然,而铲忠信为谲诈,刜仁义为奸佽,嚣陵诟谇,漫不知孝弟廉谨为何物,宁神之阴骘于人,实应如是[2]?即二三子日登其堂而崇饰之,神谁与我?盖余慨今日之风尚,视数十年而前趋渐下矣。昔质而今华,昔醇而今薄,昔简澹而今绸缪百端,昔坦率而今机械万状,甚至父子兄弟、至交密友相愚以术,若变为鬼蜮而不可方物,神之听之,伊何人斯?余愿二三子而今而后各循尔职,各懋尔德,敦伦励行,以迓神禧,则冥冥中神武灵之,寝成孔安,以绥后禄,岂有量欤?若夫侈言其跂立矢棘、翚飞鸟革之烂然者,则行其庭,万目注焉,不俟余赘之以词矣。

是役也,主之者邑侯赵公,其址则丹衷以居第辟焉。统费如干缗,则邑人助之者也。

故司马滕公祠堂记[3]

朱家楫

邑大夫赵侯在事,恺悌字氓,率作兴事,坠靡不举,废靡不修。而少尹王侯克殚厥心,以襄休美,凡侯意所欲为,实左右之,靡有阙失。

一日,阅国家掌故,谓:"故司马滕公有造靖功,至今靖之士斌斌,民皞皞,而于公殊乏一卣之荐,谓崇勋何?"遂以公之祀典请于赵侯,赵侯以请于郡伯刘公、大中丞王公、宪副萧公,金报曰可。邑人闻之,亦莫不鼓舞踊跃,趋事恐后。爰以客岁十月经始,至今年三月竣役。赵侯率若属具少牢,妥其神于祠,而命余为记。

余惟自玄曾来,世食公之明赐,而乡未谋造吾靖者其谁也,安能为记?

---

[1] 事,底本作"是",据万历志卷十改。

[2] 是,底本作"事",据万历志卷十改。

[3] 故司马滕公祠堂记,万历志卷十前有"新建"两字。

虽然,乃今则知之矣。盖尝观自古圣佐懿弼,茂树勋庸,有令人可知者,有令人不可知者,有一时不知迄千百世而知之者。可知者,霑霑煦煦,朝饮其润,夕而见休,其为德也浅矣。不可知者,淳淳闷闷,与人以不贷之惠,敷者未厌,被者忘功,非古汋穆之世,孰有是乎? 一时不知迄千百世乃知之者,当其起大义,定大计,非常之原,众庶骇焉。厥后事底绩见,光施烂然,其规模亦远矣哉!

粤稽唐虞之世,别土分州,设岳宅牧,当时亦未必曙其显效。至于后世,作息饮食,欢然各适,与天地无穷,而后叹[1]圣人之明德远也。即如汉开珠崖、象郡,其世至以穷黩诋之。迨今日,而拓地几千里,奇珍瑰玩甲寓内,冠剑衣履拟于上国,谁实为之? 然则公之造靖,有圣人敷土之功,视汉开珠崖、象郡,得失不啻悬绝。特其经营疆理[2],未尝躬习,故知者鲜耳。假令靖而非公,则靖必不邑。靖而不邑,其景象当何如耶? 盖至于是而后知公之有造于靖,非眇小也。昔周人之祀后稷也,著其功曰:“厥初生民。”则靖之初生,亦繄公是赖,祀之固其宜已。或曰:“靖与公非有周人与稷之亲,且其德位尊重,而渎以下邑之俎豆,非僭则妄。”曰:“以舜、禹南面称帝,至于今盖数千年,而苍梧有舜庙,会稽有禹庙,人不以为矫举。矧公实抚兹土,其泽尤[3]在五世之内。自秦罢侯置守牧,而官皆以前后相次,犹世系然,则靖之祀之也,孰曰不宜?”

公讳昭,字自明,汝州人,为兵部左侍郎。靖其抚应天时所置邑也。赵侯讳应旂,字敏卿,南昌人。王侯讳增禄,字锡我,宝丰人。是役也,用缗凡若干,皆倚办于赵侯与王侯之俸锾,盖不欲以烦苦我靖民也。谨记。

崇圣寺新建藏经阁记

朱　勋

大矣哉! 佛法之昭垂也。厥言广博,厥义邃深。鹿苑金轮,转《法华》而济俗;龙宫宝筏,渡《般若》以开氓。化导无垠,范围莫喻。大之则遍弥

[1] 叹,底本作“难”,据万历志卷十改。
[2] 疆理,底本作“彊理”,据文义改。
[3] 尤,万历志同,疑应作“犹”。

沙界，细之则散入针芒。超九劫而证三藐，谢四流而弘六度。常乐之门[1]普冒，大觉之理独员。焕慧炬于重昏，沛法霖于火宅。道无私而自永，法传世以难穷。所以石室藏经，定林别类。进沙门而诵法，昙绕竟陵；立三谛以阐幽，露凝慧义。慨自微言，采以目论。俗学狃于耳闻，握锐输攻，披坚墨守。纷纭恣议，莫究异同。不知大道无争，至理一致。宗教即卦爻之髓，译词为训诂之遗。拈偈赞以开蒙，取裁四始；严律仪以精进，视矩三千。以至业报之轮回，是即《春秋》之赏罚。信可以秕糠百氏，而羽翼六经者哉[2]。

崇圣寺者，靖江之望刹也。虽狮座安闲，双树之庄严永藉；而蜂台莫构，三车之藏教无闻。了缘居士承乏此邦，祝圣之暇，徘徊久之。属僧思复者，一沤托迹，三藏皈心。半顷污邪，撷伊蒲以作供；终年艺插，储香积以同餐。俗情每惮殉饥，宁望追风让畔；世网首惩攘臂，随今忏悔赎珠。视则同仁，固非取此与彼；法惟平等，岂容利己夺人？庶呗讽有资，而香花不坠云尔。乃思复谓佛恩蒙被，踵顶靡酬。愿以福田，贸为法藏。拓基揆日，胝力奋功。不乏同心，共成胜事。星悬飞栋，俯林薄以崔嵬；霞耸层甍，映亭皋而灼烁。祇迎南藏，式耀中天。明珠与金像争辉，玉镜共璇题竞彩。部分五大，乘列二门。遗文上溯古灵，巨撰不遗中夏。素鳞凌浣海，恍护法于龙参；清响振长空，疑闻经于乌聚。直种无边之果，讵为有漏之因。抑尝恭闻圣祖有言：佛之有经，犹国有令；佛之有戒，如国有律。皆导人未犯之先，使人不萌其恶。玄关洞剖，胜业丕扬。凡此众生，敢不敬式？繇声闻而缘觉，共脱疑城；就讽诵以修持，同登净土。因斯而谭斯阁之建，非徒佛日之宣明，抑亦皇风之翔洽乎？居士雅怀离垢，切念拯迷。创始藉以赎锾，示皈依于三宝；落成托之珉石，记岁月于千秋。未晰渊微，仅存崖略。敢曰法门之龙象，庶昭末俗以津梁。

建东岳祠记

朱家栋

东岳，岱宗也。王者始受命，则于此告代，长于四岳，故称宗。封禅之

---

[1]　常乐之门，底本“之”后衍一“之”字，据万历志卷十删。

[2]　哉，底本作“伐”，据万历志卷十改。康熙志卷十六作“矣”。

礼七十二家,不可考矣。秦皇、汉武而下,代举以为太平旷典,金简玉策,鸿名徽号,日加崇重。道家以为掌人间生死之藉,佐天帝福善祸淫,而百神咸其隶属,其说有自来也。以故燕齐之境,当春夏之交,走而乞灵者肩相摩,琳宫碧宇,遍于寰区。

邑旧有东岳行宫,岁久勿葺,神象剥落。邑民有塑像而欲易之者,旧塑之家勿许也,相与质成于少尹谢侯。侯以西鄙多盗,人烟希少,俗信巫而尚鬼,倘以岳祠镇之,而戍以一旅,庶民依于神,成聚成都,盗乃可弭。卜之而吉,乃捐薪俸之羡而经始焉。人谓地实频圮,奈何置神于斯?公毅然独断,不为少沮。事甫集,而土大起。未几何时,而南北且褰裳涉也。江北之人,遂有狡焉而启疆者。令公叶侯莅之,不动声色而寝其谋。人咸喜而相告曰:"侯之格于神明有若此,神之昐蠁灵应又若此。"行且播之讴颂。住持僧性宏请记其事而勒之石。

余谓:尔以神之格公,果以一祠之故乎?季氏旅而宣尼致讥,苟有逆德,神勿歆也。乃公之孚于神者素矣。方今叶侯忠公镇静,政蔼如春。谢公佐之,益以宽和。虽职在司马,绝不为毛举鸷击、刻核惨酷之政。凡可疑而可矜者,务从宽贷。民之讹误而获全于侯者十百也。尝奉檄而征赎锾,民有非其罪而鬻妻以偿者,公恻焉心动,亟出俸以为之赎。诸如此类,不可枚举。且素以加禾[1]了凡先生积善立命之说躬行之,而提唱于邑。夫一祠建而式廓增神,特以此显公之绩,而实非以祠也。大抵余邑之土,多增于福德。莅任之时,此土之涨也,神之锡也,令公与侯之荫而庇厥庶民者也。且南北为一,永无阳侯[2]侵剥之灾。神之禋祀且万年,令公与侯之惠亦万年,南北均被之矣。是乌可无记?

公之始为此祠也,意上倡而下终之。适频年亢旱,侯恐重伤吾民,遂以家帑成之。初不役民一日,费民一钱。祠凡三楹,奉岳,后三楹称之,以奉准提大士,僧寮庖湢略备。公讳文光,浙之会稽人。

---

[1] 加禾,疑应作"嘉禾"。
[2] 阳侯,底本作"羊侯",据文义改。

义井记

江阴黄　昭主事

义而不穷,惠而不费,君子可以言治矣。夫义与惠,可能也;不穷不费,不易能也。能与不能之间,其用力成功多少顿异,故言治者不知所养所惠而可垂可记也鲜矣。

靖江盖扬子江之洲,县建自成化壬辰,渐次兴理,民居物产,隐然一大治。惟是廛市之饮饮食食,多取汲于江之涯,色泥味恶。旧有井一,在长庵基,去县治三里许,汲者弗便。

今年春,县之尹贰俱以事去,巡抚诸公檄吾县簿[1]蒋君往领乃事。蒋素儒雅,以廉能闻,视篆数月,税足讼平,化行禁止。间行县,见所汲甚艰,乃相县治东阴阳学之左偏得隙地,适邑中道里均也,将卜以井之。县之义民刘震愿出力资。浚成,深广如制,上覆以亭。繇是往者来者咸井其井,洌焉甘焉。凡饮井之养与惠者,谓其井曰义井,约记其事。

吾惟靖江环四面皆水也,而水出以其地者,斯为有用。知其用[2]之要,而取以利民,其术智盖有可观者。《易》曰:"木上有水,井。"此即养而不穷之道也。《语》曰:"因民之所利而利之。"此即惠而不费之道也。一井之用大矣哉!虽然,水之性,人之性也。人性本善,蔽之则恶;水源本清,挠之则浊。继是而治者,知所以清井之源,而不致挠以浊之,则斯井之幸也,亦斯民不穷不费之赐也。

戒裀堤记

朱家栻邑人

自古有土地者,境内之川梁、道路、亭候之制,皆大政也。在《周官》,则以小司徒之属掌之。以时修其废坠,故入其境,视其道路田野,而知其政之媺恶。甚哉!其不可苟焉已也。

予邑环水而国,所急者无如津梁,其尤急者无如澜港之渡。凡邑之贡

---

[1]　簿,底本原为墨钉,据嘉靖志卷八补。

[2]　知其用,底本脱,据嘉靖志卷八补。

赋,士大夫之好会,商旅农氓之挟重赍轻,以通有无,皆于是乎在,日往来者以千数,盖邑之大津要也。然舟与陆不相及,泥涂菹洳,可里许而后得舟。欲登舟则觅佣夫,负之而趋,佣夫释其裩,泥行则没胫,水行则没股,冬月则肤趾皆裂。妇人羞见男子之裸,则掩面而从之,然而竟不可以已也。

南昌赵公来,既为亭以憩待渡者,则又慨然叹曰:“昔郑子产以乘舆济人,取讥于子舆氏,况无乘舆者耶?”于是出俸锾,令叠石为堤,以达于舟。堤三百余武,费金钱若干缗。公居官廉,终不籍民间一钱,以勷厥事。堤成,乃名之曰“戒袽”。会公迁台州别驾以去,邑之人讴思之,请伐石而纪其绩。

予曰:若知堤成,足以免厉揭之苦,固也。其名曰“戒袽”云者,何居?夫人以峨嵤之艑,泛于安流,即至愚者,莫不知惕。及居安履顺,势可尽凭也,不必衡于理;气可尽使,不必谋于义。肆然罔恤,以自投于陷阱,而不知辟。所谓不测之险,不生于风波,而生于平地,是谁之咎欤?语曰:“小人溺于水,君子溺于言,大人溺于民。”均溺也,溺则蔑以济矣。古人因象立教,以惕先事之戒。既曰有衣袽,而又曰终日戒,其第为济川者防不虞哉!其言约,其旨远矣。吾侪履其堤,则思利涉之用;绎其名,则思居身之珍,则庶乎不负我公嘉惠我民之意云耳。

邑侯赵公政绩记

朱家栋邑人

往赵公之治我靖也,凡五年所,惠政所暨,信于远迩,荐剡满公车矣。邑父老子弟以公行当以最迁,则豫走中丞台及部使者,上书留公。大约谓:靖界江海,地斥卤少获,民凋瘵甚。幸今令慈且廉,今始甦息。一旦去,如病方起之赤子而失慈母,其何以生?愿第进令秩,如赣榆故事,使久于靖。大中丞及部使者且允之,以束于格而止。会入计,公遂行,哭而送者几万人。公治靖虽五载,嗛嗛之俸,悉以佐公储而宽闾左,至是几不能治行。

明年春,公果以台州别驾迁矣。邑父老子弟又人人悲失公也,则相与尸而祝之。祠既成,有事祠下,咸举手加额,祝公万寿,且建节吴中而载莅我。余谓:“祠以报功,即公之功令,或久而湮,其何以为后事师?”则群揖而属之余。余惟公恂恂儒者也，非有惊诡骇绝之治，要之便民而已。

靖介于三吴，赋七万有奇，岁复屡侵，民不能供，监司课牒踵至如风雨。公叹曰："民无终岁之计，而数岁并征，其何能堪？"则为酌缓急而以次应之。民输赋例有羡金，诸赋长以此悦令，积重逾益增。公较衡而平之，痛扶其重者，而民不苦耗矣。民有诎缩投公，公不为厉色以震詟之，务使从容毕献其情。如蝥稚之愚无知者，至循膝攀案，反覆之而不厌。公徐以一言衷之，无不人人感服去。

邑比接通、泰，食淮盐如取诸其家。初，令甲未有禁也，后当事者乃以大户金土商，行浙盐，道险而费逾倍。大户困，猾胥因以为奸，科及中下，则中下亦困。公请去之，章数四上，乃允。是时山东蝗灾，流毒甚楚。邑西北忽飞蝗蔽天来集，地可尺许，民骇愕不知所为。公躬历四境，率民捕之，而遗种遍阡陌不可纪。公复悬赏格搜捕殆尽，蝗不为灾。邑限以大江，渡处浅而汀，涉淤沙里许而后得舟。凡往来者悉裸负以趋，冬月肤趾尽裂。公令甃石为堤，堤穷又为数小舟以通，而民不病涉。令例有赎锾自储谷外则私之橐中尔，公悉宽之。稍余则以新文庙，饬候馆，修桥梁，如迎恩、耀武、陆营、戎署所未备者，咸毕举焉。皆公累岁俸锾节缩之余，不费公帑一文、民间半菽也。尝以邑后土脉卑缓，欲筑一土岗以镇之，临去尚为之经纪其事，惜垂成而无继之者。

公为人恬介，厌奔竞，一切筐篚之节，绝不交于其庭。其与人温易无城府，见之者若饮醇醪，不觉自醉，然竟不可以干请私三尺。公无他欣好，独嗜图书，妙笔札。每退食之暇，则著椀炉香，或展名书数卷，伸纸作书数行而已。此云间陈仲醇所谓其俭如寒书生，其洁如贞女子者也。

嗟乎！余尝观今之以吏事兴者，其卑者无论，即治行表表耳目间者，或操切[1]为能，钩距为知，激厉为廉，狠愎为断，其自为功名地则善，盖难乎其为下矣。公之于靖，孜孜焉如其家；于民，恻恻焉如其子；于事，惴惴焉若将不及。故其治靖，无奇行，亦无偾事，闷闷怵怵，务各与以休息，而后即安而已之。为慈、为廉、为明，不必使人知也。若是者，岂徒以长者称，真所谓

---

[1] 操切，底本作"掺切"，据康熙志卷十六改。

有道君子矣。然龚渤海之为长者，能获知于人主，至廷见而劳赐问，公厘厘以别驾迁，朝廷宁少一别驾，乃以报公，而不以徇吾民之请也？虽然，公[1]为治，进不饰誉，退不市恩，其高下去留，一听司勋氏之所置，而公无心焉，亦奚所不足于公矣。

第余往训海虞，见蠻龙之社，丰碑巨碣，颂德纪功者不一而足，以公族子太室公也。公之在靖，不减太室之在海虞，而丽牲之石尚虚，靖则陋矣。因不辞而纪之，以副父老子弟之请，更俟乞言大方，以张公之伐云。

公讳应旂，字敏卿，号石照，江西南昌人。

邑侯刘公德政记

朱家栋邑人

刘公，浙之名孝廉也。司教于潜，转而令于靖。其捧檄而来也，县吏逆之，循故事，以百金为资斧，公叱而归之。未下车，斋宿而盟诸神，务屏竿牍，绝苞苴。故事，令登堂则陈大烹，入舍则盛供帐。公仅取二簋成礼，器物之稍华者，悉却而还之民。质明，矢群吏于廷，谓法行必自近，毋怠弃公事，而巧渔于民，以自罹罪罟。既矢胥徒于廷下，谓若曹母负崞，而耽耽多历年所者，亟去。于是汰操书者，若而人胥徒，若而人群不逞者，惧而屏迹。吏抱牍而逡巡，伍伯持挺立如木偶。

乃稽赋税曰：“催征无艺，纵洁己亦厉民。”于是停宿逋而征新赋，约以十限，民欣欣乐输。又较定其量衡，而峻革其余羡。府道征发，视其必不可缓者应之，否则姑存之。其奉差而来者，不使费民间一文，每洗手以去，既而少有来者。岁金粮长，一以田丁多寡为准，不以情面少假贷。区长解银，粮必以上户。

邑有神奸，凭托城社，罗织人而密中之，借交报仇，居为奇货。公廉得其名，或徙或逃，无敢留县界者。市井无赖，三五成群，御人而无获，则串插告躬，告则廿余人。赵甲钱乙，原非的名，一差牙狯，望门行诈，既已厌足，然后以半到衙。公一切禁止，而枷系其为戎首者于国门，单赤乃得

---

[1] 虽然公，底本作“虽公然”，据康熙志卷十六改。

安堵。

巡徼之兵，平时不能缉盗，倘获一盗，引至僻处，百方拷打，温饱之家，唆使指扳。公知其状，令获盗即宜解堂，毋得稽留时刻，以重前弊，第为鞫其虚实，不得指扳一人也。桀黠之徒，佃人房田，举人子钱，积累而无所出，则以人命生端。其所谓人命者，或久病而物故，或反目而雉经者也。一发检相，而被告之家立破矣。公必审其真伪，而不轻检相，尤重惩其虚诬。而扛帮者，向岁频频见告，公至，而此风乃息。

邑之田坍涨不常，即所谓腹里者，亦以外之坍涨为畜泄之便否，征贵征贱，数年辄变，盖有命焉，民亦相安也。自温令开加价之例，合邑骚扰，比屋不宁。公一切禁绝，而讼庭空无人焉。民间以讼至，恐胥徒扰民，绝不令之拘摄。情轻则告人持符而行，稍重则下之里甲，两造具而片言折，莫不搏颡称神君以去。其以和息至者，则又好言而慰遣之。吴与浙错壤接境，靖之开塾而受徒者，多公之乡人。公严为约于四门，且令门者毋纳刺。间有自远至者，出私钱为赆馈，亦不得居间一语。

靖之地形，东南为下，形家以为宜有巽峰。乌程朱公创其基，讫数令，未能加一抔也。公出薪俸为助，士民子来趋之，不一年而塔成。又捐金为堰，以防巽水之泄，而聚气于邑。春气始和，巡行四履，劝民疏滞决壅，以备旱涝，而津梁道路罔勿完饬。稍暇，则进诸弟子而课其艺文，略示殿最而情均一视。朔旦公谒，重加礼际。即以讼牒至，亦正容好语，为之剖决。其不直者，第据理晓譬，发其愧心，亡恶声也。又出余滩以赡其贫窭，使有恒业。公在靖，甫及考成，蠹弊搜剔殆尽，废者修，囹圄空虚，衙门清肃，僚属不敢收词讼，胥狯不敢下穷乡，大事化为小事，小事则如无事。士和于庠，民安于耒。邑前之食肆亡利而欲徙业门内之徒，胥少差而愿归农。黄耇之老皆以为生平所未见也。

方议举团河，建万世利，而公父母之讣相继至矣。闻丧之日，公恸几绝，民间家号巷哭，以公之必不可留也。不数日，束装而归，奠赗毫不染。哭而送者几千人，公挥泪而遣之。

即欲建祠为公祝千秋福履，而上之议，论正与下龃，故版筑中止。今且二年于兹，公论似稍稍定，而民之哀思逾以切，每走神庙祝公万寿。于是醵金[1]庀材，建祠邑南官道之右。祠东向，有堂有寝，门塾具备。愿得先生一言，勒之贞珉。先生之言不朽，则公之德亦不朽。且有以为后事之师，是又先生承有造于我靖也。

谨撮述其大略以闻。至其辨奸慝、理冤枉、存大体、崇节俭，种种懿美，生也鄙舌，何能罄焉？

---

[1] 酿金，底本作"剧金"，据康熙志卷十六改。

靖江县志卷之十三

艺　文

记

开阜民河记

朱家栋 邑人

靖邑,大江中流沙渚也。昔在汉末,为孙吴囿野。赤乌之年,神骥表异,沙日溥以长。至我国朝,始建邑治,其于吴会,比于齐、晋之邻、莒,以故庶事苟简[1],多不以度,水泉之利,爽厥攸宜。民间种植,惟潮汐是资,汛起弥盈,汛下暵烈,无他陂塘,以畜以泄。迩年后土介祉,增我幅陨,北接广陵,数沙相联,然而淤涨之地,外高里下,西北之乡,潢污不摄,沦于滔败,腹里恒阳,涓滴不入,害深于昔。加以波臣勿靖,爰鼓鲸波,残我稼穑,漂我室庐,为疆吏忧。

邑侯叶公,拮据赈恤,幸不大害,而是地之困于水旱如故也。乃集耆父老而讲水利,惟团河之议,聚讼百年,卒莫能究。侯慨然曰:"事无全利,无全害,衷之以十,利七害三,犹将为之,有利无害,吾又何诿?嗛嗛之俸,其何敢私?愿悉以为士民倡。"耆父老谓:"客岁之荒,公悉俸入以赈,不足而继之典质,民即有胸无心,不能一日安,今复然,公真饮水耶?闾右助赈,良亦劳苦,亦安可使重费?愿以合一邑之力,图一邑之利,事必有济。"邑倅

---

[1]　苟简,底本作"荀简",据康熙志卷十六改。

杨侯,素敏恪慷慨,向以济荒,遍历材落,知河之为邑利,从臾甚力。

公于是约邑之长厚知民情者,夙驾而出,经度东西凡八十里,旧洫可因者六十里,平地当开者二十里。浚旧则图民任之,开新则募团夫而与之。值当三春时,穷民艰食,兹得以佣而食,更欣欣也。议定,上之府道以及两台,俱报可。而邑尉梁以运砖返命而至,适当迁先年之荒,尉梁出私帑买米平市价,且原职都水,百姓遮留,当道俞之,遂与杨分任东西。兴工之日,庶民子来,畚锸如云,民居民冢迁而辟之,穷民之田随与之价,曾未期月而告竣事。河成之日,天朗气清,江潮适至,水流洋洋。公与僚属乘小艇循河而观,两岸之民欢声若雷,咸颂侯临事之敏,成功之速也。

余惟经制疆域,期以利民,水居五行之先,道之得则为祥,失则为沴。李冰凿离隼,召信臣造渠堰,蚕丛之地,沃野千里,米谷饶溢,民受其赐。兹河之开,隰不湛,原不枯,舟楫通而灌输便,无惊涛海寇之儆。穷乡之谷粟箕秸,即恒阴亦可入于市廛,无薪桂米珠之虞,厥利孔溥。故天与以晴朗,地示以便垲,人洽以协赞,岁佐以浩穰。迎既王之冲气,开未发之灵脉,江海来抱,沃衍皋壤,士保纯懿,家弦户诵,下民康阜,熙熙皞皞。嘉哉!侯其摹远,其志决,造福于尔民,盖万世无斁也。易名阜民,佥曰允宜。后之君子岁为浚治,李、召之绩不得独擅于山川矣。

先是,民间议每亩出银三厘,为平地、河工、田价、造闸等用,而所收者不及若干,则前之所费皆侯俸入也。更助修学之费又若干,侯直饮靖之水而已。侯讳柱国,号大登,云南人。

救荒记

叶柱国邑令

余南服之士也。去吴中不啻万里,其风土谣俗,十不得其一二焉。既谒选,得常之靖江县。夫不习其俗,而以意为张弛,将无扰其民,急欲上书避去。时选人功令肃,度不可得,遂束装律比视事,其民称醇,其事称简,其输将称及时,则又私喜地与令相得,可幸无大过也。间有逋负烦勾稽者四[1]西鄙,视

---

[1] 四,康熙志卷十六作"曰"。

其地斥埴仅当再施,而燥湿不忍,鲜乐岁,余得而阴宽其赋役焉。

天启丙寅七月朔,大风自东北起,怒号振地,屋瓦皆飞,合拱之木立仆,江水遂大涨。百里之邑,城堞楼橹若蜃宫,悉颠没于惊涛巨浸中。余怖甚,问左右曰:"伤人乎?"曰:"生斯习斯,无伤也。""伤稼乎?"曰:"邑宜稻,稻固宜水,且益沃耳。"凡八日夜,水乃退,号泣而诉者数千人,曰:"庐舍漂覆者十且九,老稚死伤者无算,禾黍糜烂无高下别,民无食矣,不旬月当尽死。"余左右之不可尽信,类如此。余乃重挞夫妄对者,急列状上当道。大中丞李公特疏请恤,蒙俞旨下部大司农。靖孤陋,无为居间者,竟不得请。

三越月,民食果尽,剥榆皮而糜之;榆皮尽,及野菜;野菜尽,及麦叶。有易名姓丐于四方者,有相率赴沟壑死者,有阖户自经死者,有斩木揭竿号诸途,且充斥郭门矣。当是时,视庾无三日粟,视帑无余金可从便宜,曰:"嗟乎!畴为民牧,乃立而视其死欤?"将解绶云[1],缙绅先生黄公、范公急诣[2]余曰:"使君去,民益不保。创极而后图之,晚已。请各出百金为赈,先里中。"予检橐中俸,得若干金。于是,若缙绅,若上舍党序诸贤,及耆民之慕义者,不待劝告,各醵金,至郡伯、监司、直指,各蠲俸,亦先后至。乃买数十艘,溯上游告籴,绎络相继无虚日,凡十里为次。诹于众,监者二人,执量、执爨者十人。向晨,远近毕集,则计口而授之粟。疲者糜之,病者药之,殣者槽而埋之,二三僚吏时伺其奸诡。明年四月,麦稍秋,乃止。

至是,邑之父老子弟举手相劳,曰:"上天降罚,微子大夫,无孑遗焉。愿子大夫久此而长子孙。"予曰:"嗟乎!昔太公令灌坛,而风雨息;刘晏为政,岁虽俭,民不告饥。兹者令实不德,以致此也,又无备焉,而犹以为功,无乃不可。"父老曰:"否也。昔者九年之水,七年之旱,乃上失其术也欤哉?刘晏之治荒也,丰凶半而责之有常,故易给也。使君政教未久,而大凶匝一邑,闾左无儋石储足备缓急,即十刘晏且奈之何矣。"予曰:"嗟乎!务本力穑之国,三年九年之蓄,无有存者,何也?岂利未尽兴而害未尽去欤?自古足国之道,莫若管子,其术莫详于度地。今也水官不备,四害不除,而催

---

[1] 云,康熙志卷十六作"去"。

[2] 以下"余曰使君去"至本文末"皆得备书",底本原缺卷十三的第五、六页,据康熙志卷十六补。

科之政日以烦,郡邑奸胥复能倒持其盈缩而急之,管子所谓以'一民养四主',即海若效顺,未见其足于用也。君子之于民也,好务是招而恶务是去,仔肩自上,而民从之耳。予未能有行焉。之死而致生之,实惟诸君子是赖,而乃推功于令,诸君子树德将益滋,令则其谁欺焉?"于是表之棹楔,复伐石而纪其事,传诸永永,以见功过之有在,或者有所风励云。

是役也,官其地而施俸镪者,中丞李公待问,直指王公珙,兵宪周公颂,郡伯曾公樱,司李刘公兴秀。乡大夫始其事者,黄公卷,范公世祯。贫不能赈而从臾经略其间者朱公家栋。相继协赈者,若乡绅、上舍、庠彦暨父老,各轻重有差,不能悉,另详左方。佐予经理及施俸者,丞何公国瑛,簿杨公鸣凤,尉梁公思义,治兵守备古公道行,皆得备书。

阜民河记[1]

叶柱国

阜民河者,自县北以达于东西两乡,如环如带,豁达间[2]旁通,为四方节宣无滞之河也。邑为大海一丸泥,八面洪涛,屹然孤峙,曾无陂塘潴涯,以收地脉而潆回波池。志有之:水势聚则地脉固而发灵长,民生繇此而阜,府库繇此而充,礼乐人文繇此而盛炽。斯河之有裨于邑治也尚矣。

予不敏,自滇南来莅此邦,始至则旱魃为灾,既而又遇天吴为虐,秋狂海飓,漂溃民居,苍赤几成昏垫。余也涕泣上诉,议赈贷,议宽租,捐余俸不及,典衣赀以佐之。乳哺鞠全,鸣雁嗷嗷,始究安宅。蝗螟螣螣之灾,早夜勖勤,不遗余力,盖三年如一日焉。于是乎秋满,民始油油然有南山乐只之思,而开河之议起矣。

河议始开,邑之父老子弟,千百其群,匍匐堂皇,而挟册以请,询谋佥同,无二心也。余乃趯然而思,四顾踌躇,而丁宁以告曰:"兴大利必有大怨。不曰非常之原,黎民惧乎?不曰安土重迁,有诛锄草茅以卜居乎?不撬垫一施,即有已成之丘垄,得无破一抔而翻白骨乎?"语毕,民情愈奋,而父老之请愈坚。用是移申抚按,不啻数千言。令下,始轻舆寡从,偕邑之缙绅先

---

[1] "阜民河记"至"如环如带豁达",底本原缺卷十三的第五、六页,据康熙志卷十六补。
[2] 间,康熙志卷十六无。

生，揆地之形，相水之势，上告真宰，下告玄冥，中告之五父之衢，始竭蹙以从事焉。有民舍，则昂值而倍偿；有宅兆，则迁回而让避。环河首尾，计亘九十余里，派于田亩者，每亩三厘。余亦捐廉直二百金，经之营之，兆民恐恿而翕从之。自三月朔日鸠工，讫四月晦，而河工遂以告成。父老子弟乃欣欣然举喜色而相告曰："二百年来空言，今始见之实事也。噫嘻！孰主张是而孰推移乎？"《易》曰："说以先民，民忘其劳。"自古记之矣。

是役也，可以备水旱之潴泄，可以御江潮之泛滥，可以免转输之劳逸，可以遏海寇之长驱，可以招商鲜薧不穷于居积，可以引灌飞何[1]不变为高原。夏日桔槔不至候潮之争嚷，秋来疏浚无烦每岁之兴工。盖一举而众善随之，岂曰余之芘民，实上台加与之德也，实乡大夫之助也，实好义终事之民之力也。皇天后土，实式赖之，岂曰小补之哉！

首其事者为前云梦令黄公卷、镇江府授朱公家栋、广平府二守范公世祯、现任江右永丰令朱公家楫，董督其成者为本县三尹杨公鸣凤、四尹梁公思义，觐回乐观为二尹何公国瑛。同时唱义者有茂才刘生士焜、陈生芳树、朱生士蛟等。俱前趋跄以襄厥事者，法得并书。不佞柱国既题名以勒诸贞珉，而复之为词以示来兹。歌曰：

皇明宪庙当八载，始列职方分县宰。居然海岛一扶舆，土俗民风多可采。八十七港如星罗，尔时尚未说开河。浚畎浍川今日始，仰观俯察开江沱。佚道使民民鼓舞，蒸民荷锸余负弩。子来经始不日成，匏子宣房宁足数。百道潆回春浩荡，鼌掷鲸哇总无恙。从今水旱绝蓄褉，污邪尽可成督亢。丈夫意气吐虹霓，此河大海一涔蹄。祗役仰承歌帝力，它年莫号叶公堤。

建楞严庵记

朱家楫邑人

庵成于丙辰之春，洪师属余记之，盖积岁而未有以应也。己未秋，余将有新安之役，师诣余，请益勤。

余扣之曰："庵云以'楞严'称也，厥义何居？"师曰："梵语首楞严，华

---

[1]　飞何，康熙志卷十六作"飞沫"。

言一切事究竟坚固。窃意庵之成也,亦若是则已矣。"余曰:"縟虚化气,縟气化形,因有三千大千娑婆世界。此世界中,气复生气,形复生形,因有种种根身器界,氤氲摩荡,纷飞杂乱,不可端倪。然成以基毁,有以复无,若空中华,若第二月,以幻想造幻见,以幻见归幻化,倏生倏灭,究之殆尽,孰为坚固而凝于不朽者耶?且是娑婆之大也,威音以前,灰劫以后,数极而返,竟成乌有。矧娑婆中之有兹土,兹土之有兹庵,不啻马体之一毫,沧海之一粟,其兴与废,何关于损益之数,而顾标以'楞严',一切事究竟坚固耶?"

师曰:"一切浮尘,诸幻化相,当处出生,随处灭尽,幻妄称相,其性真为妙觉明体。然此体也,不堕声色,不落识想,生灭垢尽,都无所丽。此所云金刚尝住无漏义谛,而佛世尊种种征辨,倾储以示阿难者也,则其坚固莫有逾焉。吾愿居是庵者,恒作此观,动转云为,不出楞严一行三昧,勿以纤细堕修,刹郇易虑,庶大乘圆修,缘谛权学,顿渐同归,若超诸有,而庵亦藉是以历亿劫而绵远不朽矣。是故标以'楞严',一切事究竟坚固云尔。"余闻若言,憬然若寤,合掌作礼曰:"师得之矣。"是为记。

师字洪霆,讳海门,楚北新人。有居士沈君者,字元吉,讳其旋,实与师经始此庵。时主其政,首为额而赞厥成者,则邑侯南昌赵公应旂也。庵若干楹,址若干亩,费若干缗,助其役若干人,俱详列于碑阴。

靖江县重建儒学记

陈函辉

宪皇帝之中叶,靖始有邑。建邑之改岁,靖始有学。其间缔构之维艰,修缮之不易,粤岁且百有七年,而以兴文治、崇俎豆闻者,何寥寥也?万历初年,南州陈公文燧以迁客至止,锐意振饬,规模一新。嗣后惟赵公应旂浚河易向,有所更始,而殿堂两庑日就颓漶,讲舍之中草深三丈,钟鼓不灵,而科目亦因之以久衰,其势然也。

余以丙子仲夏捧檄渡江,首谒文庙,目击心惕,即思有以新之,而攒眉时诎,未能举赢。荏苒两秋,皆以释菜时眩仆在庭,经旬[1]始瘳。于是憬然

---

[1] 经旬,底本作"绅旬",据《选寒江集》卷上改。

于宫墙灵爽，有不容一日缓者。遂捐镪三百缗，益以金矢之赎，为之发唱。缙绅孝秀，下及乡三老，咸趋义乐输，子来恐后。僝功甫半岁，而翚飞鼎焕，业同再造矣。先是，形家言，以礼殿处痹，撤之稍前，下逮棂栅廊阃，牖达洼注，皆有藻垩，有疏浚。登门升堂，耳目志意，俱划然开豁，敬业乐群，不患无所，而余乃不能已于言也。

成周盛时，天子所都并建四代之学，畿内六乡，乡有党，百五十六遂，遂有鄙如之，遂、序、党、庠盖互见焉。则是千里之内，为序十有二，为庠三百，盖其盛也。其拥皋比，南面为师，皆士大夫之归老于乡者，或升左，或坐右，率以王命，敦为训辞，以自淑其子弟。不第无异学，亦无私学也。国家兼综三代之教，而核[1]其大且要者，百里提封，即以绾铜之长为之师帅，而博士、掌固为之疏附，既近以肆之，复严以董之，亦曰使民兴贤，出使长之；使民兴能，入使治之。故官无异教，而国亦无殊俗，夫亦行古之道也。俗吏务刀笔筐箧，而不知有教化，其敝始于先自菲薄，而因以薄待天下士，甚至动色相戒，以兴作、作兴为居官两大戒，欲责以储材贡异，少裨异日缓急之用，得乎？何怪乎愤激之论，遂谓科目可废。致圣天子抚髀禁中，颠倒文武之涂，而欲别张罗麟罝兔之网，至其所为加设功令，勤勤于广厉学官之法，未尝不乘高而呼，而卒莫之应也。令处士民之上，率作兴事，章志贞教，势不可推而他属，苟为所得为而犹逊不为，安望其于事势所难为者为之反有余地乎？靖虽褊小，两期之中，凡肯綮宜尝，蠹窳宜摘，民功水利之宜兴，楼橹干掫之宜备，疲癃苦役之宜苏，舞文乱法之宜治，凡令所得为者，既以竭蹶赴之，以毁誉听之，所幸济济多士，映以德心，小大相从，色笑相昵，日省月试，云变霞蒸，而其所为鼓箧逊业之地，亲师乐友之区，又安能不汲汲预为之计也？

或曰：今天下风俗之坏，三吴坏之。吴本泰伯、仲雍、季札、言偃所遗，而自唐以后，五方杂处，为聚巧之会，其文而薄也久矣。今夫轻纨阿锡，必曰吴绡；宝玉文犀，必从吴制；食前方丈，瑶错交陈，必曰吴品；舟车服玩，装饰新奇，必曰吴样。吴之所有，他方不敢望；他方所有，又聚而萃之于吴。即文章一途，最为公器，非吴士手腕不灵，非吴工锓梓不传。彼张华《吴趋》

---

[1]　核，《选寒江集》卷上作"賅"。

之赋,左思《吴都》之篇,描写丰约,特其剩余耳。不腆鹤洲、骥渚,画江而处,地犹吴地,风犹吴风,而敦本力啬,祛汰避怊,有吴之质干而去其繁枝,谢吴之矜佻而肩其详雅,于以复古而还雅也较易。且以孤悬之洲,地脉忽接,从前黬刖,至是始完。秀旺之气,必学宫先受之,而徐以蒸我髦士。则今日乘时暇,用众和,若有造物者默施旋转于其间,而今特其受成者耳。又何必远述三代,近慕十五国之风,而不从悃愊根本处,一为抒写其教思所从起哉?

是役也,乡大夫大参孙公同伦发愿鼎新,谋之数年以前,规画措置,悉如其议。主出纳,则属之乡大夫范公世祯;主查核,则属之邑选士刘君士焜、朱君士鲲;主监督按视,则属之邑诸生陈芳树等。而邑博士嘉禾郑公士奇、司训吴门章公橒,皆以名儒宿学来司弦诵,使百余年旷典为之立新,非偶然也。他若邑丞俞君廷相、簿程君文龙、尉向君可俊,皆拮据赞襄,劳来共事,于法备书。

新建县署江峰阁记

陈函辉

县治中向未有阁,阁之自小寒山子为令始。县以江为名,然四周相去不啻数里而遥,又限之以阡陌,围之以墉阓,虽凭栏极目,江不可得而见也。所可见者,江上诸峰探髻窥人耳。

古之君子,登高作赋,望远怀人,往往穷其耳目之所至,用以舒啸而寄慨。每求异代陈迹,荒丘故垒,悲歌徙倚而临之。故过大梁如见侯生,登广武如揖刘、项。其胸中皆有所存,出而与山川相敌,烟云相荡,非苟焉已也。苏长公《凌虚台记》,以为在终南之下,为不见山,故筑台焉。夫为见山而必筑台以求之,此其人决非俗吏可知也。若然,则挥毫而吟,倚柱而笑,摇麈尾以酬清论,移胡床而就芳樽,于以集宾从,消燕闲,遂足以尽兹阁之用,而揽江山之胜乎?

曰:殆非也。江自岷峨发源,逶迤万里,而始至于海。天险地利,造物者盖默设之,以划限南北,是苻氏[1]之所不能设鞭[2],而佛狸之所不能飞渡者也。此地在三吴则为门户,在留畿则为喉吻,在淮扬则为股肱。往日万家之聚,孤悬巨浸中,犹垂偏霸者之涎,而来窃据者之睨。矧今西北一线,沧桑改易,假令中原有事,戎马生于郊,二三百里中,平原旷野,无深沟可限,无高垒可凭,譬如一人之身,既舒臂以当豺虎之冲,复坦胸以当箭镞之集,危乎不危乎? 往物力盛时,舶场大开,舳舻毕集,远而罽宾百济,近则闽粤胶莱,百货津通,商旅饶乐。今海道梗塞,厉禁霜严,溁恶不禁其外输,狡㑦每肆其傍瞰。兼之醝灶失业,崔苻伏丛,三里之城,仅栖蛋聚,无组练可习,无鹳鹅可拥,危乎不危乎? 且也杼柚告空,剜疮难补。征调四出,及瓜而远戍未还;刮索时闻,计亩而算缗时溢。逋亡久而未复,追呼急而不应。即为之长吏者,经年罢给餐俸,幸舍每叹无鱼。则登斯阁也,惟有瞿然虑,黯然愁,皇皇然认以为筹笔之驿、筹边之楼。即江山清丽,终日到眼,犹不能托其秀[3]、分其翠也。况乎簿书围绕,鞭杖喘吁,或终日无一饱之时,或终夕无一枕之熟,而高甍画栋可以收云气而延昕日夕月之余晖。其于令也,不几于挥鞭过客之视逆旅乎? 然则是得已之役也,何不已诸?

曰:吾尝思古人矣。昔诸葛孔明好治官府次舍,桥梁道路,所至营垒井灶,厕圊藩篱,皆应绳墨,即一月之行,不改其初。蔡凝自中书迁晋陵,更令左右修治故廨,谓宾友曰:"庶来者无劳此。"其人岂好劬恶逸,粪土财用,而以博一瞬之欢适哉? 春秋诸大夫,每行军按律,好以暇整相尚。郭有道所过旅舍,虽一宿之暂,必洒扫洁尘而后去。度葛、蔡两公之恐,庶几在此。后之登斯阁者,徘徊江天峰影之间,俛仰古今人物之感,度不以余为多事也。

重建马洲书院记

陈函辉

书院之名,从古未有也。自宋开国时,创立四所,以致其养贤尊士之义,

---

[1] 苻氏,底本作"符氏",据文义改。

[2] 设鞭,《选寒江集》卷上作"投鞭"。

[3] 托其秀,《选寒江集》卷上作"挹其秀"。

其后讲学诸儒,席以设教。胜国因之,棋置林立,遂有山长、教授诸官以立之师。马端临有言:"州邑之学,或作或辍,不免具文。乡党之学,贤士大夫所建,土田之锡,教养之规,后先相望,往往过于州县。"其归功书院有如此。然而意实本诸《周礼》,天子并建四学,司命乐司成,专主教事。地官党正,各掌其党之政令教治,属民读法及祭祀之礼。州正各掌其州之政令教治,考其德行道艺,纠其过恶而劝惩之。下之族师、比长、闾胥,上之乡遂师、大夫,莫不然。故士语于郊,升诸成均,或以德进,或以事举,或以言扬,甚至献书献典,瞍赋[1]蒙诵,各自其所,以应鼗铎之求,竭刍荛之得。即不立书院,而所为藏修游息者,有一之不备乎?国家两都并建桥门,槐市丰镐双标,下至郡邑[2]之学,穷乡远澨,无所不立,而一其名于庠序,总其事于官师。然而中衢之樽,待叩[3]之镛,随时随地,有所因创,有所肄习,于法令皆无所连,无所禁,而不虞异日者原氏之议,日骎骎及之也。其一在万历初元,柄国者恶闻己过,辄毁已成。其一在天启末叶,逆貂盗权,怒室色市,构祸尤烈。盖禁书院必禁及道学,识者以其兴废视世隆污,揆诸往辙,固无一而不合也。

靖邑居江海之陬,城郭粗峙,廨宇仅完,乃马洲书院之址,岿然独存。原其命名初意,若以渥洼天瑞,自吴及今,泰山匹练,远萦贤圣之目,非蒙庄恢谐所托于尘埃野马比也。若谨其衔辔,则王良在途;时其刍秣,则伯乐来顾。骐牝盈桑田之野,云锦在汧渭之间,庶几鱣堂骥渚,不废为马厩耳。寒山子吏隐此中,马骨转高,而市骏颇急,尝欲略毛骨,去骊黄,求所谓日入万里者而相之。既为之葺学舍,辟讲堂,簨业鼓钟,一时俱饬,而燕好居业,取诸乐郊夷远、耳目清旷之地,则孰有逾于斯地者?筑城而菀乐劝成,仍其旧署,示养贤尊士之义,不以我国褊小而可废也。院为堂若干楹,内置别室,一祀三功,一祀二惠,并前中丞滕公垐垒在焉。凡建邑缮城、开创抚循诸烈,咸得血食于中,俾出入受事,洊闻馨香,而益扩从前教养之泽,庶几土木笾豆,举不为私设乎?孔子之言曰:"大道之行也,天下为公。"故鲁僖泮宫之缮,不书

---

[1] 瞍赋,底本作"腹赋",据《选寒江集》卷上改。

[2] 郡邑,底本作"邵邑",据《选寒江集》卷上改。

[3] 待叩,底本作"待卬",据《选寒江集》卷上改。

于《春秋》，而余呕呕于称名核实，援其旧而新是规也，则自宋元以来，废兴之故，触然于心，有不容默默而已者。后之君子，盍思前数贤者同堂侑飨之故，即衣冠弦诵，三不朽之业系焉，奈何而不思永其构缔，使无轻坠哉？

新建书院文昌阁记

陈函辉

马洲书院成，肄邑之誉髦，联研席其中，所以崇文事也。复为筑基而缭阁焉，以祀文昌其上，盖无宜斯地者。今夫通都大邑之间，簪笏辐辏之会，奎三成象，丹[1]霞为楼，虑无不勤像设、虔俎豆者，夫岂以是饰耳目焉？盖曰仰以观乎天文，俯以察乎地理，必两者合而禋典始肇，非他淫滥比也。靖之拓疆久，建国近，其民躬耕力织，不尚巫鬼；其士端雅谨厚，不外茕二氏之学。故黼襮不妄施，金碧不轻缋。近者地灵效瑞，缺陷忽全，科目渐亨，奇颖辈出，虽江山之气以时充塞哉，亦神者助之矣。

尝按《天文志》，文昌六星在北斗魁前，其三曰贵相，太常理文绪。其北六星曰内阶相，一星在斗南相者，总百司，掌邦教，皆关文事。斗运中枢，临制四乡，斗魁枕参首，参主战伐，则不但握文柄，而兼司武事矣。乃《纬书·文耀钩》则谓文昌天府，有若宫室然。又斗杓连龙角六星为天庙，其外则丞相、太宰之位，主荐贤良、授爵禄，庙貌所繇兴，上天先已垂象矣。

靖国虽褊小，其乡之先达，有自少宰掌枢庭者，有挟劲节官勋卿者，其所为理文绪、司武事者，固未尝乏人。且靖非延陵属壤乎？当圣天子吐哺卜瓯之时，而荆溪、武进两巨公者，同时而出，以效其补天浴日之业。其他司国计，诘禁旅，外而拥纛建旄，内而燃藜起草，列荣如林，堆床盈笏，皆近在百里间。山川之秀，不有所郁浮，则已郁之久，而偶际其开，肤寸之云，濯溉九有，潮汐一浚，自沟浍以迄亩塍，无不呼吸立盈者。余盖不远卜之天文，而近卜之人文，有开必先，知靖之必蔚焉以兴也。

或曰：功名者，道德之枝叶；科目者，又功名之假涂。今当宁方求实行，戒浮夸，思得文武兼资之士，宣麻授钺，即贵相上将之任，不靳以一人专之，

---

[1]　丹，底本无，据《选寒江集》卷上补。

天下响风,协气流应。夫欲昭天庥,必先扬主德,予姑记之,以歆夫豪杰之无待而兴者。若祝史矫举,吾固知其免矣。遂书之为记。

崇圣寺重建钟楼记

陈函辉

通都大邑之间,城郭宫室之盛,则必有招提兰若,杰阁高甍,以映带点绘其际。试凭栏极目,吐风纳云,山川之秀,有借形势以留者。譬在人之身,腹背腰肢,丰伟魁岸,势不能令头项以上,插牙树颊,眉目飘秀,此而见顽丑则无所不顽丑矣。

不腆靖国,井邑具备,然是造化小儿,搏沙作戏,偶成聚落耳。天下之易流易走者沙也,不有以镇压之,则不固;其易块易腐者亦沙也,不有以耸拔之,则不灵。昔之营斯邑者,神睒而目揖焉,故于一沤之内,建千尺之幢,揽远秀赫,近观且绀碧具设,莆牢正悬,发雷霆之音,醒聋俗之梦,不仅明空王号令已也。岁久追蠡,榱栋将倾,余以修寺倡缘,并为力葺,风气既固,大镛吐声。

落成之日,僧了凡以仔肩之劳,请记诸石,且谓余曰:"楼以钟为名,请即钟竖义,使君固深于禅悦者,亦可举因缘一则,为缁素说法乎?"余笑曰:"余何知禅?又何知说禅?且请与说钟。昔天监主人借宝公神力,目击地狱变相,问何以救之。宝曰:'众生定业,不可即灭,唯闻钟声,其苦暂息耳。'帝于是诏天下佛庙,俱缓击钟,以舒其苦。尽大抵茫茫,皆黑业砌成,虽暂时开睫,其苦终在。若进而说禅,则有现成公案。法眼老人尝告门弟子曰:'世间法尚有门,佛法岂无门?'自是不仍旧,故诸佛诸祖,只于仍旧中得力。如初夜闻钟,不见有丝毫异,并闻时无一声子闹,以及时及节故也。若非时而鸣,必惊愕骇异,道钟子怪鸣矣。夫道为常道,则闻为常闻,禅为常禅,则说亦常说,出世间法如是,世间法亦如是。今自随牒至此,本一有发僧,特三度向官衙结夏耳。无一念不欲与民图休息,无一事不欲与民谋安静,即司农仰屋,上官责哺,不意之呵,非时之檄,令默然自以身当之,不令其从乳褓惊也。诸茂才渊异,大叩大应,小叩小应,即旧闻以舒新得,不令其从跃冶见也。独自念云壑之身,拖泥带水,每闻晨钟一吼,浡发深省,茫茫黑业,深恐躬自蹈之，而又忍置众生之苦于膜外哉！然则此楼即弥勒楼，此钟即涂毒鼓，楼窗不启，钟纽无声，寒山子安禅已竟，说法亦竟。"

重建察院及公馆记

陈函辉

靖邑僻在水滨，行部诸使者牦轩罕辱焉，微独望莅之无从也。向者弭节之区，岁月积久，栋础荒颓，不可以淹驺从、蔽风雨。陈子慨然曰："无惑乎诸台司之不贲迹于斯也。"昔郑国侨责晋人以隶人之垣，鲁叔孙婼所至必修墙屋，彼所谓圬人有埧，仆人有巡，旬设牧圉，巾车脂辖，为何等事，而概从芜废乎？且庙堂综核群有司，不遗僻澨，靖于江南仅隔一衣带耳。邑事无巨纤，必请于上以为常。今日坐堂皇，无日不凛然雪霜之是负。上之人即不屑弭节乎？犹庶几几幸其一临，则亟亟焉重建察院及公馆，凡以备莅也。鸠材庀用，皆余自出俸薪，秋毫不累管库。

夫建之言肇也，耳目之久未习则曰肇创，兹则其因之也。曷云创？惟是[1]上人之久不贲然于斯也。而台廨为虚署，匪朝伊夕矣。虚署[2]之而望莅未期，实建之而仪辉方始，且所费仍几于创，是以谓之建也。余又窃惟上之临也，以省方至也，在《易》为"振民育德"之事，有其《蛊》之，无不用《革》矣。闻之治国如治家，人有见其庭除不粪，阶草不芸，而自耽逸懒者乎？况乎祖祢之宫，训迪之室，而可以坐视，则无弗弃置矣。为之踌躇再三，几阅月而后庀工，在《易》又有"申命行事"之义焉。两卦[3]皆风，而声教属之，仰稽天运，俯循人事，则于《蛊》为后甲之三，于《巽》为先庚之三，藏适在丁，天人合矣，其胡力之敢爱？而谓狩察句稽之典，终不届于下邑，是使区区一同，竟不得与玉帛盟会齿也，焉用令为？

工既报竣，则为之正色告邑人曰："圣天子嘉惠元元，必先察治而采风。靖虽小，尚获徵诸上人之灵宠，而以旌节照耀波臣乎？侯人司馆，豫守其物，扫除管钥，罔敢不虔，令将于汝焉功？"众咸唯唯，而辉仍伐石记其事。

---

[1]　惟是，底本"是"后衍一"是"字，据《选寒江集》卷上删。

[2]　虚署，《选寒江集》卷上作"虚置"。

[3]　两卦，《选寒江集》卷上作"巽卦"。

新置邑诸生考试费田记

陈函辉

靖固弦诵区也，陈子甫下车，文学诸弟子以时质业焉。间一辑而奏其能，则皆东南竹箭，不啻楼烦矣，而往率悭于括蔽。说者曰："萤羽[1]之未修与？抑无如文成都省少府用度，以资之比率也？"令心愧之，廉诸较艺所需，则诎已非旦夕，而预挈至六年之外者，长此将不益为管库难乎？即日省月试，不仅仅修故事乎？今幸徼福诸文学，翽蔽薄书，宁匮他费，而此之焉先？顾欲谋垂诸永永，爰核沙亩之迿于籍者百有奇，俾悉登版，岁取息焉，为较事供。诸文学谓是穷变通久之异遭也，请伐石而镌其繇，示来者。

余唯唯，其又敢自为功？第念蚕丛之方幅齐鲁音，谁实为之？刭曩时之蜀，视今日之吴何如？靖人士以一水逊延陵，顿有华愿之分，乃经明行饰，彬彬乎匪必以传教令为荣矣。在《易》有之，《大畜》之《象》曰："刚上而尚贤，不家食。"居民上者食天禄，不当为家计，惟得贤而养之。为《颐》之《象》曰："观颐，观之所养也。"天地养万物，君子养贤。故观颐之吉，上施光也；以颐利吉，大者庆也。夫宁区区以膏火为劝相者？

若其群萃而肆，则请仍以括蔽之术，为诸君一陈之。今夫燕角之弧，朔蔺之簳，射之贯心，而厘悬不绝，非有致其精者哉？视小如大，视虮如轮，纪昌之所以非尔力也。萃之群而习之时，于以一获一容，于以节以五，正以二，于以贤左贤右，而众献尔发，功其自今始乎？其决拾不急，俾后人不至以非常之原，为长吏訾。令将从诸文学拜明贶焉，适功令亦既申瞿相之礼乐矣。辉不佞，欲为鱼雅劝省括，而注诸高埔，且为射疏而命中者劝。

新立靖邑操赏公费田记

陈函辉

邑以靖名，贵谧也。幅员虽褊，然实江海之奥津，朔南之要害，是谢车骑所严之后顾，而祖士雅所规之前步也。水犀下濑，视他邑信宜精简，乃核操赏岁需，则预支已出五年外矣。夫千夫猎艺，而经用不充，则不可以持久，

---

[1] 萤羽，《选寒江集》卷上作"莹羽"。

将为之立常备能。窃有闻夫管大夫之语曰："厌宜乘势,事之利得也;计议因权,事之囿大也。"令不敏,毋宁蒿目而谋,而适者沙裒之区,当尽东其亩焉。亩之溢于常版者,法宜籍,爰籍之以足我储峙。百亩之人,可赡[1]持戈,庶无困来者。

余惟古者以赋出兵,而军需原取之田,若春夏之耀吾车甲,讵容令衣短后者执冰而踞,而奈脯资金钱竭矣?庚辰[2]之呼,于士气何有?即长吏可循格待满,年积一年,终于何底?则以漏产实虚储,无纤赋之苛于旧,有百年之备于新。且兵可以劝精[3],而鞁韦跗注之色起,人将谓江介有金城焉[4],取诸江之余耳。盖长吏第循名督实,取靖之毛,实扞靖者之众,与其壤剩而帑悬,吏若捉襟,士微曲踊,又何如课其羡浮于彼,以垂其利便于此乎?

今天堑千里而遥,日厪明天子南顾纡筹,勿云是蕞尔国也,而以蜉蝣寄之,以猬蜓食之。不见迩年江上增灶,窃睹中丞御史若巡江使者,建节树帜,往来不休,护畿护陵,全资[5]犄角,犒赏简阅,倍有鰓鰓。孰是下吏无状,敢传舍厥官,不令组练长雄,江衢如砥,而以齿干晋阳之障哉?又何虞訾程之远或渐菲,而管库者缘而染指其间也?故不容以无述。

江外河功成记

陈函辉

水利日在天地间,惟人因而用之。善因江者能用江,善因海者能用海,善因河者能用河。夫江、海与河,天下之三浸也。用之则为利,不用则为害。用之不本于所因,则利亦为害;因之不违于所用,则害可还返为利。

今夫靖小国也,而控江之尾,扼海之喉,又孟河从而汇焉。用其一已足以制腴而席沃,奈何乎三媾之复、三寇之虞,溢于苦草蒿,旱于肥蟥,皇皇焉居珍货于桎,而反为沿门之乞也?是殆有故。夫用江者不用其清淖,用其剽

---

[1] 可赡,底本作"可瞻",据《选寒江集》卷上改。

[2] 庚辰,《选寒江集》卷上作"庚癸"。

[3] 劝精,底本作"劝粞",据《选寒江集》卷上改。

[4] 金城焉,《选寒江集》卷上后有"无所取之"四字。

[5] 全资,底本作"金资",据《选寒江集》卷上改。

疾；用海者不用其澜汪，用其汰卤；用河者不用其瀿洄，用其险怒。所谓不食其利，而误噎其害者也。惩噎者将遂废食乎？夫以商鞅、李斯之密，而不能用泾渠，用之者惟郑国；以西门豹之智，不能用彰水，用之者惟史起。功建有其时，机逢有其会也。《周官》营沟行水之制，浚导储蓄，各有专司。故以方井之地，四尺为沟，八尺为洫，二寻为浍，皆斥弃膏腴，尽捐赋敛，以与民共利。汉之京师，少府自总禁池，水衡自掌林苑，都水自行三辅，太常自领巴渠。其间郡国陂湖，棋置林立，二千石长吏，各自以便宜济事。如文翁、召信臣、王景、乌臻之徒，经树之迹，动垂不朽，初不假重于廊庙也。后世如熙、丰之政，责成使命，凿空寻访，行之一路扰[1]，行之诸道则诸道骇。东坡先生至谓朝廷本无一事，何苦如此。然后知轮桥鲜水、庐江镜湖之迹，啬夫亭长之劝勤，有过于诏令之切嘱者。彼徒见之空言，而此则征诸实事也。

靖之为邑，外宅三大浸，而内派七十二港。其干丰者，其枝不弱；其渫清者，其灾易澹。然说者曰：港身太狭也，港蓄太薄也，港流太分也，港派太近也。譬之人身，贲门膻中，升降不灵，则任督之交，蹻俞之会，必有受其病者。故中满者可以运锸而去也，外塞者可以爬梳而活也。河有十团，团者圆也。顾名思义，义取回环。为之伐蒹芦，为之垦沙砾，为之分源派，为之拒浊泪。而其最便者曰：佃给力，主给符。家自为政则无匿，人自为佣则无诿。乘农之隙，俾众之协，功成矣。而其最急者曰：水入之柜，立坝宜坚；水发之囊，设闸宜致。深息而涓舍，束箸而平衡。水枢之中，盖寓一邑泰象焉。

先是，靖无濠，至是复隍有恃；靖无梁，至是虹彩下饮；靖无舟，至是好事之家，伐木兰，曳青雀。高人书画之舫，钓徒橛头之船，皆翩凫而集雁。乃张水嬉，迎嫔客，置酒河之干而落之。其歌曰："陞山骈石，不可得泉。苋苇莽雀，用力殊艰。此实泽国，五沙易湔。垆土若糠，吐秽如涎。承弊劝力，洒恶柔坚。道室王器，繄此涓涓。内度既适，茂华以宜。庆忌蝄龙，来宅深渊。藻香郁浡，膏黍油溅。升为文明，酿为丰年。七尺之施，视我淤田。新潦荒度，利用弗湮。"歌罢，遂书之为记。

---

[1] 行之一路扰，《选寒江集》卷中作"行之一路则一路扰"。

修置邑厉坛漏泽园记

陈函辉

漏泽园之在中洲者,积久与浅土同。余业有禁,而比垄妥梧丘矣。乃又病其稍逊,仍俾园于各团,申月令之政焉。嗟乎!使民不克自就其一抔,而以勤里旅,伤哉贫也!然从古冥漠之君,急以得土为安,彼以七尺施于乌鸢,君子将凄咽之不暇,而为之顾虑踌躇。即或一二有子孙,艰于藁椑之举,岁月迁上,魂魄恫下,则奚如纸钱寒食,但飞数武之阡;嬴疾[1]朝吟,近获不毛之地乎?斯不止泽枯,亦以仁生者耳。

或谓令无乃烦,余曰:"便于民之掩其亲则为之。"故昔人死徙不出,教睦广孝也。抑余因重为逝而魂靡所依者,伤也。邑厉有墠[2],棘穿而土隳矣。夫既同若敖氏之先[3],仅岁时嚅朝廷之丰脄,以自杀其哀,族气能上达于天,不为厉籍,第修无文之秩,而于洋洋腾进之区,听其飘摇而弗为之所,将无天啬之而人复夷之,天轸之而人顾洒之哉?矧兹殷礼,载在王章,且国泽不漏,祀事有严,邑宰职也。故茸坛之役,继园而兴,并书焉,志恤也。

修关圣帝庙因开放生池记

陈函辉

三圣人皆以神道设教,而神之道始尊。关圣人则神之神者也。此一世界中尊之如天,所称天尊者也。彼其天,日为心,山河作气,宰万灵而宣万化,臧群魔以度群生,仁以威行,应能响赴,华夷敬畏,妇孺瞻依,历代丹青,琳琅宝月,是方金碧,钟鼓空山,庙貌峨峨,如星在野也。

靖虽斗大一城,而树邑以来,南城外即有斯庙,第尘嚣湫溢,无当巨观。邑人拓而大之,规模非不宏且远,奈频年风潮作祟[4],素封之家渐次荒落,小人朝不谋夕,宁有余资共襄此举乎?

---

[1]　嬴疾,底本作"赢疾",据《选寒江集》卷上改。

[2]　有墠,底本作"有遗",据《选寒江集》卷上改。

[3]　之先,《选寒江集》卷上作"之鬼"。

[4]　风潮作祟,《选寒江集》卷上作"祟遭飓子"。

陈子滥竽于靖，因瞻礼圣人，为之太息曰："国依于民，民依于神。令在民与神之间，以馨香通其呼吸，奈何有此缺陷，而不一为之圆满耶？"因捐俸买隙地一区，别构旅楹，而缭以周垣焉。俾圣人爽气不散于野烟草露，而壹意与民造命，庶其有瘳乎？楹前仍凿一池放生。共邑诸君约一月数会，毋愆其期，于以扩圣人好生之心，而广区区及物之爱。

或曰：圣人诛乱诛贼，血染龙环，在三国时，取上将头如掇小鸟，恶在翾翾蠕蠕、委委蛇蛇者之足厘其虑耶？不知圣人志在《春秋》乎？《经》曰："天生天杀，道之理也。"天有春生，自有秋杀。能生者，能杀者也，况杀之而实所以生之乎？圣人时当杀运，故乱贼之诛，虽权奸不免；心孕生机，故异类之化，即鱼鸟犹怜。总之，日在天上，亭之毒之而不尸其功，惨之舒之而原无其意，勇猛慈悲而皆妙其用，神乎圣乎，仙乎佛乎，何可思议乎？此放生池之所以并存庙中而不相悖也。

重造养济院记

陈函辉

靖江县为存恤事：照得三代穷民废人，廪于官，不为设额。后代病坊止于京师，国家遍郡县设院养济，盖法古示仁，将令茕独无告坐死之人，望而知所归也。其间土有沃瘠，地有衢僻，沃者衢者，即官不为厝置，生之涂犹众。

今县海曲一丸耳，舟车推挽贸迁之贾不通，民除本业佣保，一钱无所手觅，即有瘫厉瘖盲，残枝陷口，偏死笃废之人，安归乎？额设孤老八十名口，计口定式，式赋以散饩。无论谷不给，收养不备，累累委于桑间野外者，官不得过而问。即有收者，上雨天风，藉草露坐，一茅无为盖顶，又何院之为？何以名养济也？养济至卑田而已极，即有中饱者，居为奇，所收类不实，况又无室以处之乎？

先是，不戒于火，本县造房一十六间，覆以重瓦。去年正月复火，西有隙地，复为广造十一间，半盖瓦，半补茅，井湢浣涤粗具[1]，围以墙垣。后临

---

[1] 粗具，底本作"粗其"，据《选寒江集》卷中改。

放生池,池月有会,诸放生至者,触目而哀怜残老之人俱在望,庶与乞斗水活须臾者,均不憗置之耳乎?额设人月米三斗,取之田粮;衣布柴银七十余两,取之丁赋。征收无艺,往往给不以时。本县时时设法赈之,然虑难经久,值丈量之际,复为广设升粮滩田一百余亩,约岁可得余米若干。米贮公所,随立一册,令各团长董之。团管一季,季所收[1]孤老几名,约用去米多少,及有收无收,见存米多少,明注册上,各团以次轮管,周而复始。遇有孤老,即令随团收养;报管季者,给米偿之。养院缺,取之收养;收养缺,别听告补。死者,官别给棺埋之,岁终缴查,以防侵滥。行之永永,虽未敢谓野无行殣,而各团无饥殍,饱粟之口,可无虞风露,亦仁人万间之庇也。令曰民牧,牧之事取畜蕃,息有赢者,别牢而饲之。一马倒枥,圉人之过;一夫道殣,非有司之责而谁责焉?为次辞上石,益规而广之,无使倾圮废坠,是在后之贤者。

功仁合祠记

陈函辉

凡有大功德于民则祀之,故良牧之弗可谖也。生则有歌适馆,没则有咏甘棠。彼岘山之片石,桐乡之坏土,与后人何与焉?而至于堕泪增悲,封植志感,以此著为俎豆之典,可以语乎兴观群怨之大凡,而不愧于古大夫之所称三不朽者。

大江[2]之南,沿江干入城盖五里,而自中洲天幻再过为喜留亭,即今之重建马洲书院者是也。予初下车曾憩此,接见乡之绅若士与萌。见其风恂恂,其意循循,有一善必举其前修以告乎新令尹,因憬然[3]有动曰:"善哉乎!直道未亡,典型如在,九京可作,其奉何贤之遗轨[4]乎?"登其堂而有后阁,则以祀前南昌赵公应荗者。再行里许,有祠岿然,则以祀慈溪刘公志斌者。予因而稽邑乘,知此县建于成化之七年,其前皆以巡检司摄之。今

---

[1]　所收,底本作"所之",据《选寒江集》卷中改。

[2]　大江,底本原为墨钉,据康熙志卷十六补。

[3]　憬然,底本作"懒然",据康熙志卷十六改。

[4]　遗轨,底本作"遗轵",据康熙志卷十六改。

之令君,昔之巡检也。然昔以巡检羁縻此有余,而今以令君拊循此而不足,则无功于百姓,而且虐用之,使不堪命故也。

虽然,岂尽若比来之虎而冠、沐猴[1]而冠者乎？靖虽枳棘,亦有鸾凤栖之。其初请于朝分建,则巴县之王公秉彝也。人务广地,而公自削其壤,以开棋布,此一念者,可无封靡于尔邦矣！而其冲涛问疾苦,多善政焉。继之即怀安之张公汝华,与兰溪之郑公琦也。萧规而曹随之,召父而杜母之,以草昧启文明,使麦垄成井邑,两公力也。而后乎此,有鄞县之金公洪,燃犀而烛照；有东平之殷公云霄,挥毫而霞起；有永嘉之王公叔杲,条理秩如；有江陵之张公师载,笑言不苟。而今之诵赵与刘,造士焉,字民焉,缮兵焉,抑豪右焉。两公固师乎前之君子,而高山可弗仰乎？

予欲以靖寿二公,而单举两公之善弗广,因为请之督学亓公,以前之诸公,并幕职与学博之有裨我士萌者,列其祠,为功以志报,为德以志思。而即以赵公所建宝纶堂为诸生会课之所,又以刘公专祠移至此地,以类聚其中。死者有知,相与揖让斯堂,以慨然于古今升降之原,民生利疵之故。举一靖而大江南北尽如此,则全在乎司牧者加之意尔矣。予诸君子之后起焉者也,与有责焉,与有劳焉,其敢弗述前人之芳躅,以告之后人？祠成,作诗四章,以化于登歌之意。诗曰：

孤山之阳,有棠[2]蔽日。谁芟谁留,君子六七。与墉俱高,与沼俱深。明德远矣,作者如林。何以崇之,华樾丹楣。何以飨之,载洁其粢。风春雨秋,摩娑短碣。江水江云,素心映彻。

碑

邑侯王公去思碑

卞 荣

江阴县北临大江,江之中为马驮沙。沙有民居,居民困于赋役。盖江水

突冒冲激，沙飞土走，朝桑田，暮沧海，粟米布缕之征自若也。欲不困，得乎？

邑令西蜀王侯下车之初，即询民瘼，得其故。乃渡北，躬履厥地，问鳏寡，抚摩罢弱，锄铲豪横。田有失常数者，割余地复之。输粮与刍涉险艰者，计银布抵之。流亡者，招徕之。逋负积年者，缓其限，渐足之。税有常耗，以硗瘠决溃事状闻于郡，达于钦差巡抚大臣，或省之，或免之。贫而无谷种者，给之。逋赋有鬻子女者，赎以完聚之。婚葬不克举者，割俸以助之。匿田者，喻以法，悉首之。仍令沙之四隅，以此之涨补彼之没，以甲之羡余补乙之不足。毋狃于习，毋健于讼，永遵之以为常焉。比及三年稔，一方晏然如按堵，转呻吟而为讴歌，易荡析而为奠居，盖无或乡之困者焉。民谣曰："我赋无逋，我田无夺。匪我父母，其何能活？"

侯以堪任风宪被荐去，于兹凡七年矣，沙之地亦既建而为靖江县矣。人之思侯德者，始终如一日。于是邑民朱镛、丁宽辈，将率众为侯立碑，以纪侯之德于悠久也。请于今邑令郑侯，郑侯曰可，乃相与属予为之辞。夫君子乐道人之善，举天下之人之善在所当道，矧[1]民于侯之善谆谆不释诸口而播之于谣者乎？爰摭其实，俾镌于石，庶以示民之不能忘侯，而后之来者亦有所兴起云。侯名秉彝，四川巴县人。

靖江县金侯遗爱碑

秦夔

民可以恩怀，而不可以威慑。怀之以恩则感，感则上下之情亲，而其民之报礼也重。此召公所以见爱于南国，朱邑所以见思于桐乡也。苟恩不足而威有余，则民将疾之如雠，视其去来若逆旅过客，漠然无所动于其中。此民心好恶之至公，亘万古而不可磨灭者。吁！可畏也。

余友金君洪，四明之鄞县人。才美而气充，挟所有而待用者有年矣。今天子即位之明年，以名进士来知吾常之靖江县事。靖江本属暨阳，岌然居大江中，宪宗朝始割而为县。四面江流际天，赋薄而地硗，金谓不足以辱君理。君笑曰："是岂不足为政耶？"至则因俗为治，禁僧道巫觋，不得以

---

[1]　矧，底本作"朝"，据嘉靖志卷四改。

异言邪术惑其民,使民晓然知教之所在,然后兴学育才,修废举坠,政声隆隆日起。

先是,民田之圮于江水者,官犹征其租,民嗷嗷无诉,则去而为盗贼,户口日耗。君下车,尽释其田之圮于水者六千余亩,而括滨江新淤之田,当其租入,曰:"江河之土,此消则彼长,吾从而更其赋,不亦均乎?"人咸服其有识。

邑旧无高城深池,成化之末,江潮入其郛,坏官民庐舍几尽,上潦下湿,殆[1]不可居。至是,悉毁僧道寺观之无额者,撤其材为公署一十二所,高明壮丽,制度一新。又伐石为梁,及课民筑堤浚渠,以走潦水、蠲浊污,民得去卑即高。其志尤精吏治,强明果决,事无巨细,一阅无留情,宿胥老奸不得刺手。

初,民居岛屿中,不知医药,有病惟尚祠祷,多横死。君宿以货居善药,遇病者辄[2]施之。又博求良方,传之民间,使皆知卫生之要,全活者甚众。

西北边饥,部符下郡,将征常平谷之积于民者,为备荒计。且下巡抚使者督察,曰:"谷不时入者,有厚罚。"时农事方殷,民食且不足,所在驿骚。君叹曰:"剥饥民以觊免罪,非人也。"力争于当道,得不征。繇是靖江之民独免暴敛之虞。

时都察院左副都御史东夏似公实巡抚江南,举君才堪治剧,转苏之吴江县,去简就繁,以示劝也。命既下,庶民之壮者呼,老者啼,遮道留君不得,则相聚谋为不朽计。间推邑民鞠纯辈来征余文,将立石记君遗爱。余嘉君之能恩其民,而喜邑民之能感其上也,故乐为书此,以塞其请,而申之以辞。辞曰:

郎官出宰,上应列星。有社有民,厥系匪轻。赫赫金侯,邦之美器。来官花县,牛刀小试。起望四境,江流汤汤。桑田弗治,民租曷偿?我缓其征,我除其额。筑堤浚渠,民以休息。俗吏扰扰,以刻为能。剥饥锥髓,征敛无经。君独吁吁,曰民何罪?仁言一发,四邻则愧。易嚬为笑,活枯以膏。天

---

[1] 殆,底本为墨钉,据嘉靖志卷四补。

[2] 辄,底本作"辙",据文义改。

子有诏,曰旌其劳。诏维伊何,纳君于剧。不遇盘根,利器胡识? 轺车在门,民号以呼。老稚纷纷,填道溢郭。砻石镌词,以示无极。匪侯之私,亦以劝德。

邑侯孙公去思碑

陈　宾布政

夫人自百骸、九窍、五脏以至发肤,皆属之一身而主之心者也。心职思,克思则百体具安而顺令。苟失调养之宜,忘嗜欲之节,则疢疾作焉,躯命危焉,而咎在心矣。吏于民也亦然。自黔黎班白以至于疲癃残疾之人,环之一邑而吏治之。吏得其人,则庶事理而百姓宁;否则,人受其殃而咎在吏矣。故曰:郎官上应列宿,出宰百里,苟非其人,则民受重殃。奈何为令者多,惠民者少,斯民罹疢疾危躯命者众矣。求其以家处邑、以子视民如孙侯者,不多得焉。

侯以《易经》登成化乙酉科乡贡进士,擢知姑苏之吴江,莅任六年,政声籍甚。巡按御史王公并巡抚都宪王公恕再加旌异,人咸荣之。侯曰:"勤民,民分内事也,旌异何为?"性刚直,不诡随,忤当道,更调毗陵之靖江。人为不平,侯曰:"屈伸有命也,夫何尤?"喜怒不形,宠辱不惊,侯实有矣。

靖江本海岛,先隶暨阳,邑建于先朝成化壬辰,规制草创且荐饥,或兴作之未暇,或维持之未周。故岁更廿稔而百事未就绪,学校未能兴,荒芜未能辟,婚丧不知礼,子弟不知学,流亡未复,盗贼未宁,水利有未通,桥梁有未备,街坊无绰楔[1],城郭无门楼,途无行商,市无居货。侯下车,恻然曰:"其有待于予哉!"不三年间,举百废而一新之。首列[2]学宫,立社学,勤于教育。首王格,开邑庠[3]之科,而洲民亦颇向义。均徭轻赋,储丰备凶,招流民,垦荒芜,而盗贼亦平。给菑畬以补圮田,而逋赋以复。开七十二港,而旱潦有备。葺一百余桥,而无病涉之民。劝富葬贫,而野无暴骸。从简嫁娶,而民无怨旷。创牌坊者三,建城门者二,甃通衢一。平城南路者一十里,夹植之木,俾路不圮而人赖庇者,皆侯惠焉。且能撙浮费以度工,而民

---

[1]　绰楔,底本作"绰楔",据嘉靖志卷四改。

[2]　首列,底本作"首烈",据嘉靖志卷四改。

[3]　邑庠,底本作"邑襄",据嘉靖志卷四改。

不扰。卒伍籍以赋役,而民不劳。繇是废者兴,缺者创,政平而人和,侯可谓庶事理,百姓宁,而吏职称矣。

侯及瓜于弘治甲寅之秋,民留弗克,佥谋曰:"侯虽去,德则存,奚忍乎?宜镌石为不朽计。"推邑民鞠纯征余文以识之。予辱邻封人也,稔闻侯德之详,故乐为之书。侯名显,字微之,陕右西安华州人也。并摭其市谣涂[1]歌颂德之辞,铭以系之。铭曰:

繄维孙侯,人中之英。用儒饰吏,刚果严明。惠厥洲民,首询疾苦。燠寒饫饥,爰遂斯所。邑治草创,经制未全。鸠工鬻材,随方逐圆。载就泮宫,敦教劝学。誉髦得人,遐不侯作。割盈补亏,田无逋租。流离安集,痛轸困苏。民仰方深,侯遄满秩。丽泽在人,不传何述?爰协群议,勒石纪功。庶几不泯,以垂无穷。

邑侯刘公生祠碑

薛敷政

余见靖人士之祠九霞刘侯而重有感也。为令难,为令于今日之吴中则倍难。荤毂之搜索殆尽,而闾阎之杼轴已空。心劳于抚字,则课殿于催征。游客知交,以吴中为姑藏,不无所厚望,一不得意,皆平津之故人也。刁氏佃氏,稍绳以发[2],不难出蜚语撼令。六七台察,举刺有定额,不足则取盈下里。谣颂不获上闻,一有所入,牢不可出,不待三人而市虎成矣。致使公忠慈惠之长,不免被訾议以去。噫!举刺若此,又何能鼓舞人心,俾其营职业、励操修,一意民岩而无虞掣肘哉!

晋陵与靖相去不百里,窃闻侯之在靖,其厘奸剔蠹,则张、赵两京兆;其抚绥镇静,则龚渤海、黄颍川;其介然冰玉之操,则范莱芜、元鲁山也。精明本之浑厚,廉洁不事溪刻。暮无邑子之金,而庭绝居间之口。肺石无枉,图圄空虚,伍伯持挺若木偶,胥吏无所事事,愿退而就农。大者悦,小者怀,一时江界几若华胥。切谓三吴命长之贤,当无有先侯者。不以台琐召,必且在含香粉署之间,以徐展其蕴蓄,而酬其抚字之劳。乃忧去未几,卒挂

---

[1] 涂,底本为墨钉,据嘉靖志卷四补。
[2] 以发,康熙志卷十七作"以法"。

吏议。嗟嗟！令之难一至此哉！不几于堕当官任事之心，为肮髒巽软、斛法市声誉者立赤帜哉！

方侯之以忧去也，侯故嬛嬛在疚，而靖之人亦途悲巷哭，若赤子之甫离乳保。及侯之被论，民始而疑，终而信，至有群聚而欲白公于朝者。侯去后历两改，而民之哀思愈以切也。于是庀材鸠工，建崇宇而肖貌之，朔旦走集其下，稽首而祝福履，且将伐石纪功，以传之万年，则刘侯虽未见知于当途，而三代直道犹在人心。他日太史观风而问谣俗，传循吏而辉琬琰，非他人，必刘侯也。

人众[1]则胜天，靖之人于刘侯若此，当途有不闻者耶？方今主上冲圣，孜孜惟吏治不振是虑，倘有以侯治绩入告，何难转环以复故剑？靖之人且将扶老携幼，以迎侯于江滨。侯下车而布旧日绥靖之犹，及瓜而入台省，以大展未罄之设施为霖天下，而波及我吴中，则今碑记，他日旂常之先声也。斯时也，靖之人必不能复私侯，侯以靖为六月息矣。

侯之政绩具在邑学博朱君家栋《政绩略》中，兹特记其作祠之岁月，而见侯之感人深与靖人之思侯永者有如此。此祠经始天启三年仲春，落成于是年之冬孟。有堂有寝，门塾具备。侯讳志斌，字九霞，浙慈溪之名孝廉也。

邑侯晏公去思碑

陈函辉

昨余就选人，不当得县；即得县，不当得靖。辇下君子有薄靖而兼怃余者，往往摇其首曰："君亦知万里长江乎？彼其发巴岷，震夔峡，奔流荆门，连合九江，不知几千层折而至于斯也，而竟以此地为尾闾，盖溁恶俱泻焉。江穷而海见，竖则岛，横则洲，上荡[2]则下漏，飓发而蛟涎，恒河沙中，此为大苦聚，而何以身试险为？"其长者则又教余曰："是其土阒而处邃，宜业；多沃野，宜田；坎而深，宜渔。士之操缦[3]而袭璞者，宜训以逊敏。犹未也，前令晏公有循良之辙在，宜规随，宜画守。"余所以慨然而来者，以此。

---

[1] 人众，康熙志卷十七作"人定"。
[2] 上荡，底本作"土荡"，据《选寒江集》卷上改。
[3] 操缦，《选寒江集》卷上作"操缓"。

及入邑，问公前政，大抵便单赤，不便豪右；便乡三老践更，不便舞文诸猾史；便鱼雅绅衿，不便竿邮请托。莅政仅及四月，而靖扫百年之弊。畴昔之困汤火者，已出而衽之；其夗为城社者，已发而驱之矣。

今天下无处不苦赋，而江南诸邑，其瘝蛊也。患在于民，入其数，而官不知稽。即官示其数，而民不得睹。中饱者鼠雀甚壮，外蠹者炀灶甚阴。公来而靖始有簿籍，急缚一二巨奸，置三尺，而向之以耗羡啖者，以科罚铦者，皆束手楹雷下，不敢旅进。公又为缮城隍，修斥堠，饬廨舍，谨储畜。

邑西北牙错通、泰，兔穴虎峒，凭凌难问，公数军实而诘潜宄，伏莽者皆窜去。规约佐尉，不假謦笑。诱掖誉髦，秉空拭鉴。桃李有蹊，稂莠无颖，绒如之咏，至今在簧泮间。而公日御无陆玩[1]，一样肉，衣三浣，而安之淡然，若野僧高士之寓于斯也。

余来时，公方读礼家居，时司度支者急责邑逋，逋挂公名，遂及显罚。然逋实不始公，有溪壑是者，公代之僵，余愤焉。于是悉搜诸蠹胥，付诸法，镲瓯收锾，建库贮藏。条编法立而输纳有期，知单给早而数额有定，差役屏迹而村壕不扰，罟捕严惩而善良获安，皆本公美意，而以张弛行之，以缓急剂之。其所为不便豪右，不便舞文，不便竿邮请托者，视公时尤甚，余亦岌岌以身听之，是非毁誉不计也。

或曰："晏公，名父之子，其家盖有县谱焉，何然而亦以催科挂吏议也？夫巨木不缀于岑，灵鲔不宅于潦，珍玑美绮之薮也，忌在贫里，彼惟不择枳棘以为鸾翮，痗子尤而效之，殆又甚焉。且不见前此饮盗泉者乎？相率鼓其腹以去。何两人者沾沾焉弃浓嗜[2]，耽淡苦，以井丹怜范丹也？"余笑曰："人各有相师，气各有相类，余不敢言兰菹之气谬通公，然可以矩矱之，近幸师公。公仁者也，又廉者也，廉则久而清则长。谁言之？公家平仲言之也。公莅此四月不为久，乃孔迩之泽，推之不远；恺悌之恋，释之难谖。长者如是，久者不如是耶？宣尼但言吾战则必克，祭则受福，必不敢云'吾仕则必腆，宦则必达'也。然而期月三年，画然自课，岂其漫无程效，而大言以欺

---

[1] 陆玩，康熙志卷十七作"珍玩"。
[2] 浓嗜，底本作"农嗜"，据《选寒江集》卷上改。

人？吾不必远引公家婴，但引东家丘足矣。公尊人怀泉先生初令太平，与余邑密迩，照邻之烛，至今犹光。及补剧兰陵，惠爱之思，三十年如一日。已登南省，历清卿，其精神意念，无时不注厚并州。然则孔庭诗礼，公固近取诸家，他日勋名，定相颉颃。吾君之子，又何怪为讴歌讼狱所归哉？"

朱君仲舆偕诸同志为公立石，而余为述其执言之意如此。嗟乎！邑诸君子之为此举也，以亲其上，不以炎易凉；以敦其故，不以暂忘久。江流浩浩，浊汰清导，激发后人，召、杜、张、赵，夫靖又何可薄也？公名益明，别号庶庭，豫章人也。

学博纪先生去思碑

朱家栋

国家广厉学宫，以正学术而敦化原，任至重也。故安其职者，必学足以羽翼六经，贯通百氏，斟酌古今而藻出之，以待后之学者，而经教始明。又必其人言可法，行可师，造次不离矩矱，使望之者凛然畏，就之者蔼然可亲，如坐春风中，而后其型范广也。嗟乎！盖难之矣。

西吴纪先生少以宏词博学噪海内，与今相国温公，大冢宰、大司马两闵公结好，相切劘，颉颃词坛若而年。至执牛耳而主齐盟，则又先生以也。既诸公相继登高第，为中外显官，先生困顿胶序，卒未尝丐齿牙为所司道地，品可知矣。

晚以明经受灵璧训，未几转余邑司教，先生安焉。南面据皋比，进诸弟子而旅试之，甲可乙否，悉当其衡。有笃志好修者，虽寒苦，左右推毂，惟恐不克。其或弃礼屑越，即筐篚在门，勿纳也。邑弟子二百余，贫不能修羔雉者强半，官此中，饘粥不饱，率不免仰濡沫于邑令，先生耻之，终未有以竿牍一及偃室。诸生中复有为权胥所陷，勿当其辜，且数年矣，至先生始为白之，而诬之者输罪。其矫弊救正，侃侃自竖，不随俗以俯仰，又皆类此。所谓师严[1]道尊，文行交劝，不负师儒之责者，先生其人与？

大约先生之学，以醇正尔雅为主，虽起家未及魏甲，论文者尤推宗焉。

---

[1]　以下"道尊文行交劝"至下篇《邑侯赵公奏最序》"荐章交腾"，底本原缺第五十一、五十二页，据康熙志卷十七补全。

其为人清真,不事藻饰,与人交,志伉而气和,貌严而心恻,故所至上下交誉。未三年,升中都之太和令以去,士类至今思之。人谓自古称师道之最者,无如胡安定之教湖州,先生其产也,岂得于安定之遗为独多耶?抑其信道之笃,而见诸乐育者如是?其诚且渥也,是不可以无述已。先生纪姓,讳纵群,字众甫,别号冯闳,湖州之乌程人。

邑侯赵公奏最序

钱谦益

我国家定鼎金陵,绕其傍而绵亘灏淼俗称天堑者,江也。江流汤汤,一往东注,扼其冲而以丸泥障之,屹若地维者,靖江也。故靖虽蕞尔乎,于以控制江海,捍吴会而巩畿辅,势莫重焉。在昔伪吴将屯兵戍守至庱,楼船将军三视师,以战舰布鸟翼陈,横江克之,固知靖江为东南要害,匪一日矣。

第自设县以来,官兹地者未必郑重其选,即晋秩多循资例,不遂显庸,重于置县而轻于置令,则亦官人者之过也。虽然,官兹地者亦有邮焉。其一人曰:“我虽令不得比于他壮县,惊涛飓风,飞溢震撼,则我为壑;江洋之警,舟车檣马,出没无时,则我顿刃;建牙持斧之使,执白简而取盈,则我隶藉。惟荐剡乃我后耳。”其一人曰:“我虽令,孤悬大江中,无贵要豪右持令短长,间有一二刁瞷,稍以威稜震之,辄骈首窜耳,其谁能难我?”夫官人者既轻视令,而似兹两人者,又操左券以取轻,则邑亦奚令之为也。

癸丑秋,大中丞暨直指使上书,请慎选靖令。选人稔知南昌石照赵侯可,趣侯往。侯下车浃旬,循声四溢,余闻而异之。无何,侯以三年奏最上于天官。侯邑人朱伯隆司训吾邑,偕其弟孝廉君仲济胪侯治状,谒余一言。

余覆而征之,案无冤狱,狱无遁囚;民岩是恤,百废具修;养士重农,以爬以休。治敦礼让,俗转醇庞;桑田每每,陆接维扬;扬帆蹙波,天龙摄蝗。夫是以民歌优饶,地颂浸沃,荐章交腾,而前修莫若也。贤哉赵侯!不以邑小自薄,不以壤僻自雄,与余向所云云,何霄壤耶?赵侯以兹邑重行,且以治行第一征矣。官人者宁复轻置若令如曩时哉?天下承平日久,长[1]江安

---

[1] 长,底本原为墨钉,据万历志卷十一补,康熙志卷十七作“大”。

流，如一衣带，靖邑之顿中流，犹荇芦间聚沙耳。一旦有事，余皇交呼，铁锁横绝，然后思国家屯兵扼险之重，而悔夫置令之轻也，亦何及矣！官人者因赵侯以重兹令，因兹令以重江防。择吏安民，为东南根本虑，自赵侯始。余应拭目望之。侯醇谊厚养，古文辞、书法妙天下。蚤与伯兄并擅魁名，而从子铨部公尝令虞山，虞山至今歌思之，倘所称有作令家谱者耶？余于两朱君之请，有不尽书，盖重江海以固东南，其言堪著庙廊，实余所愿为执简，而他皆可略也。

邑侯赵公奏绩序

华亭陈继儒征君

陈子耕山中，有客朱文学肃衣冠入草堂，授王君书，侑之币。陈子释耒而迎，问之故，曰[1]："将征文以奏赵侯。侯宰靖江三载，绩用成，戒门者无纳贺，即贺无得纳庭实，敢征子空言以献。"陈子逡巡，三让而谢曰："子郡国多巨卿伟儒，不他属，而属之山泽之癯，何也？"朱文学曰："子大夫娴于辞，不喜谀而喜核，谋野则获，微子谁归？"陈子曰："赵侯，余最习[2]，吾友董玄宰氏每谓余曰：'往江右榜得两赵，皆名士，其一今为靖江令。尝六上春官，两拟魁，能以古廉吏自期，而又廉不使人知。其为令也，必以卓异闻。'"至是，得王君庐记侯治状，正与玄宰氏之言合。

靖江阻江负海，四面空波，无都市物采之观，且驿传阔稀，宾从鲜少，为令者非脧削[3]自润，则姑委蛇容与[4]，含蓄其神明，以递相羁縻而已。赵侯独不然，曰："靖江虽僻险，实帝京、吴门锁匙，无生轻心。"甫下车[5]，即慨然有澄清振刷之意，而大要倡之以廉。首进博士弟子员，为谈说经术[6]，葺学宫，置学田，四境斌斌闻弦诵声矣。民间有缓急控，侯撤去成案，不峻为辞色加于孤嫠，使得循膝攀案，悉吐所欲言，言出而情得，则三尺之法与一

---

[1] 问之故曰，底本作"问之曰故"，据康熙志卷十七改。
[2] 最习，底本作"取习"，据康熙志卷十七改。
[3] 脧削，底本及万历志、康熙志皆作"股削"，据《常郡八邑艺文志》卷五下改。
[4] 容与，底本作"客与"，据康熙志卷十七改。
[5] 下车，底本作"下东"，据康熙志卷十七改。
[6] 经术，底本作"经述"，据康熙志卷十七改。

面之网,盖更相参焉。是曰廉平。土风精捍,拳勇好斗未易驯,侯擒治无行恶少年,以及讼师博徒,而豪横止。黠民负僻挺险,非伏匿巨豪,则逋逃他境,小则作奸,大则亡命为盗,侯部署摘发皆如神。其狡狯非审则缚,相戒摇手[1]莫敢犯,而奸盗止。是曰廉明。土硗民瘠,监司督赋如风雨,侯上调当路,下均官民,逋额清,棰楚缓。且又积谷以赈无告,捐金以赎鬻儿,祷雨雨随车,祷蝗蝗出境。是曰廉惠。缙绅之颊舌,游宦之尺一,逢掖之干请,豪猾之窥眮,曾不得以铢两撼侯,以嚬笑尝侯。是曰廉重。侯尝饬武场,崇坛墠,建迎恩亭、宝纶堂,又尝置竹舆、浮舟以济涉者,皆出自[2]官帑,不费父老一环半菽,咄嗟而办,晏如也。是曰廉静。岁时伏腊,羔雁不及门,玄黄不及庭,其[3]俭如寒书生,其洁如贞女子。是曰廉介。侯挟此数者,必矫矫上人,如波海之捍流,出匣之怪锷,不可迫视。而侯独丰采酝藉,悉寓之于朴重弘简中,委任属僚,有推心而无猜色。至贤如王君,啮蘗茹冰,以赞侯素丝朱弦之节,此岂偶然而已哉!

今使者上绩,司勋氏按牍如恩,誉命自天,荣施祢庙,既表能官之名,获章元宗之实。台谏主爵,行且屈指首及侯,而侯之发轫亨途,实自今日始。有如圣天子法祖宗故事,越格而超拜之。远则周文襄之十九年,近则如海忠介之赐节南土,侯真其俦乎!是不徒为玄宰得士贺,且以风示廉吏,为天下得人贺矣。

老子通义序

朱得之邑人

道本自然,天显其机,人体其撰。故人者,天地之心,道之都也。人之于世,顺自然以为行,法天也,明道也,无古今之异也。异今于古,违天也,失道也。日月之经,四时之运,古今异乎?不异也。川流、山峙、鸟韵、华香,古今异乎?不异也。何独至于人而疑之?然而人亦有不异者,婴儿之寝食,赤子之慕父母是也。人而异者,智凿之也,习蔽之也,非其自然也。老子曰:

---

[1] 摇手,底本作"摇乎",据康熙志卷十七改。
[2] 自,底本后衍一"自"字,据康熙志卷十七删。
[3] 其,底本作"如",据康熙志卷十七改。

"人法地,地法天,天法道,道法自然。"第气机而理其绪则云尔也,而均之归于自然也。《通义》之作,繇自然而通其心之所安也。昔凡会义不出于自然者,非其指也。至矣哉！老子之仁也。悯世之漓,欲人反朴而还淳,非契自然之道不能也,故谆谆焉以发斯义,其望继至者恳恳也。彼致喙以疵其辞者[1],未达太虚之体,未察自然之用者也。自然则神不劳,自然则物不忤,人亦何惮而不为乎？兹简也,曩刻而刓矣,犹子正初学孔孟而再刻此,信孔孟之学不外于自然也,而此籍足以翼之也。噫！世有外于自然而可以为道者乎？世有外于自然而可以为事为物者乎？虚心旷视,几当跃然。

刻陈生注阴符道德经叙[2]

王世贞

《阴符经》,旧传黄帝与蚩尤战,不胜,退而感九天玄女以太上道君所撰经赐之,天下遂太定者。百年而后仙去,其书不知所繇,而贞观、永徽之际,已有虞、褚石本。至开元,而李荃者托骊山老姥之旨为之,故而自是为故者凡数十余家。若《道德经》,则我犹龙公以周定王世将西度关,为令尹喜所挽,而为之著五千言。其徒列御寇、庄生亦颇能举之,然往往于本辞无当。而至汉文帝时,河上公为之故,而始大显。或曰河上公故伪也,然自是诸为故者几三倍于《阴符》,而往往俱未能尽究二圣人所以立言之旨。凡二圣人之旨,其势若险而趋甚平,辞若偏而蓄甚完。诸所曰私,曰欲,曰翕,曰夺,曰盗,曰贼,曰杀,曰机,以授拘穷守文之士而目之,彼必以为大怪且欺我。于是乎刺讥批根之议兴,而二圣人之旨积郁而不宣。幸而有能言者,方内得之,则多归[3]之修齐治平,虽至于谷神玄牝、雄雌黑白、窍妙子母之精微,彼皆以为粗而莫之究,其下者辱而富国强兵。方外得之,则尽归之立命安身,虽至于[4]慈俭,不先以克敌取天下,亦强以为精征,其下者辱而采练吐纳。于是乎二圣人之旨,虽若少示宣而竟郁。

---

[1] 以下"未达太虚之体"至"几当跃然",底本原缺第五十七、五十八页,据万历志卷十一补全。

[2] "刻陈生注阴符道德经叙"至"其势若险而趋甚平",底本缺,据万历志卷十一补全。

[3] 归,底本作"妇",据万历志卷十一改。

[4] 至于,底本作"至子",据万历志卷十一改。

余自家徙入观之三日,适自他返,而守者以一编见示,云有道服而魁其形者,发且宣白矣,曰:"为我贻王子,彼读之,必且物色我。"余读而果异之,则所注《阴符经》也。使人物色之,得之隆福招提丙舍,与语而酒食之。已复出其所注《道德经》,且曰:"吾姑以印吾心而已,今请印之子。"余为一再读,则其辞殊雅驯不离轨,时亦发诸家之所未发,或浅或深,若能剂方之内外而调之者。即所定章句,亦不必尽因河上公、李荃之旧,或离或合,要独有犁然当心者。余乃谓陈生:"子岂钟士季耶?而委我以《四本论》,掷我而亟去之。"生笑曰:"不然,以我瞒子重者,毋若以我之言瞒子重也。"遂别去。且数月而生复来,尽得其为人,则常廪博士弟子员,场屋声且贡,而以口语失之。既复避仇海上,依染削以居,出入二家之学者,十年而后书成。余乃复谓生曰:"子于大道姑未论,以子材而当开元时用老氏试士,比六经,则子褒然其选;不然,而从郭汾阳以《阴符》取武试,子亦褒然其选。今奈何坐困子,使老一黄冠耶?"生乃大笑曰:"不然,吾以不用吾师教孽祸,以用吾师教幸而免。虽然,此其应世者也,所以印之子,欲得其度世者,子奈何犹以方之内期我?"余无以对,退而书其语。

苏老泉批点孟子序

朱得之

天之系星汉,山之尚草木,烟云水之承风,至文也。夫人而欲知之也,必籁亲夫达观先觉者以发之。孟子传道述德之言,其文至矣。顾其运规矩于无形,妙方圆于莫尚,后死者不有濂、洛、关、闽之领悟,[1]而有董、贾、韩、欧之摹写,岂能骤而窥耶?

老泉绝世俗,退居山野,肆力于文章者数年,而后得其所谓规矩方圆之迹,而评点以表识之,岂非达观先觉之所在,而学文者所当亲乎?此子瞻必赖是而悟文机也。或乃病其援吾孟子入于文辞之流,戾其明道之意也。噫!程子不曰"得于辞不达意者有矣,未有得其辞而能通其意者也"?诚有得于文之操纵、抑扬、卷舒、和懆、缓急、续绝、予夺、隐显、起伏、开合、往来、

---

[1] 以下"而有董贾韩欧之摹写"至下篇《去华子文集序》"先生理性调情被服邹鲁而于",底本原缺第六十一、六十二页,据康熙志卷十七补全。

感应、顿挫、奔逸之情,则亦可以见夫道之行于天地之间之象也。矧必顺理而成章,经天纬地,而后可谓之文哉?若夫敠辞以得意,则固存乎人而已。予时方谋梓传,遂书此释或者之疑。

去华子文集序

黄　光

靖江有朱伯隆先生者,当日海内名之曰儒宗,亦曰词杰云。先生淹胶序中若而年,累以经生言冠曹偶,宜无暇贾余为古文词若诗。乃江北淮南之间,都人士擅如椽者,不得不推先生,其名愈尊,则操币而丐挥觚者弥集,亦不能概偃蹇谢之也。余观昭代作者,惟唐应德先生古业与时文每据绝顶。乃济南诸公,以理胜于词相斥,而轻俊之徒亦齐声改向。迨今勿论晋陵、云间,即娄东一二鸿匠,亦骎骎以瓣香归中丞矣。此亡他,中丞之言,根乎道德而流于真恳,无刻画矜张之容,及肖摹剥换之习,故虽稍蚀一时,而终不莝废于论定。今伯隆先生,非俨然称代兴而遝蹑乡先哲之席者邪?

余从其叔子尔升氏索遗集,卒业之,大都古道照人,诸体俱备,不必句铢字敲而裁饬森驯,具河东、南丰之致。其所纪序,虽法度之中,亦缃缃尽兴,能令其人之须眉、色态不逼拟而几欲生动。持论必依于正,而间遇险仄崎岖,虽穆然以摅,实峭然以感,令读之者不怒而不能无低徊。慷慨于披诵之余,则又奚必以聱牙[1]钩棘,漫夸坛坫之雄哉?

夫先王之制音也,必奏中声以为节,流入于南,不归于北。盖养和修淑之意多,促柱狂呼之气少,所以培宇宙之元,循性情之则也。故读先生之诗文,则可窥先生之所入矣。先生理性调情,被服邹鲁,而于先后伯阳摄炼元和之旨,亦蚤酾契其微。闻几大耋,而步履视听不衰,斯固温养之充符,摛抒之妙纬也。

光不佞,适游骥渚,瞻慕遗风,而细详当年之质行,且知先生渊源家学,其卓然祭酒江淮间,匪朝夕之蔀发耳。即集中多镌珉之篇,不肯作谀地下语。其自号以"去华",宁名去而实趋者乎?先生筮铎虞山,继而修水、京

---

[1]　聱牙,底本作"声牙",据《常郡八邑艺文志》卷五下改。

口,苜蓿寥萧,竹素自老,出处进退,合乎古人。若斤斤自著述求先生,亦讵足为深知先生者?先生哲弟永丰公,才名品概,不忝为玉局之栾城,所结撰亦与先生埒盛。俟其集出,光尚欲效片言,以附鞶囊之末。

陈侯木叔迎养贺序

太仓张　溥字天如

陈侯木叔之治靖也,三月而民化,谣丰年、歌沃壤者属道,于古所称弘农汲令无异也。侯母太夫人版舆入城,民争趋拥,欢声殷雷。邑长者为寿,载酒击鼓,耆幼群会。余同年仲舆朱子属予操觚而前,折扬皇荂,予则何能?抑本诸田野,亦《豳风》之苇籥乎?

侯起名家,称文章宗工。南宫既第,天下望其入承明,领著作,乃屈首就理人选,又不得壮县,而宰僻国。同人邑邑,谓杯水坳堂,不展霖雨。侯独怡然曰:"赢粮述职,酌泉厉清,岂异人任?"遂轻舸造邑,绾绶而治。夫汉之公辅,出于循良;宋之道学,皆能吏职。彼恋禁闼而薄郡邑者,其人非尽有长孺献纳之忠,京生在外之虑也。烹鲜不尝,而铅钝畏割,攫指告退,谨避贤者路耳。侯览察今古,议论六合,名山大川,皆其襟带,适然而之靖。靖之人惊以为神也,侯则叩囊底,应之有余矣。

靖暴苦旱,侯甫至,葛衣草履,祷于日中,体极咯血,匍匐不休。未几大雨,境内岁登。双穗之稻,八蕊之绵,建靖以来所仅有也。

靖介江滨,司民牧者轻其选,不注进士第。以名进士来尹者自侯始,侯之贤又越前人而上。邑人喜且惧,喜者曰:"侯来何若?地不得侯,其斥卤乎?"惧者曰:"侯非百里才,焉能旦暮处此也?"亡何,台使者果议调剧邑,靖人搴裳濡足,渡江来告。使者怜其意,许且止。举国犹惴惴,见太夫人至,则大喜曰:"侯母且来,侯将焉往?"太夫人妇德隆盛,不能节记,独以教子言,居家刬荐,在官却鲊,其概也。侯为诸生时,舄履满门,宾从络绎,堂上置酒,丙夜赋诗,不闻瓶罄,惟母之力。萧然出宰,饮食洁清,乌伤竹箭,可以赠人,亦惟母之志。靖人称侯曰慈母,称太夫人则曰慈母之母。大母之弄孙,慈母之抱子,情犹一母也。太夫人子侯,侯则子靖之人。《羔羊》之节,纯臣所以答亲;《甘棠》之仁,孝子所以锡类,侯克备之矣。

侯忧悯念深,赋早朝诗一篇,痛言世病,有杜少陵、元道州风。一日立于朝,攀槛而呼,裂麻而哭,无礼于君者,必侧目不敢近。今仅砥砺治行,为不城表,尚其寄耳。苏之崇川称小国,与常之靖等也。累官者罢不任,楚鱼山熊公以名进士往,始大治。后熊公考最入谏官,著直节。靖有我侯亦然,其他日可知也。迩者功令程督,遇进士加严,边荒虏寇湿下烦瘠之地,必敕进士往,后其期许,不恕盘错。侯一出而胜任愉快,使朝廷知进士得人,诚异于它途。此亦制科之极荣,祖宗之深愿,仰天而祝,岂徒靖人哉?

昔崔封积薪自焚而甘澍降,祝良暴身阶庭而灵雨集,咸以祈请之诚,垂名史册。侯减刑省赋,聘贤息奸,惠民之道,非一而已。太夫人内观悬金,外听鸣琴,益信国人称愿,莫此为大。即东海万石,师氏九经,宁足并哉!

文

劝农文

殷云霄

当职久病,暇息田亩数年。近朝庭记忆[1],授此官来,实疏庸疲薾不堪事,惧无惠利及民,上负朝庭爱养斯民意。兹迎春东郊,阖吾邑父老子弟咸来观,因以告谕吾民。

夫民以食为生,食以农为本。其获也,必盛所以培之者;其成也,必去所以害之者。相其土宜,粪其田壤,利其器用,时其耕耨,慎其灌溉,勤其力役,兹犹培其末。父子有亲,兄弟有敬,夫妇有正,子弟有学,亲戚有恩,乡间有礼,征役有供,法宪有畏,则无怨于内外,无怨于上下,自可以尽力于农,兹乃培之大。疏以害其全,缓以害其时,惰以害其成,昧以害其宜,兹犹其小者。昧礼义则害德,寡恩爱则害家,犯刑宪则害身,竞货利则害义,耽曲蘖[2]则害性,纵侈费则害财,逐争讼则害业,崇佛老则害正,有一于此,皆害之大。

---

[1] 记忆,底本作"记亿",据殷云霄《石川文稿》卷五改。

[2] 曲蘖,底本作"面蘖",据殷云霄《石川文稿》卷五改。

若安养之无道，教导之无方，禁奸之不密，听讼之不明，征赋之无名，力役之不时，俾速戾于吾民，以害乎农，则吾有司者之责。兹当日夜警戒，求无愧于吾民，无负于朝廷。吾民其亦体此意，无忽！

祭江神文

黄梅汪　玉邑令

呜呼！普天齿发，率土英灵，咸维我皇上统御，是以格于神人，罔不率俾。维神维民，厥维忠顺，乃不忝厥职。否则自速鳏旷，羞及乃类。

惟我靖邑，旧为牧马沙，与沿江诸沙洲，若上元之护国、仪真之高唐、丹徒之当江、江阴之镶匦、泰兴之白家等，总则奠位中流，聚沙成壤。土膏地势实同，而供赋则悬绝。诸沙洲赋，仅比靖之四一，而泰兴、如皋则有百一者。民之力也，固囿于王法；官之征也，亦率乎王章，莫能损益。然江之涨坍，则有鬼神为之司也。公正，鬼神之德也。彼地广而赋轻，此地隘而敛重。忠顺之道孰居？鳏旷之责孰任焉？君父之庆让孰加焉？责有所归，恤有所被，而冥冥之英灵，顾无所以处之者，谓之公正可乎？谓之忠顺可乎？

夫有鳏旷之迹，而不思所以为改图者，则同类耻与为列矣。民各安其土，以率其分，无他慕也。然鬼神以公平为道，沧海桑田，变如反掌，神力之施，举山如羽。必也鉴其赋之轻者，有土犹无也，况无赋乎？赋之重者，土隘犹广也，况加赋乎？神率江流之常度，移无赋之土，辟赋重之境，则彼此民情，同效忠顺于无间矣。夫民之忠即神之忠，民之顺即神之顺，况民感神德，思所以为报者，惟公惟平，惟勤惟俭，以昭神贶哉？如此，则神之仁，民之诚，将交于无穷也，神其忍不听乎？彼诸沙洲之神，谅惟从者从，助者助，相率以效其职无疑也。惟神其图之。

水灾告城隍文

张秉铎

国家建邦设都，立之城隍，所以为民御灾捍患；官之司牧，所以为民教养爱育。是有司食朝廷之禄，固当效民牧之劳，而城隍之神享天子祀典，亦当有分忧之责。

惟兹风雨,江涨弥漫,沿江一带,房屋漂流,老幼疾病不能逃走者,固已鱼鳖,而潮势一汹,四无道路,虽强壮者亦漂尸莫救。有司不职,值天之谴,悔祸靡及,故委命于神。惟神当为民立命,反风退潮,以副天子立城隍之意。随以有司不职,治以阴祸,令之省躬改过,以赎罪于民。此诚神之威灵所当俄顷,以求其必效者也。若以有司之故而灾及于民,视民之灾而委之,无与于神,是神之负天子,亦若有司之不职也,民何赖焉?

呜呼!此水一日不退则无禾,二日不退则无民,三日不退则无城。无城与民,神与有司其能以独存乎?神不为民谋,亦当为自己谋,有司何足惜?呜呼!神其听之,毋亦若有司之悔也。

谢城隍文

张秉铎

维神威灵昭著,妙用显行。盖自风潮作警,民半为鱼。祈祷之诚,方哀鸣于庙祝,而捍御之力,即丕赫于郊原。神之为国为民,信无负矣。有司之待罪,明有国宪,幽有神诛,殆不知何以自谢于百姓。但可能者,有司将责于己;不可能者,有司尚不能不倚赖于神。

捞尸瘗埋,望坛祭奠,此有司所能夫死者。然幽魂积愤,阴雨成磷,怨气干和,恐为疫疠者,惟神当有以慰之也。捐俸济饥,发粟备赈,此有司所能夫生者。然哭声载道,泣血内崩,饥馑荐臻,疾病继作者,惟神当有以相之也。

呜呼!有司心在乎民,而不能尽力于民;民非仇于有司,而终或不免于怨及有司。神鉴有严,照兹衷恳。民之命寄于神,有司之命寄于民。神之为民,或亦所以为有司也。呜呼!尚飨。

祭溺死孤魂文

张秉铎

呜呼!人生天地,其孰无死?然疾病而死,则骨肉春容,犹能永诀,而棺衾殡葬,可以如礼。生者固得尽情,死者亦堪瞑目。惟蹈水火而死,则暴然而来,卒然而逝,骨肉仓惶而莫措,尸骸委弃而莫收。死者固为愤恨,而生者尤难为情。故死为可痛,而至痛者,莫如蹈水火。有司视民,使间[1]有一民之入于水火,犹怵惕恻隐,况一时顷刻之间,而使千百人之遽溺于水,则缨冠无以救同室之斗,刍牧乃以致牛羊之死,其罪悔悲痛,情当曷极! 故有司视民之死为可痛,而至痛者,亦莫如使斯民之同入于水火。

呜呼! 水火何仇? 民何罪? 有司视斯民,自其同生于天地,则为同胞;自其受命而司牧,则为父母。以同胞而坐视兄弟之难,以父母横罹赤子于灾,是有司于天地则为罪人,于受命则为罪臣。蹈水火者,人犹痛伤,使斯民之蹈水火者,将不免受法于王章,贻戮于太史,反不如蹈水火者之为不辱。呜呼! 有司自挟册时,亦思为国为民,岂知罪积至此? 是有司之所可自痛者,亦莫如坐视斯民之水火。然则有司其何以自赎乎?

呜呼! 澄江渺渺,尔恨尔长;阴云漠漠,尔魂尔伤。天地应为变动,日月应为晦蚀,风雨应为惨凄,草木应为变色。然屈原沉江,子胥鸱夷,古今遭变,虽贤豪不能自免,不知尔于冥冥之中,亦有以自解何如?

呜呼! 疲癃饥饿,转辗哀号,此非尔之骨肉乎? 野基荒草,万亩焦黄,此非尔之田庐乎? 生者苟延,谓不如死者之大梦。即此民之无乐于为生,则有司之罪,不独有负于死者之魂,且将无以自解于生者之怨。

呜呼! 江渚弹丸,尔魂不远,或招呼以共临,或释怨以式食,使有司之罪,或可少赎于万一者,其在今日之祭耶? 其在今日之祭耶?

祈雨文

朱家栋

祈求雨泽以甦民困事:切惟靖之田事无他,坡塘之饶畜,惟雨泽是资耳。靖之人民无他末业以糊口,惟稼穑是赖耳。自天启丙寅大潮之后,民未有起色也。加以辽饷日增,赋役日烦,岂惟杼柚其空,抑且瓶粟皆罄。困踣者未起,逃亡者未复,城狐社虎,择人而食,更重之以旱魃,斯民宁复有孑遗乎哉?

栋等以年齿叨长一方,诚不忍坐视,故敢告之明神。明神血食香火于兹,忍坐视而不控之帝阍? 斯官虐民职竞为寇者,不孝不地损人利己者,侈

---

[1] 间,底本作"简",据嘉靖志卷八改。

汰骄淫者,暴殄[1]天物者,宜降之灾疢,以示明罚。哀哀无罪之民,忍使沦胥以亡耶?谨连名祈请,专望萎萎祈祈,遍于四境,甦枯润槁,以救穷民,不胜激切哀祷之至。

告城隍文

陈函辉

辉奉圣天子简书之命,出宰是邑,入城循职守,宜谒拜城隍庙,尊神礼也。诸生以祭文来,曰:"相沿如此。"呜呼!此令典也。明神在上,太祖高皇帝之灵,实式凭之,岂曰相沿也,而可以套词报塞者哉?

函辉于是再拜以思。思廿六日将渡江,已布下悃于大川,亦曰谁司厥靖,早惕然于阶下也,敢不肃为文以告之?夫阴阳一理也。阴司岁事,神为政;阳司民事,令为政。同受职昊天之子,而以一靖专责之,虽远在江外,其报称也愈难,抑神则何弗靖之有?

函辉承乏兹土,以调燮佐神休,夙夜靖共,繄民是视,岂唯苛政足以扰民哉?其有借厘剔而生事端,民弗靖;其有托敉宁而滋丛挫,民弗靖;其有急奉公而《石壕》之刺作,民弗靖;其有抱纬恤而保障之术疏,民亦弗靖。

辉闻之诸父老,实逼江处,往岁泛溢不时,风潮为灾,廷问茧丝,野歌葚楚。自去岁年始登,今夏麦秋告成。函辉即未服官,敢忘神赐?愿自今以始,大有与谷诒共颂,小裰与秕政俱消。敢告冥冥,请指水盟心以祷。虽然,士四民之首也。邑自成化始专设,文运初开,陶君重[2]先生之后,二王、二刘俱隽南宫而昭北斗。即今者,灵光在望,犹有典型。而己酉以来,贤书未振。兹当丙子、丁丑之坛,诸士济济彬彬,砥志竞奋。辉不肖,忝称司牧,以兼作人,所望神灵默祈之于上帝及司文之主,为朝家广抡俊彦,以光两榜,与下走共襄靖嘉之绩,则讵独辉借重而拭目焉?而神之锡我,庶几邦家之光矣。

辉之词,芜词也。若夫煌煌誓词,业既悉之,谓之曰套,则不敢也。此辉志亦神心也。蘋藻非馨,鉴兹积愫,敬于莅任之初,三肃而请命焉。

---

[1]　暴殄,底本作"暴疹",据文义改。
[2]　陶君重,《选寒江集》卷上作"陶尹重"。

祭江神文

陈函辉

崇祯皇帝之九年仲春念有五，选序南宫后乘，命小臣函辉出宰，邑曰靖江，隶于常州，越在岛外，比古之附庸国也。函辉钦承简书，以孟夏四月廿有七日莅靖江任，利涉大川，敢告明神。于是以前一日，将问津焉。自今伊始，函辉职在下走，趋谒当事，岁不知几渡，皆神休是凭。且环邑皆江也，旱潦所司，击江可润；高下所宅，澄江可依。考之四履，东至于海，靖江之名，犹云宴海也。海波不扬，宴非在海；江涛无恙，靖岂在江？

辉幼受《诗》于先大夫，《诗》言"靖共尔位"，则海宇靖嘉，佥有位者之责。今圣天子怀柔及河，无亦曰尔其求所以靖吾民乎？江，四渎之长也。江有主者，如古称奇相得道而宅神，犹之山崇方岳。若其分摄于下邑，靖则亦波臣之一隅吏矣。江之义取诸公，公则悦，公则足以服人，请师厥公。语曰："江上之清风，臣心如水清也。"为民父母而虐取民，神其吐我矣，请师厥清。长江天堑，以保障我东南，其武夫之洸洸哉！方兹流氛未洗，请师厥武。十团各有洲，江水灌之，千畦如膏，其为惠也大矣，请师厥惠。合"武""惠""公""清"之四德，以质之四渎之尊。《楚辞》曰："使江水兮安流。"盖言靖也。靖之时义大矣哉！肇自一邑，以日靖四方。"于缉熙，殚厥心，肆其靖之"，此之谓矣。匪殚心焉，无轻言靖矣。辉也兹之陈词羞藻，非敢羞故事于有司也。求靖于天，求靖于江，以为百姓祈福焉。而因得请命百神之主，亦求无负此靖之一字而已矣。神其鉴之，庶几式临。

移城隍牒文

陈函辉

为预抒丹悃，仰仗神威，驱蝗不入境，以慰穷黎事。接得巡按察院告示，知无、宜等县飞蝗蔽天，所下集之处，谷粱黍稷，一过如焚。各邑皇皇告灾，闻之不胜骇痛。念靖僻在海滨，幸未遭此。然天灾流行，何国蔑有？遇灾而惧，古人所先，不得不预为儆戒，少容泄泄者也。

尝阅《河图秘征》云：政苛则蝗生。又《埤雅[1]》云：春，鱼遗子如粟，埋于泥中，水及故岸，则化而为鱼；水不及，则鱼子久阁，为日所暴，必生飞蝗。靖三年来，藉神之灵，虽稍旱干，旋沛霖澍。今夏蕴隆为虐，呼雩步祷，旬日之内，幸已霂足，禾黍与与方茂，不三月，可庆满车满篝矣。昔马援为守，郡连有蝗，至武陵而入海；赵抃守青州，蝗将入境，遇矢风俱退飞，堕水而死。吏之不职，不如望如中牟、密县。然雍丘扑灭之举，邻国为壑，时复疚心。

伏惟尊[2]神，一方保障，万姓甘霖。为民恻伤，舒国疾疢。匡吏之所以不逮，而赐之生全。抑入海飘风，岂二守是能？将神灵实式凭之，乳育百谷，时和年丰。吏免嗺诃，民获宁止，吏将率民以劳神之勤于事而祀焉。若介焉不顾，毋宁蟊贼滋处，以与吾民争此土也。是神怠天之职，吏之不职，神将殛之。不则，亦宜与吏分过，速移风伯之文，并促雨师之檄。坑十万之毒手，宁令类引朋连；骴三千之奇材，尚使形飞灰灭。黄云蔽野，候宾雁以如归；白露横江，同蛰虫之咸俯。神之听之，厥惟神庥。敢在下风，伏祈图利。

东平殿祈雨表章

陈函煇

天九关之在上，精神可以微通；雨三日而为霖，枯槁于焉尽起。故樊英嗽水于西向，东望成云；栾巴噀酒于南方，北来应气。敢谓层霄之应，曾无半日之淹。是惟政拙催科，难逃下下；以致天垂谴责，莫听高高。非仗神慈，孰施隆造？恭惟前唐名臣睢阳张公殿下，千秋间气，万古精忠。其来有自，是生贞义之臣；视死如归，弥表艰危之节。断龂嚼齿，抗声百骂，齐收千万人涕泪之心；握爪透拳，厉色一呼，立丧诸群雄谀佞之胆。雷将军之号肃，六矢不移；云大夫之功高，间关何壮？冰汤席镬，于今我自剸心；析子炊妻，当日尔同割水。真孤情之所独抗，非死不成；抑正气之所未徂，造生弥永。位于箕尾，识归天传说之星；炳彼丹青，宝入地苌弘之血。历

---

[1] 埤雅，底本作"稗雅"，据《选寒江集》卷中改。

[2] 以下"神一方保障"至下篇《东平殿祈雨表章》"弥表艰危之节断"，底本缺卷十三的第十七页，据《选寒江集》卷上补全。

宋元而隆庙祀,雨旸惠咸若之休;通帝座而惠闾阎,呼吸系万民之命。

维兹靖邑,久庇神威。迩者阳亢连旬,莫许瞻蒲劝穑;土膏未洽,谁堪望杏敦耕？亩裂龟文,袯襫与禾苗俱悴;井枯蟹眼,桔槔共沃釜俱焦。方愁输国之租,辄愧饮冰之俸。他如刘琅琊之稻,何繇凭轼而可;万一取成周之禾,尚欲背城而借。闵闵三农之望,虚兹佩犊带牛;汪汪千顷之波,几见浴凫飞鹭。片云头上,如催俗吏之诗;一霹街横,忽落妖虹之影。山出云而犹闭,月离毕以何期？伏念小吏函辉,山泽臞姿,潢污末品。热繇常侍,不胜汗浃单衣;测匪君平,未见枝翻少女。悉焉有待,掇矣自怜。勤雩步于龙山,已成足茧;出臣心于霄汉,徒仰榆辉。知泰岱之兴云,素无劳于顷刻;怪丰隆之鼓浪,尚有阅于旬时。未应梦梦之如斯,恐是期期之未了。敢干大力,特叩苍穹[1]。鞍上驰云,一滴忽飞朱鬣;洞中鞭石,中方顿起黄龙。与诸君痛饮,皇天后土,鉴平生忠义之肝;沛一邑恩膏,名山大川,收千古英灵之气。家享一瓢之乐,咸欣异代睢阳;士无半菽之忧,不减当年骥渚。齐心上祝,翘首下风。

志道堂铭

殷云霄

志缫者得衣,志耕者得食。彼物非我,求或假力。曰道我有,惟其志哉,其何不得？则申之曰:持之以恒,致之以一[2]。揖贤[3]携孟,与入圣域。

六德舍铭叙

德者得也,自贤人以下言之也。生而理具于心,存之斯无假于外,惟夫失之而复,而后为得也。圣人未始失也,故曰自贤人以下言之也。或曰:其理存者,七情安,百行顺,万物和,此之谓德。言所得者多矣。殷子曰:明诚之道,会于一矣;动静之机,通于万矣。

知:不扰其气之清,不蔽其心之灵,不杂其性之精。曰:先万感而独觉,

---

[1] 苍穹,底本作"苍穷",据《选寒江集》卷上改。

[2] 一,底本脱,据嘉靖志卷八补。

[3] 揖贤,嘉靖志卷八作"揖颜"。

照万数而有恒矣。

仁：公于己，一心惟理；公于人，万物吾身。

圣：物格知性，知至之命[1]。

义：贞于心者，不爽其制；定于理者，不昧其宜；勇于断者，不随其似；明于分者，不混其施。

中：夫心，主物而成性。己之不尽，而曰可以为之乎？处之不实，而曰可以持之乎？如植孔繁，各育而蕃，其本则存。曰：惟是哉！万原[2]之原。

和：温然有容者，仁之德；秩然不戾者，义之则。

六行舍铭叙

六行之目，爱之则也，行之情广矣。先王之教专于爱，其意可识也。孝，爱之本也；友，爱之切也；睦，爱之和也；姻，爱之分也；任，爱之信也；恤，爱之感也。任何以为爱？曰：相信者不肯忮，相爱者不忍欺。

孝：远弗愧迩，终弗愧始，天且不违，凡我惟理，是曰天道。成孝之纪，致精毕力，于心于迹，凡我可为，无欠无仰，是曰人道。顺事之则。

友：爱无衰于妻子，怨毋生于货利。

睦：以礼正伦，以心笃爱，爱无[3]望。

姻：义以合物，情以生恩。义离匪道，恩亏匪人。

任：匪貌之共，维言之衷，众罔弗从。

恤：汝饱汝食，呻吟汝侧，独不隐恻。噫！谁能不啬其积，不德于色耶？

六艺舍铭叙

礼以节情，乐以和性，射以正志，御以致远，书以载物，数以穷变。殷子曰：道之渊渊，岂不远哉？沨化达用，不遗乎细微。是故取物以备用，立则以成化，君子弗以置诸已。

礼：盈之无弗有也，制之可以守也。维仪匪饰，保中而无咎也。

---

[1] 之命，嘉靖志卷八作"知命"。

[2] 万原，嘉靖志卷八作"万善"。

[3] 以下"望姻义以合物"至本卷结束，底本下缺卷十三的第八十页以后页，据康熙志卷十七补全。

乐：乐匪人作，匪人弗成。维古作者，天粹天精，我心我音，何古何今？聿成五德，玉振金声。

射：巧于正，精于熟。

御：呜呼！慎之慎之。有安于奇，而仆于夷。

书：惟敬惟式，勿荒勿侧，乃见乎天德。

数：察变以迹，用亦惟则。孰会其一，而穷于极？

靖江县志卷之十四

艺　文

记【后缺】[1]

督学东齐丌还浦先生德造祠记

陈函煇

德造祠者，靖邑人士庚桑颂祝督学使丌公处也。公捧天子广厉之檄，来视江南、江北六郡学政，两期未周，都试载举，恭敬以将之，忠信以孚之，刚愬以守之，公明以振之，非区区蕞尔所得私也。

靖之独先尸祝公，何也？盖靖邑父老言之矣：靖自成化中始建邑治，其邑隤然一砂碛耳。然筚路始启，风云已开。有掌教者，有乡勋寺者，未尝不蔚然起而后稍凌夷也。说者谓地脉孤悬，文事易兼，二三十年来，科目寂寥，类有物扼之。今西北灵碛忽然接亘沙堤，天路蜿蜒如龙，而公秉铎适当其会。榛莽之区，广兹桃李；鳏鱼之窟，将化蛟螭。天若嘉惠下邑，而特畀公以作新之任者。敬天故宜祠公，此一说也。

靖子弟又言之矣：孔子不云乎，"父之亲子也，亲贤而下无能；母之亲子也，贤则亲之，无能则怜之。母亲而不尊，父尊而不亲"。使有父之尊，又有母之亲，惟恺悌君子作之师耳。靖系属单外，干蛊久虚，上之人亦仅以

---

[1]　底本缺卷十四的第一、二页，"靖江县志卷之十四记"，据原书目录及中缝补。"督学东齐丌还浦先生德造祠记"至本篇"小子有造"，据《选寒江集》卷中补全。

孤孽待之。公来而乳褓噢咻，恩勤加郅，即如岁试拔茅，慨然倍额。公典永定，汇征有阶。邾莒曹滕，得齿鲁卫。江蓠杜若，获附兰纫。士之视公，则尊师严保也；公之视士，则末子弱稚也。敬父母则宜祠公，此一说也。

乃靖之长吏亦能言之矣：夫一年之计，莫如树谷；十年之计，莫如树木；百岁之计，莫如树人。故一树一获者，谷也；一树十获者，木也；一树百获者，人也。公布惠而敦之以训，广搜而精之以衡，定程而彰之以信。宽不滥，核不苟，一岁之树，而顿为百年之计。公岂无所受，而漫赢其施乎？昔管子之治齐也，乡有好学聪明，有则以告；邑有筋骨秀出，有则以告。有而不告谓之蔽材，故下情得宣。文翁之治蜀也，大启学舍。蚕丛子弟有以博士业归化者，立迁为右职，故上恩得溥。凡公所为章志贞教、诱掖化导者，亦犹行古之道也。敬古人则当祠公，此又一说也。

然则"德造"之义何居？曰《思齐》之诗言之矣："肆成人有德，小子有造。"人有大小也，教无大小也，故邑有大小也，公所成所造则无大小也。夫《思齐》，咏圣母也。以母德始而以誉髦竟，亦谓胎型幼范，始乎庭帏而形于宫庙。是以取人之道，参之以礼；用人之法，约之以成。始乎止孝而极于止信，故曰"文王之所以为文也"。

公方御寿母于南，食息音声，必伺必察，膏和同酌，慈训必遵。士以公为天，而公亦自有天；士以公为父母，而公固自有父母；士以公为古之人，而公特古之人无致者耳。公以作人而宜庶士，士亦以臧炽而益祝寿考，故曰祠者施也，无施不报。曾是区区小邑，而敢忽诸！

祠在马洲书院中文昌阁之侧。书院，志公教泽也；文昌，志公化身也。配食者为始请建邑大中丞滕公，志有草昧，必有薪樏也。

督学张尉堂先生永思祠碑记

陈函辉[1]

昔先生建学设官，章人伦而端士化，民风士习，盖于是乎关焉。而又恐积久成弛，积弛成玩，于都养庠序外，各省设督学使者，专董其事，三年一考，

---

[1]　陈函辉，底本未署作者名，据《选寒江集》卷中补。

定其贤否,民风士习,惟斯一人是视。各省学政皆属外藩,独京师为首善之地,特遣侍从之有风力久望者督之,故天下文章风气每视两都为转移。三吴又天下文章渊薮也,文运之盛衰,士风之淳漓,上自三辅省郡,下及遐方外徼,无不观其向背,仰为程则。三吴学之重,实天下关焉。

自壬戌以来,怪子妖经,称雄并伯。浅见之士,靡然从之,字剽句窃,类以险怪为能,抢攘诡谲之气,纷然满纸,识者早已有人心世道之忧。从兹内竖跋扈,金壬蝇附,蒙面丧心,纲常几坠。犬羊蠕动于外,鹰隼窥视于内,盖文章之气实有以召之也。圣天子昭明文运,刻意维挽,文体人心之诏屡下春曹,而膏肓疾痼,急切难疗,匪特转移之不易,抑亦奉行主持之乏人也。

戊寅冬,关中张尉翁公祖以直节柱史望重西台,奉天子命,视学南国,揽辔踟蹰,慨然有澄清端本之思。甫下车谒先圣竟,即晋诸士而告之曰:"天子之命我来是邦也,实三吴之人文是虑,岂其浮夸是务,专逐时趋,将狂澜一逞而莫可收拾也耶? 今与诸士约:岁季有课,月旦有评,斥陟有法,行为首,文次之。孝弟相勖,惇谨相规,阳鳞跃冶,犀然烛照,不汝贷也。繇是发为文章,平正恬雅,浑浑穆穆,有上古三代之风。期年化成,翕然丕变。远及楚、豫、越、闽,咸奉其文为蓍蔡。关西夫子,雷动南北。大抵关中之文厚重淹雅,有先秦、西汉之遗;吴会之文新秀绮严,其流弊至于尖靡浮弱。公以一厚重浑雅式之,宜乎变之速而化如神也。

公以神童起家,如苏廷硕、刘忠州、李源,皆具宿慧。舞象时已具经纶手、匡济才,敚其春华,养其秋实,出而为量才玉尺,衡品金鉴,何难指掌之间,移风易俗乎?

辉尝临江溯波涛之远,叹山水之奇,缅想洪流千折,浩瀚汪洋,昆仑发源,繇蜀及吴,汇合百派,奔腾东注,使无砥柱回澜,将见倾泻莫御。吴中逝波,朝宗于海,公之功比于神禹之绩矣。今公两试制举之义盛行海内,海内人士始知坦夷正大之可遵,荡荡平平,无偏无党,世道人心,庶乎攸赖。寇讧寝销,边烽息警,已于是乎征之。则公之上报天子嘉命者,其在斯乎?

公劳勚三载,宸宬方以中枢全席,纶扉半座,俾公燮理,而仅以资迁参藩两浙,朝野为之扼腕,而不知圣主盖有深意焉。昔开元天子欲用张嘉贞,先试之以道将朔方;开宝主人欲用张齐贤,亦暂抑之西鄙。究竟河东能致五十年太平之治,丰度[1]不减曲江;文定佐两三叶守成之业,勋名比肩赵、吕。君臣之间,迹似疏而实隆,用虽远而实近,固知剔历中外,旋正盐梅,与唐宋诸贤后先符合也。

靖邑壤地褊小,附庸于吴,前此春秋省[2],曙星落落,岂草昧一隅,遂乏登朝之彦、入席之珍?亦緜司命者往往忽以弹丸,药笼镜奁,搜罗未广,额设弟子员每试仅得十五人,虽浮于大业秀才科,然较诸常之四邑,则天渊矣。今食泮芹者增额至三十一,经振作而丙子荐贤书者一,己卯登省试者三。先是山阴倪公、莱州亓公肇为发端,公案准前规,著为定例。造士之功,较前独力;乔林之荫,垂芘尤广。是邑沐文化为最深,被声教为最切。说者谓[3]雨露密而桃李繁,械朴歌而贞珉作,有緜然矣。

公奉命濒行,此邦人士末緜攀车卧辙,借寇留袭,肖像立祠,征文勒石,以寄庚桑畏垒之恩,行见安攘之用巨,鼎铉之功成。如公家河东、文定奇勋伟业,将四履之内,咸在大造中,丰碑巨版,纪绩策勋,夫且增光史册,亦奚藉夫区区弹丸一隅之尸祝为重轻乎?然庠序间养成凌霄耸壑之姿,兰筋玉骨之品,以备宾王国士之选者,彬彬济济,非开山祖、大导师,伊谁之力哉?报本崇恩,匪言不酬,不第为后世学者知我吴文风所自,关系一人已也。

重修靖江县儒学碑记

周　钟金坛人,孝廉

明兴几三百年,胶序之设,遍于海内。僻壤下邑,方领矩步,称先王道礼义者,钟鼓管弦之声,万里不息,讵不盛哉!夫古之为学,以闲礼而序德,与贤而育才。凡祭祀、乡射、养老、劳农、攻艺、选言之事,其法备具。至于出兵、受成、论狱、讯囚之故,亦莫不緜此。以见圣人之道,与治戡乱,文武并用,如此其大也。而其要则在上修其政,下敦其教,人心以和,风俗以美。

---

[1] 丰度,底本作"手度",据《选寒江集》卷中改。

[2] 春秋省,《选寒江集》卷中作"春闱秋省"。

[3] 谓,底本作"为",据《选寒江集》卷中改。

故鲁修泮宫,诗人颂之,有曰:"穆穆鲁侯,敬明其德。"又曰:"济济多士,克广德心。"上下相成以德,无有邪气奸于其间,以致群生遂而万民殖,诸福至而百祥臻。遐方荒裔,亦咸革其非心,怀我好音。故又曰:"既在泮宫,淮夷攸服。"然则邦君敬德达迩,率俾天子立学敷化,所责于贤有司者,甚重且详。而徒以习其威仪,听其铿锵[1],粉饰文治,诵《泮水》之什,远惭鲁侯矣。

三吴文学,天下所归,牛耳也。维靖僻处江岛,白万历中叶以后,不登贤书三十余年,繇是东南以邾、莒莅之。我师寒山夫子,下车谒庙,即矢八愿,祷于尼山。梦执丹漆礼器,随而南行,乃怡然喜曰:"大哉!圣人之教,其复兴兹土乎!"顾视梁木,则已颓圮,皋庑几不蔽风雨。昔为令者,悉传舍视也,即谁与新之?乃捐赀饬材,草昧既开,文明伊始,自礼殿讲堂,迄重门峻垣,允栖士之庐,先贤之祠,靡不鼎建。曩之叹荒原、赋茂草者,今松歌徂来,柏颂新甫,既涂既塈,圣人之居,雄于江左矣。犹以形家言,离光在黉,与峰在郭。马洲旧有书院,则因其遗址,设为文圃。进矜琚之彦,相与孝道问艺,萃其朝气,旦旦鼓之。又请于学使者,为广科额,增博士弟子员。士之怀颖握奇者,莫不处囊立见。繇是爱杨玄于侯邑,传郑注于服慎。人执陶泓之纠,家捧洛诵之鞭。颉颃齐牺,争盟中夏。而靖之人文,遂伯吴会而长四国。则非我师循循之诱,畴克发其光响,延其望誉,寿江波于瀚海,胤沙石于泰丘者乎?

夫人事修则玄象应,天心之所凯乐者,地户之所见荣也。是以丙之役,王子先夺螫弧以登,而卯闱相继,则有萧子、侯子、刘子三骏并驰。而向之以靖为附庸者,今乃列首止,登葵丘,刑白马而听要束,师至是而喜可知也。曰:"余向者进诸子襟,而董策云是必有丰年,今其穮蓘之报乎?"八愿之祷,以振三十年之衰。所为执礼器而南行,维丹维漆,为芝为龙,其未有艾也已。虽然,不独着阿之化茂也,兼有《江汉》、《常武》之咏焉。

靖以孤崛峙江海,寇扬舻出没岛屿,屡犯瓜仪,金陵以下,咸为震动。

---

[1] 铿锵,底本作"鉴锵",据文义改。

卯之冬杪,寇逼江上,师捧檄监纪,冒险督战,凡七十日,歼[1]厥渠魁,归而饮至,歌声满衢。夫人臣奉扬威烈,剪荡鲸鲵,使海不扬波,此专阃者所斩将以求,而儒生谈之色变者也。师以指顾,克绥大难,允文允武,与鲁侯之定徐方,驱淮戎,岂不并称茂绩,辉映閟宫哉!故曰:学之设也,其粗者在于应对洒扫,方名象数;其精者在于道德仁义,礼乐中和。其体不离孝友忠信,而其用至于削平祸乱,兴起太平。是以人材繇以成,教化繇以始,自三代至今日,历千百年而不变者也。我师事亲则孝,治民则慈,与友则诚,身教备矣,彝极立矣。以兹训俗而悟众,登斯堂者,瞻礼仪而起敬让之心,听鼓歌而兴忠孝之感,寿考作人,我师之泽,山河同永可也。

钟幸厕宫墙,与公木诸子同兰谱,又与侯子四明同出夫子本房,因靖之群士,谋所以志明德,传诸后人,不揣固陋,述其大指,识之贞珉。其详别有记,兹不具列。

崇祯辛巳季夏,中吴门人周钟顿首拜撰。

护生编序

薛　冈四明人,诸生

亲亲也,仁民而爱物也。夫是爱者,孝之极致,而仁之条目也。物而予之以爱,欲生之,不欲杀之,而物之杀机,多召于人之口腹。故口腹之欲宜节,口腹之害宜禁止也。然则吾亲之甘毳可废乎?吾民之利孔又可塞乎?善乎汉儒之论曰:"仁人之有孝,犹肢体之有心腹,草木之有本根。"故儒者之用仁爱,本于孝,发于至性,行于无心,非若释氏之以因果报应起见,有所为而为也。

近有置功过格,劝人为善者,以孝父母为功第一,准过若干,与放生戒杀同类共道。余见之,不觉发叹曰:嗟乎!孝道与仁爱,可作平等观耶?且以孝为功,罪莫大焉,不止过也。以吾观夫人生于世,亦何功之有?常平且自反,何事非过?何日无过?检点吾功,不足以敌吾过之百一。又闻恒言曰:阴功,功不令人知。知其为功,匪功也,即过也。

---

[1] 歼,底本作"纤",据文义改。

古之人有行之者,莫善于杨宝、宋郊二公。偶见爵与蚁,而随地救济,非有所为而为也。其在今日,则吾友靖江令陈木叔,事母至孝,无论服勤聚顺,就养无方,凡可以承母志,获母欢,无所不至。乡党宗族,以曾、闵称者,口若一。及其临民,则有恪遵母训,视之如伤,一蒲弗施,一锾弗赎,仁常溢于法外。

母性好生,雅重物命。木叔尝曰:"夫子曰:'断一木,杀一兽,不以其时,非孝也。'而况吾母之所爱者?不爱之,虽不敢废厥甘毳,而于是杜弋捕,慎宰杀,俭庖厨,菲俎豆。"复辑斯编,与人为善,而母夫人之心怡然乐也。仁民爱物,令君以其身备之,莫不原本于亲亲,以锡类四国。木叔之功德,在今日视杨、宋二公更进矣。

夫天地之大德曰生,欲成其生,而霜摧霆震,又所不废。惟靖滨海多巨盗,数年来,大纵摽掠为民害,吏不敢问。己卯秋冬之间,直犯京口,金陵震动。木叔捐金募死士,侦得其巢穴出没之处,亟出奇计,悉捕党与,置之死,而民间帖然。

昔人所谓以杀止杀,无非成其仁爱,而成其为孝也。余不好佞佛,深畏杀生,慎常节其口腹之欲与生,其耳目之前所闻见者,不能远取诸物,诚深鉴夫慕黄面瞿云者之买物放生,积之多且久,而反速其死。功耶?过耶?枕上读是编,生机盎然,令吾疾亦霍然起,遂草数语遗之。

靖江贤令寒山陈公遗爱碑

周廷儒宜兴人,大学士

靖江,古之骥渚,环靖皆江,与江阴、泰兴两相望,称附庸。方舆弗齿,草昧天造,置邑建侯,而冯夷效灵,沙涌接陆,东以一面,俯大江之险。繇是风气日开,民生日庶,闾阎日扩,田野日辟,人文蔼蔼,亦复日晟而争长吴会。余故尝以古之邾、郳方之。夫邾与郳,附庸撮土耳。《史》序世家,最先吴而渐及楚、越,何有于邾、郳?乃夫子次十五国,独邾、郳得抗列国而嗣周、召。吴与楚、越,虽霸业赫然,雄视上国,曾不得与附庸比数[1]。盖其《柏

[1] 比数,底本作"皆数",据康熙志卷十七改。

舟》《凯风》,节孝成俗,洵列国所孙也。

靖江城府晚设,版籍匪久,朴略之风未漓,而为之宰者,如殷公云霄、王公叔杲辈,皆一代名儒,开靖先。譬之为山,诸公后先覆一篑,至今陈侯而奏九仞之功。侯之言曰:"与其子产为郑人之母也,毋宁子游为武城人之宰也。"乃稽王制,修六体以节民性,明七教以兴民德,而必欲置邽、鄘于列国。上刃先发于夫子庙,庭垣涂墍,漆涂丹,宫墙新,而马洲之书院隆。礼师儒,日群弟子员讲于斯,读于斯,课文艺于斯。且令民子弟遵新功,令诵习《孝经》、小学,而里选省试之额,咸广于力请。子卯科中,汇征邑士,如拔泰茅,而又皆名下。三十余年来困厄弗振之气,匪侯而能为一吐也?

侯尝浚河渠之久淤[1]不汲者八十余里,虽阳为秸秆以前民用,而实阴用形家言,活坠脉,扶灵秀,为允[2]升助。故其为士者,口颂之而心诚之,不下田畯,有以也。而后有虑渠通江,潮汐消长,泄易淤易,相地[3]形,闸[4]三建,于是泄者潴,淤者不必疏,而著万世利赖之功。余于是始信文学之果可以饬吏治也。侯读书几万卷,所撰述亦几数百卷,出其旷世兼长之才,左格虎,右挽猱,无难色。

神庙末,天下脊脊多事,浸假而鲸波扬海。己卯冬,盗拥艨艟,窥铁瓮,犯邑境,楼船将军陈利兵而谁何。侯曰:"无饮我泉,我泉我池。"遂驱平日所练[5]乡勇中,分其军三百人为三驷者,织文鸟章,扼盗项下流,毋使遁归海,一鼓作气,歼无噍类。人咸[6]目侯儒林中,而孰知夫彬彬质有其文武若斯之奇且伟也。若然者,是其尤大彰明较著者也。

而不宁唯是,侯更恐输贷苦名而循条鞭,恐勾摄扰民而行游徼,恐兼并妨民而度疆理,恐徭役羁民而并六收,恐仓箱竭民而禁贩籴,恐课额损民而代取偿,恐囚粮累民而设施法。宜杀者蝗,而曲为捕之之计;宜生者物命,

---

[1] 淤,底本原为墨钉,据康熙志卷十七补。
[2] 为允,康熙志卷十七作"为书"。
[3] 相地,底本作"相坠",据康熙志卷十七改。下"天地"同据改。
[4] 闸,底本作"闹",据康熙志卷十七改。
[5] 所练,底本作"所谏",据康熙志卷十七改。
[6] 咸,底本作"面",据康熙志卷十七改。

而曲为放之之方。今年大饥大疫，弥漫天下，侯重损积俸[1]于饥粥、于疫药，故散四方、转沟壑者，靖独不少概见。

王元规令清河，政有十奇，千秋艳美。侯在位六年，其所厝注称奇于靖者奚翅十？而孝子、节妇、文人、廉士与忠义之夫，承侯风而见于迩年者，往往而是，亦称行邶、鄘之道，为列国孙。有侯如此，虽恒久如彼，而民宜不忍其去也。夫愚而神者，民心也。唯神也，故可感；唯感也，故可久。不闻之《易》乎：咸之后，斯受之以恒。观所感，观所恒，天地万物之情可见，而况民情乎哉？

嗟夫！靖得侯，靖以重；我毗陵得靖，毗陵以重。夫毗陵得靖，犹之乎卫得邶、鄘也。卫不得邶与鄘，桑间濮上之歌，其淫荡与郑何异？而夫子乃以先齐、陈。彼邶与鄘不独自重，且并重卫；侯亦不独重靖，且重吾毗陵多矣。

我皇上求谏诤与文学兼茂之臣备侍从前席，召侯，邑中搢绅先生、父老子弟借侯不得，乞余言纪侯功德，勒贞珉而永世世。余时亦以上召，先侯发便殿召对。时倪问及东南卓异之吏，如古中牟、密县者，儒其以侯对。侯名函辉，字木叔，别号寒山，东浙临海人，甲戌进士。

奉送靖江邑侯木翁陈老父母老先生荣赴召命序

顾锡畴昆山人，太史

孔子陈文武方策，而曰人存政举，曰人道敏政，为政在人。一篇之中三致意，政之贵人如此。秦汉而下，法令滋彰，吏治若救火扬沸，胜其任而愉快者，唯武健严酷称焉。《二南》之遗意如扫，故曰法令者治之具，而非制治清浊之原也。太史公传循吏，上下千古间仅四五人，奉法循理者胡寥寥也。其在今日，为政之人莫令重，而制治清浊之原莫原于县。试观域中，何事不权舆于县，而废格于令之不得其人？流贼之始河朔间，群恶少年匿与居，使县有神君如乔智明扑灭之一令事，令讳而不言，上之人幸令之讳而不问。啸聚不已而剽窃，剽窃不已而攘夺，攘夺不已而卤掠，卤掠不已而攻劫，卒使星星燎原而谁何。恶在其为民父母，不谓滔滔皆是，而得木叔陈侯于

---

[1] 积俸，底本作"积奉"，据康熙志卷十七改。

靖江也。

侯生平以千秋自命,从文章始,而引伸于服官,不以今之令视令,思以其身为《周官》治人,行《周官》治法。曰:王政无逾于教养,而养在教先。所谓养者,非徒哺之安之也;而所谓安者,非徒息之害马者,去之有法焉。于是输贷无法者,安之以条鞭,而鼠狗之害去;于是勾摄无法者,安之以游徼,而鸡犬之害去;于是疆理无法者,安之以量度,而兼并之害去;于是縣役无法者,安之以数月并之为六收,而羁系之害去;于是武备无法者,安之以练乡勇,中分其军三百人为三驷,而暴客之害去。

害既去,利之弗兴,如养何?侯思民间利莫利于水,而靖又水国,乃求河渠故道久掬茂草者,一一疏□之。驱惰夫之力,以食饿夫之功,子来工竣,汪汪者将人十里,以待桔槔。而有如白氏之渠,泄易而畜难,海潮阑入支流,啮易而淤亦易。侯相度形势,自平山鼎分之,而砌闸者三,以待潴泄,此利在水而功在万世也。又念靖壤江,此稍习北俗,场圃甫熟,粥贩一空,农恒无余粟,恶睹所谓千斯箱、万斯仓?侯严遏籴者,惩粥者,亡俾籽粒外出境,以待盖藏,而养遒大备。

于是焉议教,而教莫先于庠序。鸠材屡工,大焕夫子之宫墙,于离于巽,是頮是峰,而马洲之书院废者以举。侯案牍之暇日,帅博士诸生讲学衡文于其间,令民子弟七岁以上咸遵新功,令诵习《孝经》、小学,而力请学使者增科举额,广里选员,挽回二十秋不振之数。丙子一人,己卯三人。举虽一方气运乎,而人文发皇,突如其来,不可谓非侯鼓舞之效也。教养而外,若课额偿行人之得,囚粮具无米之炊,蝗捕书田,生放盈沼,恩先四者,赈肉万骨,种种善政,何啻□奇。是故法令不假,而清浊之原,侯辨之蚤而握□□化行骥渚,风闻邻邑,不几于縣国中达南国。盖靖自分土张宫以来,凡五十有七人而始得侯,谓侯为今日之周、召,夫谁曰不然?嗟乎!

靖而今也,地其地,时其时,令其令,非其初矣。宛在水中央,初一岛屿耳,不为人所睨,而今且接壤淮扬,三面受敌,一夫不足以当关。浩淼江流,初唯渔人纲集耳,而今且大盗树帆,直闯北固、金陵上游,如无人之境。乌啼吏散,初唯饮酒赋诗耳,而今且库理干旌,廪筹储待,封中诘奸。□非侯,而胡能六年淹也?非靖幸,而天胡以六年淹侯也?卯秋之役,盗大横,几舍舟而徒，武人不克御。抚军以长子属侯，侯攦缨而起曰："吾尝读《师》之象矣，曰：'地中有水，师。君子以容民畜众。'夫地中有水，非吾靖乎？容民畜众，非吾在靖事乎？"而辄率邑中果敢之士数十百人，出之以律，一举而黑身闪天之妖蛟，歼无遗类，江涛若赭，濒江而处之生灵遂见宁□，可不谓侯克壮其犹哉！而夫何□方叔元老若斯之似□，侯可谓深于用《周官》之法，而左之右之□□宜之政之道得□而敏，诚犹之乎蒲芦焉。

今皇上明圣，求治之亟，破觚为圆，以处天下才贤。今召侯以木天簪笔侍从，僃公孤之选。而余友顾孝廉某署邑训，受知侯深，偕僚友唐君某与共弟子员，乞不腆之辞，壮侯行。余不娴于辞，家去骥渚三百里而近，聊举所睹，记侯治状之最著者著于篇，而复歌周人之三诗。以侯务重农，则为歌"琴瑟击鼓，以御田祖，以祈甘雨，以介我稷黍，以穀我士女"。以侯善植士，则为歌"蔼蔼王多吉士，维君子使，媚于天子"。以侯平江盗，树大伐，则为歌"厘尔珪瓒，秬鬯一卣，告于文人，锡山土田"。以侯弃我靖人而廊庙，则为歌"皎皎白驹，贲然来思，尔公尔侯，逸豫无期"。侯闻之，辰然长笑而渡江，慷慨击楫，怀澄清天下之志，遂有群鹊飞拥而去。

靖江县志卷之十五

艺 文

补 遗

靖江关港议时以积雨没禾稼,帅檄谕炯往视,上此议

何 炯晋江人,教谕

靖水国也,库处江心,岁岁苦潦,明府不遗荒陬,虑执事者不虔其职,民不苏醒,甚盛心也。窃见靖河港自澜港起,至西开沙缪清,共九十四港。水之支流不一,人之聚积不常,非若延陵、秣陵河当午道,通为一带,召工开浚,可一呼而集,委官巡视,可一睹而知也。且厥土涂泥,易为崩淤,递年开浚,不可阁停,虽有得利,人失所宜,而恃强凌弱,劳逸不均,在在有之。又侵牟者多,深广皆不如制,尤明府所宜更新者也。

孟子曰:"岁十一月,徒杠成。十二月,舆梁成。"谓农工已毕,可用民力也。窃谓靖江开港之期,若于收成之后,则去春太蚤易淤,延二三月则伤农桑。无于[1]立春后一日,鸠百工,一月之中,县官不治他事,专使遂之,可以二十日而毕。夏秋以后,官府亦无所烦,何以二十日而毕也?民贫富强弱不一,工勤惰公私不齐,或有规避,或有求索,或有欺负,停阁之弊,多生于此。若人派定开港步数,可一一考其成功。语曰:"以众地者,公作则迟,有所匿其力也;分地则速,无所匿迟也。"故能二十日而毕也。何以故?夏

---

[1] 于,康熙志卷十七作"若"。

秋之后,不烦官府也。

往浚者,但用铁锹[1]应手置岸上,天雨水复流入河,则是未尝浚河也。若人具器,一去河岸三丈,置土田中,其时麦苗未起,兼可肥田,是夏秋淋潦,永无患也。遂事之后,令亭长刻石两傍某段,广三丈,每港口立一桩,深八尺为度,石不得移,桩不得去,准直一定,岁以为常,则河水入江,靖民永有粒食之庆[2]矣。下官之言,粗疏烦絮,然而聋蒙具聪明之用,负薪有廊庙之谈,惟明府财之。

书别范节诗后跋

何乔远晋江人,尚书

先广文好古寡谐,嘉靖中掌教靖江,诸生中最爱范柏云君。柏云尊甫思泉公为令,去为王官,不挈家,独将母在舍,问寝视膳,动如古礼。先广文未尝交思泉公,而笔札往来甚习。先广文免官,思泉公[3]有诗云:"忽忆清修何祚庵,大行风教好儒官。清修反为人憎累,归去田园是挂冠。"其诗亦不以寄,后于公集中得之。予时为童子,犹记忆公家父子与先广文交游之悉,今且三十年。予署金虎,而柏云犹迍邅成均,无所遇。今年秋,相见于都下,潸然出涕,念先广文如平生。亡何乞官得丞,邑邑者累日,柏云心非薄一丞,始叹其笃志力行,不遇而且老也。呜呼!柏云待先广文时,予出入膝前,数摩予首,对属命我。予得一官,虽幸方壮,然二毛已见端,尚时有嗟悲之感,何况范君?虽然,人生何极之有,河梁分手,神怆色飞,既作别诗,复兴旧慨,遂书其后。

靖江县修学说[4]

陈函辉

修学,县令事也。鸠工聚材,撤俎豆而新之,考钟鼓而悬之,此修学事也。何以有说也?靖之为邑,自成化迄今,百七十有余年,邑建而学即以俱

---

[1] 锹,底本作"鍬",据康熙志卷十七改。
[2] 庆,底本作"度",据康熙志卷十七改。
[3] 以下"有诗云"至"遂书其后",底本原缺卷十五的第三、四页,据康熙志卷十七补全。
[4] "靖江县修学说"至"乐乐其所",底本原缺页,据《选寒江集》卷上补。

建。其间菁莪之繁歇,弦诵之盛衰,时为之乎,亦人为之也。

令初至此,方伏谒殿庑,见其摧陨卑陋,有意更新之。会以时诎未能举赢,隐忍筵楹间,自觉涩然汗出。已而再谒庙再仆,危病经旬,中心惕然,吏之不职,至无以为释菜光。夫铁,官之冶物也。为之土范,员则员,方则方,以铸器削师。学宫者,亦士之冶范也。顾此非夔相之圃也,而仅仅行礼大树之下哉?

于是首捐俸三百金为之倡,始而计更缮诸费,非且倍之不可竣事。乃敬进缙绅先生,及诸俊髦而告之曰:"学之当亟修者有五,令不能旁引他事,请征之经。《易·蛊》之象曰:君子以振民育德。《革》之上六:君子豹变,其文蔚也。靖虽褊小,迩来文事聿新,衡纮觿珮之彦,鱼鱼雅雅;丙之役,螯弧先登,犹留后劲。丁之游于黉者,视他邑独廓额焉。假令《蛊》之不革,何以光大文明之用,而极之配业光国乎?故一征在《易》。春秋慎用民力,台观门厩,非时而兴,则必书,惟僖公作泮无讥焉。今郡县物力罄于征输,精神骛于粉饰。苟知回心而响道,舍庠序谁为首务者?故一征在《春秋》与《鲁诗》。若《书》之《三诰》,毅然高断,不曰旧贯可仍,不曰非常可惧,都邑学校,亦复何殊?故一征在《书》。若夫礼,反其所自始,乐乐其所自生,祭者先河后海,谓之知本。圣人之泽,何止河海?而崇报之地,土木文绣,竟不能齿缁黄之宫,可耻孰甚?故一征在礼教。"

于是诸大夫国人翕然相谓曰:"令之为说,依经而起义,劝业而迪群,比于象魏之悬、木铎之徇,尤觉切近而不夸。盍[1]往观乎,子来从事,栋宇粱桷,四轨数仞,俨然在瞻视间矣。请即书之,以速馨功。"

重建江外伏魔[2]帝君祠疏

靖邑枕江而负海,武备之设,无时不宜庀防。重以奴寇纵横,桴鼓接响,为长吏者,缮千掫,饬楼橹,练习壮勇,以固声势,此今日第一义也。夫作人勇气,不如发人诚心。关壮缪不云乎:"日在天之上,心在人之内。"此又今日激懦立顽之第一义也。

―――――――――――

[1] 盍,底本作"盖",据《选寒江集》卷上改。
[2] 伏魔,底本作"伏庵",据《选寒江集》卷上改。

邑固有帝君祠,阶坛粗设,轮奂[1]未备。往日始事者有初鲜终,上雨傍风,行且就蛊。乡三老请余言倡葺之。余思帝之威神,耆于九有,既已冠岳渎而震宫禁矣,若更叙其功德,论其出处,是犹颂太山高而赋海深也。虽累百千万言,亦何益于威灵之毫末哉?目前武事为急,疆场在念,请以帝之功在桑土[2]者言之。

王元美先生曾称,癸丑、甲寅间,岛寇内讧,毙我郛郭,而睥睨之间,有摄其魄而祛之去者,此帝祐之敉宁海上者也。唐荆川先生则言,王师过常州时,军中两见关侯灵响,师出果擒徐海诸酋,此帝力之显现毗陵者也。

靖为常属邑,而又介江海之间,长刀大旗,鼓舞生气,端于明神攸赖。则今日踊跃从事,新我宫室,洁尔沼沚,实为弹丸一岛堠,拜百万雄师坛帅耳。况乎禳灾捍难之外,岁歌大有,民诵小康,又可以忘神赐乎?祠成之日,余且与尔习武其中,即青青子衿,读律讲射,以修明乎文事,皆咫尺奉帝君灵,以固吾圉,又安得谓非时不急之役,而可置之缓图也?

君山下潮音庵鼎新疏

潮音庵,枕江而峙,所占君山脚下一笏地耳。三面皆倚危涛,无辀轩之使、冠盖之楫往来其下,惟江外小令参谒上府,必取道于此。四季之中,苟有公事,虽盲风怪雨,冰厮雪饕,亦必伥伥焉,随拜豚,逐顽鼋,颠顿掀簸,舞一棹于中流。每欹樯垂压,破柁欲飞,猝闻庵中钟梵声,则长年三老,欣欣皆有得济之色,盖明乎为吾国彼岸也。庵中二三定僧,惯见风波,又惯见出没风波者,惟令为独苦,相与慰劳之,祝祐之。

每一停骖弥榜,自笑此身疲于津梁,又自叹昔人悔为五斗折腰,今直以七尺易三釜耳。然令平生皈依大士,梦中病中,以至惊波[3]险涡中,一存想白毫珂雪,则若有慈云结片,来覆吾顶。既而膜跽莲龛之下,若暗拔烛,若渴得饮,若归故乡,初见父兄。然则今日扫除初地,恢崇法宇,俾把茅隙地,化作绀殿金田,非令之倡而谁倡乎?

---

[1] 轮奂,底本作"输奂",据《选寒江集》卷上改。
[2] 桑土,底本作"桑上",据《选寒江集》卷上改。
[3] 惊波,底本作"惊汲",据《选寒江集》卷上改。

邑佐俞君曰："公幸以悲心导群心，以智力劝众力，若使精蓝聿成，道俗咸仰，凡吾邑黄童白叟资市于斯者，衿带子弟文战于斯者，念彼观音力，如见南方妙庄严海，使迎江之刹，永竖金轮，此土安稳如那罗延，岂更作风波恐怖想乎？"令曰善。遂书之，以广告檀信。

孤山葺治诸梵宇疏一名元山

元山本名孤山，以其四望迥绝，比于九派之大小孤，与西子湖断桥之孤屿也。往时星突岛割，鲛鬐鹘巢，各不相属，久之则绵亘为一。夫其未属，则吾疏吾宸也；其既属，则吾屏吾镇也。

邑无大小，镇亦无大小。尝试一登环玉之楼，上蹑云之径，长江如练，烟海荒茫。北则岳武穆蹂金铁骑，渡民阴沙，英风飒然，至今如见。西则钟灵苔水，高皇帝之衣冠在焉。今日圻父总六师，汤沐列环卫，弹丸邾莒，实当东北一障。而兹山屹焉，树之牙戟，岂其垒然者之为积阜，为委翮也？因形胜，寓控制，唐有筑拂云城者，宋有建笼竿堡者，李允则敛民财为浮图，特为边地起望楼耳。事闻，当宁不问，后寇至，民争保焉。豪杰用意，因事设智，未尝启非尝之原以惧黎民，而民滋悦焉。狼之崭崭，圖[1]之兀兀，设险有足，何渠不为鼎铛？然则兹山祠宇亭观，即兹邑之楼橹干城也。流惊时闻，绸缪默托，不然，饮水令尹，岂劳帑劳民者哉！

崇圣寺修葺缘起

古者王巡狩万国，则舍于诸侯之庙，以侯国之尊，莫更有庙若者。靖江越在江外，依然附庸，祝釐绵蕞，往往倚大雄之宫习礼焉。坊以万寿，志天威不违颜咫尺也。至于请法申约，必于其所，本神道设教意。

余值饥后，来令兹邑，三浣在身，二篆不设，计与氓休息，可安无事。每暇日，取高皇帝六谕，舌铎而口鼓之。但见毗沙前列，密迹外呵，入其门，有肃其容；登其殿，履其楼，凭其阁，有踧其敬。秉圭北仰，江神海伯，皆有踏波揯笂意，而曾一阿兰若之兢兢哉！岁之告丰，甘草先苗，幸而隆栋未挠，丹腹易饬，乘时之暇，用众之和，香水可以洒霖，梵网可以佐纪，六波罗密，

---

[1] 圖，底本作"图"，据《选寒江集》卷上改。

有君有臣，缙绅士民，将无日不忘恭敬民之主也。子来不日，职是繇乎？

大悲感应缘起疏为新造仁皇殿作

戊寅之秋，蝗自北陆至，烈风吹堕江波者无筭，其退飞过靖，零星播虐，已足空我郊坰。寒山子斋瀹踣祷，暴身赤日，哀吁群祀。圭璧既卒，傲然如故，乃始不得已，用开元法讨捕焉。

夜宿孤山山上，私念平生服流水长者教，今安得仁恕橡之言而称之？因一心皈命观自在大士，思得八万四千母陀罗臂，与为腾攫，庶几悲感格而丑类获以潜消乎？起而下山，芒鞋步五里，经沈氏庵，入谒塑像，则千手瑞光，俨然映面。念彼观音力，彼介而飞者，食竹枝芦叶殆尽，而不甚伤稼，岁得不终凶。今年夏五，遗孽复孳，讨捕更四出，西上玄武殿，又作是念。转盼间见大莲座在五色幔中，触目警衷，遂欲完成相好，庄严宝宫，以安神祐，而蝗之抱麦干死者亦无筭。因思东西悬隔，既不一处；梵宇道刹，又非一途；秋夏经涉，更非一时；赴水抱枯，亦非一类。胡然举念应缘，似有千百亿[1]化身乘愿而至此，而不图报赛，亦何以答神庥于永永乎？

客有为名法家言者曰："羽孽何知，不过乘天地之沴气，以肆其眚。且管大夫敬仲不云乎：天之变气，应之以正。余气之潜然而动，受气之潜然而衰，而终之曰怡美，然后有煇修之心，其杀以相待，则似千百载之上，豫诏使君之名，而假以驱除之柄矣。用杀矣，安得复用悲？"

小寒子起曰："既修心矣，安得专用杀？且我不乞力于熖首鬼王，而一倚命于大慈悲父，将见现十普门，出十神力，使圆融十二类，不生亦不化，不化亦不灭，虫安虫之天，民安民之粒，以共游于熙恬之境，匪大悲力不至是。煇为之立仁皇殿于马洲院西，愿以独力未能即成，愿尔有田有粟之家，速醒尔蛰，速破尔悭，子来趋事，用缋丹碧，铸铁为蝗，镇灾为福，以佐令君之所不逮。我将于此班春焉，省获焉。便乞大士手中军，持长滤甘露，岁岁与乡三老同酹大有之樽于通衢耳。"而且再拜以祝曰：匪手携之，慎乎不睹。闻薰思修，悯众生苦。稽首仁皇，作大慈父。匪今斯今，靖我邦土。

---

[1] 千百亿，底本作"千百臆"，据《选寒江集》卷上改。

放生池缘起

县治东北隅,有放生池一所,中设静庐,环以竹树。虽在城郭之内,幽蒨淡远,而又以护生为事,故邑中高韵素心之士,往往乐趋之。然禅板虽度,而斋溏未增。其间缭垣筑楹,安众积储,以为此池计久远者,尚须诸长者檀那金汤力不浅也。

唐乾元中,天子亲布德音于天下,州邑临江带郭诸处,各置放生池,始于浑州诸道,讫于江浙秦淮,凡八十一所,其事见于颜鲁公所为碑铭。宋天禧中,曾以西湖为放生池,禁捕鱼鸟,为人主祈福,其事见于东坡《修西湖状》内。此方褊小,不敢远引唐、宋盛事以相诧骇,然凡有善根慈念者,其于颜、苏两公之心,则未之有间也。令尹贫而善病,不能独力为功德主,所幸弥庥之车早骧,流水之缘不断,务使净愿克完,方塘加广,伊蒲荇藻之宫,时见金鳞泼刺,仰听佛号而出。尹虽愈,肯学破戒柴桑,必攒眉而始入社哉?

常安仓甃石桥疏

突江之堞,身为鼋鼍,外淼无涯,而中枯欲闭,权水则者,其谓之何?凡都邑之望,宣泄之际,必有物以留之。杨泉有言:为龟蛇体,为龙凤形。若是乎穹窿蜿蜒[1]之不为虚设也。

常安石桥,筑舍已久,车徒之忧什,形势之虞百,庀石鸠工,谋之十余年,而赪尾未苏,雁齿终豁,安能日置国侨之舆,向水边沙际,待人褰裳乎?曰:靖之俗渐以汰,其民渐以嚣,嚣则手触口抵,牒纷纷欲上,汰而后缗钱作泥沙视也。令至此,为三章视民,民罔敢淫于讼,县廨前酒帘撤而徙者,几空市矣。令为民惜福,民独不解造福,造福之缘,当从利涉始。昔人叹卧佛疲于津梁,夫不津梁其形,而图津梁其心,令之婆心,有不翅老僧之为檀度者。溪上广长,已先为我说偈耶?

---

[1] 蜿蜒,底本作"蛇蜒",据《选寒江集》卷上改。

上张玉笥抚台备御帖

陈函辉

昨捧到台师台宪札，已知流氛东下，渐及舒、桐。随接道府檄文，则声息转急，且传六合被焚，扬城昼闭，淮南一带州邑，处处可虞。卑职接壤泰兴，剥肤患切，又不止风鹤之警矣。伏念台师台积劳静摄，乃前筹所示，饬防悉患，凡为孤城计未雨者，皆卑职所愿请之上台，而荷先事先见之及者也。

此地城垣卑塌，如瑕丘小筑，本无足恃。环城无壕，只有三门画沟，仅蓄潦水，西北一带，则并一线俱涨断矣。卑职曾于今岁早春，督率衙官，浚阙辟土。其原设飞楼十八所，皆捐赀重造，上积石块，广贮城守之需。至于库中器械，绣钝无余，铳炮诸项，未堪楼橹之备。今日第一急需，惟火炮神器，可以镇定人心。前幸从本道处，先期铸下六位，已接舁到县，又两从道府各借火药十斤，刻期请到，如式布置，不致为临渴掘井之呼。靖城所设兵额，原止五百名，今裁汰已及百人，形势单弱，恐缓急无恃。除具文申议外，目前帑藏空虚，内外匮乏，虽积草置烛之费，亦复无资，尚堪催檄如焚，坐催如猬乎？

同事诸衙官，俱老成持重。守备黄梦瑶，屡立战功，精于火器，又得药料应手，自足当一面。陆哨刘弁，亦堪任使，惟水哨缺人，而界河一哨，关系尤重，两处营官，宜更宜补。业请道台，求其择人速任矣。此外如换排门，峻盘诘，密狱囚，督保甲，联络乡勇，申明哨探，凡卑吏力所当为者，已竭蹶任之。

乃卑职更有请者，流氛固宜亟防，而土寇尤宜加备。稔闻孟、圌之间，大盗纵横，狎视鲸波，如同儿戏，而泰、靖交界之地，素为萑苻窟宅。若一朝窃发，势难并御。莫若使孟河守将，专设水师于江，仰习战船艎，耀兵示威，而卑县文武诸司，得殚力以为南北两地防御，则水陆各有专属，而孤军不致缀分，此又犄角之势，目前利害所最易见者也。

其间增兵益饷之事，非仓率遽可陈乞，统俟节麾临镇之日，缓急次第，尚容陆续详行。卑职已力疾视事，昼夜堤防，既有城守之责，不敢远离信地，以伏谒铃下，修折腰吏之虚文矣。士为知己者用，故其言直如此。

上曾霖寰[1]道尊闻警守御帖

陈函辉

顷以震邻势急,荒城守备单弱,不得不以请兵复额之事上商。蒙台台谕旨温温,即补营官,发火药,并允以不更抽调。人心稍定,锐气若增,卑职谨率以从事矣。

窃念澄江、京口为三吴之户牖,而靖邑实为两地之藩篱。昔人云,守江南不如守江北,职亦云守江阴不如守靖江。以靖与广陵相连,无有限带,君山去靖,若乘潮往来,顷刻可至,较瓜、仪之于京口,犹有风涛间之,可称天堑也。平时内抚百姓,外保疆域,小小缓急,宜有以自办,而不以烦上台。今风鹤屡儆,孟河、圌山之寇,日厉师以待。靖城草与人齐,率三百不整练之师,分派水陆,何足恃乎? 不能先事以图,闻寇而张皇,已为无策,若不能拒之境外,贼至而为婴城之守,抑又迟矣。连日积米运柴,分兵垛守,及挑河筑坝,少少举行,然终恐军声不振,首尾不相应。诚得台台先筹妙算,料三吴之甲,命一旅之师,与靖相犄角,使得固圉无恙,乃万全之策也。

永定营乡兵虽号称百人,总无实伍,今幸委补得人,卑职已商令精简选练,或可得壮勇二三十名止耳。此中奸宄不测,以争田事,无岁不愤斗相杀。只今黄云蔽野,收获在即,若有豪家势党抵隙乘之,通、泰盐丁一呼可集,是又不减孟河耽耽已也。卑职未死药身,忧心如焚,惟台台一一指示之。火药粗备,箭已令人买之镇江,再请假发铅弹千枚,为炮中及远之用,当即一一补价上纳也。侦探难的,讹言易兴,职已三四遣人前往维扬,云贼已逼仪、扬境上,抢掠大仪,集至僧道桥,去扬止二三里而近。台台所闻塘报必真,幸以的示。

申兵道设兵防御议

陈函辉

靖处金陵下流,当江海门户,上卫畿辅[2],下接吴淞、圌、狼,固一要害

---

[1] 曾霖寰,底本作"曾霖环",据《选寒江集》卷中改。曾霖寰即曾化龙,号霖寰。

[2] 畿辅,底本作"畿转",据《选寒江集》卷中改。

也。江海上之亡命逋儿,连舻横槛,日出没于烟波鲸浪之中,时刻可至。按靖未建邑时,无他兵卫,惟有一巡司统弓兵八十名,于江上巡徼。自成化七年析为县,分其境为十团,团有烽墩,以相瞭望。浚其川为七十余港,港有信地,以为防守。置哨船浮江上下,以利折冲。置民壮分隶水陆,以便接应。而迁巡检司于沙上,抗江流以当一面,其制亦稍稍备矣。迄万历庚寅、辛卯间,朝鲜告急,凡东南沿海郡邑,俱缮城堡,简将帅,益卒伍,勤教练。于是始设练兵官一员来视师旅,复增设民兵五十名,哨船水工二百名。又续于万历二十五年,增设陆兵一百名,游兵三十六名,常川居守。

　　向所急者,似专在于江湖群盗,舟师贾客之抄掠,用以严其巡缉。而今商目下紧要之着,与所为备御之策,则又有不同者。盖靖直北为泰兴,近又沙涨,涨与壤接,稍南且接三沙,三沙接复土,复土亦接泰兴,一望平沙莽莽,无一沟以为限带。今流寇充斥舒、桐,駸駸有东下之势。万一淮阳骚动,则孤靖不宁,震邻之虞,日切剥肤之惧,鞭弰所指,斗大孤城,岂堪蹂践?万一贼从枕席上渡师,则扬州、瓜、仪之于京口,通、如、泰、靖之于澄江,俱为必假之道。昔宋岳飞守通、泰,与金人相持,渡百姓于阴沙,因[1]屯江阴。昔之阴沙,今之靖江也。案察隐山团小新港西有烟墩,地名孙思堂,小沙团鹤洲等处俱有烟墩,积久俱废。今宜行十家牌法,互为保甲,仿古兵农合一,户自为卫,而仍旧趾创立墩台,移一营兵镇之,讥察往来,以防不测。但额设营兵既少,分防水陆不足,据总练官申称,蒙前道与各上台陆续抽提裁汰,已将去及一百名之数矣。察照前项兵粮,俱经申解,作为公饷,而水营哨官亦蒙宪台提取督造营房,正在应役。以上移营一项,若欲复旧,必须专设;若欲添设,必须增兵。但召募既苦无资,复旧又苦无策,统俟裁示进止[2],非卑县之所敢擅议也。此事在水则切江防,在陆则当寇冲。蕞尔孤城,早言似为迂策,然待他年借箸,忽觉有噬脐掣肘之忧,则必不以职片纸条陈为书生不知兵事矣。

---

[1]　因,底本作“阴”,据《选寒江集》卷中改。
[2]　进止,底本作“进主”,据《选寒江集》卷中改。

上署府事陈四尊牧地芦田帖

陈函辉

牧地芦田一事,沿江沿海处所,沧桑递变,往往为勋戚势豪占据,坐享其利,此诚有之。读《职方》《金吾》两疏,非无谓而发,独是靖邑疆域与他邑不同。靖邑建于沙洲之上,环境皆江,风涛怒啮,坍没不常,且浮沙所聚,土膏最瘠,收获仅半于江南。是以昔日抚台周文襄公区画江南赋税,奏定靖邑额编平米五万三千六百石,坍则通县包赔,涨则阖户俱利,不许缘坍而告减,亦不得缘涨而加增。又限五年丈量一次,除豁转科,总期无失此五万三千六百石之原额而已。盖则壤之成,立邑以来,迄兹一百七十余年,每年之坍,不足当每年之涨,而人无敢告减者,以被坍人户见某处约有涨影,度数年以后可成菑畬,遂赴都院指水告升,入册出粮,名之曰滩,甘愿赔粮守垦,以杜后争,诚冀此之升可以偿昔之减也。然未得实业,已先完赋,又非开辟草莱渐次征租者比,故他县册称铁板,靖册独曰鱼鳞。鱼鳞者,参时势而先后次之。此载在志乘,以告将来,永为遵守,非卑职敢为臆说也。

万历四十三年,巡江御史汪有功疏曰:沙田东滩西涨,彼缩此盈,非若土田之一成不变也。今奉明旨清察,必于黄册之外有旷地芦洲,平素欺隐而未升科者,始可计亩而税,以佐军需。靖邑惟有平沙滩三项,尺地寸土,无不悉入版图,无从别求起科,台台可访而知也。若求升科,则告减者纷纷而至,其于起争酿乱,恐民生心。除具文详报外,肃此再陈明白,伏惟鉴照。

请浚界河申文议

陈函辉

为广浚界河,豫遏寇路,以固疆圉,以镇人心事:靖邑一丸,襟江带海,平畴百里,隶常逼扬。其君子雅尚诗书,其小人力于稼穑。承平日久,枹鼓不惊,虽设兵营,实疏防御。目今流氛日恶,势已震邻,宪檄频颁,责严城守。除饬保甲,练乡兵,选壮丁,稽奸细,制火器,远侦探,清讼狱,预积储,百尔堤防,无阶乱略,再三晓谕,以备不虞。本职再思,城邑堂奥,郊坰藩篱,藩篱坚则堂奥自固。故诸侯守在四邻,及其卑,犹在四境。若四境不守,而专恃一城，卑之不获，守于何有？

因于本月朔日，约本邑士民，上下川原，周遭谛视。行至西沙地方，知靖邑二十年以前，四面阻水，天启而后，渐渐淤塞，无复长江巨防，限带封域。上有蛛丝马迹，尚留界址，大约延袤可三十里许。其迤南一带，有水者可通舟楫；迤北一带，无水者可行车马。士民佥议，当于有水处沟之使深，无水处因势利导，引潮而入，即可成渠。仍以前所掘之土，垒而成墩，浚深益高。又有永定营哨官一员，官兵百人，相距数武，可着本官统领各兵，稍为设处粮饷，且屯且练，资以火炮器械，以益守望。卑县向申条陈款内，原拟于农隙举行，不惟可修防御，兼可施灌溉。此概县之所乐从，而亦便民一实政也。今贼势已迫，不容少缓，广漠平衍，来无所格，深之以为靖邑外蔽，泰兴声援，计无便于此者。第事关虑始，役动大众，非禀宪檄批示施行，莫知遵守。所有开浚挑筑事宜，则在列款中矣。

开团河靖议枢有小引

陈函辉

《管子·水地》一篇，行文奇蔚，而终之曰："圣人之治于世也，不人告也，不户说也，其枢在水。"识者谓其宽衍直致，只如疏义，实有余而虚不足，然是千古水庸之祖也。令得专治一区，地方便宜孰有过于疏凿者？然因之通风气，广孳息，而且以培发文明，则借枢之一言，为小邑粉黼，亦非敢自居于僭匡也。作《靖议枢》。

陈函辉曰：余治靖而始知靖也。靖邑控江表海，海潮往来，可供滋润，江流环绕，邑[1]备灌濡。涸则可引水以入，盈则可导而出，宜乎无忧旱涝矣。余自下车后，遇旱者三，遇涝者再，深为国计民生蹙额。因披县志，详览港制利病之源，前人论之详矣。一曰团河宜开也，一曰城濠宜广也，一曰各港宜疏也，一曰通江宜坝也，一曰水口宜闸也。随时泄蓄，潦既可避，旱又得溉，两利而俱存之，不必每岁费疏挑之功。且也舟楫可行，凡东作西成，与夫输粮运租，皆可免负戴于道路，其为利赖，世享其泽。当今岁晏，值蝗残

---

[1]　邑，《选寒江集》卷中作"足"。

之后,有收者尚稍稍有余,无收者亦可借以度食。度数以田,分役以力,贫富均等,累无偏重。有田者从田,无田者从佃,人人自饭,自挑其土。已经广询博采,大众咸称曰便,犹恐愚而悍者不喻吾意,故不厌此烦词耳。

附　靖江县水利图说

志称靖地平衍如席,环四履无不耕之土,皆引江流以资灌溉、备旱潦。其有港而不能受潮,或有潮而不及入港,居于水之中而不受水之利者,曰港身狭也,港蓄浅也,港流分也,港派近也。靖有十团,团各有河,河以团名,取其连络十团,环团皆水之义。今开团河,狭可使广,浅可使深,分可使合,近可使远,于四面诸港,皆理其条派相近处而疏通之,令汇为二三道,以并达于城河。其近江五六里坝之,俾勿与江通,而于坝外水口数港,立为石闸,以时其启闭。旱则于朔望大汛,收江潮以滋益之,潦则启闸以放之江,小潦则启一闸,甚潦则数闸皆启,可永无泛滥之患,而靖庶乎其长足于水矣。

为上司本县每新官铺设长便议

铺设一项,乃陋规也。此皆六十图粮里百姓膏血,派以奉之总收,总收转以奉之经承吏书及承催差役,种种利入不赀,而后以付之包办成衣木匠之手,所存亦无几,就中染指自不能免。

本县初抵任,为小民惜此膏血,见之不觉恻然,即欲严行察核,省冒破,禁侵渔,以一片苦心,为百姓塞填剜之孔。会出参谒,因托两衙从公估计,皆云侵蚀甚多,渔派不少。至于上而学院、本道、粮厅,一一分值于小邑,甚有一岁而三轮者,亦有半年而数换者,民力竭矣,其何以堪?而况又有本县之坐设乎?但本县此议,专以为民而非以为官也,固以恤下而非以悖上也。业从申行十四款中,有永恤坊里以省其费一项,欲将目前存而不用,及他日用而可存诸物,另造一册,贮之公所,备各上司往来之用;亦有可留为后来县宰相传之需者,一一造明。所谓省一分,民亦受一分之赐矣。

至于学院虽设于江阴,而实六府所共;兵道专驻于本郡,而亦常、镇所连。乃今江阴专管修理,四县专派铺设,而淮阳各府待莅任事毕后,即移关至再,总无一钱相助;纵有之,未闻其补还各小邑也。此于奉公之议甚为不均,即于罄地之宜亦觉无措。而语云:治民先于获上。相仍既久,虽有莫扪之朕舌，且付之无可奈何。

又粮厅三年一易，供亿维艰，此三项者，粮里每番，率分备办，与本县补不足而奉加添，不数百金不能举。今惟有察理界河及沙上诸闲田，立碑置簿，各设立数百亩，学院应若干，本道应若干，粮厅与本县应若干，岁收其籽粒之入，贮之公庾，使粮里老成者与工房老人一同计数出入，俟其时而前其用，则民力其庶少有鸠乎？而无如靖人斗力以争此块土，且曰：令之言一何迂也！因为存此蒭荛之意，以望后之贤者。是为议。

申请靖江县岁科两考入学科举广额议

国家取材充赋，若薪樵然。靖江于郡诸邑为殿，以其分封在成化年也。邑故隶江阴，云蒸龙变，选举特盛。迨黉宇初开，成、弘以来，则有朱绅等若而人，正、嘉、隆、万，则有严表等若而人，科岁不乏，已逾二十余辈。今文教蔚兴，士多读书娴文辞，而旧秋有抡魁之王瑶、乙榜之陈芳櫵，盖庶几彬彬称秀出焉。

令甲以户口、贡课定官师之上下，而选举因之。户口日繁，贡课日广，而选额故少俭焉，非所以示平。靖江之户以万计，口以三万九千余计，丁粮旧额，新饷加增至六万有奇，于常郡不啻小，于他邑不啻大矣。邑故称中，二十年前考取入学已二十七人，原案可据，何至于今而啬之？察科场秋闱解额，大约中式一名，以三十名为率，科举与进学之额亦如之，此天下通例也。今本县童生之赴试者千有余人，则比中县之例，考取三十名，原不为过。念国家岁课诸士，以扶植人材为本计，以斟酌元气为上猷，故砥矢可以化荆榛，礼乐可以治兵革，朴械作人，维新雅意。时当多故，偏崇礼文，此宪台之所乐闻，而恩施之所首及者也。靖偏师三百，拔其锐三十余人，执弨而前，以久蹶而借一战鼓勇，其一念愤奋，非县令不克代以上告。令曾于当年下第读书，知诸生与童子两试之苦，即上台在未遇时，亦必身经而意恻[1]之。靖士锐矣，三十年之生聚训练，可以战矣。如卯之役，倘战而不捷，则职敬任其咎。其听职之呼吁，而拘拘泥其旧额以阻新硎，则亦上台执法如山者

---

[1] 意恻，底本作"意侧"，据《选寒江集》卷中改。

之不无稍过当也。因是不避斧锧而有请焉。

冬春掩骼文约

岁聿云暮,古人有埋胔掩骼之义,著于政典。即今天气严寒,不久土膏将发,三吴士民家,竞以此时为营葬之务。计尔俗相去亦不远,论各团长于所管该图踏勘,除子孙能经营照管者,听其自便外,如有露槥折骸,无主弃置,上供鸢乌之脯,下果虫蚋之粮,星照破棺,雨飘断梗,种种情状,深可痛悯。各保甲地方,察各团定有旧置义冢与漏泽园,可各劝其亲人义士,与强以之夫,各率属躬操畚锸,遇即掩埋。骸散者具以一棺,骨白者下之寸土,使得皆获首丘之愿。再为之封土加壤,如一丘埠,树以垂杨,围[1]以草垣,樵牧者不得奔走其上,亦尔等各人自家之报本也。至于吴俗向多火葬,久奉上司明文严禁,毋得藉口了事。速将各团义冢一一开出,以便督率举行。计掩骨若干,要备棺本若干,本县即捐俸助之,各可开数具单,诣库来领,仍具结缴察。

为靖民荒年禁麦约

江南亢旱两月余,飞蝗数万石,地皆赤土,民鲜盖藏,以致众心皇皇,救荒无策。靖虽弹丸,而旱蝱之交迫殆甚。本县停讼半年,虽一病渐僵,而终日扶[2]风火之孱躯,为尔百姓拜祷,为尔百姓督捕,为尔百姓申严麦约,为尔百姓开广新河。凡此拼命执法,非故自以身殉,亦非故好为强项,不过以食者民之天。目前保邦急着,正是田有水,家有蓄,市有籴,民有戒心,而蝗不害稼,魃不槁苗,私贩奸牙不敢出境。令即以十病九死之身,为下民请命,吾愿足矣。此可仰矢之上帝,俯告之众人者也。

数日以来,赖有天幸,甘霖顿降,遗孽可消。不谓忽出一纸私书,数行自揭[3],即欲轻轻放麦三百石,此所谓叔宝都无心肝者耶?抑何意[4]要在太岁头上动土者耶?噫!亦何其愚而且妄矣。此等人若无奸牙奸行,为之

---

[1] 围,底本原为墨钉,据《选寒江集》卷中补。

[2] 扶,底本作"夫",据《选寒江集》卷中改。

[3] 自揭,《选寒江集》卷中作"白揭"。

[4] 何意,《选寒江集》卷中作"有意"。

扶同接引,岂敢公然讨书,公然递揭？令闻之,《诗》颂来牟,孟谈麰麦,古人所恃止有此昭昭帝赐。今靖人所存几何？而田舍翁多藏数斛,便思以六尺躯,博三尺法,而自馁其八口之家,坐视其十室之邑。噫！此非独愚而又且忍矣。尔妄,则令亦不与尔论理；尔忍,则令亦不与尔论情。速拣孟青,兼行徙木,以闻诸怜国曰：此靖江公之麦道也,其何复顾执谗之口？

靖江县志卷之十六

艺 文

诗

古者天子命太史陈诗采风,而列国之贞淫,俗之美恶,皆可得而知焉。今之诗虽非昔之诗,然而扬挖风雅,啸咏名胜,忧时感事,追往悼来,亦有裨于政教者。第其时有先后,体有异同,颇繁杂难读,今各以人叙次之,庶诗与其人一览可见也。志《诗歌》。

朱 经元进士

孤山帆影

一点凉青入望遥,樯鸟飞处白生潮。竺僧有道元非妄,海贾为文不可招。众鲎乘波俱出没,大鹏击水共扶摇。三山无恙麻姑说,几度枯桑候老樵。

骥渚渔灯

渔舟荐宿傍清江,灯火荧煌月一窗。素焰映沙光耿耿,余辉照水影双双。初看彷彿分萤火,静玩方能辨钓缸。犹讶燃犀牛渚畔,朱衣跃马不能降。

丁　珉 元人,别号沧洲,本沙人

题紫微宫

地隔江尘一镜开,清虚疑是小蓬莱。丹房有药尝留火,石径无人半锁苔。树色暂迷汀雨合,江声如咽海潮来。桃花满院春风暖,题咏谁同梦得才?

王　逢 元人,字元吉

望孤山

海门窥长江,巨浸天浩淼。山根缠坤轴,百里见孤杪。风披阴霾昼,雾洒石黛晓。龙来仓林湿,鹤舞白浪杳。居然蔽中洲,隐若压外徼。幽贞水仙态,轩青国士表。时时降天人,旌旆光缥缈。余将展高步,兵气秋见兆。严霜草不杀,怅望翠清悄。浮云非无牵,薄暮还来裘。

马洲书院

科斗秦皆废,灵光鲁独存。豆笾漂海国,丹艧暗淮村。苔藓花侵础,蒲芦叶拥门。青春深雾霭,白目老乾坤。德化三王并,威仪百代尊。郊麟初隐遁,野兕遂崩奔。先辈俱冥汉,诸生罢讲论。断编尘蟊冷,遗像网虫昏。尽变衣冠俗,终归礼义源。江南游学士,瞻拜敢忘言[1]。

【前缺】鞠　斌 邑人,延安知府[2]

题紫微宫

翠竹千竿护紫微,神仙宫府世间希。风生玉峡苍龙吼,月上瑶台白鹤归。芝草石田敷道气,芙蓉丹鼎属玄机。我来欲问参同契,彷彿金门见羽衣。

朱　昊 国初人,秦府长史,别号雪江

骥渚渔灯

马驮沙明隔夜江,钓船籇火出蓬窗。风前疑聚萤千点,月底惊飞鹭一

---

[1]　"瞻拜敢忘言",底本缺卷十六的第三、四页,据康熙志卷十八补。
[2]　鞠斌邑人延安知府,底本缺页,据康熙志卷十八补。

双。应对吴枫愁古寺,定然楚竹倒春缸。君山在望谁愤笛,响裂星河气欲降。

江村夜读

地迥江村僻,雨歇秋霄清。家家灯火影,处处弦歌声。方今盛文化,奎壁中天明。矧兹书插架,奚用金满籝?宰官文章士,仁义渐民生。凤翼暂栖枳,牛刀发新硎。德教化岩邑,文风逾武城。考绩上天府,怅别难为情。

秋江晚渡

野木连云远,青山隔岸来。长江限南北,谁是济川才?

顾　复邑人,贡士

贫士八咏

蓬门喜傍碧溪湾,雕刻何须节上山?只恐人来题凤字,一春长笑不曾关。右蓬门

司马当年击破余,曾将作牖向蜗庐。谁言一窦光明少,读尽人间万卷书。右瓮牖

十年窗下竟磨穿,只为家无二顷田。铜雀端溪休浪笑,模棱全不似当先。右破砚

玩水看山举步轻,雨余犹自趁闲情。年来双齿从他折,不向间关险处行。右折屐

莫笑年深似褐宽,着来还可蔽严寒。几多风雪金门客,狐貉争如此最安。右敝裘

年来已废旧形模,耳足俱残类败壶。不羡五侯鲭异器,只随鸿渐伴茶炉。右齾铛

瓦盆石鼎愧家贫,寸积西风破甑尘。欲问林宗无处觅,不知孟敏是何人。右尘甑

采薇千载慕夷齐,味美争如瓮里齑。晚芥春菘随意摘,青黄熟否问山妻。右菜齑

郑　锜邑令,兰谿人

谢　客

马驮沙上县初开,城郭人民辟草莱。堂上清官清似水,秋风切莫过江来。

冷宗元郡二守

君山晚渡

落日黄山浦,轻帆绿树斜。江浮渔火岸,城俯马驮沙。拂雨禾千亩,笼烟竹几家? 海天长笑处,吟兴浩无涯。

靖江夜坐次元人朱进士韵

江北江南一水遥,平沙如掌夜通潮。犊肥春牧知无扰,鹤下云巢不用招。蓬鬂点霜空碌碌,心旌为国独摇摇。桃源浪说秦人在,欲问当年看弈樵。

苟　安御史

江　行

白浪排空瀚,惊涛振耳雄。玉龙行水背,雷鼓动江中。泛泛波无定,迢迢海欲通。奇观今始见,亦不负桑蓬。

靖江即事

舟泊江头浪欲高,沙堤十里路方遥。覆茅编竹民居雅,易耨深耕土脉浇。两岸人分南与北,四江水涌汐还潮。莫言海外三山胜,彩鹢东巡定几遭。

史褒善都御史

靖江院中感时

朔风吹海树,逆浪逐晴霄。江干草色黄,沙际云气飘。霜滑茅屋浅,材落豺虎销。瓦砾积空壁,遗烬长蓬蒿。伏剑叹疮痍,雪耻恨倭妖。愿言竭丹心,扫荡靖鲸涛。揽辔安黎庶,扬威托圣朝。

杨　仪宪副

江阁寄友人

江汉会极地，波涛际天流。偶来寒林下，霞彩凝高楼。飞帆带云影，倏忽凌十洲。平生大观志，局促未得酬。讵意圭窦中，八表能神游。却笑市朝日，役役空烦忧。

殷云霄邑令，寿张人，字近夫

渡　江

大江渺雪霁，波涛生远风。帆带毗陵雨，棹辟冯夷宫。清歌缘云上，奔没骇鱼龙。冥漠无端倪，六幕烟霞空。一鸟忽猋举，浩荡莫与同。万流西南来，颓然遂徂东。坐送千里目，海雾何空蒙。不见蓬莱山，焉知浮丘翁？乘槎嗟孔圣，钓鳌想任公。道全俗可遗，神往物匪丰。终当遗凡蜕，无复悲转蓬。

闻山东贼退

为邑靖江内，卧病簿领余。六旬不能餐，期年空自疏。长卿旧多病，原宪久索居。缅余适有合，言愧迂与愚。世路有捷径，长途岂骀驽？捧檄固莫已，折腰安所知[1]？风尘正澒洞[2]，北望增长吁。有客故乡来，平安报吾庐。盗贼今幸息，亲友多无虞。闻之动归兴，晨起膏吾车。制彼芙蓉裳，兼之兰蕙茹。登高招远风，临流玩游鱼。存道物可轻，去累情自舒。且从性所欢，功名焉可图？

感　遇

孤鸟失其林，日暮鸣且飞。风枝栖未定，遥遥将安归？中流有芳草，惨淡少光辉。舟楫荡其波，根株苦无依。悲此远征人，三载孤乡违。万里长途间，安知身是非？东海有钓纶，西山有采薇。悠悠迷方子，谁能识其几？

---

［1］安所知，嘉靖志卷七作“安所如”。

［2］澒洞，底本作“倾洞”，据文义改。

梅　梦

晓雨潇潇风淅淅,梅花落地如白雪。又如瑶草碎玉杵,漫翻石臼晞琼屑。幽兴他时与谁期,悲心今日觉独切。巫阳卜筮空大招,玉妃风神忽远别。既嗔虫蚁窃芳华,复惨泥沙污素洁。吴绫鲁缟茵重铺,残涩飞英时自掇。濯以甘露荐冰盘,飡之朝腹充流啜。申椒菌桂失芳馨,沆瀣飞泉漫清洌。十日不饥粗秽除,五内保和神明彻。清夜梦化梅花精,缟衣跳入先天穴。手探一元含物象,时出千卉从品列。阳辟阴阖自先机,天心子半非空说。石阶铁龙觉处蟠,草径烟溪香未歇。出门桃李争春风,杖藜绕树泣垂血。

归　帆

大江混混日西微,波喧四围苍云飞。芳州白鸥啼饥苦,驾鹅漫逐鹭鸰归。江上行客空复春,南北颒洞昏风尘。向人簿书不肯去,生徒占哗非我真。山风籁[1]籁吹寒灯,出门海气天冥冥。征雁哀鸣求其侣,肠断归帆不忍听。

杂　咏

人生惟所遇,知己良独难。子期既云死,伯牙绝其弦。庄周无惠施,叹息谁与言?晏婴岂不知,孔圣不见贤。鲍叔荐管仲,功业共赫然。

兰芷生深火,枯死芳不歇。渭水不择流,入泾污其洁。君子有定志,流俗非所屑。千里首阳人,匪为名不灭。

春日鸧鹒鸣,百芳丽以繁。桃李成蹊径,蝴蝶何翻翻。一朝鸣鹃鸪,零露下庭兰。摇落非所悲,所怀无繇宣。岁华遂云晏,叹息将何言。

终日抱膝坐,门前无客来。所怀不可忘,脉脉想畴昔。登高而远望,云雾生八极。离禽飞且鸣,孤兰惨无色。晤言思亲友,日暮空叹息。

送刘民部[2]毅斋先生

远帆凌海峤,别酒落江霞。看云迷道路,泊月咏兼葭。虎豹龟蒙地,风涛马驮沙。今朝讵离恨,归思绕天涯。

---

[1]　籁,底本原为墨钉,据嘉靖志卷七补。
[2]　民部,嘉靖志卷七作"户部"。

岁　暮

逐逐归何日，飘飘愧此身。高谈多白马，随地有红巾。兰楫思公子，江波泣远人。宦游欲岁暮，愁见柳条新。

马洲[1]次方思道韵

层波孤涌地，四际共浮天。海雾长飞雨，江潮自入田。舟樯通百粤，笙鹤近群仙。巧捷生幽恨，沈冥得静便。

对　景[2]

吏退乌啼县事稀，南山坐对云依依。冰生幽壑群龙寐，雪洒空江独鹤飞。芳草向人已寂寞，梅花何意犹芬菲？故园松菊为谁好，岁暮山中人未归。

无　题

江水茫茫四望同，东临沧海更无穷。波涛时涨千峰雪，云雾遥随万里风。欲约赤松游汗漫，先烦青鸟问空蒙。方山弱水无多事，付与人间叹转蓬。

夏日与易东桂登孤山约游君山

中洲天幻小蓬莱，樽酒薰风笑口开。半榻高惊霄汉上，轻帆远讶扶桑来。江云隐见蛟龙起，岛树微茫鹤鹳回。更拟扁舟问李郭，沧浪清唱亦悠哉。

送刘进士

二月东风媚远天，画船不用仆夫牵。江流正稳潮平后，山色初青雨过前。淮海家声归正气，云霄事业属青年。还朝若有民情疏，应说疮痍尚未痊。

水　灾

断荇飘蓬挂树梢，水痕深没石塘凹。潮连野郭蛙生灶[3]，浪卷茅茨燕失巢。横道死亡于我愧，隔江啼哭是谁抛？丹青仔细图真象，归献君王涕

---

[1]　马洲，嘉靖志卷七作"靖江"。
[2]　对景，嘉靖志卷七题作"岁暮二首"。
[3]　灶，底本作"竃"，据康熙志卷十八改。

泪饶。

卧病县斋

驱役犹堪松竹林，病来偏动故园心。鸟啼短榻客初起，水[1]暗空斋山欲阴。未炼丹砂惭墨[2]绶，聊歌白雪寄瑶琴。东风走马长安道，芳草于今深又深。

即　事[3]

远树江收雨，疏廊吏放衙。水天飞白鸟，帘竹净乌纱。

绝　句

晴风沙碛飞江雁，落日春涛动海云。千里孤怀空自远，三年群盗不堪闻。今日天暖闻莺声，桃花杏花相迤生。走向芳洲觅杜若，白鸥苍鼍双眼明。初春春初[4]亦不恶，鸣雁浮鸥可奈何。不须惆怅怜芳草，梅花落去已无多。

春日次太初韵

狂风吹江江动天，三日雨声无渡船。梅花疏冷恼春事，南江北江杨柳烟。一夜潮声屋角西，晓看春草色凄凄。桂棹芳洲兴不浅，江篱出水一般齐。

孙一元 字太初，关中人

马洲[5]西浦与殷近夫别

离节动青郊，高筵敞江滨。哀觞为欢酌，温念忘客身。连山瞰水陆，平明眇烟尘。清曦升木末[6]，长风吹远津。桑麻接上国，炎海为南邻。生聚岂鹿豕，行当逆龙鳞。结交非在多，要得允衷淳。古来豪杰士，寄托各有因。

---

[1] 水，嘉靖志卷七作“木”。

[2] 墨，底本原为墨钉，据嘉靖志卷七补。下“于今”之“今”，同据补。

[3] 即事，嘉靖志卷七作“对景”。

[4] 春初，嘉靖志卷七作“春光”。

[5] 马洲，嘉靖志卷七作“靖江”。

[6] 木末，底本作“本末”，据嘉靖志卷七改。

患难苟相得,谁论骨肉亲？政当笃明爱,安可辞苦辛！结此园中草,炯言怀好春。

江上逢春感兴

严雪散寒雨,坚冰开积霓。青阳变修条,东风回旧林。节物感孤志,连翩春江浔。椒花远自媚,清尊强费斟。十年一敝褐,百回结鹑襟。岂无乡关念,所愧国士心。开匣抚神物,床头流泉音。冥运诚嶔崟,履兹思何深。不徒一朝奋,要在万物任。清诗继绝响,聊此抱膝吟。

幽居杂兴十章

草堂连翠微,一径转柴扉。竹里厨人散,雨中春事稀。蜂房争自课,花片觉全飞。政爱蒲团好,焚香了化机。

六籍聊遮眼,高低傍屋牙。春来诗得计,老去醉为家。门映斜杨树,山开背郭花。邻翁闲有约,相对话河车[1]。

十日荒城雨,开门草又新。若无一杯酒,孤负百年身。淡淡春围野,青青山近人。喜看江上影,依旧白纶巾。

野次寡轮鞅[2],春深渐缀耕。幽禽隔树小,滋蔓上墙生。蒲长青堪把,桑空茧欲成。自缘耽野趣,不是爱逃名。

归卧茅檐下,读书终爱贫。莺声十年事,草色满城春。道丧悲浮俗,情高梦古人。眼前君莫问,吾与酒杯亲。

鸡声催且暮,岁月梦中移。云汉空回首,溪山独占奇。买船同鹤载,得句报僧知。却笑南华子,闲看野马驰。

柴门春雨里,野火[3]明荒陂。碧草看还长,自袍闲自知。短歌聊起舞,扶醉强题诗。元有林泉志,归来定不移。

清风生瓮盎,天亦爱吾贫。看竹云连屐,钩帘[4]月映人。梅花偶到坐,砚水动浮春。意外浑无物,青山共此身。

[1] 河车,底本作"何车",据嘉靖志卷七改。
[2] 轮鞅,底本作"纶鞅",据嘉靖志卷七改。
[3] 野火,嘉靖志卷七作"野水"。
[4] 钩帘,底本作"钓帘",据嘉靖志卷七改。

小艇初移棹,摇摇进远风。晴江献屿碧,老树消春红。斗酒长吟处,百年无事中。钓竿[1]如在手,便好作渔翁。

睡起不自好,出门望远山。碧云回夕色,老木淡秋颜。道路从违里,菰蒲坐笑[2]间。吾师白鸥鸟,长日与同还。

江城柬近夫

沙上风烟异,经时老客心。远天低故垒,落日带空林。目极芳华晚,愁缘野水深。江城有严武,犹可慰孤吟。

席间和近夫

江上风烟好,依依俗更敦。故人有敖吏,唤客共清尊。觅句开梅阁,投壶对竹根。一春狂未了,头戴小乌巾。

闻江阴解围喜而独酌烂醉

好音慰我静风尘,漫喜呼儿笑语新。夏武有诗歌盛代,江山无恙著高人。短蓑月下形应古,白酒床头计未贫。安得尽闻烽火息,一瓢长醉太平春。

望　海

绝顶天风吹鬓毛,长天东去望中遥。沙边烟浪浮珠社,岛上人家住翠鳌。万里闲情穷海岳,百年无事只渔樵。连翩尽日归来晚,看到潮生月已高。

草　堂

溪上高秋云木凉,地偏人事不相妨。开门江日流书幌,背水秋花照草堂。堑北买田时未就,舍南种竹已成行。幽居自拟王官谷,药裹书签引兴长。

沧　江

千林草树静相依,来往寻诗坐钓几。地近青春惟鸟雀,夜来新水到柴扉。中原落日愁多梦,万里沧江定不归。拟向鹿门为地主[3],不妨常着芰荷衣。

---

[1]　钓竿,底本作"钩竿",据嘉靖志卷七改。
[2]　坐笑,嘉靖志卷七作"坐啸"。
[3]　地主,底本作"也主",据嘉靖志卷七改。

江 上

沙砾喧寒雨,枫根挽钓槎。菰蒲起烟火,隔水是渔家。

靖江道中

落日精灵语,空山旅客惊。沙寒留鹭影,风急走江声。

与殷近夫放舟江心对月

挂帆半夜受天风,白帻高歌海月中。千古闲情谁领略,一杯今与使君同。

宿江干

宿鸟不移林影静,春旗犹飐晚风虚。城头明月夜如水,江口小舟人打鱼。

湛若水祭酒,增城人

光禄一章赠毅斋先生

毅斋上疏求致仕,得请而归。吾重其别,诗以送之。吾观于世,多妒忌者,多诽毁者,多慢傲者。毅斋独谦虚,乐人之善,不言人之短,故诗称词特重焉。

光禄江阴彦,素业出靖江。开疆垂百战,惟君破天荒。夫道不远人,多君情最真。好贤与乐义,区区迈等伦。靖江若桴浮,人烟载浮居。君今乘桴去,吾欲与尔俱。

刘 乾邑人,光禄卿

和湛甘泉韵

孤山多秀丽,浮练云澄江。举首见溟渤,流峙肇鸿荒。古老传奇谶,应者谁为真?望洋已成陆,吾惭莫与伦。兹山镇兹邑,万井皆此居。引年复何适,丘壑召与俱。

长江汇流

水到沧溟是尽头,喜从冲要汇群流。波涛浩荡藏龙窟,烟雨微茫起蜃楼。万棹竞开潮涨暮,数峰空浸月澄秋。弹丸黑子休言小,自是乾坤一上游。

孤山屹镇

中洲岌嶪此孤山,瀚海西来第一关。近拟金焦应是侣,远攀瀛丈或堪班。云崖绝顶看帆少,风涧流泉听水潺。一幅丹青天设造,玉屏秋冷倚青寰。

田庐星布

槿花篱落护柴扉,邻比星罗势共依。遍陇麦秋蚕正老,千家秧雨犊初肥。苍头负囊成翰去,白发扶藜社醉归。只愿官衙清似水,闾阎安堵隶来稀。

烽堠烟消

江草离离江水平,沙场牧马晚归城。闲门不识石壕吏,盛世安知渤海兵?烽堠雨荒烟灭影,山城月静柝无声。从今宇内皆弦诵,长吏何劳治乱绳?

长安井冽

魑魅须知莫遁形,此泉应不让中泠。诗脾可浸浑忘寐,酒力能消许独醒。短绠无缘材尚浅,和羹有用地真灵。劳民劝相吾侪事,安取空题陆羽经。

诸港潮平

万派汹汹一气盈,倏平诸港渐归城。月明江口岸惊阔,雨急渡头舟忽横。春水柳塘鸥得意,秋风芦渚雁争鸣。悠悠浸灌功何限,岂止来期不失贞?

马沙遗碣

贞砥一片是谁裁,具载舆图故事该。名袭豕鱼开谬误,字从蝌蚪识飞回。江山有意留文物,风雨无情没草莱。今古几人能好事,手摩真迹划苍苔。

渔浦鸣榔

黄帽老翁携短棹,鸣榔江上水云腥。惊鱼出穴漫投网,宿鹭冲烟欲下汀。沃日波涛声未已,暗江风雪响初停。个中别有人间乐,夜宿西岩醉未醒。

郑 翘邑令,番禺人

和甘泉师赠毅斋先生韵

未老轻投绂,画锦耀长江。峰头一登眺,心胸洞八荒。行藏安所遇,笑语任天真。世味举淡薄,清修许谁伦? 山水因人胜,随处是安居。江湖与廊庙,忧乐时常俱。

易 幹邑令,巴陵人

田庐星布

于茅深结屋,散处长晨星。远近依沙渚,参差映夕扃。偷薄曾经化,诗书喜过庭。官家租税薄,击壤自讴吟。

烽堠烟消

旁水沙成队,周遭堠列城。氛氲间入望,剑戟夜无声。绿暗苔应滑,烟消云自横。何年此孤屿,今日际升平。

诸港潮平

灌溉因方利,周遭本逆潮。柳牵台榭远,岸夹水云迢。软软铺疏练,依依入画描。高人坐清啸,丰稔俗相饶。

孤山镇屹

砥柱中流岛,青空海若灵。寸眸方八极,一镜彻苍冥。岸即收贤谶,松高长鹤翎。莫嫌尘梦绕,到此是蓬瀛。

费 宏铅山人,大学士

赠刘毅斋户部

江心岛屿如瀛洲,中有桂树枝相樛。移根月窟手亲种,苗裔本出淮南刘。何人作赋欲招隐,芳枝秀发当高秋。孤山接岸应奇谶,名书仙籍天香浮。安舆万里就京邸,名园踪迹难淹留。粉署贤郎策勋早,慈闱二老承恩优。信知有子一非少,士林歌诵锵鸣球。翁托丛桂存深契,携家忽复还江头。妇留姑侧孙侍祖,阿戎日洗看云眸。蓟门使馆颇幽靓,迎养又遂前时谋。海滨鱼美足尝馔,塞北貂暖堪重裘。数年彩袖罢歌舞,一旦团聚消离忧。公庾岁穰收每足,家宴日排闲可偷。臣忠子孝愿已满,如此福履谁能求?东临海水待清浅,寿算更进量沙筹。

方义壮

登孤山

登临今日意,肯与旧盟寒。望海非浮海,移官莫问官。月夸壬戌旧,人笑鹿皮冠。惟有高山调,应须处处弹。

程飞卿邑人

游孤山

漫游追忆昔年曾,石壁题诗尚有名。花尊酒边新发白,水云襄外故山青。乾坤落落笼间鸟,江汉悠悠浪转萍。一曲浩歌空激烈,水晶宫里老龙听。

韦商臣邑丞,孝丰人,大理寺评事,以谏言谪靖江丞

长江汇流

孤屿水中央,沧江万里长。神功从太古,颢气接沧茫。穴静蛟龙稳,尘稀草树香。十年浮海梦,回首忆沧桑。

孤山屹镇

沙际何年涌,孤峰截太清。蛟螭盘海窟,虎豹卧江坪。脉向坤维远,春从艮位生。中洲千百祀,拟作太华盟。

田庐星布

百里江洲道,行行不见村。槿篱随处密,秋杵隔溪繁。独木桥多路,编茅屋少门。晚来灯火动,疑是[1]落星痕。

---

[1]　是,底本原为墨钉,据嘉靖志卷七补。

烽堠烟消

青青斥堠草,久不被狼烟。万里同文日,孤城戢武年。马牛闲在野,禾黍自成田。杞客空忧[1]切,长歌宝剑篇。

长安井冽

怪尔江心水,偏于野寺清。幽深宜白社,余历到苍生。不逐江波逝,能令鼎未[2]平。如何金惠井,独擅九区名?

诸港潮平

海屿分诸港,潮生岸岸平。断桥流夜月,乱苇动秋声。田舍阶联水,渔舠钓倚城。白鸥如[3]客意,时向二松鸣。

马沙遗碣

何代贞珉石,沉沙半未磨。文怜一字正,名洗百年讹。鱼鸟知奇绝,鬼神长护呵。茫茫烟水际,此日待君摩。

渔浦鸣榔

极浦无人到,渔榔时自鸣。漫随风力眇,偏傍月华清。沙鸟醒幽梦,江篱散落英。得鱼呼酒伴,此是了吾生。

登孤山

孤峰忽自拥平沙,下界犹连十万家。天厌海门烟雾渺,风抟山寺竹松斜。渔灯明灭缘遥岛,鲛室参差带落霞。绝顶夜深衣袂冷,愁看北斗是京华。

种竹县斋

六月空江雨歇时,仙家分竹记南枝。凤鳌长技非吾愿,霜雪高标为尔期。寒碧两阶添野色,炎蒸三伏动凉飔。他时主者知谁是,好咏当年山谷诗。

---

[1] 空忧,嘉靖志卷七作"忧空"。

[2] 未,嘉靖志卷七作"味"。

[3] 如,嘉靖志卷七作"知"。

留别长江孤山

春晚楼船涉渺茫,中洲烟树霭苍苍。三年已足风波味,一念唯知忠信良。日月于今开北极,溪山不日返南乡。草堂昼永蘧蘧梦,应逐江洲鸥鹭翔。

又

孤山江上控高寒,秋月春花许数看。到海烟云迷石室,浮空竹树荫蒲团。中流砥柱缘无几,上岸贤人已有端。寄与山灵莫惘怅,弁峰绝顶望巉岏。

别寮友

春寒江阁昼阴阴,腐草犹霑雨露深。一饭敢忘明主德,三年漫有济民心。绯桃自卷云霞色,翠竹空余金玉音。满棹月明回首处,孤山雪际吐遥岑。

黄梦韩莆田人,孝廉

游孤山

避地游江国,凌辰躐远岑。危亭涵蜃气,孤屿起龙浔。桑海千年变,江湖万里心。天香如可即,冉冉散衣襟。

王世贞字元美,太仓人

题朱光禄在明江篱馆十绝句

郁郁斋畔松,稷稷松下风。侬如陶弘景,日坐松风中。右松斋

三步五步廊,千株万株雪。阿大故濯濯,与雪斗清绝。右雪廊

垒石为环堵,主人长作主。行遍咸阳西,谁识黄金坞？右石坞

高楼风不闭,半欲藏江云。试问江干客,或有云中君。右江云楼

修竹不爱碧,润我窗中人。欲知春云坼,寸寸吐龙鳞。右筠房

披襟称快哉,天地雄风来。何似金茎表,吸取露一杯。右快阁

湘帘静不卷,芳篆萦如丝。借问仙省吏,得似含香时。右凝香室

欲与天籁争,披云独箕踞。忽作鸾凤音,犹然遍千树。右啸台

虽甘柏梁美,终爱云霄去。蕙帐犹未空,翩成且须住。右鹤院

兀坐净名身,时谈香积因。如花两仙女,知是散花人。右雨花庵

张 衮江阴人,学士

望孤山祝近斋姑丈

近斋先生七十强,白日著书分圣狂。堂中揭名止至善,静里养晦思无疆。良知在心德岂昧,忠告于人情不忘。我有夙怀歌仰止,大江东注山苍苍。

王 洪

遣蝗歌赠朱古沙林铁斋尹靖江,蝗至,躬祷孤山。古沙属官率乡之父老祷于社三日,而蝗一日尽去。作歌识颠末,用征天人之应云

民之灾,蝗虫至。壬午月,庚子岁。雷声轰轰撼江国,北风雨卷云随翅。须臾屯集畎亩间,百万狂胡横压地。青苗绿豆斗纤纤,忽为戈矛斩生意。华叶灵根转眼空,纵或余存亦憔悴。田夫田妇哭相向,击鼓鸣锣走如沸。捕获无方县官苦,吁告皇天奔属吏。七日斋,三日祭,心与神明日相对。感动皇天转祸机,一夜无踪竟何去。蝗虫去,莫向邻疆复为祟。江空海阔有清波,好为乾坤洗余厉。

秋日孤山观涛有感

萧萧寒日孤峰上,漠漠平沙万里开。峡束江涛吹地急,天清鸿雁向人来。上林苑里稀书札,西塞山前只钓台。时事屡闻明主诏,风云更切故人怀。

近渠精舍

几年遥听唱沧浪,今得移家到水傍。鱼向槛前翻泼泼,天从帘底送沧沧。舟人□便来应熟,渔父心同话更长。两足桃花春涨好,坐忘江汉入微茫。

次钱绪山朱近斋集靖之士友讲学于孤山韵

大江流入海门东,孤屿天开半亩宫。三日群贤围讲席,他年不断杏花风。

参元播种龙南庄

万柳阴中带五溪,参元自题曰:"万柳五溪,二堰三梁深处。"沙堤春静度肩舆。

有畔[1]又到康衢上,花晚村村布谷啼。

黄 常江阴人

崇圣寺僧房

骥渚干戈几变迁,重游野寺景依然。释迦殿倚松萝月,扬子江连楚蜀天。灵鹊巢云存古迹,荒碑横草见余镌。残僧独有开贤志,煮茗[2]相延话昔年。

钱德洪余姚人,主政

同水南张先生孤山宴集兼呈炉山地主

张公有雅好,我幸江上逢。击棹竞朝渡,直蹑孤山峰。主人设嘉宴,樽罍来江风。海霞浴赤日,万里烟涛空。凭虚立危壑,旷望接鸿蒙。造化显图象,寓目皆天工。静对两无语,百川自归东。天声发岩底,听者凌寰穹。不知继游者,千载谁与同?

郊行访近斋先生

和风扇郊原,草树绿成绮。欣然出郭行,偶过柴桑里。新涨拍断堤,初荷覆幽渚。隔岸桔槔翻,垄畔歌声起。农夫馌茂阴,殷勤话晴雨。令拙民亦安,地僻俗犹美。高人川上居,开轩面流水。呼童具盘餐,相与论治理。日斜命驾归,炊烟满墟市?

题孤山

江屿蒙蒙接海潮,村中篱落午烟消。孤山登岸贤人集,好为[3]人间渡铁桥。

百里鳌峰镇地维,扶桑日上海潮归。江风莫信随波去,自有中流砥柱回。

百尺丹崖倚玉垒,手摩苍藓读成碑。何年仙子来游此,满地烟花散落晖。

---

[1] 有畔,嘉靖志卷七作"省耕"。

[2] 煮茗,底本作"著茗",据嘉靖志卷七改。

[3] 好为,底本作"好鸟",据嘉靖志卷七改。

独立孤峰沧海东,此身疑在碧霄宫。问津久有乘槎意,一任江涛驾远风。

刘光济邑人,尚书

觉宇黄明府邀登孤山燕集

孤峰突兀峙江浔,阅世浮生几陆沉。三月莺花堪载酒,一时冠盖此披襟。沧波浩渺迷蓬岛,香界迢遥出梵音。不是王乔飞舄下,那能春尽更招寻?

黄自任邑令

偕刘太宰孤山宴集

万顷沧溟一壁霾,千年胜脉几人同?蹑峤漫听尚书履,入座应吟茂叔风。济济儒绅霄汉外,熙熙春色闾阎中。自惭不及东阳令,敢拟风流落画工。

邓钦文邑人

偕刘太宰黄明府孤山宴集

沙村极望属残春,野色菲菲草树新。地尽东来山作柱,寺藏幽处水为邻。青天忽下王乔舄,白发惭参谢傅宾。胜赏一时冠盖集,和歌客与挹清尘。

朱正初邑人

偕刘太宰黄明府孤山宴集

屐齿追随兴未穷,山光云气远帆蒙。樽[1]前吴楚阑干外,日下扶桑指顾中。岩壑千年堪起色,弦歌一县尽乘风。无双自昔称江夏,把酒何嫌对上公。

潘　鹏

哭马沙巡检暨女玄奴

吴城仓卒苦遭兵,父女偕亡血污缨。三世名门生有种,一家忠节死谁旌?马洲废宅烟连树,延庆空祠月照茔。夙训阿符应有立,百年还看继芳声。

---

[1]　樽,底本缺,据康熙志卷十八补。

王叔杲邑令，永嘉人

夏日课士有作

清晨整车从，言迈文士场。群彦亦至止，奕奕罗门墙。较诚诚吾职，甄别顾非长。吴中号才薮，词翰锵琳琅。兹洲匪异土，岂负儒林芳？沮泽困鸿鹄，幽崖潜凤凰。宁无凌空翼，乘化将翱翔。造物秘玄理，通塞恒靡常。有志事竟成，士气当振扬。愧乏作人化，云汉徒为章。愿收桑榆功，一睹桃李光。

郊　行

新晴柳色暗郊东，揽辔乘闲出课农。案牍关心惭宦拙，催科无计愿年丰。正逢南陌新霑雨，喜报狼山已息烽。期月无能真窃禄，只将简静慰疲癃。

朱得之邑人，桐庐丞

邑宰枉顾失迎识谢

五柳门寒车马稀，渔樵相引过前溪。忽闻琴鹤云边响，将赐桑榆物外辉。省莳遑遑勤国计，忧时耿耿切民依。承平久不资岩穴，何事干旄倡古诗？

题孤山

兀立波涛无际中，根盘海底戴苍穹。两仪变化纷纷过，一气升沉默默通。聊补东南坤道缺，时瞻西北太微隆。茫茫宇宙闲经理，应与昆仑效协恭。

观涛和韵

海涛何事向山亭，声掩秋雷气掩星。万马横驰连地撼，银城平拥隔天青。须臾奇丽真堪羡，汩没鱼龙未易惺。老我东篱重九近，又惊鸿雁下寒汀。

孤山有感和韵

生近孤山五十年，一年一到尚茫然。传闻泰华□劳念，敌面风光不值钱。岩壁高悬寒依斗，长江四绕碧弥天。谁知不出庭除下，景物森森亦自妍。

王庭极

孤山望海

秦王鞭石石应裂，精卫填海海不竭。孤山兀突过青霄，一水瀇洄沉白日。翩跹笑入碧云端，颠狂醉扫苍崖壁。彷佛夜泛张骞槎，逍遥晓度王乔舄。蓬莱阆苑真有无，溵沉沧溟自空阔。君不见，安期生，羡门说，浪向人间传道术。古今高士慕神仙，谁服丹砂生羽翼？只见桑田几变更，浩浩江流频往复。

华　察 无锡人，学士

和咏江城八景 尚侍御见寄，赋此答赠

木落秋水净，澄江天共长。寒容映空霁，霜气破微茫。愤击中流楫，帘投外域香。停桡试登览，初日在扶桑。右长江汇流

突兀一峰秀，苍然薄太清。月明隔烟屿，云断见[1]秋坪。刹向中天落，潮从极浦生。雅怀同镇定，独坐对鸥盟。右孤山屹镇

登车聊问俗，鸡犬满江村。地僻行人少，民稠生事繁。晚田喧野雀，秋水到柴门。泽国宁忧旱，清霜落旧痕。右田庐星布

行行江上路，四望绝烽烟。弛禁幸不扰，罢兵逢有年。贩夫仍入市，戍卒尽归田。吉甫言旋日，宁忘六月篇？右烽堠烟消

使君心如水，到处见澄清。品擅中流胜，源从地底生。藻香文甃润，花影石阑平。行道河须测，长流济世名。右长安井冽

诸溪一何广，水涨觉潮平。沙净涵秋色，天空起夜声。乱流通巨浸，极浪拥孤城。何处乘槎客，遥闻箫鼓鸣。右诸港潮平

断碑荒藓合，岁月未全磨。圣迹怀先哲，方言辨俗讹。篆因风雨蚀，文字[2]鬼神呵。为惜沉埋久，停骖试一摩。右马沙遗碣

渔舟横别浦，时听夜榔鸣。带月行吟久，随风入梦清。寒沙惊宿雁，夕渚落秋英。浪迹何劳问，烟波寄此生。右渔浦鸣榔

---

[1] 见，底本作“是”，据嘉靖志卷七改。
[2] 文字，嘉靖志卷七作“文是”。

顾元庆吴郡人

孤山次壁间元人韵

寻山出廓不为遥，漠漠江田尽入潮。信宿恐违高士约，兹游真类小山招。月中磬寂禅心定，松际风生鹤梦摇。不见惊涛来溅佛，父老言：胜国时此山在江中。背岩一径已通樵。

童　佩[1]龙游人

登孤山和韵

沙堤廿里自忘遥，陟巘还听响夜潮。亭上春星知客到，海东玄鹤解人招。未论心逐江形远，却愧身同树影摇。趺坐欲随僧入定，松萝犹忆北山樵。

崇圣寺

香刹何岑寂，萧森满径昏。山僧半茅屋，江县一沙门。殿影侵濠水，钟声尽市喧。不因沈居士，那得梵书翻？

孤山僧舍次顾征士

灵丘与客到，芳草一尊开。笑指日出没，不知云往来。蜀江兹地尽，朔雁望中回。余欲寻圆桥，胡麻向此栽。

水国盘孤屿，何年化巨鳌？寺门翻海气，僧榻卧风涛。沙软轻麻屦，亭虚寒布袍。却为玄思溢，山月坐来高。

孙七政常熟人

寄靖江友人

遥闻沧浪上，幽胜别堪求。日出桃花岸，人居杜若洲。渡江输井税，并海接丹丘。那得逃虚客，相携弄白鸥。

---

[1]　童佩，嘉靖志卷七作"童珮"。

周天球吴郡人

怀沈鸿甫

山林蜚遁迹，蝉脱逸民风。齐物一机息，观心百妄空。白云闲几杖，青璧隐房栊。已与家长别，皈依只远公。

张　杲闽县人，教谕

秋日登孤山

江上孤峰剑划天，短亭落日隐长川。作宾鸿雁方纷至，薄树鸣蝉欲寂然。兴逐秋林寒有露，闲看野草静含烟。不堪幽思白云远，且进山僧一问玄。

观涛和韵

孤岛天开阔此亭，长沙中韵一流星。云霞海树千涛合，竹柳江村万户青。露湿荒苔僧钵冷，风吹罗袖客怀惺。松林四眺情何极，疑落蓬莱玉草汀。

朱以和高安人，训导

登孤山望海亭

石山孤耸海东亭，拟是当年天落星。浪拥云阴千岸绿，露含草色一帘青。风烟拂座曛秋醉，水月临台唤客惺。看尽人间忙里事，那知[1]鸥鸟立沙汀。

沈　奎江阴人，郎中

秋日与朱柱峰虚谷慎庵登孤山

烟浮空江四望收，振衣同上看江楼。乾坤千古浮孤屿，吴楚中流寄一洲。杯影细传岩畔菊，歌声轻散海门秋。即今天幻逢人杰，欲望云霄信宿留。

---

[1] 那知，嘉靖志卷七作"那如"。

陈体文江阴人

重登孤山

拳石江边维地灵,重来忽讶近颓龄。千邨新柳斗衣绿,数点遥山当酒青。壁已半无豪士咏,基犹曾忆旧时亭。马鸣日落又归去,春浅桃花未染猩。

沈翰卿

登孤山同天台周子

石门金阙路千盘,翠壁青萝万丈县。何处仙人吹玉笛,终朝狂客弄渔船。波心皎皎芙蓉月,天际冥冥琪树烟。不觉振衣凌绝顶,浩歌回首意茫然。

其二

仙岛逢君倾绿尊,山花满把插乌巾。紫云楼阁藏修景,白石渔樵浑野人。葛令丹丘今日否,卢敖玉杖此回新。松阴细听谈玄理,五岳何年更采真。

何　珍江阴人

题孤山

孤山矗矗耸长江,垒翠层青势远降。潮没蒹葭迷路雁,目斜鸥鸟送飞艭。三冬雪冻浮银瓮,几度云吞失翠幢。记得醉翁双眼阔,夜深不寐倚蓬窗。

张秉铎邑令,莆田人

长江汇流八景

天河倒徙入江流,洗尽东南两地愁。巴雪消来春水急,楚云飞落海门秋。星辰联络骊珠出,楼阁横空蜃气浮。芦苇月明闻铁笛,此中原是一仙洲。

孤山屹镇

沧桑变幻自何时,耸得擎天一柱奇。晓色初开周鼎旧,露华未彻汉台澌。建康百里分遥帜,东海无门锁犍巇。立马迟回经几度,令人空忆岘山碑。

田庐星布

江潮初落俯平沙,芦荻秋中百万家。夜界月明鸡犬静,晓钟烟破芋麻赊。柴门欹侧分流水,苔径迂回各落花。春来戴笠遥相问,曾遣儿童诵五车。

烽堠烟消

魏阙中天结彩云,和风吹暖到江渍。暮村歌入桑麻影,春社人闲麋鹿群。已讶伏波空标柱,漫劳细柳说能军。相如学得东封草,欲叩天阍孰与闻?

长安井冽

波涛四壁拥秋声,山下还怜一线澄。鹤羽影窥疑醮雪,梅花魂落暗寻盟。寒将风转驱烦暑,润逐云来净太清。借问山僧瓢饮去,道心秋月恰同明。

诸港潮平

吴楚东趋树渐贫,江天万顷总如银。轻鸥泛入桃花径,野艇横抛芦荻滨。醮尽柴门桥欲断,引来孤屿月同新。分明际得风波静,笑领邮亭问渡人。

马沙遗碣

欲说吴宫事已湮,马沙遗碣自嶙峋。孤贞不逐沧桑变,埋没还怜宇宙春。瑞拟河图惊海若,光联奎璧泣江神。不将化作丰城剑,来问张华博物人。

渔浦鸣榔

烟雨孤蓑昼欲寒,一声欸乃入江干。桃花不是秦时路,牛渚虚疑汉使翰。云卧竿头鱼已得,鸥迎莎底梦初宽。醒来弄得山前月,谁信风波世上难。

陈文燧邑令,临川人

初夏马沙纪事[1]

昔慕毗陵胜,漫携琴一张。惭无宓子雅,弹向水云乡。水云深且沃,如环抱海洋。文物今邹鲁,质朴古陶唐。柝静烽烟熄,帘垂夏日长。试登孤

---

[1] 初夏马沙纪事,万历志卷十二作"首夏驮沙纪事"。

山望，麦浪涌千箱。肩兹百里任，敢自恋居康？戴月巡阡陌，披云历旧疆。
粊髦连野老，停驺问雨旸。相亲更相戒，浚筑沴旱防。五材足兵食，九课寓
张皇。共言销锋镝，服耕稔稻粱。序惊龙见野，心仰雉驯桑。向当天厨贵，
弘开地主堂。薰风吹绣幰，野色上琳琅。日涉园成趣，时闻鸟奏簧。郡英
联洛社，五柳即陶庄。移棹穿云窦，烹鲜对锦舫。考亭清兴发，裂石妙歌狂。
歌余频大醻，伛指屡祯祥。使君来何暮，惠我福无方。和气称霄汉，零零天
乳瀼。一朝已呈瑞，五度信非常。不坠仙人掌，胡霑薜荔墙？萱凝冰玉润，
梅缀鼎羹香。玄穹劝忠孝，类应自伯阳。张公千载颂，金穗两岐黄。剖竹
重经祀，登宝再盈场。闾阎欢利赖，倪耄乐榆杨。殷勤为我述，颊赤衷惭惶。
驮沙偶然事，安足躧前芳？敢谓零陵政，只缘赵郡篁。况属疏狂客，才谫更
德凉。独怜邑高士，延卿参翱翔。僚友联鑣入，形迹两相忘。饮醇心自醉，
鼓吏任催忙。满引坐寒土，青藜几换光。出门各大笑，新月照罗裳。特此
酹明德，貂续纪循良。愿答升平世，赓歌湛露章。

为兰溪朱二尹赠别

海岱孕灵淑，耀为瑰玮姿。终古诞豪雄，声光映来兹。烨然紫芝秀，矫
若鸿渐仪。乃复有君侯，崛起丁熙时。清臞野鹤形，穆落超等夷。芳音振朱
弦，亮节比素丝。一朝被简命，来此江之湄。江之湄，茂草鞠。白日走大狼，
当途列荆朴。忽忽风扬沙，啾啾鬼夜哭。侯来迅扫群氛销，犹如皎月悬中宵。
虚堂迹绝怀金吏，频哦松下殊逍遥。狐不冯城鼠不社，大寒之后春阳飘。春
阳遍彻元气调，百昌怒发竞妖娆。中牟驯雉翼如绮，河阳满县花正娇。桃李
无言暖欲成，兰荪有韵香偏饶。潢池刀剑卖已尽，江澄匹练拭如镜。西胶轮
矢摩层霄，辛关仙浦浪花藻。桑林虔祷泽霶浃，三洲永奠生禾苗。黄童白叟
怡乐郊，联袂喧歌来暮谣。来暮复来暮，如何去又速？征书忽远翔，行行上
武昌。吴山树渐迥，楚水脉方长。吴山楚水望不极，棠阴处处皆堪忆。秋风
倏起白[1]蓣洲，欲挽仙舟留不得。几回目断南天云，泪滴晓梧清露浥。

---

[1]　以下"蓣洲"至"泪滴晓梧清露浥"，底本缺卷十六的第四十五、四十六页，本诗文字据万历志卷
十二补全。

【前缺】陈　烁邑人

仙洞口

天开图画许谁描,石磴烟萝寄兴饶。促酒传杯凭错落,披襟露顶欲扶摇。江空恍见鸥夷老,洞暝俄临王子乔。歌上前岩行复坐,不知身世几层霄。

雨霁重游

人人登眺爱芳菲,到我寻山绿已肥。解意流莺穿细柳,多情飞絮点轻衣。雨开久晦山容丽,天纵重盟霁色晖。曲磴悬崖酬历遍,残阳西匿竟忘归。

易东桂

中秋夜舟中邀月独饮

推窗邀月赏孤汀,野水寒烟分外清。万里此天同皎洁,百年身世几浮萍。兴来有酌樽堪倒,诗到无俦句谩停。遥忆美人孤岛外,此宵良约共谁论?

洪太白

登孤山

造化何尝借六丁,蓬莱分得一卷青。气涵大块无浮玉,天吐精英有落星。平楚山光过白埭,吞吴潮势激沧溟。登临豪杰同今古,鱼鸟烟花几醉醒。

郑少谷

孤山寄太白山人

为问山人孙太初,交情岁晚莫教疏。孤山梅萼[1]春相恼,满地松苓日自锄。江夏肯容祢处士,茂陵初卧马相如。知君不废苕溪钓,书帛能无寄鲤鱼?

---

[1]　梅萼,底本作"海萼",据万历志卷十二改。

王穉登

游孤山

孤岛水东西，蒹葭泽国齐。田形周井字，山邑汉九泥。马种千金尽，鸡声一县啼。桃花虽欲看，豫恐后人迷。

数仞翠微钟，山门竹影重。已无他别障，惟见一孤峰。地瘦僧如鹤，云生寺有龙。江东丘壑近，隔水见芙蓉。

孤山玩月十绝

银涛片片雪重重，秋霭细缊傍短笻。数点寒山一轮月，青铜镜里绿芙蓉。

雾拥孤轮出海门，一丝才灭作宵痕。可怜江上载[1]生魄，正自闺中欲断魂。

树里秋涛浸佛灯，晚鸦飞尽月初升。江郎笔上花犹在，欲向秋风赋广陵。

江流清浅半含沙，雨洗青天烂漫霞。试望婵娟何处是，水晶宫殿隔桃花。

丛桂浮香玉露零，乱峰高下刺天青。从他月里多乌鹊，输尔筵前有鹡鸰。

莲花社与稻畦通，故老曾看在水中。沧海若教俱变陆，寒山一路接蟾宫。

扬州西望隔沧波，花下楼台月下歌。好借清光骑鹤去，买将红袖斗长娥。

苴茅桑田海半枯，浮岚一点月模糊。彭郎欲嫁何时嫁，此地依稀似小姑。

千顷寒波看月生，半江微暗半江明。小僧手种门前树，曾见潮痕与树平。

山如翠黛海如银，草满荒台露满身。一曲清歌天半落，月中愁杀渡江人。

【前缺】赵应旂[2]

江水日东倾，层波递相续。分流绕中洲，四壁环清玉。　右长江汇流

席卷江皋地，突兀一峰间。登岸冯谁挽，莫亦是飞来。　右孤山屹镇

漠漠桑麻野，丛丛水竹居。黄梅三日雨，千耦事耕锄。　右田庐星布

人烟连广陌，烽烟久不惊。野闲桑柘影，风送牧歌声。　右烽堠烟消

陆羽经题处，何如此水奇。一泓清碧泻，点点沁诗脾。　右长安井洌

绕县皆为港，潮来与岸平。晴翻鸥鹭影，静听桔槔声。　右诸港潮平

---

[1]　以下"生魄"至"月中愁杀渡江人"，底本下缺卷十六的第四十九、五十页，据万历志卷十二补。

[2]　本篇十四首，作者赵应旂，底本缺《长江汇流》一首，据万历志卷十二补。康熙志卷十八总题为《牧城八景》，收录其中八首。

洗净一片石,豁开千载讹。讹真那得辨,古谶误人多。右马沙遗碣

江上潮初白,山头云正多。不见渔人艇,惟闻放棹歌。右渔浦鸣榔

东望极沧茫,熹微逗赤光。一轮阳谷起,忽已挂扶桑。右海门宾日

不因风作势,波臣逐岸来。皑如山顶雪,声震六丁雷。右扬子秋涛

挂帆夕照里,正好下深洪。不怕排空浪,还呼到岸风。右沙屿晚渡

捕鱼江上去,黄昏尚未归。一灯沙嘴出,隐约见余辉。右骥渚渔灯

地辟紫薇新,名仍赤乌故。桑沧几变迁,沙头望烟树。右紫薇烟树

万籁凉宵寂,疏风入梦清。江城萧寺里,隐隐度钟声。右崇圣钟声

朱一冯泰兴人,中丞

游孤山

翠微百尺涌江头,蹑屐扪萝快此游。石磴徒悬苔缝合,梵钟遥度鸟声幽。千帆影外群山拱,万里流中一柱浮。薄暮月明天似水,坐来凉气浸高楼。

其 二

突兀孤峦阗梵宫,昔传延令峙为雄。峰还北向名空在,地转南来胜亦同。游客虚□□□□,□□应识避愚公,登临不尽沧桑感,□□□□□□□。

何乔远晋江人,侍郎

赠华严庵禅僧

江心开寺不崔嵬,宛似文殊百尺台。高足大师多楚产,真传原出自黄梅。小麦黄时竹正长,小穿密牖坐清凉。旃檀檐葡是何物,双树能如此竹长。

朱家模邑人,太学生

江上行次高太史季迪吴趋行韵

余本江上士,效歌江上行。白马启江祥,骥渚从此名。紫薇赤乌碣,黄垆白杨城。篱落遍川原,陂堤纷纵横。粤昔鲸鲵波,曾莅天戈平。邑肇滕公昭,百雉文教成。干云万卷楼,松雪开伏祯。绍兹户诗书,琳琅蔚豪英。心性衍圣泽,翰藻蜚贤声。方驾今古侔,光照东西京。俗醇终无浇,桑麻犹

著称。钗此具大凡,备举虞夸盈。

迎恩亭靖旧有是亭,夷于草莽久矣,邑侯赵公重建

江亭高映五云端,岁拥龙旐恩露繁。诏下层霄丹凤翥,班联肃珮紫貂冠。从来清跸疑宫草,今日鸿仪睹汉官。只尺天威千古重,迎軿还向焕轮看。

滕公祠公讳昭,河南人,官至礼部尚书。初巡抚江南[1],疏请建邑为靖江。
种种经制,皆裁于公,厥造宏矣。赵[2]侯始筑祠之

江云漠漠草蓠离,谁念尚书肇造时。天启循良熙茂绩,人追功德茸芳祠。千章林插惊虹构,五色辞题飞白碑。从此春秋绵血食,棠阴深处祝君厘。

赵公堤乃邑官渡口,江深滩泞,渡者病涉,所从来远矣。
侯悯之,捐俸垒石为堤,民诵德焉

年年人语沸江声,筑插中流古渡平。烟水映空虹正偃,浪花飞雪蜃初惊。泊来沙际官堤近,人到矶头画舫轻。为说自今无厉涉,临涯应诵赵公营。

严启祯邑人

登元峰四望江练

弹丸秀孤峰,登览一开襟。此江接蓬海,舔来无所冯。故老传前迹,宿昔方漂沉。跞巇附原隰,悠悠万古心。麻姑谈水浅,三回不可寻。而我非变化,胡为践苍岑?苍岑还素练,绿野逗丹青。远色洵可怀,幽芳亦在衽。对酌邀欢笑,遥空唶知音。江河飚已逝,年貌更谁论?援笔忽三叫,蜉蝣入古今。

孤山最后绝壁

扪空云尚迥,望海水还迎。襟裾临风断,筇端蹑履惊。危生抑何苦,徬徨名利轻。壁立万仞强,振衣谁复京?我侣当徘徊,此地方嵘峥。

---

[1]　南,底本无,据康熙志卷十八补。
[2]　赵,底本作"谓",据康熙志卷十八改。

朱家楫邑人,永丰令

观 涛

百丈潮头远接天,一来万顷淼无边。层层作势奔秋壑,滚滚乘风逐晚烟。鲛室恍闻鼍鼓震,蜃楼时见雪花旋。鲸鲵飞舞浮巅上,笑杀蛙游井底泉。

草堂读书四时咏

槛外飘红过眼频,阶除睨睕鸟声新。主人取次看书罢,识认当前总是春。
重树垂阴昼日长,竹窗初烬一炉香。科头兀坐青苔径,却有松风好纳凉。
金风乍试最宜人,清绝窝中半点尘。欲拟楚驿浑未就,一池月色皎如新。
冻云销尽雪晴新,冰练凝寒已向晨。报是蚤梅春半露,动人诗兴最精神。

偕兆斗玉师登山依韵

轻红浅碧簇江堤,晴旭春山政好跻。蹑屐并游皆俊秀,开筵行酒错高低。花明远浦村村烂,鸟适疏林款款啼。领取流光须尽醉,不妨归去路冥迷。

赠兰溪朱少尹

海岱钟灵异,江城溥惠风。堂疑宓子邑,琴是峄阳桐。佐政才偏茂,清标誉政融。只愁双凫下,应不听哦松。

泮水通渠

九转飞流一路通,漫萦清玉绕黉宫。欲知心事冰壶湛,只在源源活水中。

环黉朱栅

朱阑曲曲绕宫墙,新构规模异昔装。阛里尽栽桃李树,伫看花发满庭香。

滕公祠

济济衣冠上国光,江城花满胜河阳。开疆不是滕巡抚,撮尔还夷草莽乡。

迎恩亭

亭拥官路锁高槐,会见丝纶到土台。昨夜春风逗消息,满城花柳一齐开。

憩　亭

江皋觅渡水声淙，不见开船意欲佣。岸上新亭好风景，何妨坐坐且从容。

玉垒岗

凭城北望俯荒沙，峻起层层数亩赊。经始自兹夸胜积，池年应种满山花。

楞严庵

境隔红尘别样清，风从花里度经声。扃扉拥榻陪僧坐，只此虚闲是化城。

利涉桥

路当直北近孤山，三烈祠前水一湾。架就石梁飞涧出，长虹俯首吸潺湲。

桑田四起

今古沧桑几变迁，偏兹式廓迥袤延。西陲径走维扬道，隔水诸沙尽接联。

捕　蝻

一奚一骑下江乡，为捕遗蝻蚤夜忙。履亩尽搜九十石，逢年应获万斯厢。时捕蝗九十石送郡。

五月晦日蝗来蔽天有两龙降风卷立尽

双龙并下冷风飔，解却江城万户愁。蔽日飞蝗销半晷，盈畴禾黍茂三秋。

偕礼所张二守孤山宴集

绛节行游处，春风太近人。千村花欲笑，夹路草成茵。谋野忧民瘵，追欢喜俗淳。山灵欣有托，日日听车辚。

沧海浮东极，涵虚接远天。潮平千顷碧，月涌一轮圆。迥树云中合，闲鸥沙上眠。行看霈被浹，酥雨润桑田。

尹嘉宾江阴人

沙屿晚渡

家住马驮沙,惯从鹅鼻渡。江头酒未醒,那怕晚风怒。

孤山钓月

孤山一卷石,东对大江开。潮平月可掇,好放钓船来。

朱家栋邑人,镇江授

岁荒吟

予邑住在江之浒,来牟便是养生主。秋成有米办官粮,男婚女嫁经营苦。贫家尚欲赎冬衣,债主登门谁敢忤?那有赢余备岁凶,那敢浪费安环堵。去年收麦雨正来,大麦红腐不堪煮。小麦刈来积场头,旋得芽长青尺许。旱收在囷如火蒸,化为小蝶飞栩栩。妇子辛勤磨作糜,不堪下喉还复吐。入梅喜得天晴明,无端旱魃苦相侵。先莳禾苗尽枯死,原田无水难下耕。一晴六十有余日,潮涸沟干田龟裂。犹幸秋来天降霖,死苗根下又抽新。竭力戽水兼耘耔,亩收三斛少奇零。办得官税还得债,家中能有几何存?岁尽粮亦尽,元旦乏晨飧。二月三月益艰难,时炊野菜不去根。若个出来无菜色,若个脸上有精神?满眼望四月,有麦可趁青。清明下雨愁我心,十日天阴麦尽瘟。一到麦秋时,滂沱日夜倾。高田似太湖,低田似洞庭。麦沉涝水中,一如荇与莼。去年麦少今更甚,况无宿米度朝昏。旱魃已惯来,莳秧复作眚。黄白叩上天,上天不做声。海若大震怒,纠合飓母翻乾坤。狂涛接天高,泽雨如倾盆。太华可崩摧,两间黑冥冥。东邻西舍一时没,极力喊叫谁与闻?明朝风力减,海潮亦稍平。浮尸高下来,随趁鲸鲵下沧溟。也有巢栖高树巅,也有系腰绿杨边。雨淋浪打无休息,悬系一命殊可怜。潮退泥中觅余粮,那得星星燧火燃?露处妇子哭哀哀,落涛滚滚声磅湃。高陵深谷一朝变,岂止田卒成污莱?旁有耳禾长,人人庆有生。月半一潮淹得绝,更有蝗螟来啖吞。薨薨蔽天飞,集下草不遗。三灾并一年,愁杀周余黎。壮者散四方,老弱填沟渠。恶少横池学弄兵,江洋一伙千余人。乡村夜夜枹鼓鸣,国门之外便横行。还说攻城并略地,不做落草小强人。嫠妇恤其纬,尔我可寒心。隆庆之间亦有潮,此时稻犹未作苞。虽曰荒时荒不尽,那若今年一望焦?彼时官府体面好,带得灾民控当道。官民一时涕泪哀,当道驰章上帝台。捐租发赈下[1]恩诏,万姓鼓舞欢如雷。如今官府忧国贫,不管百姓死与生。催科称最是尽职,谁于扸字肯留神?我闻食为民天,国依于民,竭泽而渔,反裘负薪。古人有是言,三复当自醒。【后缺】

---

[1]　以下"恩诏"至"三复当自醒",底本缺卷十六的第六十一页,据康熙志卷十八补全。

靖江县志卷之十七

艺 文

诗

陈函辉字木叔

入 靖有小引

辉以丙子孟夏廿有七日,赴靖江令。此中十年荒潦,寥寥数百什家,民穷未起,野惟青草而已。比来考功法,视其征催完缺额,吏无弗鞭朴以求迁叙。再者,虏寇未平,加派四出,石壕、钟陵之咏,岂待泣诸古人乎?辉奉命守兹土,积逋如波涌山积,镌秩纪屏,唯天子使,顾无敢奉符牒以乱檐菷者。守官静以安人,此小臣事也。因于初至,赋诗见志,敢曰遽以告哀。

驱车绿水滨,敢卑十室邑。古县每种花,平芜草人立。我闻数载来,凶祲满原隰。石田土未丰,畲田农或涩。肃雁徒哀垣,神龙难起蛰。此皆令之罪,敢不勉柔辑?顾此黑子区,夜半疮痍泣。穷荒蛋人都,赋役累累萦。彩谷磬诛求,何以慰乃粒?搜括纷然兴,剜填靡自给。高位赖仁者,嘘慈调燥湿。符节小令持,征檄上官急。所重在民命,宁复顾镌级。一分拜君赐,一夫培国诣。问禁兼省方,始至中岌岌。虽未离铅椠,其敢恋笥笈。刍牧身已赓,惟有荷蓑笠。试读哲人诗,劳来与安集。

谒　庙有小引

令下车首谒庙。靖文庙创自成、弘,梁木颓然,已不能无鼎新之望。顾向者草昧初开,连茹不乏,而比转叹寂寥于贤路,岂吾道榛芜与学殖尽落邪?抑上无云汉菁阿之化,以渐被振励之而使然也?辉莅任之次日,拜先夫子而心伤之,祈焉祷焉,如赛力田。晋诸子襈而董策焉,是必有丰年乎?系之以诗,如望岁焉。

天之未丧文,惟善以为宝。千里绝空群,十室视丰草。洪范存裔夷,立邑无荒岛。靖自有吴来,文字迹如扫[1]。远隔大江外,衣租而食稻。追乎风气开,词澜始生藻。绣虎时在坛,绂麟或应祷。成人锐必坚,□拜[2]慧庸早。教化之所渐,歌德歌有造。三戟门相望,鲁貊阀可考。如何念余年,士半岩穴[3]槁。蒲轮少伏生[4],芸阁多梁灏。俟河清难期,奇服羞用老。长令方下车[5],问籍中如捣。皇纮正广罗,髦硕淹凤抱。再拜[6]吁尼山,稽首向空浩。愿映星郎乾,愿起马骨蓰。七阳戈愿迟,鸡林价愿早。愿得鬼神怜,柳汁染袍袄[7]。愿生攻苦志,墨帐豫搜讨。祈请岂空言,就正赖有道[8]。素丝何用悲,顷刻辨朱皂。流光喻隙驹,日月速嗟懊。努力崇迈征,树基先拂澡。

马驮沙—名骥渚。有小引

靖自吴大帝时始成洲,盖圉人蕃牧之地,故名骥焉。相沿立一埭守之,成化七年始改县,直可谓草昧建侯耳。辉捧檄来是中,简书可畏也,瘠土可怀也。怵而作诗。

良牧不病刍,良马不爱秣。朽索御天下,一方慎宰割。邦本民之心,厘举皆厥末。孤城荒草深,近市艰作活。十年蛋君都,支祈挟旱魃。石畬半

[1] 扫,底本作“妇”,据《选寒光集》卷一改。
[2] □拜,底本漫漶,“拜”前一字不可辨。《选寒光集》卷一作“小子”。
[3] 岩穴,底本作“岩空”,据《选寒光集》卷一改。
[4] 伏生,底本作“伏袄”,据《选寒光集》卷一改。
[5] 下车,底本作“有车”,据《选寒光集》卷一改。
[6] 再拜,底本作“再子”,据《选寒光集》卷一改。
[7] 袍袄,底本作“袍生”,据《选寒光集》卷一改。
[8] 有道,底本作“下道”,据《选寒光集》卷一改。

褵凶,穷户死搜括。寡妪路傍号,诛求老图庥。青青子襟子,五月犹被褐。奉命长岛中,下车增惨怛。委吏与乘田,何以副审佶? 既愧宓子堂,敢歌召公茇。安靖矢素心,先祛众谗诟。良族共此庖,铅刀效一铦。神驹起渥洼,千里亦腾越。

初奉催檄有小引

入靖不数日,催檄如雨点下,取视之,皆旧逋也。江南民力竭矣! 前乎此者,靡留余于下土。新令无填剜法,唯有仰屋而叹,以静听褫削而已。感次山之独悲,伤子美之同赋,荒墟罄室,勉矢守官,感而咏之,以谨征缮。

辽凶蛊未瘳,寇氛屯正欤。干戈满四海,智愚共千虑。空有六宬箴,亦闻十渐疏。马力固云竭,起问东野御。吁嗟溯祸本,搜榷兼补助。百逋责一官,官来逋未去。前人之阅此,以为传舍署。剜肉疮已枯,抱丝谷安豫。滥竽愧短材,努力守忠恕。十日九檄催,国书得无遽。帑藏久罄如,闾阎叹空庶。经济纵凤藏,何繇借前箸?

守　官有小引

辉承乏荒江,不半年所,而更调之檄数至,岂真以令也才? 不过欲遗之艰大,试厥盘错,驽马负盐车而登太行,伊可虑也。赖靖之士绅父老,遮道留使君,如申包胥哭于秦庭。诸当事念其吁呼,得允所请。予愧奖借隆于上人,卧抚负于下土,不素餐兮,何以畀之? 乃作是诗。

张官如置器,唯其所布之。一民亦难狃,而况荒岛黎? 尸素鬼有责,旷鳏鱼将嘻。格哉先哲训,弗以小不为。靖虽五十里,土瘠俗久疲。哀鸿正在野,骇鳄未远移。十室九罄悬,挥涕靡寸裨。谷丝环相迫,疮肉痛独贻。今自莅兹土,疾苦询叟耆。只有安静[1]心,弊祛福可提。廉吏拙自守,谫寸陋更宜。父老信其上,自我歌居居。先世清白谱,辄畏人所知。不谓刍狗质,误受丹铅推。题材于爨下,顾驽以喘踶。终岁檄五至,艰大相加遗。短绠而深汲,覆𫗧欲贻谁? 尺书驰长吏,长跪三致辞。士故各有志,守官敢自欺? 况从去秋后,羼躯困支离。胸既藏二竖,鬓复织两丝。南阮贫无裤,日服参与芪。

---

[1]　安静,《选寒光集》卷一作"安靖"。

以此励臣朔,五斗宁乐饥。百姓敦亲长,亦复恋恩私。愿言借寇君,卧辙且筑碑。仁风既再见,古意殆未漓。庶几少罪戾,兼以永抚绥。三徙名岂成,将无类奕棋。当路赖知己,慨然坚执持。自今矢初志,或不泣路岐。

和王元吉望孤山韵

三山不可见,所见水天淼。中有幽人峰,静峙江之杪。鹤去小艇横,龙归夜堂晓。扶桑隔日东,云物接茫杳。一蠡呼帝灵,片峦蹑荒徼。余家西子湖,逋翁亦表表。梅魂浮暗香,姑射烟鬟缈。此地符佳名,夙梦先为兆。素心何敢刊,负乘增内悄。倦鸟翼孤云,独映岚光袅。

和悯蝗诗并小引

靖僻处荒岛外,十稔而九祲。自辉下车,邀天之灵,民始连岁歌塘栖。今兹戊也[1],夏亢旱,闻天子以漕艘稽,遣使祷海神。俄报海水涨溢,小邑复病潦。谊哭侠图,靡叩阍而请命。不谓仲秋五之日,蝗自北入阴沙界,抢攘络绎,绵亘百余里。分其半介而[2]疾风过灌坛,如昆阳逐猛兽,瓦屋皆震。白日昼昏,玄蛟人立,杖叟纬萝,野哭之声沸鼎。辉履及寝门,拊膺吁帝,愿以六尺委壑三尸,为小民赎寸土。嗟乎!黑风乍转,青野已枯,恐江南自此有介孽矣。诘朝,同社郑雪子、李端木作诗纪变,辉倚韵垂涕和之,魂怦怦乎如犹在呼祷中也。尚冀有心者共悯之。

春畴慎农事,征诗奏葭茁。旷瘝古所戒,荏苒历初吉。亦欲希陶令,公田每种秫。瘠土与愿违,耕凿未遑悉。十年九报俭,下车询苦疾。太息道州咏,守官听诃黜。幽之警螽斯,唐之戒蟋蟀。牧圉岂苟然,肩负求良匹。今岁愆雨旸,泽恒厘幽屋。金气乍司令,狂飙肆漻溧。如将百万兵,其势何奔轶。肃肃介而羽,祲氛障赤日。钲鼓动地鸣,甲光夺镰铚。逃雨将焉之,藏奸莫殚诘。头目挟金距,胁从互相率。千家野哭声,妇子魄骤失。哀哉此孑遗,俄顷困藿荙。末繇借炎火,安冀歌塘栖。天网不可张,刑法无乃密。外灾宋亦书,奇渗烦史笔。逆则召戈铤,凶乃甘镬锧。愿将剖腹藏,靡能嗔目叱。

---

[1] 也,康熙志卷十八作"寅"。

[2] 分其半介而,《选寒光集》卷一后有"疾驱,如钱塘破朝那陈,如龙女"等字。

嗟嗟蛋人乡，窭圭而门荜。旱魃助孳虫，赋税安自出？陇荒京兆阡，春乏侍御比。暴风经灌坛，江水起溢溢。蟊贼自天降，其敢忘国恤？民方艰一饱，靡膂念芬馤。大军兆凶年，疮痍声唧唧。投畀吁有昊，下土望阴骘。惊心彻四郊，僇力追窜逸。倘留寒谷黍，何啻吹暖律？蚕[1]食余几何，所冀沸再栉。一茎亦血膏，片饷残递驲。露坐公沙躬，星驻何厂术？两者均失据，拊膺徒陨栗。牟密与西阳，禳感功则一。善言荧惑退，盛事闻吞蛭。安得流民图，少苏百里室。填殂血已枯，臣罪惭委质。

蝗曰介孽志异也诗以叹之

作吏受牧刍，志曰牛羊茁。学道遵圣训，莞刀强循吉。三载苦旱荒，肥蠡焚黍秝。济物本吾性，徽缠非所悉。食毛知土贫，心恻身为疾。况值催檄频，恒挤遭谴黜。俭岁鲜鸡豚，康工歌蟋蟀。夷犹涉江介，怅望吴门匹。勉为辍茧丝，慰此蓬茅屋。忆昨雪候愆，三冬少凛溧。占是介孽征，安得生屈轶？借以触邪沴，毋令骄白日。荏苒逾季秋，田畯将获铚。何当[2]忽漫空，纷不可致诘。列阵自北来，队伍疑统率。骤雨倾天瓢，过鸟惊相失。上飞若屯云，下据同采蕨。数殂多于鱼，相煦比以栉。我阅河[3]图篇，政暴而网密。应则蟊贼滋，诗史有直笔。倘可移我躬，如饴甘斧锧。将无怒失平，不自知咤叱。解泽本自上，弗克逮蓬荜。在公共循省，闭阁时寡出。咏彼伐檀章，病色文成比。乍惊波涛响，两耳沸鼎溢。天地亘仓皇，老稚自哀恤。奋袂适广衢，当食宁思馤。原隰冒阴氛，四野鸣啾唧。良农事蓑蓑，阴受上帝骘。惰者神所裼，掠剩罚无逸。是皆隶不前，敢以微宽律。匍匐叩穹苍，愿留此颖栉。幸矣离哉翻，飘飘倏过驲。讵畏飞鸟餐，岂避禁蚊术？望远势转骄，渐近心逾栗。须臾冥晦阁，寥天雁行一。投林漫号猿，入水竞化蛭。一去不复还，堆积填蛟室。赖君磨盾文，使我谢还质。

---

[1] 蚕，底本原为墨钉，据《选寒光集》卷一补。
[2] 何当，底本作"何堂"，据《选寒光集》卷一改。
[3] 阅河，底本作"测何"，据《选寒光集》卷一改。

蝗诗纪异并小引

戊寅秋仲五日，蝗自西北来，群飞蔽空，江外令叩天哀吁，遂随风散佚。后乎此者，未可料也。郑雪子学博有诗纪异，依韵和之。

春秋十月螽，灾纪应则未。胥雅诅四虫，饕名旧鼎沸。生杀惟天行，厥明在贪蔽。或言鱼卵化，共骇介虫至。曾传幻作蝶，何当聚如蚁。毒肠本善饥，原隰俄伐翠。轰轰随战鼙，一望杳无际。此孽逾兵火，所过必破碎。讵惟田畯愁，妇子争含泪。吾读五行传，刑虐感昊帝。身赤为儒绅，头赤乃武卫。私种入西园，何以药民瘵？不闻飞坠海，早见穴出地。独有上苑吞，爱民忘肝肺。九江散不集，外黄丰不瘁。鄮县特过驿，茂陵亦返辔。安得明星屋，坐消百六气。嗟此黑子邦，连哆明昭赐。严雪自何来，瓜瓠将焉避？似闻福椽言，不驱先自去。令也奋踽踪，誓愿厘窳弊。颍川未下凰，中牟难狎雉。行县少督邮，膏雨曷[1]不注？鞭空遁黠螭，奔陌喘渴骥。犹眄秋雨来，四郊铺秀穗。虽非德胜妖，计捕更不易。若或留须臾，尚忍说抚字。不忆永兴年，食国三十二。责讵偿已饥，灾敢幸他被？所愧痌瘝身，犹作催科吏。未赋上林颂，终耻石壕句。却烦梵字书，用志虫天异。【后缺】

吏隐荒江早秋病甚剧一上人持缘簿远来予笑而不答赋诗送之

萧然僧作宦，复有一僧来。打破寒山石，为师说法台。宪因辞粟病，陶以折腰回。静悟无生旨，江城闻落梅。

写却僧田疏，难医一个贫。官闲门似水，阁冷草为茵。金粟称前辈，江沙类逐臣。病余长物尽，刚剩给孤身。

舟中见雨螽感咏

羯鼓村村闹，螽旗阵阵雄。闻随御史雨，时各台俱步祷。原[2]借大王风。俭国偏丰罚，凶年恐伏戎。寄元何必咏，涕泪为民穷。

---

[1] “不注”至“用志虫天异”，底本缺卷十七的第十一至十四页，本诗据《选寒光集》卷一补全。

[2] 原，《选寒光集》卷三作“愿”。

开团河七十二港成时水道久淹蝗后民无食以云救也春仲策蹇观厥成喜而有赋

桑田断岸已成垮,七十二堤谁下莰? 吏小忧深瓠子国,春残步出杏花郊。以邻为壑道非貊,微禹其鱼吾岂匏? 不用玄圭烦帝锡,治河臣亦代君庖。

又

颇虑新畲奏柞莰,河渠书亦系民岩。公田尽种有收秋,小艇都张无恙帆。颂夏只歌明德远,敦商应纪厥功咸。一冬畬锸供荒食,黄叶儿啼且救馋。

新河诗余止一唱彦方令则各和四首孟夏邀同戴安如严广舆张草臣泛棹追叙雅怀再为补作

研田俭岁亦生垮,浣笔池前峙野莰。三绝有花封彩笔,百忧如草满荒郊。陶家葬我时携锸,鲁酒同人亦用匏。马渚凫茵新拜敕,水嬉聊与试寒庖。

又

非其种者早夷莰,灌口书功拟筑岩。丛桂作招羁短组,木兰邀客试轻帆。能游退谷先输结,每触屏风反愧咸。家近鉴湖身宦海,坐看垂钓落空馋。

再和前题答郑雪子

济则君灵岂病垮,平芜乍见长苇莰。千村种柳希元亮,一日看花笑孟郊。覆𫗧久讥无足鼎,蹇裳方愧不材匏。乘流欲问支机石,只少仙家六甲庖。

又

孤屿栽桃也教莰,青来何必竞千岩? 蛋君作牧州为马,鸥伴题诗笔有帆。一片烟波迷翠黛,数声欸乃杂英咸。乐饥莫笑莱芜釜,买得河鱼慰老馋。

河诗舟行复得二首寄彦方令则一笑

桧小无讥政亦垮,下泉兴叹到寒莰。中原战苦皆空垒,此地春深岂乐郊? 封比木奴千树橘,唱闻渔父八音匏。伐檀河水思君子,一割铅刀耻族庖。

又

野田蔓草未能芟,避俗宁须置壑岩? 绝塞风烟惊半壁,长江雪浪点孤帆。忧时有句称臣甫,作达何人许阿咸? 多病比来瓶粟尽,不将疑义救清馋。

己卯孟夏蝗孽复炽捧尺檄驱捕日过野寺中偶忆坡公捕蝗至
浮云岭忆弟诗感而和之

麦秋至矣望成虚,赤孽传烽乍扫如。汉法岂能容丑类,兵家先欲剪魁渠。穷荒忽降旄头檄,恶札疑钩蚕尾书。沴气流行何蔑有,不应日甲下扶余。

又

荒江星月值孤虚,客岁流灾今复如。蔓则难图非我种,飞而欲食总因渠。清时岂布青苗法,瘠邑难求白泽书。欲念穹苍无膂力,空将双泪泣周余[1]。

偶到界河为岳武穆徙阴沙故地时虏骑深入兼闻督师战殁有感

阴沙旧戍尽飞灰,一望闲田半草莱。大将灵旗犹北指,胡儿战马正南来。中原共洒新亭泪,江左谁称管子才? 空有出师前后表,几将长剑洗龙堆。

仲秋二十有七日捧檄入闱夙戒就道

蛋君吏隐不知秋,较艺时登青立楼。为市龙媒衔得马,曾探虎子目无牛。战袍着老求初服,农具抛荒问早畴。欲颂贤臣酬夙夜,楼船早已近中流。

以筮得分阅麟经因感旧业

志在春秋行孝经,东家笔削有遗型。灶前子慎曾呼字,桥下康成欲偃形。书簏只怜沾夜雨,草堂犹忆带春星。当年蠹本空灾木,旧业难亡[2]问鲤庭。

---

[1] 空将双泪泣周余,底本无,据《选寒光集》卷四补。

[2] 难亡,《选寒光集》卷四作"难忘"。

靖三十年未登贤书予丙子下车始得王子昆白是秋正榜者三副车者一皆知名士[1]作诗志喜

尔牧来思已四年，服襄谁是九方歅。名高卢骆王杨外，相在骊黄牝牡先。称德自应推骥也[2]，策勋早可勒燕然。蓁薤必有丰年报，莫笑荒沙尽石田。

仲春朔水军自江口并进小丑抗行一鼓歼之生擒者三十予援枰督战口占贾勇

带甲长驱下海隅，黑云乘晓压飞凫。貔貅队拥驱风伯，鹅鹳营连调海符。超距不须催后劲，倒戈遥已看前徒。澄江乍骇如丹沸，洗剑欢腾雁子都。

又

惊波海怪谩潜逃，蠹下斜悬七宝刀。驰小西飞迎虎贲，坐中军帐运龙韬。成功以告唯三矢，半渡方擒岂二毛？白昼如霆呼大捷，萧萧落日映征袍。

贼平分遣水军防汛自澜港段山洪下逮海口皆设戍焉春暮临江即事用纪始末

横江列槛壮干城，暂偃旌旗息鼓声。白羽一挥方斩鳄，黄柑三月又听莺。不教孟获窥南服，肯使匈奴犯北平。王幕扫空非易事，何人阙下请长缨？

渡江归骥渚舟次述怀[3]放言效白

大江狎主共阳侯，手板投人似委裘。一月浑无一笑口，百忙兼有百低头。悔将竹径都荒蒋，聊用蒲鞭暂效刘。见说督邮烦束带，乘纶空羡旧鱼钩。

---

[1] 以下"作诗志喜"至下诗诗题"一鼓歼"，底本缺卷十七的第十九、二十页，据《选寒光集》卷四补全。

[2] 骥也，康熙志卷十八作"骥北"。

[3] 怀，底本原为墨钉，据《选寒光集》卷四补。

骥渚范氏旧有文官花一株五色并开辛稼轩作词咏之遂集诸名迹作跋丁丑冬郡丞乾修出卷见示为走笔和韵

从来[1]芳树本多奇,留得声歌谱艳姿。旧赐掌茎还沐露,新裁庭玉几垂丝。尝疑瑞霭和烟集,时有芳菲傍晓披。彷彿句中辛稼老,年年檀板唱高枝。

重建马洲书院将以较士和前令君王元吉韵有小引

靖为古吴牧地,歌《驷》焉[2],洲上皆荒草,迨我朝改而树人。成化后,云锦成群,或在天路。予考旧志,有书院名马洲,肇自胜国,而渐入于豪有力者,并其址淹没之。因相土在离,前令赵始创宝纶堂,而辉以广其制,建阁建祠,仰我高山,造我及门。暇日过而乐成,和以志喜。

马骨燕台贵,龙光鲁殿存。草丰恒十室,花放岂孤村? 近海桃之浪,成蹊李在门。称诗歌閟泮,讲易赞乾坤。不有遗书衍,安知古道尊? 回澜一柱砥,赴壑百川奔。匠石村粗集,诸生业细论。德闲严出入,贤路辨昭昏。渐辟荒榛径,遥寻泗杏源。菁菁终有咏,造物复何言?

咏马洲柿有小引

靖虽僻岛外,以沙壤宜果卉,其最佳如山药,如七月桃,如西瓜,如麻,如棉,皆与他邑绝,而柿之称硕果甲天下。盖柿者[3]七绝,记乘所收,若味如萍实,无子核,中边皆甜,即南过澄江,北至如、泰,有同一形似,其内美区以别矣。余多肺病[4],年来血辄洞下,览秋借以消渴,稍润诗脾,与有勋焉。不可无纪,得二十一韵赋之。

骥渚千村草,龙膏一颗丹。何来朱实果,却映水晶盘。味浸金壶液,清分玉露溥。叶稠凝露密,芳坠摘星繁。远浦垂红毂,平芜射赤珊。诗脾馋硕果,食指动枝官。似卵赪虬孕,如云火树攒。乌椑梁记谱,绿糯赵弹冠。

---

[1]　来,底本原为墨钉,据《选寒光集》卷五补。
[2]　焉,康熙志卷十八作"马"。
[3]　柿者,《选寒光集》卷六作"柿有"。
[4]　肺病,底本作"柿病",据《选寒光集》卷六改。

葱翠枝宜苑,陆离光近栏。灵关惭晚结,安邑逊秋残。七绝征天寿,三村艳日乾。啄乌消里核,祛蠹喜平安。聚叶书临帖,燃脂箍借翰。悬霜辉十乘,照日弄双丸。金石能无毒,婴儿岂有瘢?问牛多字你,巢鸟不成弁。花叶翩翩咏,根条殊合观。华林称独绝,荒岛亦稀看[1]。内热凭清肺,多餐或伐肝。英堪凌李柰,品可比团圞。嘉树思君子,河干拟素檀。

孤山偶坐

山孤地复偏,渺然一拳石。坐久诸天高,杳绝樵苏迹。
我昔游落星,不知小姑小。长江天际回,幻出此空岛。

山僧饷水豆豉因进小粥

如此糜亦佳,惜未下盐豉。每诵行须[2]词,僧饶食经志。
豆落而为箕,大苦以养颐。裁书问康伯,共进白瓯匙。

河西新闸纪事有小引

椒子吏靖二年,按图[3]有七十二河,求之不得,皆平土矣。为下徙木令,用饥夫负畚锸,三月而功告成。步出城西一寺桥,见小港引江涛入啮,泛滥之余,卒淤我土。因鸠工筑石坝,门之以司启闭,县官帑几竭。题曰"寒山闸",从余字也。以告后贤,歌似续焉。岂曰沉碑有杜癖乎?

防民如防川,赖此一片石。敢希白氏渠,莫笑噉名客。
寒水点轻鸥,寒香撷芳芷。农隙冬始成,一寒意如此。
忽思湖上宅,苏白二公堤。放鹤孤山下,梅花隔水西。
浅堤聊止水,平地亦为山。千秋百岁后,翁在山水间。

河东石言有小引

西闸既成,东之水从苏港折而入杨家堤,稍狭长而势更湍急,将为漏卮。以告之诸前辈,宜硪石,宜桩,宜聚铁而石门之。佥曰诺。令司厥倡,民且子

---

[1] 稀看,《选寒光集》卷六作"希看"。
[2] 行须,《选寒光集》卷七作"行些"。
[3] 按图,底本为墨钉,据《选寒光集》卷七补。

来。题以"东山",以孤山在其东,盖不独折屐于谢太傅矣。

众壑折而东,回澜不可御。赖有东诸侯,共缵禹之绪。

小东民已竭,谁与击波臣?幸免苞粮浸,吾方哀悺人。

自西而徂东,敢告诸执事。青来江上峰,补入河渠志。

小艇青于昼,斜桥绿自波。游人初买醉,系缆石门河。

偶言[1]十绝

军输一百万,令箭急丰麑。尽括县官帑,云镌麟阁功。

颇牧出禁中,英彭起[2]行伍。夜看旄头星,妖氛照齐鲁。

贤良师汉制,博学广唐科。天马今无用,盐车选骆驼。

一纸泥金至,新郎尽拜官。樵薪无叹积,劳吏也弹冠。

太白屡经天,荧惑时犯斗。下诏求直言,高蝉在衰柳。

府号军容使,营称雁子都。天书夜半撤,霖雨满皇图。

今日拜韩休,明日拜宋璟。何如姚元之,救时非画饼。

近说扬州事,盐官淡且饥。如何貂辇发,有请去思碑。

江南十九邑,赤地避骄阳。闻道山东路,饥民强半僵。

浙潦吴旱荒,移民何处食?普天索钱吏,可以念民力。

祷雨东平庙

如何天地心,而不雨天下。云旗江上来,倾瓶望龙马。

亢旱七十日大雨

闻说天门高,社公符未入。丰隆批逆鳞,碎首玉阶泣。

骄阳逾两月,一雨三日珠。将珠换旧谷,何暇问衣襦?

郊行五绝句

乘晓出远郊,桔橰声相逐。村妇携饷筐,瓦盆粗麦粥。

闲年五日雨,岂知上帝恩?骄阳曝汗背,双茧无暇扪。

---

[1] 偶言,底本作"隅言",据《选寒光集》卷七改。

[2] 起,底本为墨钉,据《选寒光集》卷七补。

官租夜半催,少妇裙尽典。寒机续命丝,何曾试刀剪?
禾镰才着壁,破瓶断糠秕。富家争涤场,佃人饥欲死。
夫在田上耘,妇在厨下泣。空釜吹冷烟,野草无人拾。

答酒诗有小引

江南诸郡,酒米皆资靖。己卯,蝗孽复作,予新列之五禁独严。若令云种秫三百石,则妻子皆绝粮矣。令则诗中有"公田"一句,笑而答此。

谁说郫筒不用沽,十千时挂杖头无。荒江曲米新添禁,尽种公田醉酒徒。

江 上

画出君山一片秋,苏家港口小渔舟。天门日近孤帆远,为问蓬莱清浅流。

李令哲字端木,乌程人,江阴令

介孽四十韵时客江城为寒山使君弭蝗纪异也

诜羽昔所咏,曰以喻繁苗。岂其丁郅隆,介族亦呈吉。视忒孽斯生,几戕我黍秋。盲史螽见书,仁暴此中悉。惑入天子肠,忧民宁自疾。或随相公斾,书屏志所黜。予生江以南,亿此类蟋蟀。股角技虽长,何至旱涝匹?兹来骥渚游,昼坐城南屋。惊飔自北来,其气殊凛溧。弥望尘翳空,蝗势腾以轶。切股群作声,翅张白耀日。赤目眹眹然,漆齿锐如铚。汹焉乱暮涛,其数不可诘。进止列成行,整若听所率。严雪猝蔽天,江峰忽相失。昨闻马洲土,十年满棘蒺。三稔赖仁君,百室颂比栉。天诟憎卓鲁,乃遣犯牟密。我欲檄驱之,彼岂畏彩笔?我欲矛击之,彼难□□镝。庶其呼颓风,恐反资咤叱。庶其界炎火,又恐扰蓬荜。维侯恻然惧,素衣惊走出。向神三责躬,十步拜者七。四顾稚与叟,注颐泪如溢。自言下车来,靡事废轸恤。禾黍今峨峨,谓可赓有饁。汝若害田稚,我肺宁汝唧。天高听何卑,鉴之阴作嚊。疾驱出仁境,潜向君山逸。飞飞争自前,□勿犯侯律。四野青依然,曾不伤茎节。岂同鹏南移,暂此借为驲。逝类王况奇,王姓,音宿,后汉京兆人。为陈留守,蝗过界,飞逝不集。捕异姚崇术。脱胎邻邑忧,侯曰我滋怵。曾稽蝗所孕,与鱼族本一。昔者武陵守,驱之尽化蛭。邑东有巨溟,久是鱼龙室。汝其速归之,汝仍还汝质。

游孤山

秋风吹□入孤峰，远为金焦得附似。似志沧桑留挂影，暂宜丝竹肃山容。经偏纡折难旋马，树半支离拟学新。自有兹山人几到，苔痕终日借云封。

薛　冈字千仞，四明人

过靖江吊桥旧令朱定国社兄二首【后缺】[1]

【前缺】[2]

衡从。晴日天公借，壶觞地主供。褰裳不用楫，踞履更携笻。仆导神先健，僧迎礼亦恭。寒梅惊破腊，空谷始闻跫。绕磴蛇蟠曲，登楼蜃气笼。绿烟霏缥缈，紫雾缀鬖松。孤峙安培塿，矜高耻附庸。德邻忻有托，块处僻难逢。彭蠡双姑别，逋仙偶字重。自甘淹海岛，何必坐艨艟？钓月思前咏，环江割旧封。蛟螭曾作窟，豺虎合潜踪。遥护神京鼎，还传野戍烽。阴沙迷牧马，古渡失飞龙。鲸鼓洪涛立，虹流雪浪舂。荒阡连雉堞，乱嶂簇芙蓉。才士争谈武，经生类作传。且休论近事，各为写幽悰。秃笔怜枯树，挥毫赋偃松。暮怀终黠澹，酒意固醇醲。坐起从真率，诙谐总肃雍。嘤鸣来越隽，文弱半吴侬。藻荇萦青带，菰蒲散紫茸。寻溪穷涧派，拂藓见山容。填海劳精卫，披蓁苦石农。潮痕三尺黛，霜意一声钟。土木形为累，烟霞味转浓。鹰眸窥艺苑，牛耳慎词锋。移榻依村墅，听歌杂野蛩。同尘宜□没，□俗尚吁□。斜照明归路，回风豁醉胸。山灵□□□，□□□□□。放眼齐嵩华，□诗剩邶鄘。□□□□□，□□□□邛。笔愧江花落，村凭郢匠攻。因之推七子，邈矣轶千峰。

钱邦芑字开少，镇江人

寒气敛余肃，晴风振天表。林麓动幽怀，探历尽奇窈。孤笻蹑危级，寓目展清眺。烟岚浮远空，诸峰青未了。江流一片明，海门穷浩渺。百感从中来，俯仰各有道。芒芒集百端，欣慨萦怀抱。古碣读遗文，岁月不易

---

[1]　底本下缺卷十七的第三十一页，本诗具体内容缺。

[2]　底本前有缺页，本诗诗题、作者及前半部分内容皆缺。

考。转境得幽异,绝壁参空杳。草木肆蒙茸,怪石迷丝茑。古穴不可寻,寒云栖木杪。诸子争胜情,领略具清皎。踞石发高啸,登峰踪危讨。曲折顿忘疲,感触亦深悄。归途月色明,回首孤峰小。今古此山川,品题何不早?有意待名贤,千秋发奇藻。何期汗漫游,江外逢荒岛。孤峻偶相符,是乡欲终老。

孟称舜字子塞,会稽人

平沙漠漠浩如雾,短草黄苇夹城路。何处飞来二魂石,屹立江村如白鹭。白鹭洲分二水间,此山巉嵘江边住。身上山头望远洲,历历清山不知数。江流荡荡浮碧空,几处烟笼汉川树。四面玲空石珠成,云是何年水痕蠹。昔山连水水连山,今日山□尽丘墓。半阡半陌半庐居,桑麻鸡犬山边聚。古今沧海变桑田,江山岂必皆如故?西湖亦有旧孤山,放鹤栽梅高士寓。此地当初号马驮,马驮遗迹将军驻。荒沙拳石亦雄蟠,千帆万舰飞难渡。孤山自足拟金山,但彼江心此江步。我来吊古多凄凉,折戟遗磷冷朝暮。一时胜友不寻常,地是江城最佳处。且共笑语快御杯,莫学羊公泪如雨。

吴道凝字子远,桐城人

孤山纪游[1]

郊原驱薄莽,霄汉表松乔。良友供蔬荬,奚童负釜铫。霜明村墅屋,露滑小溪桥。野老指岐路,行人避蔓条。平沙何漠漠,古道亦迢迢。骋望云霞变,登临风日调。孤峰凌四野,沃壤失前朝。遂使波臣静,毋烦埌吏嚣。井庐如列宿,沟浍若眠彌。台上江淮尽,窗前岛屿遥。倾颓几塑像,俏寂一僧寮。危磴苔芜没,虚岩苍翠饶。因寻将堕石,犹带昔年潮。阻水楼船使,摩崖岁月标。山腰有刻石,记监水军使者姓名。千秋凌溟渤,一叶抗金焦。岸外青无数,杯中白可邀。扪萝依削壁,历涧想容舠。胜集方欢宴,村讴亦远姚。西堂无梦草,梁苑愧连镳。畏垒留风雅,庚桑乐蓁荄。招贤飞羽檄,副我属车翘。珠玉生镂管,尘埃叹纬萧。一时名士在,旷代俗缘消。山海归行笥,图经载里谣。寒山又一片,从此假扶摇。

---

[1] 底本无诗题,据康熙志卷十八补。

朱士鲲字尔传,邑人

兹山久尘埋,今始开面目。学海荡其胸,文星高其轴。如彼和氏璞,三献始论玉。如彼冀北良,一顾便成骎。兹虽卷石余,五岳皆堪畜。君[1]不见,仲昭骨相何清嵘,太华四方皆削成。子塞风神更峭远,匡庐瀑布尽琰琬。子远兀突洵高华,赤城天半芙蓉花。开少风流又倜傥,不分天台与雁宕。公木本是兹山秀,姑射仙人冰雪漱。翼言朗朗清玉屏,逊之娟娟丹霞岫。余固历落难为俦,太行王屋志所求。不难众山一齐摄,孤山之主陈太丘。胸中洞壑自无比,笔底烟岚别样收。吁嗟乎!沧桑不可常,陵谷屡变易。从来芥子纳须弥,岂不泰山轻一掷?愿借兹山齐彭殇,化尧桀,小鲲鹏,大鷃斥。一切目论何足多,[2]昆仑之巅一丘垤。与君且尽当前酒,历劫綝来岂堪一一为君剖。

【前缺】[3]

星合,却□如龙八骏还。春信不离冬岭上,游踪相印夜灯前。偶餐秀句当仙饵,谁□云中亦凤缘。

钱邦芑

泛小舟游孤山

舟行亦有程,夷犹理轻楫。风日正清美,物情共怡悦。绿岸覆杂花,香气亦鲜洁。开襟纳群胜,驰目易迁别。树外见平畴,稻苗竞抽节。农务各努力,旸雨期无厄。游览具深心,欣感讵能灭?登崖纵危眺,天表诸峰列。江海一线明,苍茫海光接。三山若可招,长啸天风发。酾酒向太空,搔首情愈烈。俯仰忽余悲,茫茫何处说?

秋雨初霁过城北楞严庵访苍雪大师

一雨洗秋清,晴光起天末。空林隐余霞,了了红一抹。散步任迟东,襟

---

[1] 君,底本缺,据康熙志卷十八补。
[2] 以下"昆仑之巅一丘垤"至"岂堪一一为君剖",底本缺卷十七的第三十六、三十七页,本诗据康熙志卷十八补全。
[3] 底本前有缺页,本诗诗题、作者及前半部分内容皆缺。

抱渐开豁。竹外通回桥,曲折溪流活。恭礼大法王,身心如见夺。一言提正觉,聪明尽遗脱。衣履肃威仪,神光照器钵。人天齐俯首,道力敬宏阔。大智拟群迷,天地共明达。归途得新径,【后缺】[1]。

来集之[2] 字元成

偶约来元成萧公木游孤山适顾修远自延令来便拉同往舟中分韵

生长山水间,情与山水忘。三来骥渚游,僻壤截横江。百里铺平沙,茅苇杂苍茫。遂起故乡思,因知泉石香。秋水荡素舸,良朋治豆觞。孤山昔一拳,浮浮水中央。混茫结元气,撑持岁月长。四面啮其根,孤骨雄昂藏。欲堕复不堕,垒石相挟将。我定物自移,海水失其狂。仙人发浩叹,枯岸生楼桑。人声语茅屋,平坡维牛羊。客来鸟不惊,寺古松气凉。佛面网蜘蛛,僧贫昼掩房。行吟一周遭,江海恣远望。久矣不见山,清梦渺无方。穆如逢故人,两两意相当。此山有气骨,故人有肝肠。

萧松龄 字公木,邑人

各自有所营,并心纫风雅。孤山一片石,可令阙题写。理艇须印友,草草分杯斝。顾子遂西来,仓皇为我下。流眺但及时,舍馆胡为者?翛然十里外,情言并聊且。登高恣远望,大海东南泻。浮云四飞扬,纲缊同野马。苍壁削何自,苔绣色如赭。摩崖书其巅,仙人有遗舍。蕨薇不可求,芳草或堪把。踌躇立弥久,秋怀各澹冶。山川竞名胜,荒寒归吾社。窅窅千载后,游者盖亦寡。

顾 宸[3] 字修远,梁谿人

偶过骥渚值萧公木来元成泛舟往孤山因共载游赏

出门亦偶尔,倏忽又已秋。贫身弹无铗,飘飘不系舟。问子何所之,只

---

[1] 底本下缺卷十七的第三十九页。

[2] "来集之"至"孤山昔一拳浮浮",底本缺卷十七的第三十九页,本诗据康熙志卷十八补全。

[3] 顾宸,底本作"顾震",据康熙志卷十八改。

此古江流。谢履曾不停,独阙孤山游。我友三人俱,载酒水之沤。招招呼我涉,嘤嘤气相求。来子不乘车,戴笠堪与俦。钱子肝如雪,吾与盟白鸥。公木久别予,相看话不休。举头山咫尺,携手佳兴遒。故老说孤山,孤山水上浮。桑沧百年变,漠漠尽平畴。尚有面江势,不起背山楼。我来登其巅,遥瞻海十洲。山后石离立,气象横嵩丘。尚羊坐其下,日落挽不留。冥搜得诗窟,共归风雅辀。霏霏吐玉屑,不甚角觫筹。舟子非长年,苍头代黄头。岸泊更初漏,星明照邸愁。此际吟诗者,莫笑学三偷。

陈函煇字木叔

放生池上偶坐有感

方池一鉴耳,水族纷来集。过江有枯鱼,相对尚悲泣。本为四海人,强今此中蛰。主客无他诫,共伤网罟急。敢欣借升斗,终恐遭掩袭。不闻歌在沼,不闻悔何及。红浪囚白龙,恒使气中唈。五浊堕缺陷,屠伯性为习。燧巢去古远,渔佃先乃粒。谁谓方便门,杀机自此立。坤元即广大,育物恒不给。劳哉上帝心,重负胎卵湿。天道既有憾,补燮赖和辑。安得遇单父,稚鳞仍却入。宣慈菩萨行,禁令宰官戢。但存利济愿,亿千亦百什。大德曰好生,放取两无执。此可治天下,宁独化一邑?

薛　冈字千仞,四明人

放生庵十绝句有序

辛巳夏日,为木叔使君所期,宾骥渚五阅月。阒然闭户,毛颖而外,无一人交,而意阑神倦时,亦无寸步可游息。唯城东北隅,有庵数楹,使君为放生而构,颇具林塘。与余居停亦迩,仙苑、幻然二师,精修苦行,有道高僧,得昕夕过从。余不厌就师,师亦不嫌余就,与客相终始。今将行矣,抚时感事,赋此纪之。

五载慈仁沛水乡,使君刍牧为牛羊。又将此念分鱼鳖,两众高僧数亩塘。

城隅□馆幸相邻,日日来看在藻鳞。俯瞰清池思火宅,与君亦是放生[1]。

---

[1]　底本如此,当缺一字。

池风习习意陶然,昼日浑忘永似年。唯与大师挥麈尾,夕阳又过小庵前。

被缁祝发众僧同,苦行寥寥见二公。并礼六时经忏罢,手将鳞介放波中。

一林高柳挂秋烟,上引疏蝉下拂泉。此地永称安乐国,与君结得暂时缘。

浮生踪迹曷堪期,甫得交欢又欲离。露白月明秋夜永,梦魂不舍放鱼池。

不愁病足不能前,闲即来谈倦即眠。一径阴阴无数武,草堂只在画桥边。

无烦相约屡相过,唯见圉圉舍绿波。人代小鲜烹不少,大师无法放如何。

夕磬晨钟绿水湾,庶几拾得与寒山。知余不是闾丘守,安肯藏身石壁间?

大海中央小白华,红莲放作一洋霞。他年双锡如同卓,鉴水东头觅我家。

来集之字元成,萧山人。庚辰进士

放生庵诗十首和千仞先生

百尔虫蚁异性情,枯鱼未朽解寻生。能听佛号来依岸,半夜波中泼剌声。

茅庵相去路无多,一日何妨数遍过。行到小桥生意足,满堤杨柳拂池荷。

庖人无赖鼓银刀,网罟高张不易逃。才解条绳江海阔,使君手里有波涛。

渔舟晒网近村烟,一罾鱼虾百十钱。举世恤钱强似命,不知微命也通天。

手提三尺荡萑苻,曾扑蝗螭非种秫。用杀回生仁有术,应非偏爱一池鱼。

五里城中万斛尘,朔风吹岸水生鳞。我来池上徘徊久,鼓鬣扬鬐别有春。

寒云薄薄覆江沙,四野啼寒尚几家?胥吏不惊田稼熟,好推乐音咏鲦鲨。

生灵百万莘屿沟,比屋称戈釜上游。悬命庖厨身似鹿,可能只手放齐州。

见饵忘钩吐便难,明珠献梦夜波寒。只全些子腔中事,不作平生恩怨观。

仁风玉载扇郊坼,鹤不分粮马不肥。淡水一杯鱼共饮,肯教鲂鲤叹靡归?

钱邦苣字开少,丹徒人

放生庵诗和千仞先生

闲步横桥倚画栏,人心生杀此中看。莫云鳞介情痴暗,佛性繇来总一般。

其 二

一泓秋水浸红莲,生意洋洋别有天。此处澄清吹不动,风波江上自年年。

其　三

人间机械互相寻,险阻当年日渐深。犹幸小池清净水,鱼虾游泳任浮沉。

其　四

一饱何须事远求,淋漓血肉作珍羞。谁云口腹情难厌,自是三生业未休。

其　五

好生一念比丘多,鸟在深林鱼在波。他日蒲团应有悟,利他自利更如何?

其　六

钟磬晨昏礼六时,人天因果子应知。从来生杀繇心造,一念慈悲是我师。

其　七

往生刻刻祝弥陀,不放共如不杀何。莫道一池生意足,他年网罟此偏多。

其　八

朱栏曲沼映芙渠,在藻夷犹意自如。海内生灵涂炭尽,此间放得几头鱼?

其　九

莫从释氏乞慈悲,恻隐吾儒本不亏。须信仁民先爱物,权衡次第勿轻施。

其　十

法网横张物命轻,囹圄处处叫冤声。殷勤祝赞仁王佛,四海何时大放生?

许　经字令则,华亭

阴沙感事次陈令公韵

桑海尘尘化劫灰,阳门何处辨蓬莱? 久无肃慎琴虫贡,忽听渔阳鼙鼓来。赴敌转思蒙马智,当关谁是肯𫗧才? 莫言南跸朝廷小,百战犹余血染堆。

沈方字彦方,乌程人

前题和韵

阴沙沙上旧时灰,俎豆于今尚草莱。幸不薄城俱战死,犹传暗渡解围来。当年未尽吞胡气,异代还称御房才。闻说齐州新报衄,二东风雨骨成堆。

钱邦芑字开少,丹徒人

过骥江阴沙是岳忠武屯兵处

寒沙飒飒聚幽灵,树石犹存战血腥。胡虏敢蹂吾赤子,英雄肯困小朝廷？荒台积草藏□豕,断剑埋泉照大星。北望中原千古恨,悲风夜啸鬼灯青。

其 二

阴风千里振蓬萧,一片荒沙起暮潮。大将营□空回固,胡儿战马更虚骄。三军气愤江东挟,二帝魂□塞北遥。试看年来磨折戟,英雄热血可曾消？

其 三

驻马阴沙落日曛,千山雪影笔中分。英雄血泪愁荒草,胡虏腥风卷暮云。今日犹思河北战,当年谁撼泰山军？樵夫未解行人恨,指点兴亡不忍闻。

其 四

古戍荒荒绕断葭,惊沙一片乱昏鸦。军威方振胡儿恐,和议将成壮士嗟。杀运流氛寒日晕,幽磷化碧冷霜花。于今战垒犹如故,何处江山是宋家。

顾起云字山存,乌程人

前题和韵

恨未南辕二帝灵,中原战血尚闻腥。重兵鹿角排营垒,大将龙旗出禁廷。阃外日宣天子命,帐前夜指老如星。当年洒尽英雄血,犹见阴沙鬼火青。

其 二

荒沙日月照英灵,宿莽还余锋镝腥。南北江分戎马地,东西京望帝王廷。一军山岳寒胡骑,三字风波落将星。杯酒莫消千古恨,锄奸欲借剑锋青。

李光汉字长孺,太平人

前题和韵

胡马南来毒万灵,中原净土忽膻腥。尽忠报国将军背,雪窖冰天二帝廷。一曲江红期洒恨,片书柑狱忽沉星。阴沙故垒精英绕,野荻萧萧磷火青。

寒山陈函煇字木叔

寒亭诗

庚辰孟冬,集同社徐仲昭、许令则、恽道生、钱开少、朱尔博、萧公木诸丈,共修靖江邑志,小集马州亭纪事。

文书兰苣史琅玕,共集荒洲映客家。为政风流兼笔橐,我曹月旦独儒冠。文坛歃血莼牛耳,世路分羹避马肝。北斗才人东道主,占星此夜聚江干。

言搜遗乘尚留青,暂借孤帆点茫星。旧事重悬徐孺榻,新丰忽徙马州亭。数朝断简□三事,一夕挥毫动百灵。沙上使君贫好客,急呼奇字煮空瓶。

徐遵汤字仲昭,梧塍

和

桃花春信走琅玕,松柏寻盟已岁寒。把臂侪中论缟纻,侧身江左失衣冠。好从马史开天眼,漫借牛刀剜雪肝。若较异同分出处,依然饶舌类丰干。

草葇书带四时青,共指天南一点星。万卷楼高通秘阁,三贤祠辟胜玄亭。霜侵金柝愁无赖,雨濯苔枪腕有灵。饮水也堪消垒块,年来欲掷五升瓶。

许 经字令则,东田

久从漫叟狎琅玕,便借冬曦避凛寒。艺苑共磨修月斧,荒洲惊见切云冠。著书岂必铭龙骨,学道何须问鼠肝? 若把形骸来索我,时余病足。伐檀并不在河干。

地志舆经满汗青,谁将八际测中星? 襄阳传里寻蓍旧,三辅图中缀邑亭。巽□已交阴络秀,干支齐启土功灵。只将近事标缥素,已摄山河入研瓶。

恽本初字道生,兰陵

碧泓江雪散琅玕,约略同盟岁不寒。月旦何人会按剑,星临有客借弹冠。家余[1]实录双存眼,史剩群书一剖肝。邺架短长言尽是,荒文吾独耻相干。

舆图今昔重丹青,况复词源奏五星。视草故须天禄阁,移文间出太玄亭。霜留素帙心随颖,月上缥囊腕递灵。疲朽姓名惟相鹤,敢劳提挈外家瓶。

钱邦芑字开少,润州

图书辉映玉琅玕,考定心劳午夜寒。制度谁存周礼乐,风流犹及晋衣冠。吾儒月旦宗麟管,世路雌黄任鼠肝。不是使君名义重,洲亭何以咏斯干?

舆志谁穷竹简青,先从分野辨经星。搜玄集异师藜阁,骚注诗疏问考亭。山鬼无声惊史笔,江峰有句动湘灵。人文著述关风化,褒刺还须慎口瓶。

朱士鲲字尔博,古牧

夜深犹自对明玕,藜火光侵剑锷寒。逸事漫劳搜蠹简,新摹偏喜动星冠。谁称作赋如云手,须办持衡似铁肝。文献足征千古业,龙门久已辟江干。

数峰江上远浮青,日映荒洲伴客星。自有皇坟供西邺,无劳禅草问云亭。应知擅世皆余子,孰识开山是巨灵?醉拭吴钩□往事,酒瓶争似作花瓶。

萧松龄字公木,骥渚

高云槭槭下琅玕,剩有霜华媚岁寒。三径兰言冰作骨,十年剑气竹为冠。凌云有约频携韵,安邑何人费买肝?敢托汝南传月旦,漫论轶事纪支干。

年年江草自青青,岁暮何缘集岁星?逸志拟将南史笔,玄书不向子云亭。使君重客咨三益,野寺修文役百灵。富有床头冰雪卷,千园贮粟不如瓶。

顾起云字山存,西吴

振腕文成五色玕,江花飞映斗苦寒。古今谱牒宽严笔,先后才名大小冠。百里何能羁骥足,一方时累送猪肝。会看班马标同异,史断如霜不可干。

叶纸雌黄竹简青,文章正色丽繁星。为田数万南东亩,傍郭两三长短亭。马渡犹传吴帝事,阴沙试吊鄂王灵。网罗今古宵兼旦,漏转莲花五斗瓶。

---

[1] 余,底本原为墨钉,据康熙志卷十八补。

寒山陈老师德政颂言

嫪城门下唐继隆式中甫著

小　引

　　陈老师莅靖以来,襟期极于玄朗,玉立冰清;气节妙于坚刚,风标霞举。慈心惠德,溥乐利于民间;兴利除害,振风猷于堂上。如甫临择采,首举将坠之黉宫;次咏菁莪,创起未有之书院。疏浚团河,而合县之灌濡攸赖;建造石闸,而因时之启闭咸宜。至平籴以救饥,禁贩以留粒。蝗以土坑而渐消,旱以诚祷而嘘气。洞开重门,而民隐时时上达;片言折狱,而覆盆在在昭明。海上鲸鲵,不难笔扫千军;棘中龙虎,自能剑合多士。累累之善政难铭,秩秩之德音可述。所谓江宁为诸县首,益都为天下法者是也。五载报成,一朝钦召。门下隆思趋承之已晚,嗟感遇之罙深。即此一片青毡,罔非二天惠照。浴德祈恩,倘或尺寸之可徵;拊己扪心,尚冀品题之有地。兹虽拜命之未几,自尔扳辕之有日。眷恋私情,觊缕难为吁咈;姘懞所在,瞻依莫既言宣。下里芜词,无足揄扬盛美;征求名笔,庶可大畅鸿仁。敬陈条纲,系之颂言。祗切敷宣,遂忘固陋。

唐继隆

首建学宫

　　翚飞鸟革仰新甍,台曜初临首议更。继起文明□俎豆,中兴礼乐灿江城。衣冠南面薰风动,奎壁东厢喜气生。从比临雍歌九奏,两阶干羽共玲璨。

其　二

　　萧疏芹芷见凋墙,天启文星一创之。释菜甫行卑禹室,新仪旋已换尧茨。千金挥拓轮题焕,百日经营庙貌晖。共跃宫墙今拜赐,在兹无日不丰碑。

广额兴隽

海邦人物困菰芦，山斗文宗典牧刍。擒尽菁华凌入代，采兼葑菲迪三吴。五经历试浑无据，一榜三贤始不孤。沧海只今波浪阔，喜添新绿照遗珠。

典试南畿

学海文河迥出伦，南都文聘贲江滨。登坛水镜如观火，誓矢冰壶若涉津。夜半朱衣皆造物，梦生彩笔转洪钧。天荒玄赏三生戴，剑合延津自有神。

督师海上

启戟煌煌此誓师，六花三略想神奇。循良海邑同遵令，横槊江天独赋诗。细柳风霜明日月，长杨词【后缺】[1]

【前缺】夸献纳，九霄鸳鹭拥风云。木天事业勋华重，紫诰辉煌宠渥新。召对披香多异数，筹边定国待敷陈。

其　二

国士恩同岱岳崇，瞻依又在五云中。汉宫题柱才名空，天禄含香帝宠隆。草莽久因虞小丑，庙谟今已兆飞熊。独怜百里甘棠邑，极目烟波意不穷。

其　三

风流潇洒涤尘襟，在在弦歌感入深。彩笔梦中常得句，青山何处不留吟？苍生借冠空闻昔，圣□征黄已到今。道路逢人碑是口，微生何以颂徽音？

其　四

名世相期五百秋，循良茂最圣明求。笔下墨庄凌司马，胸怀黄石驾留侯。谈空四海龙俱友，气拥千山虎欲楼。文武全才真不忝，只今将相有谁俦？

---

[1]　底本下缺卷十七的第五十五、五十六页。

感　衔

当今风雅赖重扶,词客从游遍五湖。仲举好贤惭孺子,规明倒屣愧王符。先容自古怜枯木,按剑从来视夜珠。偃蹇半生岐路泣,可能东郭滥吹竽。

其　二

青毡虚挂泣途穷,近仁微秩得霶蒙。喷薄千□凌管鲍,辉煌一代识夔龙。只今丹诰声名茂,□附青云意气浓。台阁半虚应有待,莫嫌荤菲倚□□。

后　记

　　2021 年 10 月，泰州旧志整理文化工程启动，靖江市党史方志办公室负责整理靖江历代所存旧志。2024 年 5 月，首先实施《〔嘉靖·崇祯〕靖江县志》的整理出版工作。

　　《〔嘉靖〕靖江县志》是靖江现存最早的志书，《〔崇祯〕靖江县志》是明朝修编质量较高的志书。靖江市党史方志办公室邀请《江苏文库·方志编》主编、江苏省地方志办公室旧志整理中心原主任张乃格主持，对这两部志书进行点校整理。本次整理分别以日本内阁文库藏明隆庆三年（1569）刻本和中国国家图书馆藏清初刻本为底本，对旧志进行标点，并对原稿中存在的讹脱衍倒之处进行校订勘正。本书参照泰州地方旧志整理的要求，采用统一的装帧风格、版式和材料。

　　《〔嘉靖·崇祯〕靖江县志》整理稿出样后，广陵书社安排专人进行核校。靖江市党史方志办公室邀请叶晓庆、崔益稳、王平等专家共同对整理稿进行评审验收，提出修改意见。

　　《〔嘉靖·崇祯〕靖江县志》点校本的整理出版得到了全市各界人士的关注，谨向关心、支持该书的各位领导、各界人士表示衷心感谢。由于旧志整理工作专业性很强，时间紧、任务重，加之经验和水平有限，难免有缺漏、瑕疵之处，敬请社会各界批评指正。